大学章程

第三卷
UNIVERSITY STATUTES

主编　张国有
副主编　李强　冯支越
执行副主编　胡少诚　陈丹

图书在版编目(CIP)数据

大学章程. 第三卷/张国有主编. —北京：北京大学出版社，2012.1
ISBN 978-7-301-16767-0

Ⅰ.①大… Ⅱ.①张… Ⅲ.①高等学校—章程—汇编 Ⅳ.①G649.2

中国版本图书馆 CIP 数字核字(2011)第 055978 号

书　　　名：大学章程(第三卷)
著作责任者：张国有　主编
套 书 主 持：周志刚
责 任 编 辑：泮颖雯
标 准 书 号：ISBN 978-7-301-16767-0/G·3093
出 版 发 行：北京大学出版社
地　　　　址：北京市海淀区成府路 205 号　100871
网　　　　址：http://www.jycb.org　http://www.pup.cn
电 子 邮 箱：zyl@pup.pku.edu.cn
电　　　　话：邮购部 62752015　发行部 62750672　编辑部 62767346
　　　　　　　出版部 62754962
印 刷 者：北京中科印刷有限公司
经 销 者：新华书店
　　　　　　　730 毫米×1020 毫米　16 开本　27.25 印张　488 千字
　　　　　　　2012 年 1 月第 1 版　2012 年 1 月第 1 次印刷
定　　　价：680.00 元(精装，全五卷共七册)

未经许可，不得以任何方式复制或抄袭本书之部分或全部内容。
版权所有，侵权必究
举报电话：010-62752024　电子邮箱：fd@pup.pku.edu.cn

序

美国斯坦福大学现在的大学治理除了依据其建立之初的创始宪章等理念、规则之外,还依据相对务实的、系统的行政管理指南(Administrative Guide)。这和第二卷里的国外大学章程形态不大一样。我们在为北京大学章程的起草进行调研时,就看到了哈佛大学、斯坦福大学行政管理指南这一类美国大学章程体系中带有行政制度汇编性质的文件。2009 年初,我们决定将"行政管理指南"作为大学章程形态的一种特殊文本列入计划,进行翻译和研究。起初,我们想先翻译"哈佛大学政策和指南"(University-Wide Policies and Guidelines at Harvard University)①,但从其官网上的资料或可找到的其他资料来看,其体系非常繁杂,往往一个章节还涉及一些链接,当找到这个链接后,遇到的又是一个相对独立的规定,且这个规定中还有链接,还要继续找。如果将指南中的一个内容梳理完善了,就需要将链接到的若干个规定或规则的内容整理在一起。如此一来,这个结果就不是哈佛大学政策和指南的原生态,而是我们自己的整理稿了。所以,我们就暂缓了哈佛大学章程体系的搜寻,先译出了"斯坦福大学行政管理指南"。由于其内容非常丰富,就单独作为一卷来出版。

斯坦福大学的组织结构和治理机制的形成,主要依托三个文件体系:一是《创始基金及修订、立法和法令》(The Founding Grant with Amendments, Legislation, and Court Decrees)。这个历史文献规定了创始基金数额,并授权董事会享有托管大学及其捐赠和资产的最终职责,现为《董事会章程》(By-laws of the Board of Trustees)所取代;② 二是以《评议会宪章》(Charter of the Senate of the Academic Council)为核心的《学术委员会的评议会和专门委员会手册》(Senate and Committee Hand Book of the Academic Council),该手册是大学进行学术治理所依据的各种关系及政策规定;三是以行政管理指南为引领的全校政策文件体系,这一指南作为官方手册,是大

---

① 详见链接:http://www.provost.harvard.edu/policies_guidelines。
② 斯坦福大学官网并未公布该校《董事会章程》。

学进行行政管理所依据的政策、规定及细则。以上三个文件体系及其规范的修订机制,支撑着斯坦福大学上百年的成长,形成了斯坦福大学自己的治理和组织结构。

斯坦福大学及其治理机制的形成

斯坦福大学由利兰·斯坦福(Leland Stanford)先生创立。19世纪80年代,斯坦福先生是美国铁路建设与运营的核心人物,曾任国会参议员和加利福尼亚州州长。不幸的是斯坦福先生的儿子在意大利游历时染病去世,斯坦福先生和他的夫人简·斯坦福(Jane Stanford)悲痛不已。为了纪念爱子,同时也为了全加州孩子们的健康成长,他们决定倾其所有,用建立创始基金的方式办一所大学。1885年3月9日,斯坦福先生的授权法案获得加利福尼亚州立法机关的批准。1885年11月11日,创始基金文件生效,州立法机关准予斯坦福先生通过基金的捐赠正式创建大学,并将大学的名字定为"小利兰·斯坦福大学"(Leland Stanford Junior University)。

斯坦福大学的建校宪章是"创始基金"文件(The Founding Grant)①。"创始基金"文件规定了基金数额,确定了大学的范围、责任和组织,并授权董事会托管大学捐赠和所有资产,指导学校的建立,以及规划大学的目标和管理。文件共计十六章。主要包括:机构的性质、宗旨和目的;机构的名称;董事的名额、法定人数和指派;董事会的职责;校长的权力和职责;教员;董事须报告的方式和对象;董事继任者的委派方式和由谁委派;地点、时间,以及相关建筑须竖立的标志范围;奖学金及与之相关的其他事项;其他权利的保留;对未成年人的监护;董事权力的限制;附则等。斯坦福先生将建校理念和办学宗旨写入其口述的"创始基金"文件:"使学生为个人的成功和生活的实际工作做好准备;促进公共福利,为了人性和文明而施加影响,促进法令所赋予的自由福祉,灌输对政府伟大原则的热爱和尊重,这些原则来源自生命、自由及追求幸福的不可剥夺的人权",进而将"实用"、"人性"、"公民"作为斯坦福大学办学思想的基石。

"创始基金"文件生效后,小利兰·斯坦福大学立即成立了董事会,24名董事开始履行职责。1887年5月14日,斯坦福大学奠基。经过四年多的校园建设,斯坦福大学建成,并于1891年10月1日开学上课。1891年第一批入学的有559名学生,其中包括后来成为美国总统的赫伯特·克拉克·胡佛

---

① The Funding Grant 一词,周少南《斯坦福大学》一书将其译为"建校捐赠证书",王英杰教授在"在创新与传统之间——斯坦福大学的发展道路"一文中将其译作"建校拨款文件",本卷中将其统一译为"创始基金"文件。

(Herbert Clark Hoover)。当时大学有15名教师,时任印第安纳大学校长的大卫·斯塔尔·乔丹(David Starr Jordan)被斯坦福夫妇聘任为斯坦福大学的第一任校长。乔丹在1891年10月1日正式开学时在向师生和来宾发表的演说里展示了大学的雄心壮志:我们的大学虽然是最年轻的一所,但她是人类智慧的继承者。凭着这个继承权,就不愁没有迅猛而茁壮的成长。他还说到师生们第一学年的任务是为一所将与人类文明共存的学校奠定基础,而这所学校决不会因袭任何传统,无论任何人都无法挡住她的去路,她的路标全部是指向前方的。

"创始基金"文件为创始人保留了修改该文件的权利。自1885年以来,该法案因为各种情况曾被多次修订。例如,在董事会授予校长的权力方面,法案规定:第一,由校长规定教授和教师们的职责;第二,校长按自己的意愿聘任和解聘教授和教师;第三,规定和强制执行研究进程以及教学的风格和方式;第四,其他促使校长能够控制学校事务的权力。这些权力使校长能够推进科学研究的进程,促进教师发挥与提高能力。学校开学两年后,斯坦福先生逝世。在斯坦福先生逝世后的几年里,斯坦福夫人向董事会提出了若干修订的条款,包括学校无派系、无党派的性质;校长权力、董事会成员的职责;财务管理、校园住房、非创始人的捐赠;暑期学校、研究和学费等方面。

通过慈善捐款建立大学之后,在大学治理方式上,主要是在捐款人对大学事务的干预方面,最初的斯坦福大学与美国其他一些大学有些相同。约翰·洛克菲勒(John D. Rockefeller)捐款建立芝加哥大学,秉持的是不干涉主义,将办学权力完全交给董事会和校长,这种方式在美国具有普遍性。而斯坦福夫妇把斯坦福大学视作"我的大学",斯坦福先生出于公司管理所积累的经验,在捐赠基金文件中写入了大学校长有权"按自己的意愿解聘教授与教师"的条款。当时,哈佛大学校长艾略特(Charles W. Eliot)一听到此消息就写信给乔丹校长,信中说:"斯坦福夫妇将解雇权力强加给他们的校长是多么令人不快和不适宜。就我所知,这种权力在铁路运营中可能行之有效,但是在大学中却是极不适当的和有害的。"由于斯坦福夫妇对大学治理的认识与对校长权力的坚持,引发了1900年的罗思事件。罗思(E. A. Ross)是斯坦福大学的一位教授,他经常在校内外公开发表演讲,支持自由铸造银币,抨击大公司的原罪,反对亚洲移民等。斯坦福夫人对于罗思的演讲非常愤怒,认为他的观点有损其丈夫的声望。于是,她要求乔丹校长解聘罗思。乔丹校长努力劝说斯坦福夫人放弃这一要求,但未能成功。之后,校长就强迫罗思辞了职。这一事件在美国大学中引起了轩然大波,愤怒的批评接踵而来,斯坦福大学的声誉受到了很大的影响。由于社会的批评和斯坦福夫人态度的转变,斯坦福夫人将权力交给了董事会和校长,不再干预大学事务。①

　　罗思事件以后,校长的权力受到了教师的特别关注及监督。1904年3月31日,斯坦福大学董事会制定并通过了大学的《教师组织规程》(*Articles of Organization of the Faculty*)。② 这一文件的主要内容包括:第一,建立学术委员会(the Academic Council),将学术评价的权力交给大学教师,学术委员会根据需要再建立常设的或临时的专门委员会。第二,建立顾问委员会(Advisory Board),其成员由所有教授选举产生。这个委员会拥有任命、再任用、晋升教职员工的权力,在很多问题上负有对校长提出建议和劝告的责任。第三,委员会体系包括行政委员会(Administrative Committees)和学术委员会的专门委员会(Academic Committees)。第四,学术委员会选举出十名成员,与校长、副校长、教务长等一起组成执行委员会(the Executive Committee of the Council)。这一《教师组织规程》所确立的治理结构适应了大学的学术发展和行政运作的一般规律,其基本原则从20世纪初期一直使用到20世纪60年代。

　　斯坦福大学经过60年的发展,其教师数量大幅增长,学术委员会成员接近千人,这种规模和态势为便捷地处理大学事务造成了很大的困难。大学教师们要求对学术委员会的缺陷进行审查,并建议在学术委员会的基础上,建立一个经学术委员会授权的代议制评议会(a representative Senate of the Academic Council)来履行教师组织的一些重要职能。1968年4月11日,《评议会宪章》经学术委员会审议通过,并于5月16日经董事会会议批准。1968年秋季,第一届评议会会议召开。

　　评议会由55名学术委员会委员组成,每两年交替改选。《评议会宪章》规定了评议会主席(Chair of the Senate)、评议会指导委员会(Steering Committee of the Senate)以及各专门委员会(committee on committees)的设置及运行规则。《评议会宪章》随后又经过了几次修订,运行机制逐步规范。在完善评议会运行规则的基础上,学术委员会及其规章制度也做了相关调整和修订。1977年3月,第九届评议会(the Ninth Senate of the Academic Council)审议通过了《学术委员会组织规程》(*Articles of Organization of the Academic Council*),并在1977年5月10日得到董事会的批准。1969年大学的委员会结构也发生了相应的变化,原来被称作"学术委员会的专门委

---

① 相关史实,参阅王英杰:《在创新与传统之间——斯坦福大学的发展道路》,《北京大学教育评论》第2卷第3期,2004年7月。
② 参见"Senate and Committee Handbook, Stanford University",来源:http://facultysenate.stanford.edu/sen_and_cmte_handbook/%20table_of_contents.htm。

员会"并负责科研和教学工作的组织,被学术委员会的常设委员会(the standing Committees of the Academic Council)所取代。原来被称作"行政委员会"的组织被大学委员会(University Committees)所取代。现行《评议会宪章》版本是在1977年版本的基础上又于1978年6月5日、1984年2月17日、1988年11月22日、1994年4月2日多次进行修改完善的基础上逐步形成的。根据新版《学术委员会的评议会和专门委员会手册》,由评议会负责的学术事务主要包括:制定全校的学术政策、学科建设和发展规划,负责教师的聘用、考核和晋升,以及本科生和研究生的教学、课程设置、学位事项,负责对外学术交流活动等。其中,教师聘任等经由评议会通过后还需报请校长或董事会的批准。

1984年3月13日,在百年校庆前夕,斯坦福大学结集出版了《创始基金及修订、立法和法令》,①收集并保留了近一个世纪大学治理的历史文献,其中"修正案"包括了斯坦福夫人自1897至1903年间的4封函件、董事会1901年11月1日决议和朱厄尔基金(The Jewel Fund)文件。此后,当涉及信托资金转移给董事会、资产和收入的税收以及大学的法律地位时,一些问题日益凸现。条款被提交给加利福尼亚州立法机关并经其批准以纠正缺陷,董事会被授权就大学的法律地位及董事会的作用等事项向法院请求判决,因此,也就形成了16篇立法文件和法院法令,其中不少涉及《加州教育法》的修订,最新的一篇是"小利兰·斯坦福大学成立100周年纪念办法"。

"斯坦福大学行政管理指南"是斯坦福大学管理的行动规则。该指南由人力资源部门负责形成,各具体章节由分管该领域的大学官员批准。指南不定期更新。本次翻译的行政管理指南所依据的是2010年的版本。共有八章五十多项。官网所公布的章节包括:组织结构、人事、财务、馈赠、采购、计算机系统及服务设施。大多是管理细则,比较具体明确。例如,在"人事"章里,有一部分是关于校园就业内容,其中包括本科生的工资级别、研究生助教职位、研究生奖学金、博士后研究等。在"服务设施"章里,包括电信服务、邮政服务、移动设备、大学活动、会议、基本工程项目、信用卡接受与处理等。这些细则为大学的日常运行提供了基本依据,使其各项活动有章可循,有条不紊。

以"行政管理指南"为引领,斯坦福大学全校性的政策文件还包括以下内容:一是大学公告(Bulletin),即大学本科生和研究生教学政策;二是斯坦福大学与工人之间的集体谈判协议(Collective Bargaining Agreement with USW);三是传播政策(Communications Policies),如在校园内拍摄或使用大

---

① 详见链接:http://wasc.stanford.edu/files/FoundingGrant.pdf。

学名称、标志的规定;四是残疾学生的相关政策(Disability-related policies for students);五是员工和劳动关系的政策(Employee & Labor Relations Policies);六是环境健康与安全(Environmental Health and Safety)相关政策、程序和指导方针的信息;七是教师手册(Faculty Handboook);八是研究生学术政策和程序(Graduate Academic Policies and Procedures);九是申诉程序(Grievance Procedures);十是身份与设计指南(Identity);十一是财产管理(Property Administration),如资产购置、维修、报告和处置的相关政策程序;十二是研究政策手册(Research Policy Handbook);十三是服务中心政策(Service Center Policies);十四是斯坦福员工补偿(Staff Compensation at Stanford)的程序和政策。①

上述一系列法令、宪章、指南、政策文件等,构成了斯坦福大学系统的管理理念、管理规则体系,构成了大学调节各种关系的准则和依据。这种长期积累、不断修订并逐渐适应大学成长要求的规则体系,久而久之,就形成了大学稳定运行的治理机制。

斯坦福大学的运行系统与内部机制

从法律上讲,斯坦福大学是一个受托基金机构,具有在加州的法律下的法人权力。依据《美国国内税法》,大学是免税单位。正式的法律名称是"小利兰·斯坦福大学董事会"。创始基金文件授予董事会的权力之一就是任命校长。董事会授权校长经营大学,同时将某些学术事务上的权力授予全体教员。

斯坦福大学的官网还特别指出,在斯坦福,斯坦福医院和诊所以及露西尔·索尔特·帕卡德儿童医院是加州的非营利性机构。它们从大学分离出来且彼此独立。大学由高等学院的评估委员会和隶属于西部院校联盟(the Western Association of Schools and Colleges)的大学进行评估。斯坦福大学的运行系统包括:董事会、行政官员、校长、校长任命的委员会和工作组、教务长、学院、学术委员会、学术委员会的专门委员会以及斯坦福大学学生联合会。

董事会居于大学治理和组织的首要位置。"行政管理指南"规定了董事会的体制机制。一是权力和职责。董事会是大学捐赠和所有资产的保管者,负责管理投资基金、制定年度预算、确定大学运作和管理的政策。董事会的权力和职责源自《创始基金及修订、立法和法令》。此外,董事会依据其章程和一系列重大政策的决议进行运作。二是成员。董事会成员共有35

---

① 详见链接:http://www.stanford.edu/about/administration/policy.html。

位,校长为当然成员并具有选举权。董事任期五年,可连任一届。任期结束后,董事在一年之内不得连任。根据《校友提名董事的选举或任命管理条例》,可选出或任命 8 位董事会成员,他们的任期为五年。三是董事会职员。董事会设有主席、一名或多名副主席、秘书长和副秘书长。除主席的任期为两年以外,选出的主席团成员任期为一年,其任期始于 7 月 1 日。四是委员会。董事会下设的常设委员会有财务委员会、发展委员会、校友及对外事务委员会、学术政策及规划和管理委员会、土地与建筑委员会、审计委员会、医疗中心委员会以及托管委员会。特别委员会包括体育委员会、补偿委员会、投资责任委员会和诉讼委员会。五是会议。董事会通常每年召开 5 次会议,时间一般为 10 月、12 月、2 月、4 月和 6 月的第二个星期二。2011 年 8 月的董事会成员共 33 人,除大学校长外,有加利福尼亚州最高法院的陪审法官、索尔克生物研究所(Salk Institute for Biological Studies)所长,但大部分是基金会的主席、投资公司的合伙人和各类高科技企业的董事长、总裁、CEO 和合伙人,其中就有雅虎的联合创始人杨致远。

行政官员体系作为管理团队(Stanford Administration)担负大学日常行政运作的领导责任。主要由大学校长、教务长与副校长们组成,总共不超过十人。校长是斯坦福大学治理和组织的核心。"创始基金"文件规定董事会应任命的大学校长,同时,根据董事会章程,只有董事会赞成票数过半时,才可任命或免除大学校长的职位。校长除了必须承担源自"创始基金"文件或其职务规定的义务外,还负有执行董事会章程和决议的责任。其职责主要包括:负责学校及其所有部门的管理,包括硬件设施的运行和大学商业活动的管理;在每次董事会例行会议上报告学校面临的问题,并提出行动方案;按照董事会总体目标,编制大学年度预算,向董事会提交预算计划和计划进展情况的报告;经董事会批准,可任命并将权力和职责分派给教务长和副校长。特别需要指出的是,大学校长负责校园安全,并可以采取合理的措施保护大学,包括但仅限于,禁止干扰大学正常业务运行或威胁大学社区安全的人进入学校。在特殊情况下,校长可以永久开除对大学社区的健康和安全构成威胁的学生。教务长作为主要的大学行政官员,侧重负责学术规划、学校及其他独立单位的教学和研究,以及学生事务、图书馆、信息资源和制度规则等相关的支撑服务。教务长下设副教务长,协助分管学术事务、研究、预算与管理、本科教育、教师发展、教师事务、宗教事务、研究生教育,协助管理斯坦福大学各学院和研究中心、图书馆及学术信息资源、体育事务、继续教育及暑期教育等学术事务。负责人力资源的副校长和负责土地、建筑和房地产的副校长除向校长报告工作外,也要向教务长报告工作,当校长空缺或校长无法行使校长职能时,教务长作为代理校长履行校长的职责。副校长作为校长的行政助手,分别负责大学职能领域的事务。副校长包括:负责商业事务兼财务总监的副校长,负责人力资源的副校长,负责医疗事务的副校长,负责发展规划的副校长,负责土地、建筑和房地产的副校长,以及法律总顾问等。校长也可任命大学官员,或分派权利和义务给其他大学官员。

大学内阁和专门委员会等是大学的咨询建议机构。大学内阁(The University Cabinet)的主要职能是建议和审查大学的方针、政策和规则,为校长和教务长提供有关大学发展方向、政策和规划的意见建议,主要但不限于如下四个方面的职能:教师和学术项目发展的长远规划;财务、设施和资金筹措方面的战略规划;教师和学生事务;人事政策等。大学内阁成员包括校长、教务长、学院院长、负责研究的副教务长、负责本科教育的副教务长、负责研究生教育的副教务长,以及斯坦福线性加速器中心主任、胡佛研究所所长等。校长担任内阁主席。大学的专门委员会和工作组是供校长顾问的重要咨询机制。大学专门委员会原被称作"行政委员会"。① 现有的委员会的组成有:投资责任与许可顾问工作组、体育与活动委员会、教职员人力资源委员会、环境健康与安全委员会和户外艺术委员会。大学委员会的主要职责是处理或支撑学校的教学和研究工作的运行,并负责制定相关政策建议。委员会向校长负责,校长有权规定委员会的职责,批准委员会提出的政策建议,任命各委员会的成员和主席。委员会中的学生委员由学生会提名,校长任命。委员会也会应评议会或校长的要求处理一些特别事务,并提供报告。专门的行政工作组负责检查和批准关于药剂和实验室物品的处理程序、起草相关新政策,并监督政策的执行情况。行政工作组的成员由校长任命,通过副教务长以及负责科研的主任向校长汇报。斯坦福大学有六个专门的行政工作组(Administrative Panels),包括生物研究安全性管理组、医学研究被试管理组、非医学研究被试管理组、实验室动物关怀管理组、辐射安全管理组以及人体胚胎干细胞研究组。其中,五个小组主要是为了确保大学课程教学和研究活动遵守危险的化学剂、人员和实验室物品的相关外部政策和内部规定。专门委员会和行政工作组在学校、学院和学系三个层面都存在,是应对专项工作而组建的工作组织。校级专门委员会主要负责为校长提供意见建议,或根据校长的指定,实施相关政策方针或审查专项工作落实情况。

大学的行政官员队伍相对精干,但他们管理着一支庞大的员工队伍。截至2010年,共有10233名员工支持着斯坦福大学的教学、学习和研究,其

---

① 参考资料:Faculty Handbook of Stanford University,来源:http://facultyhandbook.stanford.edu/。

中包括 5214 管理和专业人员、2816 名文职和技术人员和 717 名服务和维修人员。还有 1476 名员工在 SLAC 国家加速器实验室工作。

以教师为基础形成大学学术权力机构及各种自治组织。[①] 斯坦福大学的教师是学术治理的基础，以教师为基础，形成大学的学术权力机构及自治组织。斯坦福大学拥有 1903 名教师，分布在商学研究生院（5%）、地球科学学院（3%）、教育学院（3%）、工学院（12%）、人文科学学院（28%）、法学院（3%）、医学院（43%）和其他机构（3%）。55% 的教师拥有终身教职。491 名教师被任命为捐助讲席教授（endowed chairs）。大学的学术权力机构包括学术委员会，学术委员会的顾问委员会，学术委员会的评议会，评议会主席及指导委员会，评议会的专门委员会，评议会的规划及政策委员会，学术委员会下设的各委员会、系教授会等。斯坦福大学的学术自治组织是在学术委员会的基础上通过设立顾问委员会、评议会及其相关的各委员会而逐步健全的学术决策咨询的体制机制。各类组织之间分工明确，各司其职，相互制衡。

学术委员会（Academic Council）由 1468 名教师构成，包括所有终身制教员、非终身制教员、指定的政策中心及研究所的高级研究员、指定的学术行政官员。学术委员会享有董事会赋予教员的所有权力和权威。学术委员会每年召开一次会议，主要是审议校长报告、学术委员会评议会的决策和报告，讨论并决定有关学术政策，向完成学业的学生授予学位等。学术委员会可以将其功能委托给评议会（Senate），但保留审核权与投票表决权。

学术委员会的顾问委员会（Advisory Board of the Academic Council）由学术委员会从其成员中选举产生。其主要职责包括：接受并审议由学院院长和教务长批准的院系教授聘任名单；就教师任命、晋升和解雇以及系的建立和解散等事宜向校长提出建议；参考《教师行为准则》《学术自由声明》《教师申述程序声明》的规定举行听证会。

评议会（Senate of the Academic Council）作为学术委员会的核心组织，由学术委员会从其成员中选举产生。自 1993 年以来，评议会的人数一直为 55 人。各学院名额分配如下：商学院 3 人，地球科学 2 人，教育学院 2 人，工程学院 11 人，人文科学学院 24 人，法学院 2 人，医学院 9 人，斯坦福线性加速器中心 1 人，特殊行政小组 1 人。除了上述 55 人外，评议会还有 15 名没有投票权的当然成员。评议会的主要职责包括：决定学术政策；向学术委员会报告工作；听取有关教师的重大事件的报告并进行讨论。评议会设主席

---

① 参考资料：Faculty Handbook of Stanford University，来源：http://facultyhandbook.stanford.edu/Senate and Committee Handbook，来源：http://facultysenate.stanford.edu。

(Chair)一名。此外,评议会还会从其成员中选举出6名成员,连同评议会主席及校长或校长的代理人(通常为教务长)组成评议会的指导委员会。校长或教务长没有投票权,其主要职责是指导评议会的事务。

斯坦福大学有着完善的专门委员会咨询体系,为对这些委员会进行统筹协调,评议会设置组织委员会(Committee on Committees of the Senate),该委员会的成员由指导委员会从评议会成员中选举产生,除评议会主席外,包括评议会中的其他6名成员。其主要职责包括:提名并任命学术委员会成员担任评议会下辖各委员会的工作;提名教师为校级专门委员会、行政工作组或董事会成员;为其他委员会的成员提供咨询意见。

1992年,评议会成立了规划及政策委员会(Planing and Policy Board)。该委员会由评议会委员会和指导委员会从学术委员会成员中任命产生。其主要职责为:代表全体教师维护大学学术健康;研究长期趋势以及制定进一步的学术政策。规划及政策委员会既是评议会的常设委员会,同时也是供校长咨询的大学专门委员会之一。

学术委员会下设的各委员会包括学术计算与信息系统委员会、研究生教育委员会、图书馆委员会、科研委员会、本科生专业指导委员会、本科生招生与资助委员会、本科生标准及政策委员会。各委员会中的教师成员由评议会的委员会从学术委员会成员中任命产生;学生成员由斯坦福学生会提名。其主要职责为向评议会就各自委员会负责范围内所出现的相关学术政策事宜提供建议。

系教授会(Departmental Professoriate)作为基层学术自治组织,其成员包括教授、副教授、助理教授,以及不属于终身系列的教授级人员,但不包括纯教学系列的讲师、高级教师,也不包括纯研究系列的研究人员。其主要职责为指导学系内部的学术及行政工作。

斯坦福大学学生联合会(ASSU)是大学学生自治组织。所有注册学生都是ASSU成员。他们遵守于2007年4月票决的学生联合会宪章和章程,会长和副会长是联合会的行政负责人和代表,财务主管是学生企业的首席执行官和学生组织基金的管理者。学生联合会有两个立法组织,分别为本科生评议会和研究生委员会,他们一起工作,以确定该协会的预算、财务、投资、业务及营运政策。双方定期召开会议,商讨协会业务,并在与斯坦福大学学生生活相关的问题上采取行动。

斯坦福大学的行政系统与学术系统相辅相成

斯坦福大学的董事会是大学的最高权力机构。其主要职责是托管大学的捐赠及所有资产,确立大学的目标与基本方针,任命校长,赋予校长和教师权力,准予校长和教师在授权范围内履行职责。董事会是大学的最高决策机构,大学治理结构的各个部分在董事会的授权下进行运作。

在董事会的授权下,以校长为代表的行政管理体系和以评议会为代表的学术管理体系依据各自的权责和章程进行运作。在行政管理系统中,校长拥有在董事会授权范围内的行政事务决策权,主要表现为任免行政官员、制定行政规章制度、组建各类委员会或行政工作组等。此外,校长还负责编制预算报董事会批准。校长的决策由专业化的行政管理团队负责执行。在学术管理系统中,学术委员会或评议会拥有在董事会的授权范围内的学术事务决策权,主要包括教师任命、晋升和解雇,制定学术政策与学术规范,成立或解散系科,本科生、研究生的课程与培养等。学术委员会系统只负责决策,不操作执行。同会议相关的行政工作及会议决议的执行工作由校、院、系各层行政人员按照规则与程序落实。

行政管理体系和学术管理体系之间权责分明,并相互联系。行政事务的决策权与行政官员(包括校级领导、行政机构负责人及专门委员会主席或工作组负责人)的任免权归属于校长或由校长报董事会批准。学术事务(包括教师任命、晋升和解雇,系科的建立和解散、本科生、研究生的课程与培养等)的决策权则归属于学术委员会。行政管理体系和学术管理体系的成员相互交织并互相参与决策过程。对于行政系统,大学内阁成员中的学院院长具有双重身份,这些人既代表学院教授的意见又是学校行政管理体系中的一个层级。另外,斯坦福大学还通过设立各种专门委员会和行政工作组的方式来建立教师、学生、校外人士提供意见建议的通道,参与民主决策的过程。对于学术系统,评议会设立了15名无表决权的职务代表,设立了3名来自斯坦福大学学生会的特邀代表,以及1名退休教职工代表。特邀代表同样没有表决权,但有发言权。这种机制有利于行政系统与学术系统之间的协调配合,有利于增加决策及建议的多样性,增强教师与行政之间的交流等。

斯坦福大学的行政体系在保证资金、人事、教学、研究、学生等职能领域专业化效率的同时,在行政管理框架和机制层面构成彼此之间的协调配合。例如,人力资源管理的调配基础在于大学经费,有一个人员就必须有一份资金保障,所以,负责人力资源的副校长既要向校长,又要向负责商业事务兼财务总监的副校长汇报工作,以加强人员与其所需经费之间的联系。又如学科的建设与发展,其重要条件之一是空间面积使用需求及其调配。因此,负责土地、建筑和房地产的副校长既要向校长汇报工作,也要向教务长汇报工作,将学科发展与空间联系起来,并将教职员工住房工作单列出来,划归教务长系统分管。

除"行政管理指南"和《学术委员会和评议会手册》外，斯坦福大学的诸多政策文件都具有严密的制度体系和重要的借鉴意义。尽管我们尚未看到斯坦福大学治理的核心文件《董事会章程》，但健全的行政和学术权力体制为科学的运行机制打下了坚实的基础。在此仅举二例，从中可见斯坦福大学的各类规章制度环环相扣，体大思精。

《学术政策手册》包括十章：支持研究的办公机构、委员会和管理事务会；学术政策；受赞助项目的财务管理；职责及兴趣的冲突；知识产权；环境健康与安全；关于人类主题研究；研究中实验动物的使用；非员工从事研究的派任；受赞助项目管理的其他方面。该手册规定了首席研究员制、研究项目候选人资格确认程序、研究人员晋升程序、教员研究时间与教学时间的分配、学生参与科研的规定和知识产权的归属。斯坦福的研究政策文件不仅构筑了学术道德规范体系，而且形成了先进的科研管理文化，为高层次人才的培育和高水平学术研究创造了软环境。

斯坦福大学的《学生司法宪章》(Student Judicial Charter)的特点在于，在校园司法工作中，一方面始终将受指控学生的诉讼权利保护置于首位，另一方面又充分尊重学生的诉讼参与权，不仅为受指控学生制定了十方面共22项诉讼权利，也为司法过程中的其他诉讼参加人规定了七个方面共14项诉讼权利。这些权利设定都以美国宪法《权利法案》为基础，通过这些逻辑严密的诉讼程序充分保障了学生的诉讼权利，也体现了权利平等、正当程序、人民主权的宪政思想。

"行政管理指南"以及配套的全校性政策文件在人员晋升、基金管理、劳资关系、利益冲突等诸多方面的经验还有许多值得我们深入发掘和探究之处，尽管国内学者对斯坦福大学的关注较其他大学为多，但或注重治理结构，以至浮云遮望眼，或流连管理细节，可惜身在此山中。只有全面把握斯坦福大学的章程体系及其各类文件的关联脉络，才能窥其全豹。我们致力于此，但还远远不够。

大学理念、大学章程与规则、行政系统与学术系统相辅相成的机制使斯坦福大学稳定有序地发展。从 1891 年开学到 1921 年，斯坦福大学只是一所乡村大学，但已经有了创建初期的磨难经历和大学教学的经验。从 1921 年到 1951 年，斯坦福大学经历了世界经济危机和世界大战影响，已经有了扎实的发展，其中，1944 年斯坦福大学制定了未来 20 年发展的规划。尽管如此，它和哈佛大学、加州伯克利大学等其他美国大学相比，仍然默默无闻。但从 1951 年到 1981 年，斯坦福大学迅猛发展，且在 20 世纪 70 年代就已名列前茅。1985 年，到建校 100 年时，斯坦福大学被评为全美大学的第一名。大学迅速发展的影响因素很多，其中一个重要的因素是，斯坦福大学研究园区

(Stanford Research Park)的建立,以及研究园区的理念所形成的学术研究、产业促进、大学发展之间的互动关系,促使斯坦福大学在教学、研究、社会影响等方面迅速成为世界最有影响的大学之一。

学术研究、产业促进、大学发展之间的互动机制

学术研究、产业促进、大学发展之间的互动机制源于斯坦福大学研究园区的建立,而研究园区的建立源于"学术尖端"的构想。第二次世界大战之后,美国联邦政府加大了对教育的投资,高等院校由此而获得了发展的机遇。当时处于西部的斯坦福大学与东部的名牌大学相比,差距仍然很大。西部不如东部发达,人才流失严重,而高校的未来却在于人才。当时的斯坦福大学副校长弗利德里克·特曼(Frederick Terman)教授认为,要成为第一流的大学,必须有第一流的教授。然而,当时的斯坦福大学对一流教授没有吸引力。为此,特曼教授提出了"学术尖端"的构想。"学术尖端"的构想主要包括三个内容:一是吸引顶尖人才。通过拥有好的教授来吸引政府项目,吸引社会资金,吸引研究生和有潜力的年轻人,从而使大学成为优秀人才的聚集地。二是建设学术顶尖的科系。有了好的教授和经费,就能够有条件建设若干个学术顶尖科系。通过一个个学术顶尖的科系来形成大学教学与研究的卓越能力。三是提高大学的声誉和实力。大学的兴旺发达能够提升斯坦福大学的声誉和实力,这就可以在联邦政府的教育投资和民间捐赠中获取尽可能多的支持。特曼教授还认为,大学不仅是求知的处所,而且对于一个国家的工业发展、工业布局、人口密度和所在地区的声望,都可以发挥巨大的经济影响。

招揽出色人才、造就尖端科系、建成一流大学的"学术尖端"构想的逻辑简单明了,但如何实现就需要有一个切实可行的起步战略。特曼副校长向校长华莱士·斯德林(Wallace Sterling)建议将斯坦福的土地变成大学的经费,用充裕的经费聘请著名教授来成就斯坦福学术上的威望。经过研究,包括对斯坦福先生的土地赠予书(赠予土地不许出售,但并未禁止出租)的分析,校长和董事会同意了特曼副校长的计划,决定先划出7.5%的校园土地(约655英亩)作为研究园区,以低廉的租金、99年的长租期、完全按企业的意愿进行使用等优惠条件租给工商业界或毕业校友去设立公司,再由他们与学校合作,提供各种研究项目和学生实习的机会。很多公司对这种模式非常感兴趣,很快就和学校签署了租约。1951年建立园区,1953年,第一批公司,包括柯达公司、通用电气、洛克希德公司等高科技企业先后进驻了斯坦福大学研究园区。研究园区初具规模并开始形成学术研究、产业促进、大学发展之间的互动机制。后来,人们又称这种形态为大学的科技园区。

研究园区的学术市场化的运作模式造成了创新企业的经济环境，正是这种高科技、高风险、高利润的经济环境吸引着各种各样的创业者。研究园区把大学的智力和工业界的财力结合起来，产生了巨大的生产力。这种情况引起了政府的重视。美国国家科学基金会设立专门机构实施小企业创新研究计划。这个计划有助于小企业、新兴企业得到社会投资，得到研究和开发的资助，鼓励小企业与大学、政府机构或大公司签订工作协议。另外，州政府还以风险资本计划和允许发行免税工业集资债券等办法，支持小企业的开办和发展。斯坦福大学的毕业生在此由小到大先后创造了许多世界著名的企业：例如 HP、Cisco、EBay、Electronic Art、Gap、Google、Nike、Sun、Yahoo 等，以及数以百计的美国知名上市公司。随着企业一家接一家地开张，形成美国加州的"硅谷"（SiliconValley）。最初的斯坦福大学研究园区就成了斯坦福大学与美国硅谷之间联系和发展的纽带，成了硅谷最初的孵化器。

　　斯坦福大学研究园区经常面对的事情是土地的出租和管理。最初研究园区的土地租借期为 99 年，1960 年把租期改为 51 年。当时的办法是预付租金总额。1987 年，又建立了每年支付租金的制度。研究园区对投资项目的进入有严格的限定，对投资者的申请特别谨慎。尽管如此，许多企业仍愿意进入研究园区，以便获得更多的成功机会。因为在园区内，公司可以经常接触大学的研究机构，通过这种交流可以发现更多的创业机会，谋求与大学的共生共长。斯坦福大学通过研究园区也为大学的发展获得了丰厚的经济基础。

　　科技是生产力，大学是生产知识的最重要的地方，知识是科学技术的基础，科学技术转化成生产力，生产力成果又促使大学生产更多更好的知识。这个循环关系推动着斯坦福大学把知识和工业联系起来，而知识与实业结合的理念正是斯坦福先生的"实用教育"（Practical Education）观念的体现。这种观念从一开始就影响着斯坦福大学的成长。斯坦福先生并没有受过高等教育，他是作为一个实业家进入高等教育管理的。实业家的社会实践，使他懂得教育对于振兴实业的重要性。"实用"就成了斯坦福大学的办学理念之一。斯坦福大学遵循这种理念，倡导学术与产业相结合，避免把大学办成一个脱离实际的象牙塔。1944 年斯坦福大学制定未来 20 年的大学发展规划，为的是能引起政府对斯坦福大学的重视，能有效地利用联邦政府的资助，把斯坦福大学从一所地区性学府变成全国著名的研究型大学。20 年规划的内容主要包括：第一，结合斯坦福大学的尖端学科，努力使斯坦福大学成为工业研究和开发的中心，使大学和工业联合起来，为高科技发展和地区经济增长作出贡献，同时也可为毕业生提供优越的就业机会。第二，把大学的财力、物力集中起来，用以吸引第一流的教师和研究人员，组建各种前沿性的研究所、实验室等，培育在某些方面引领世界的人才。第三，重视大学的基础教育，在教学和研究的战略上，把大学的基础教育看作潜在的、未来成长的技术准备，适时地进行改革。第四，为了增加教师与工业进行联系的兴趣，制定一套刺激这种积极性的报酬制度，并且优先考虑可能对大学学术目标作出贡献的企业，将其与大学相关系科结合起来。根据这个规划，遵循"实用"的理念，1951年，斯坦福大学副校长特曼教授建议并倡导建立了世界大学中第一个研究园区。

斯坦福大学研究园区不仅进行基础研究，也进行应用研究和开发活动。基础研究通常在大学实验室进行，也在企业的研究所进行。在大学研究所里，应用研究常常由大学教师和企业研究人员一起参加。开发活动则集中在企业研究所。在大学与企业结合方面，开发活动可以是教师去当企业顾问，指导开发；也可以是企业吸收研究生参与开发活动。此外，斯坦福大学还通过多种形式加强与公司企业的联系。如开设专业课程、办夜校、任顾问、当董事、共用研究设施、联合研究、研究生参加非全日制工作、聘请企业家当兼职教师或当论文评审委员会成员，等等。斯坦福大学还采用闭路电视，把生动、形象的电视课程传送到研究园区的高技术企业，允许企业职工在不离开职位的情况下获得学位，对攻读硕士学位者采取灵活措施，不一定要住校学习，甚至不要求写论文。这种合作，对大学和企业都有好处。对企业来说，技术转移的速度很快，教师刚刚获得的实验成果或毕业生的革新计划，往往能马上在公司中实现。对大学来说，可以从企业获得用于建立研究奖学金、增聘教师、购置实验设备等方面的资金。有许多公司曾在几十年前因免费使用过斯坦福大学的实验室而怀有感激之情，现在也愿意资助斯坦福大学的研究计划。

学术研究、产业促进、大学发展之间的互动机制，不仅解决了大学的财政问题，促成了硅谷的形成，实现了"学术尖端"的构想，更为斯坦福大学成为世界一流大学创造了良好的条件。

斯坦福大学从诞生到今天，已经126年了。近10年中，我曾经两次到过斯坦福大学，曾和大学官员谈论过大学的教学、科研、发展机制问题。但仍然了解不深。这次有机会研究斯坦福大学的章程体系和治理结构，进一步加深了对其成长过程和机制的理解，这都成了序言的一些内容。斯坦福大学的成就同其所依托的三个文件体系及由此所形成的大学治理结构和治理机制密切相关。给我们的深刻印象是：任何一所大学的章程体系都有其独特的形成过程，这个过程又伴随着大学的生存和发展，同时又强烈地显示着大学章程体系对大学的影响作用。所以，当我们阅读斯坦福大学的行政管理指南的时候,总会想到这些文字背后所经历的方方面面,想起高瞻远瞩和战略设计给予大学发展的历史贡献。我想,大家看完这卷书之后,也会有许多治理机制方面的体会,这对促进中国大学的进步非常有益。

张国有

北京大学校务委员会副主任

2011 年 7 月 22 日

前言

什么是"行政管理指南"?

"行政管理指南"是斯坦福大学行政政策的参考手册。官方版本详见http://adminguide.stanford.edu/。

谁负责制订和修改"行政管理指南"?

人力资源部门负责制订和修改"行政管理指南"。行政管理指南主编的地址是:帕纳马街320号,邮编4160。若要修改或提供新的材料,请发送电子邮件至:guide-editor@lists.stanford.edu。

谁批准"行政管理指南"的内容?

"行政管理指南"备忘录(以下简称"指南备忘录")中的有关特定政策领域的内容由负责该领域的大学官员正式批准,并通知主编有关的政策变化。批准政策的官员被列在相应的指南备忘录的顶部。一般来说,主要责任分配如下:

第1章	组织机构	校长
第2章	人事(除24和25之外)	负责人力资源的副校长
24.1	本科生工资级别	负责学生事务的副教务长
24.2	研究生助教职位	负责研究的副教务长及院长
25	卫生与安全	负责研究的副教务长及院长
第3章	财务	负责商业事务兼财务总监的副校长
第4章	馈赠	负责发展规划的副校长
第5章	采购	负责预算及相应管理的副教务长
第6章	计算机	负责商业事务兼财务总监的副校长
第8章	大学服务设施	负责特定服务的官员

当多个行政办公室在"行政管理指南"备忘录中职能重叠时,批准此备忘录的有关人员应向"行政管理指南"主编指明该重叠,并就修改取得一致

意见。

谁有权使用本指南？

官方行政管理指南，详见 http://adminguide.stanford.edu/，对任何可访问网络的人开放。

本指南如何更新？

在斯坦福这一复杂的组织中，组织机构、教职员工及学生遵守的政策程序的改变是一个持续的过程。目前适用的政策可参见 http://adminguide.stanford.edu/。每个季度编辑在网上上传修订版本，并向通信列表 guide-update@lists.stanford.edu 发送电邮通知。

网址为 http://adminguide.stanford.edu/whatsnew.html 上的"最新消息"一栏提供最新信息和重大变化的梗概。除非另外说明，最新修订的政策在发布时生效。

如何获取更新通知？

为了每季度获取更新的行政指南，斯坦福社区成员可订阅电子邮件通信列表。（1）点击 guide-update-join@lists.stanford.edu，在主题行输入"订阅"，然后按发送按钮，或（2）发送您的请求至 guide-editor@lists.stanford.edu 给指南主编。

目录

斯坦福大学行政管理指南

第一章　学校组织机构　/001

第二章　人事　/041

第三章　财务　/219

第四章　馈赠　/297

第五章　采购　/323

第六章　计算机　/363

第八章　大学服务设施　/387

后记　/411

《大学章程》第三卷译校分工　/414

第一章　学校组织机构

1　大学行为准则

授权　本指南备忘录由校长批准。

适用　本准则适用于斯坦福大学以下成员：a）当为斯坦福大学工作时由学校支付薪水的人员，包括教师、职员和学生；b）按合同规定，与学校有业务往来的顾问、供应商和承包商；c）为学校提供服务的志愿者和与学校相关的人员；和 d）学生。该准则指定所有这些人员为"大学社区成员"或"社区成员"。

概述　本指南备忘录确定大学行为准则。

以下各条标题为：

1. 简介和宗旨
2. 诚信和品质标准
3. 保密和隐私
4. 利益冲突/义务冲突
5. 人力资源
6. 财务报告
7. 遵守法律
8. 大学资源利用
9. 举报涉嫌违规行为

1. 简介和宗旨

a. 简介——作为斯坦福大学社区成员，所有教师、职员、学生、董事会成员、大学官员及附属人员有责任维护此机构及本社区的最高道德标准。学校重视正直、诚实和公平原则，并努力将这些价值观纳入其教学、研究和经营实践中。

b. 宗旨——本此精神,本准则("准则")是一项我们致力于维护道德、专业和法律标准的共同声明,并作为短期及长期决定和行动的基础。我们必须清楚并遵守指导我们工作的相关政策、规范、法律和条例。作为个体我们应对自己的行为负责,而作为大学社区成员,我们都有责任维护这些行为标准并遵守所有相关法律和政策。

c. 违章——遵守本准则也使我们有责任将涉嫌违反规范、政策、法律或法规的行为通知相应的管理办公室。提出此点是对大学的一种服务,并不会危及自己的职位或就业。违章一经核实将给予责任人相应的纪律处分,包括终止与学校的雇用或其他关系。在某些情况下,民事赔偿和刑罚将被适用。

d. 问题——任何有关本准则的内容及适用范围的问题可向执行机构主任咨询,详见 http://institutionalcompliance.stanford.edu/,或参考法律总顾问办公室网页(http://www.stanford.edu/dept/legal/)。

2. 诚信和品质标准

斯坦福大学认识到它必须赢得并维持一个诚信声誉,其中包括但不仅限于遵守法律、规章及其合同义务。不适当行为的出现会对大学造成不良影响。斯坦福大学必须努力在任何时候都保持其品质和诚信的最高标准。

通常情况下,斯坦福大学的商业活动和社区成员的其他行为不受具体的法律或法规的约束。在这些情况下,公平、诚实和尊重他人权利的原则将始终指导我们的行为。

此外,每一个人应诚实、准确及公正地进行大学商业行为。在各种情况下,都应以此为标准。不道德行为不能因其在斯坦福大学以外是"常例"或可获得其他利益就能被容忍。权宜之计决不能损害诚信原则。

3. 保密和隐私

社区成员代表大学接受和产生各种保密的、专有的及私人的信息。至关重要的是,每一个社区成员应遵守所有联邦法律、州法律、与第三方的协议及有关使用、保护和披露此类信息的大学政策和原则,即便在社区成员与斯坦福大学关系终止时这种政策依然适用。

有关大学的"隐私原则"或特定的隐私法律,如《家庭教育权和隐私权法》(简称 FERPA,有关学生记录)、《健康保险流通与责任法》(简称 HIPAA)、《加利福尼亚州民法典》第 1798.85 条(有关社会保险号);以及《民法典》第 3426 条(商业秘密),均可从法律总顾问办公室获得,详见 http://www.stanford.edu/dept/legal/。

此外,大学计算机系统所存储的信息的隐私权受"行政管理指南"备忘录 62（即计算机和网络使用政策，详见 http：//adminguide. stanford. edu/62. pdf）和针对学生的学术政策和声明（详见 http：//www. stanford. edu/dept/registrar/bulletin）的监管。

4. 利益冲突/义务冲突

斯坦福大学的教职员工在专业上为学校及其使命效力，投入到最高水平的教育、病人护理、科学及学术研究中去。专业活动外的私人经济利益或第三方利益的获取会造成大学使命和个人利益之间客观或主观上的冲突。为了保护我们的首要使命，涉及其他职业利益和经济利益的社区成员应对这些利益进行披露并遵守适用的利益冲突/义务冲突政策，这些政策可从以下网址获得：

- 教师义务冲突和利益冲突政策，详见 http：//www. stanford. edu/dept/DoR/rph/4-1. html
- 职员义务冲突和利益冲突政策，详见 http：//adminguide. stanford. edu/15_2. pdf
- 学术职员义务冲突和利益冲突政策，详见 http：//www. stanford. edu/dept/DoR/rph/4-4. html

5. 人力资源

斯坦福大学是一个致力于追求卓越并为促使这一目标实现而提供便利环境的机构。为达成这一目标，机构的中心原则是公平并不失尊重地对待每个社区成员。为了鼓励这种行为，大学禁止歧视和骚扰，并对所有社区成员和申请者提供平等的机会，不论其种族、肤色、宗教信仰、国籍、血统、身体或精神残疾、健康状况、婚姻状况、性别、年龄、性取向、性别认同、兵役状况或任何其他受法律保护的特定情况。凡发现有违反本准则的行为，大学将立即采取行动停止违规行为，防止其复发并惩戒相应的负责人。本准则具体体现在以下具体政策中，这些政策可从以下网址获得：

- 一般人事政策，详见 http：//adminguide. stanford. edu/23. pdf
- 多元开放办公室，详见 http：//www. stanford. edu/dept/diversityaccess/
- 性骚扰政策办公室，详见 http：//www. stanford. edu/dept/shpo/
- 性骚扰和双方意愿下的性关系或恋爱关系政策，详见 http：//adminguide. stanford. edu/23_2. pdf
- 性侵犯政策，详见 http：//adminguide. stanford. edu/23_3. pdf

大学也应遵守所有与某种情况有关的法律法规，在该情况下美国前军事人员被聘用或担任顾问。

6. 财务报告

学校所有的账户、财务报告、纳税申报单、费用报销、时间表单和其他包括提交给政府机构的文件，必须准确、清楚和完整。大学账簿和记录中的全部条目，包括各部门的账户和个人开支报告，必须准确反映每一笔交易。详见"行政管理指南"备忘录 34（有关大学资产的责任，http://adminguide.stanford.edu/34.pdf）和 34.5（支出政策，http://adminguide.stanford.edu/34_5.pdf）。

7. 遵守法律

大学社区成员进行商业交易时必须遵守适当的法律法规以及大学政策和程序。管理者和主管负责指导和监督遵守的情况。当涉及相关政策的解释或适用范围的问题时，可以联系政策监督人。尚未解决的问题和/或法律法规的解释应提交给法律总顾问办公室处理。学校范围的政策文件详见 http://www.stanford.edu/home/administration/policy.html。

a. 合同义务——协议（包括项目赞助资金）的接受使斯坦福大学在法律上有义务遵守该协议条款和条件以及相关法律法规。因此，只有被学校相应的官员授权的人员才有权代表学校签订协议。详见指南备忘录 52（采购关系，http://adminguide.stanford.edu/52.pdf）。

b. 环境健康与安全，包括工作场所健康与安全——大学社区成员必须致力于提供安全的工作场所以确保其成员的健康与安全。学校将提供有关健康和安全隐患以及保障措施的信息和培训。社区成员必须坚持良好的卫生和安全行为并遵守所有有关环境健康和安全的法律规章。详见 http://www.stanford.edu/dept/EHS/prod/training/intro/ppribm.pdf。

c. 非大学专业标准——学校里的一些专业和学科由针对这些专业的标准和准则进行规划管理（如律师、注册会计师和医生）。通过制订道德、行为及专业责任的准则以及用于指导其成员的标准，这些专业准则普遍提高了专业和/或学科的质量。除了遵守专业标准以外，那些属于此类机构的人还应遵守大学政策和行为守则。如果社区成员认为专业标准和大学政策之间存在冲突，他/她应联系法律总顾问办公室。

d. 学术政策——详见 http://www.stanford.edu/dept/registrar/bulletin。

8. 大学资源利用

出于商业目的，大学资源必须由校方进行保留。这些资源不可被用于谋取私利或被私人使用，除非这是偶然的，并且鉴于员工的职责是合理的。大学资源包括但不限于，大学系统（如电话系统、数据通信和网络服务）和斯坦福电子通信论坛域的使用、大学设备（如计算机及辅助设备、大学车辆和其他设备）的使用、采购工具（如采购卡和零用金）的使用，以及斯坦福其他工作人员和学生的时间和精力。

9. 举报涉嫌违规行为

a. 向管理部门举报——斯坦福社区成员应举报涉嫌违反法律、法规、行政合同和基金要求或本准则的行为。一般而言，举报人首先应通过标准的管理渠道，向直属主管、辅导员或导师举报。如果因为某种原因，不适宜向直属主管举报涉嫌违规行为（例如，涉嫌违规行为的是该主管），则可向学校或院系的更高管理部门举报。

b. 其他举报——所有违反法律或规章的行为应内部举报到制度遵守热线（compliance@stanford.edu 或 650/725-0076）或法律总顾问办公室（650/723-9611）。任何涉嫌违反联邦基金法规的行为也可举报到国防部舞弊、浪费和滥用职权热线（800/424-9098）。另外，任何涉嫌违反国家或联邦法规、规则或条例的行为也可举报到加州总检察长举报热线（800/952-5225）。

c. 保密——虽然提供的信息越多越有利于调查，但是举报可以是保密甚至匿名的。对违规行为的关注是对大学的一种维护，举报行为本身不会危及雇佣关系。

d. 合作——在调查任何不当行为的过程中，所有雇员都应充分合作。

11 大学组织机构

本指南备忘录涵盖学校的各管理机构。现任行政和学术人员的名单发布在斯坦福大学的公告信息栏和斯坦福大学教员/员工目录上。

以下各条标题为：

1. 大学的创办
2. 董事会
3. 校长
4. 教务长
5. 大学内阁

1. 大学的创办

a. 创始基金——小利兰·斯坦福大学是由参议员利兰·斯坦福及其夫人于1885年11月11日创办的，以纪念他们唯一的孩子。1885年3月9日，斯坦福参议员获得加利福尼亚州立法机关授权法律的批准，之后通过基金捐赠,创办大学。创始基金移交给董事会一定的资产,指导学校的建立,以及规划大学的目标和管理。

b. 修正案——创始基金为创始人保留修改基金的权利。在1893年斯坦福参议员逝世后的几年内,斯坦福夫人向董事会提出了若干修订条例,包括学校无派系、无党派的性质、校长权力、董事会的职责、财务管理、校园住房、来自非创始人的捐赠、暑期学校、研究和学费等问题。

c. 立法和法院法令——在斯坦福参议员逝世之前,利用创始基金进行大学经营并不复杂。然而,当涉及信托资金转移给董事会、资产和收入的税收以及大学的法律地位时,一些问题日益凸现。条款被提交给加利福尼亚州立法机关并经其批准以纠正缺陷,董事会被授权就大学的法律地位及董事会的作用等事项向法院请求判决。

d. 创始信息——斯坦福大学成立步骤的详细说明、各种法律文件以及学校历史可在格林图书馆的学校档案中找到。学校还出版了一本册子——《创始基金及修订、立法和法令》。此外,一些基本的历史书籍可在《教师手册》的参考书目中找到。

2. 董事会

a. 权力和职责——董事会托管大学的捐赠及所有资产。董事会负责管理投资基金、制定年度预算、确定大学运作和管理的政策。董事会的权力和职责来自《创始基金及修订、立法和法令》。此外,董事会依据其章程和一系列重大政策的决议进行运作。

b. 成员——董事会成员共35位,包括大学校长(校长为当然成员并具有选举权)。根据《校友提名委员会的选举或任命条例》可选出或任命八位董事会成员。董事会所有成员任期五年,可连任两届(校友提名委员除外,他们只有一个五年任期)。

c. 董事会官员——董事会官员由主席、一位或多位副主席、秘书长和副秘书长组成。除主席的任期为两年以外,选出的主席团成员任期为一年。其任期始于7月1日。

d. 委员会——八个董事会常任委员会包括:财务委员会、发展委员会、校友及对外事务委员会、学术政策及规划和管理委员会、土地与建筑委员会、审计委员会、医疗中心委员会以及托管委员会。除非主席另有指示,每次董事会例会之前先召开常任委员会会议。

e. 会议——董事会每年召开五次会议,分别在10月、12月、2月、4月和6月。一般是在当月的第二个星期二。

3. 校长

a. 任命——创始基金赋予董事会多项权利和义务,其中一项是任命一名大学校长（其受聘之时不得为董事会中的一员），并能随时将其撤职。根据《董事会章程》，只有当董事会赞成票数过半时，才可任命或免除大学校长的职位。

b. 权利和义务——除了必须承担来自创始基金或其职务规定的义务外，校长也负有执行《董事会章程》和决议阐明的以下责任：

- 他应负责学校及其所有部门的管理，包括硬件设施的运行和大学商业活动的管理。
- 校长应在每次例行会议上向董事会汇报学校问题及所取进展，并且应提出行动方案。
- 与董事会总体目标相符合，他应负责编制年度大学经营预算和其他指定的年度预算。他应向董事会提交这些预算以待审核及后续行动，同时应向董事会提交关于计划进展及来年预算方案的定期报告。

c. 职员任命——为了协助校长履行职责，在董事会的批准下，大学校长可任命并分派权利和义务给教务长、负责商业事务兼财务总监的副校长、负责医疗事务的副校长、负责发展规划的副校长和法律总顾问。经董事会批准，大学校长也可委任及分配权利和义务给其他他认为合适的官员。

d. 无人或无法行使职责——当无人或无法行使校长职责时，教务长应作为代理校长履行大学校长的职责。如果校长与教务长同时无法行使其职责或认为情况需要，校长（或作为代理校长的教务长）可以指定一人或多人以校长名义履行职责。在紧急情况下，董事会主席可指定一人或多人以校长名义履行职责或作为代理校长，如果任期超过30天，该任命必须获得董事会的批准。

4. 教务长

a. 责任——教务长，作为主要的学术及预算官员，管理学术规划（学校及其他独立单位的教学和研究）和支持学术规划的大学服务（学生事务、图书馆、信息资源和体制规划）。当无人或无法行使校长职责时，教务长应是大学代理校长。

b. 主要工作人员——教务长的主要工作人员可参见指南备忘录11.2中的组织结构图。

5. 大学内阁

a. 成员——由校长担任主席，大学内阁成员包括教务长、7个学院院长、负责研究的副教务长兼院长、斯坦福线性加速器中心主任、胡佛研究所所长、负责本科教育的副教务长及负责研究生教育的副教务长。

b. 责任——大学内阁的主要职能是建议和审查大学范围内的方针、政策和规则。其目的是保证大学工作中学术目标的中心地位。校长和教务长向内阁寻求有关大学的发展方向、政策和规划的建议,包括但不限于:

- 教师和学术项目发展的长远规划
- 财务、设施和资金筹措方面的战略规划
- 教师和学生事务
- 人事政策

内阁同时会建议校长和教务长其他相关事宜。

11.1 组织结构图:校长

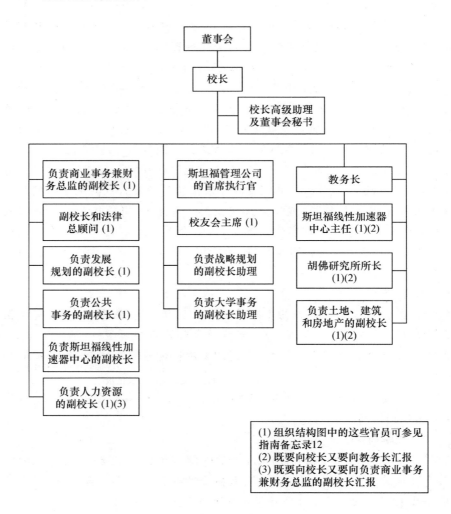

(1) 组织结构图中的这些官员可参见指南备忘录12
(2) 既要向校长又要向教务长汇报
(3) 既要向校长又要向负责商业事务兼财务总监的副校长汇报

11.2　组织结构图:教务长

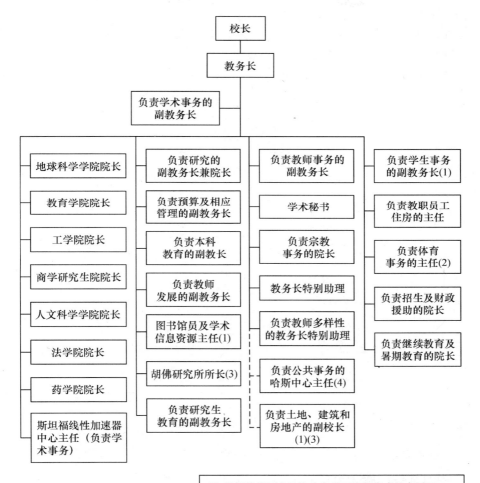

(1) 组织结构图中的这些官员可参见指南备忘录12
(2) 财务运作向负责预算及相应管理的副教务长汇报
(3) 既要向校长又要向教务长汇报
(4) 既要向教务长又要向副教务长汇报学生事务

12.1 责任及组织结构图：负责商业事务兼财务总监的副校长

负责商业事务兼财务总监的副校长就管理财政政策和制度、财务控制、内部审计、科研管理、风险管理、公共安全、信息技术系统和服务、人力资源、债券持有人关系和商业发展向校长负责。

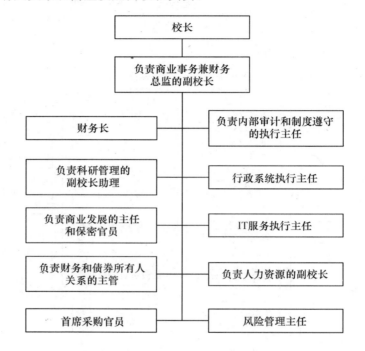

12.2 责任及组织结构图：负责发展规划的副校长

负责发展规划的副校长就大学采购规划的计划、协调和管理向校长负责，并且与校长、教务长及各学院院长紧密合作确定大学的筹资需求并实施方案以满足这些需求。

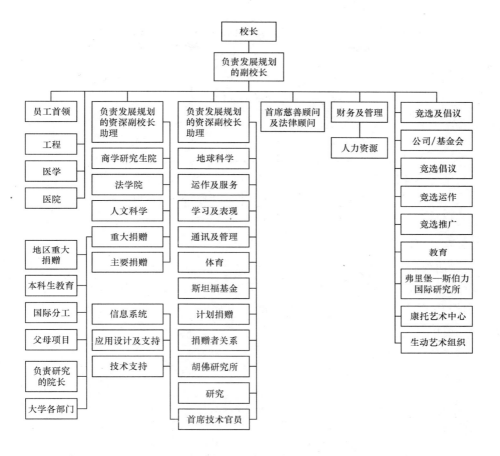

12.3 责任及组织结构图:法律总顾问/斯坦福法律办公室

法律总顾问向董事会及校长负责学校及其他部门有关法律条款的服务。法律总顾问负责雇用、培训和监督学校所有律师,以及外聘律师的留存、指导和聘用。只有法律总顾问可留用外聘律师向学校提供法律服务。法律总顾问确保在大学各部门责任范围内进行适当的法律服务,并为校长、董事会和所有其他部门担任法律顾问。

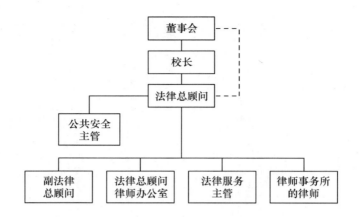

12.4 责任及组织结构图：胡佛研究所所长

胡佛研究所所长负责向大学校长推荐研究所工作人员人选、监督研究所的工作人员、指导和监督研究所的研究和出版计划、管理研究所的图书馆和档案、编制和管理研究所的年度预算。所长还负责研究所筹款计划的规划、协调和管理。

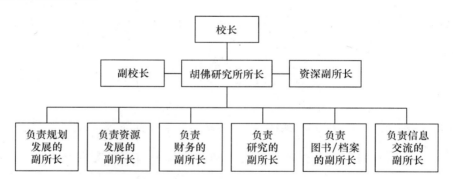

12.5 责任及组织结构图：斯坦福线性加速器中心主任

斯坦福线性加速器中心（简称 SLAC）主任就加速器中心的管理和运作向校长负责。此外，SLAC 主任就学术事务向教务长负责。与其他大学官员一起，SLAC 主任与能源部交涉时可代表大学。SLAC 主任关注的是中心的科学使命、物质设施及财政运作的长期规划。

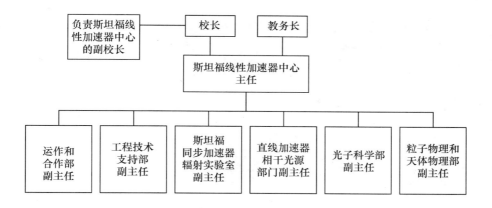

12.6 责任及组织结构图：负责土地、建筑和房地产的副校长

负责土地、建筑和房地产的副校长向校长和教务长负责，由董事会赋予权力管理大学土地使用和环境规划、校园规划和设计、设施运营、资本规划、项目管理、房地产及建筑。

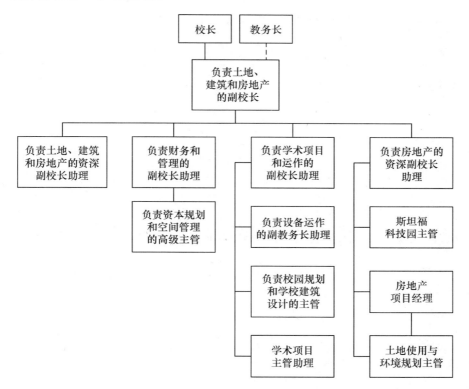

12.7 责任及组织结构图：负责公共事务的副校长

负责公共事务的副校长直接向校长汇报，负责指导大学与政府机构的关系、协调斯坦福的社区关系，以及监督信息交流、媒体关系、大学活动和生动艺术组织。

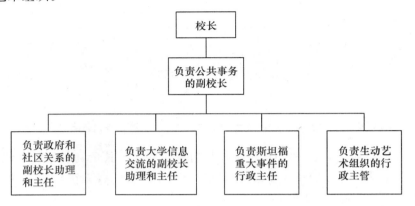

12.8 责任及组织结构图：斯坦福校友会主席

斯坦福大学校友会（简称 SAA）主席就校友关系向校长负责。SAA 的任务是联系、服务并使所有斯坦福校友终生保持与学校之间智力与情感上的联系，且对学校提供善意支持。

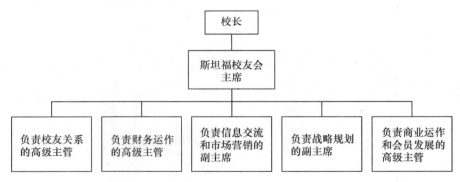

12.9 责任及组织结构图：人力资源

通过战略性、创新性和灵活的政策、实践、规划及服务等措施，人力资源相关部门和人员支持大学追求优秀教学、研究和病人护理的使命，包括：

- 吸引、培养、奖励和保留多样化人才队伍。
- 创建能体现自身价值的有建设性的工作环境。
- 支持不断变化的工作性质和工作环境。

- 增加价值并反映良好的资源管理。
- 公平、道德和遵守法律。

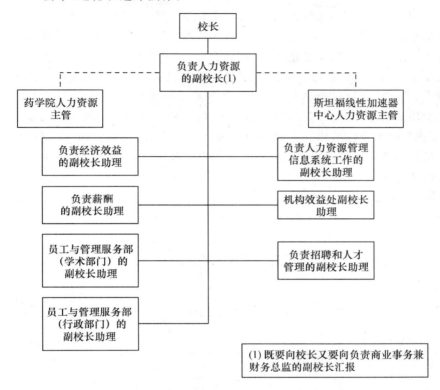

12.10 责任及组织结构图:负责预算及相应管理的副教务长

负责预算及相应管理的副教务长就大学预算办公室、决策支持系统,以及学生宿舍餐饮服务向教务长负责。此外,同时就体育部门的财政业务对教务长负责。

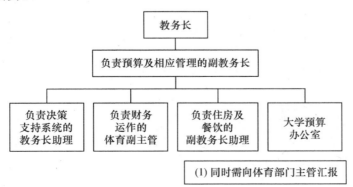

12.11 责任及组织结构图：图书馆长兼学术信息中心主管

图书馆长兼学术信息中心主管就斯坦福大学图书馆、校园范围内的学术信息和数据资源以及学术计算等事宜向教务长负责。图书馆长兼学术信息中心主管负责规划、细化、建议结构体制，并研发和实施支持学校研究和教学工作的图书馆服务。职责包括支持学术计算功能、采购和流通图书馆藏书、为方便计算机的学术使用制定培训和支持项目、制定指导学术信息资源使用的政策和标准。此高级官员同时兼任斯坦福大学出版社和高索出版社（作为学术著作出版商的网络出版服务供应商）的出版人，负责制定这两个机构的战略政策和发展方向。这两个机构各有一名执行社长负责向此官员汇报。以上组织的详细结构图详见 http://library.stanford.edu/about_sulair/deps_units_progs/org_charts.html。

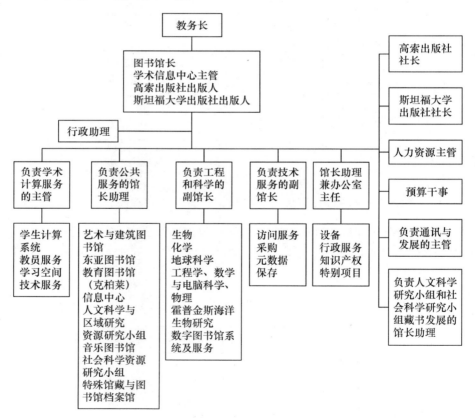

合作图书馆：
- 胡佛研究所图书档案馆
- 杰克逊商学院图书馆
- 雷恩医学院图书馆
- 罗伯特·克朗法学院图书馆
- 斯坦福线性加速器中心图书馆

12.12 责任及组织结构图：负责研究的副教务长兼院长

负责科研的副教务长兼院长向教务长负责，支持学校的科研。副教务长是负责科研的大学官员，也是负责独立图书馆、中心和研究所的院长。

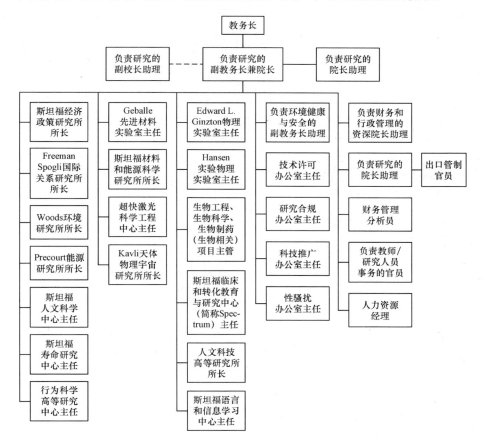

12.13 责任及组织结构图:负责学生事务的副教务长

负责学生事务的副教务长就为本科生和研究生提供服务和项目规划以支持大学的学术使命向教务长负责。学生事务机构涵盖范围广泛的服务和项目规划,包括下列职务:负责学生生活的助理副教务长,对法律事务、学生生活、学生管理机构和研究生生活负责;负责教育资源的助理副教务长,对开放教育办公室、国际学生服务中心、职业发展中心、民族和社团中心和哈斯公共服务中心负责;负责学生健康的助理副教务长,对医疗卫生服务和心理辅导负责;负责学生注册的助理副教务长,对学生纪录、学生信息系统和维护学术政策负责;负责居民教育的助理副教务长,负责制定政策、方案和给予工作人员以智力支持,以及教育和本科学生宿舍社区建设活动。

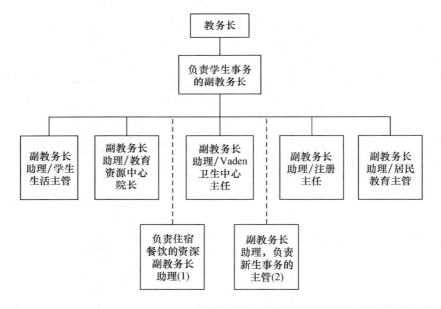

12.14 责任及组织结构图：负责本科生教育的副教务长

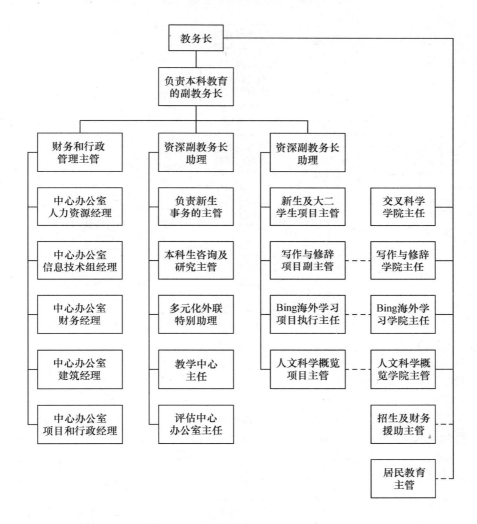

12.15 责任及组织结构图：负责研究生教育的副教务长

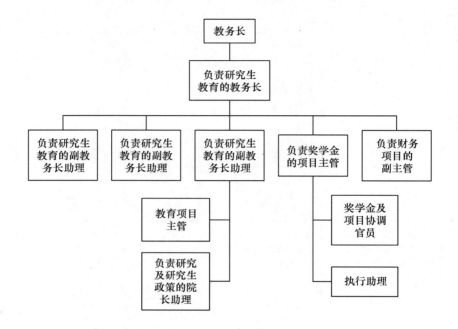

13 学术管理

下表简要总结各教师群体在大学学术政策问题上的作用。具体的学术机构可参见《教师手册》(http://www.stanford.edu/dept/provost/faculty/policies/handbook/)和《评议会和委员会手册》(http://facultysenate.stanford.edu)。关于学术管理的问题可向学校的学术秘书办公室咨询。

组	如何形成	作用
学术委员会	包括所有终身制教员、非终身制教员、指定的政策中心及研究所的高级研究员、指定的学术行政官员。（不包括医学中心教员或某些指定的政策中心和研究所的研究员。）	享有董事会赋予教员的所有权力和权威。代表们对学术委员会的评议会尽职，但保留审核及投票表决权。

(续表)

组	如何形成	作用
学术委员会的顾问委员会	由学术委员会从其成员中选举产生。	• 接受并审议由学院院长和教务长批准的聘任的院系教授名单。 • 就教师任命、晋升和解雇以及系建立和解散等向校长提出建议。 • 参考《教师学科声明》、《学术自由声明》、《教师申述程序声明》举行听证会。
学术委员会的评议会	由学术委员会从其成员中选举产生。	• 作出关于学术政策的决定,并向学术委员会汇报。 • 听取教师重大事件的报告并进行讨论。
评议会主席及筹划指导委员会	由评议会从其成员中选举产生,另外包括无表决权的校长(或教务长)。	指导评议会的事务。
评议会的委员会	由筹划指导委员会从评议会成员中选举产生。	• 任命教师为学术委员会成员。 • 提名教师为委员会、专家组和董事会成员。 • 为其他委员会的成员提供咨询意见。
评议会的规划及政策委员会	由评议会委员会和筹划指导委员会从学术委员会成员中任命产生。	代表全体教师维护大学学术健康、研究长期趋势以及制定进一步学术政策。
学术委员会下设的专门委员会: • 学术计算与信息系统委员会(C-ACIS) • 研究生学习委员会(C-GS) • 图书馆委员会(C-Lib) • 科研委员会(C-Res) • 本科生专业指导委员会(C-RUM) • 本科生招生及财务资助委员会(C-UAFA) • 本科生标准及政策委员会(C-USP)	教师成员由委员会从学术委员会成员中任命产生。学生成员由斯坦福大学学生联合会提名。	向评议会就各自委员会负责范围内出现的相关学术政策性事宜提供建议。
系教授会	学术委员会成员,由董事会向系任命。	指导系内学术及行政工作。

14 与第三方的学术及商业关系

授权 本指南备忘录由校长批准。

概述 大学有时会与其他各种独立实体签署协议,可能产生与大学相关的正在进行的业务或学术关系。例如,当前有联系的实体包括霍华德·休斯医学研究所、斯坦福书店和斯坦福联邦信贷联盟。

虽然这些类型的实体与大学保持相对独立,然而,这些关系的性质使得我们有必要对该关系进行规范。同时,此指南备忘录为大学官员、教职员工在签订第三方协议之前提供相关问题的指导意见。

以下各条标题为:
1. 一般准则
2. 审批和协商
3. 本指南备忘录不包括的情况
4. 相关政策

1. 一般准则

a. 潜在的问题——大学与其他实体之间的协议应包括足够的条款以解决可能引起的问题。这些问题包括:

- 可能向大学征收的潜在不动产税或无关的营业所得税
- 对相关的校内外空间租赁没有取得适当的免不动产税文件
- 政府合同和类似的分配问题
- 大学的替代责任和赔偿
- 有关公众形象或政府审查的问题
- 对大学福利计划是否符合法律规定的影响
- 与环境有关的土地使用和土地所有权问题
- 有损斯坦福财产或资产的留置权或引起索赔的可能性
- 医疗领域的欺诈和滥用问题
- 雇佣法问题
- 私人使用大学资产、收入或设施,使个人或其他实体获取利益或利润
- 公共管理服务问题
- 利益冲突
- 其他可能违反法规或政府规章的潜在问题

b. 关系定义——协议应对缔约方的关系和所有的责任或义务有一个明确的定义。该协议还应对以下事项作出适当限制：一定时间和范围内的责任和义务；在发生诉讼或其他不利的行为时大学的抗辩和赔偿；大学作为额外投保的需要；在适当情况下，考虑到关系需要，大学审查其他实体财务记录的权力；终止或重新评估协议及其关系的时间。

c. 协议形式——不一定需要一份详细的合同；通常情况下，一份完善的商业协议信就足够了。无论协议采取何种形式，对方需要理解大学不会不适当地干涉对方内部事务，也绝不会为他们的行为负责——除非因为特殊原因，并已在协议中明确指明了的特定的行动（如有的话）。

考虑到不动产税或不动产税的豁免问题，斯坦福管理公司（物业管理服务）必须收到所有与第三方的租赁协议的副本。

2. 审批和协商

a. 委托权力——审核或批准协议的办公室的选择将取决于与之相关的所属领域。在这方面，请参阅有关决议和谅解备忘录，相关的事项已由大学校长、副校长和其他高级官员授权。更多信息可咨询董事会秘书长办公室。

b. 审理办公室——以下的因素可能存在或需要考虑，并应与相应的办公室协商以获得批准：

因素	办公室
对斯坦福大学用于学术的建筑物或其他设施的使用	负责土地及建筑的副教务长，及斯坦福管理公司
斯坦福大学的用于非学术的建筑物或其他设施	斯坦福管理公司
校内外与租赁有关的财产免税申请	斯坦福管理公司
斯坦福大学财务或薪酬系统的使用	财务办公室
斯坦福大学福利计划的使用	福利部
斯坦福大学的保险或自我保险	风险管理办公室
斯坦福大学网络或计算资源的使用	IT服务部门执行主任
斯坦福采购服务的使用	采购部
斯坦福大学医学中心服务或设施的使用	医学院院长、斯坦福医院首席执行官或露西尔·帕卡儿童医院首席执行官（对于涉及其机构的行为）

（续表）

因素	办公室
斯坦福校名、商标及税务编号的使用	教务长（负责教学和科研）、医学院院长（负责任何涉及医学院的有关医疗活动）、斯坦福医院首席执行官（负责任何涉及斯坦福医院的有关医疗活动）、露西尔·帕卡儿童医院首席执行官（负责任何涉及露西尔·帕卡儿童医院的有关医疗活动）、业务开发部主任（负责有关出售给公众的事务中，涉及斯坦福商标或产品或服务的使用）和负责商业事务兼财务总监的副校长（所有其他情况下）
人事任命（其他实体工作人员在斯坦福的任命，或斯坦福工作人员在其机构的任命）	教务长（负责教学或科研事务）、医学院院长（负责医学院有关医疗活动）和负责商业事务兼财务总监的副校长（所有其他情况下）
有毒或有害材料	环境健康和安全办公室
校园销售（外部供应商）	商业开发部主任
斯坦福收入	财务办公室
技术许可	技术许可办公室

c. 法律或责任问题指导——一般来说，如果出现新的法律问题，或如果参与的斯坦福实体愿意获得总的法律指导，可以咨询法律总顾问办公室。同样，下列情况可向风险管理部门咨询：可能提高风险或法律责任问题的事务，或当斯坦福人员预计其活动属于大学的保险和自我保险政策范畴内的事务（不论在现场或不在现场）。

3. 本指南备忘录不包括的情况

下列情形或类型的协议不适用本指南备忘录：

- 会议和夏令营
- 安排个人成为访问学者
- 个人咨询协议
- 外部赞助项目和捐赠支持项目
- 斯坦福管理公司所经营的金融和房地产投资
- 日常业务过程中大学使用的货物或服务采购
- 技术许可办公室的正常商业和许可交易

4. 相关政策

本指南备忘录中涉及的问题可在下列资源中获得进一步的指导意见：

指南备忘录15.2有关义务和利益冲突的员工政策，详见http://adminguide. stanford. edu/15_2. pdf;

《研究政策手册》4.1 有关义务和利益冲突的教员政策,详见 http://www. stanford. edu/dept/DoR/rph/4-1. html;

指南备忘录 15.3 无关商业行为,详见 http://adminguide. stanford. edu/15_3. pdf;

指南备忘录 82.1 大学活动,详见 http://adminguide. stanford. edu/82_1. pdf;

指南备忘录 82.2 会议,详见 http://adminguide. stanford. edu/82_2. pdf。

15.1 政治活动

授权 本指南备忘录由校长批准。

适用 本政策适用于大学社区的所有成员。

概述 斯坦福大学作为一个慈善实体,其政治活动(包括竞选活动、游说、给公职人员捐赠等)受联邦、州和地方法律法规的管辖。

尽管大学社区所有成员可以按照自己的意愿自由表达他们的政治意见并进行政治活动,但是非常重要的是,他们只能以其个人能力这样做,而不能代表学校发表政治言论或行事。

在某些限定情况下,当个人必须代表学校在政治方面发言或行事时,他们必须遵守本指南备忘录的规定行事。

以下各条标题为:

1. 法律要求和限制概述
2. 受禁的与受限的政治活动
3. 容许的政治活动
4. 解释责任

1. 法律要求和限制概述

a. 竞选活动——向候选人捐赠资金、物品或提供服务,以及支持或反对投票竞选活动都受到各种各样政治法律的限制。根据管辖范围和竞选活动要求,政治捐赠是受禁止或限制的,并在几乎所有情况下受到一系列复杂的披露规则的限制。由于大学可以免税,因此法律禁止大学支持候选人竞选政治职位或对候选人作出任何资金、物品或服务的捐赠。因此,任何人都不得在无意中导致大学作出这样的捐赠,这是极为重要的。

b. 游说——游说通常被描述为任何试图影响立法机构(例如,国会、州议会、郡议会、市议会及其工作人员)或任何联邦、州或地方政府机构的行为。法律规定的游说可存在于联邦、州和地方级别,但根据其管辖权范围有所不同。例如有些法律只限定立法部门的游说。然而有些法律则涉及行政部门中对行政机构和行政官员的游说（例如，游说联邦政府资助赠款）。但某种程度上，大多数游说法律规定，个人从事试图影响政府行为的活动时需要登记和报告。

免税机构允许进行游说，因此大学可从事有限游说活动，主要包括那些影响到教育、科研及有关活动的事项。一般而言，一旦花在游说上的时间或金钱超过一定限制时就需要进行登记和报告。然而无论限制的高低，在没有特定授权的情况下，学校员工不得代表学校进行游说，以下人员就其管辖范围内事项进行游说的除外：

校长

教务长

七所学院院长

负责研究的副教务长兼院长

负责研究生教育的副教务长

负责商业事务兼财务总监的副校长

负责人力资源的副校长

斯坦福线性加速器中心国家加速器实验室主管

胡佛研究所所长

法律总顾问

负责公共事务的副校长

负责研究与研究生政策的副教务长兼院长可批准教职员工代表大学为特定目的进行游说。负责公共事务的副校长可批准职员代表大学为特定目的进行游说。所有代表大学的游说活动应由负责公共事务的副校长进行协调。

c. 给公职人员的捐赠——几乎所有司法管辖区都对捐赠给公职人员（包括选举产生和非选举产生的官员和工作人员）的礼品和酬金有着严格的规定。在某些情况下，礼品和酬金是被禁止的；在其他情况下，它们是受限制的；在多数情况下，它们受具体披露的限制。此外，在一些司法管辖区，如加利福尼亚州，给州和当地政府官员的捐赠会使公职人员失去参与到与捐助者利益相关的政府行动的资格。最常见的捐赠是餐饮、旅游和娱乐，但同样也包括政府官员出席或接受体育活动或其他活动的门票。

作为一个非盈利机构，大学一般不向政府官员捐赠，然而若出现捐赠情形，捐赠行为也必须符合所有适用的法律和条例。因此，任何希望代表大学向公职人员捐赠的大学员工必须事先得到负责公共事务的副校长的批准。

d. 政治活动的报告——大学必须报告超过限制的政治活动。因此，任何代表大学从事此类活动的大学员工应仔细阅读本指南备忘录的其他内容,并预先与负责公共事务的副校长讨论有关活动。

2. 受禁的与受限的政治活动

a. 概述:

(1) 任何人都不可代表大学从事任何以支持或反对任何参加公职竞选的候选人(包括给予或接收资金或捐赠)为目的的政治活动,也不得以此目的使用大学资源。

(2) 任何人都不可代表大学游说(或利用大学资源游说)任何联邦、州或地方的立法或行政官员或工作人员,获得特别授权的人员除外。即使是被授权的游说,也必须遵守本指南备忘录、其他适用的大学政策及法律。

(3) 任何人都不可代表大学捐赠(或将任何大学资源捐赠)给任何联邦、州或地方官员或工作人员,符合本指南备忘录、其他适用的大学政策及法律的情况除外。

(4) 支持候选人或从事其他政治活动的人,不得使用大学空间或设施或接受大学的支持,第3条a款中描述的有限情况除外。

(5) 任何人都不可将大学收到的联邦政府资助的合同金或补助金用于游说活动。

即使上述活动仅仅受到限制,而不是被禁,也会受到法律的限制。因此,任何从事此活动或有此意愿的人应与负责公共事务的副校长进行协商。

b. 防止受禁的党派政治活动发生的准则——下列准则可协助防止学校参与或明显参与以支持或反对任何参加公职竞选的候选人为目的的政治活动——即,党派政治活动。下文第3条b款中阐明的有限情况除外:

(1) 名称和印章的使用——不得出于党派政治目的在信件或其他材料中使用大学、学院、系或研究所的名称或印章。

(2) 地址和电话的使用——大学办公室不得作为党派政治邮件的回寄地址,同样由大学支付话费的电话不得用于党派政治目的。(显然,学生宿舍的房间和电话服务是个人的,可用于这些目的。)

(3) 头衔的使用——教员或职员或其他人的大学头衔仅用于个人身份证明,且应附有声明,表明此言论仅代表个人而不是代表大学。

(4) 服务和设备的使用——大学服务设施(如部门间的邮件)、设备(如复印机、电脑、电话)以及日常用品,不应当用于党派政治目的。

(5) 人员使用——学校员工不能以任何方式在其工作范围内执行与党派政治目的相关的任务。

3. 容许的政治活动

a. 概述——如上所述,联邦、州和地方法律可以限制学校范围内受大学支持的党派政治活动,但不能限制大学社区内的个人表达其政治意见的权利。也不能禁止教师、学生或职员联合起来支持公职候选人和推进政治事业发展。对政治问题的讨论或政治技巧的教学不受任何限制。关于公共政策问题的学术研究完全不受影响。

由于大学鼓励言论自由,只要遵守设施使用的正常程序,不标明大学参与或大学身份的政治活动是可以进行的。允许的活动有:

(1) 集会、演讲及类似活动的场地的使用,如怀特广场的使用。

(2) 可使用礼堂用于政治候选人演讲,但要符合国税局、联邦选举委员会和加州公平政治竞选委员会,以及其他适用法律的规定。必须由大学活动与服务中心作出安排。(更多信息详见指南备忘录82.1大学活动。)

再次申明,在一个非营利机构(如大学)中,由于税收及政治法律会对某些政治活动、建筑物及设备的使用加以限制、禁止,所以任何此类活动都必须符合这些法律规定。

如果个人仅代表自己或其相关团体的政治立场而不代表大学的立场时,应该用文字和行动明确表明他们不代表大学的立场,不能以官方身份代表大学。

b. 有限的大学政治活动——在下列情况下,少数与特定的联邦、州或地方立法或公投相关的活动是允许的:(1) 活动主旨与大学利益直接相关;(2) 校长确定大学应表明立场;和(3) 代表大学言论及评议的个人行为已获得专门授权。

4. 解释责任

经与法律总顾问协商,负责公共事务的副校长负责上述准则的解释和适用。已规划的学生活动是否符合大学义务的问题应直接向学生事务主任反映,而该主任应与负责公共事务的副校长/法律总顾问进行协商。所有其他有关已规划的活动是否符合大学义务的问题应直接与负责公共事务的副校长或法律总顾问进行协商。

15.2 有关义务和利益冲突的员工政策

授权 本指南备忘录由负责人力资源的副校长批准。

适用 有关学术委员会成员的政策参见《研究政策手册》4.1 有关义务和利益冲突的教员政策的规定(网址:http://rph.stanford.edu/4-1.html)。有关学术人员政策参见《研究政策手册》4.4 有关义务和利益冲突的规定(网址:http://rph.stanford.edu/4-4.html)。本指南备忘录概括了适用于其他大学员工的现行政策和惯例。个别部门和单位(如:斯坦福线性加速器中心、赞助项目和采购服务部）的员工适用额外的政策。使用这些部门服务的个人必须遵守该部门的政策。

目的 当大学的工作人员或其直系亲属（定义见下文），在重大经济利益、咨询、就业安排方面有其他商业考虑时，应该避免其大学义务和外部利益之间发生实际的或明显的利益冲突。

除上述利益冲突外——适用于所有大学工作人员——在加班工作的补偿方面不受政府规定限制的斯坦福大学员工应效忠于大学。应该有适当的考虑，以免外部活动导致不适当的利益冲突，如关于时间和精力分配的冲突。

为避免不适当的实际或明显的利益冲突或义务冲突，本指南提出了相关的大学政策和程序。

概述 以下各条标题为：

1. 定义
2. 政策
3. 程序的例外情况

1. 定义

a. 重大经济利益：目前或将要拥有的利益总额至少为公司股权的 0.5% 或 1 万美元（除非所有权是由第三方进行管理，如共同基金）。

b. 直系家庭成员：配偶，由国税局确定的受抚养的子女，非婚姻同居伴侣。

c. 有审理权的大学官员：校长、教务长、副校长、副教务长、院长、斯坦福线性加速器中心主任、胡佛研究所所长、运动部主管和学校图书管理员。

2. 政策

对于一部分工作人员，以下行动是被禁止的：

a. 个人获利——将大学资助或支持的财产、工作产品、结果、材料、财产记录或由大学资金或其他支持开发的信息资料转递外人或谋取私利。

b. 机密或专有信息——用于谋取私利或其他未经授权的目的，获取与大学所支持活动有关的机密或专有信息。机密或专有信息是非公开的信息，与大学运作有关，包括但不限于：指定文件、医疗、人员和个人的安全记录；预计所需材料和价格；大学支持运作的新场地的信息；在正式通知前承包商或分包商的选择信息和决定投资的信息。有关机密信息可向大学隐私办公室咨询（邮件地址为 privacyofficer@stanford.edu）。

c. 批准——当个人或其直系亲属与某机构有重大经济利益或有就业或咨询协议时，他们参与学校与该机构之间财务或其他商业交易的谈判或给予最后批准。

所有工作人员也应注意到,发起或批准学校与其他机构(工作人员与此机构有任何财务或家庭关系)之间财务或其他商业交易(即使是没有上升到重大经济利益水平或构成直系家庭成员)可能造成利益冲突。强烈建议在所有这些情况下,应提前向有审理权的大学官员或指定者予以披露,并且此披露在商业关系期间应被记录和保留。

d. 酬金及特殊惠赠——接受来自私人、公共组织的与该大学已开展或可能开展业务的个人所赠送的酬金,价值超过50美元的未经要求的礼物,任意数额的要求的礼物或特殊惠赠,将酬金、特殊惠赠转交给在任何赞助性政府机构或其他机构和实体任职的人员。

e. 大学资源——大学资源的利用,包括但不限于,利用学校的设施、学校所有的车辆(包括高尔夫球车或其他类似车辆)、部门停泊许可、人员或设备;单纯偶然事件、非因履行个人工作职责而使用的情况除外。

f. 业务关系——接受或在工作中继续保留与另一个已与大学建立或寻求建立业务关系的企业的正式关系,或是接受和继续与该企业的咨询协议。

g. 承诺——对于在加班工作补偿方面不受政府有关规定限制的工作人员;接受可能导致工作人员在时间与精力方面与学校义务冲突的委任、咨询、公共服务或无偿工作等。

3. 程序的例外情况

因为可能的利益,大学对上述规则给予例外,建立以下程序:

a. 披露——当工作人员预期自身可能潜在地违反上述政策时,此工作人员必须立即通过其主管向有审理权的大学官员以书面形式予以充分披露,并要求豁免。豁免必须事先得到书面批准。如果工作人员发现其从事的行为已经违反了上述政策,这种情况必须立即报告给有审理权的大学官员。

b. 大学官员的责任——任何豁免要求应被全面审查,看其中的所有事实是否有明显的冲突。豁免由大学自行决定。如果有审理权的大学官员认为豁免能够为大学带来好处,该官员应以书面形式给予批准的理由并说明批准要求的条件。除极少数情况外,大学官员不得委任他人代行此职责,且委任须采取书面形式。若被委任人批准了豁免,该被委任人须向大学官员提供详细记录豁免情况的备忘录。

批准书的副本在聘用期间须得以保留。

c. 年度报告——接收并批准豁免本指南备忘录中政策的大学官员,应在每学年结束时向教务长提供详细的总结报告。

d. 其他报告——此外,有审理权的大学官员可在其职权范围内设立针对所有工作人员的强制性的定期遵守汇报程序。

e. 后果——不遵守上述政策和程序的员工将受纪律处分,包括终止聘用关系。

15.3 无关商业行为

此项政策于1987年4月1日经行政理事会批准。由教务长办公室和财务办公室重新批准。

以下各条标题为:

1. 政策
2. 定义
3. 执行情况和例外

1. 政策

斯坦福大学资源的存在是用于支持该大学的知识创造、维护和传播的使命。大学的资产必须为这些目的的保留,若不能进一步推动斯坦福大学的学术目标,则该资产既不能用于谋取个人利益,也不能被外部使用。大学经常收到的外部要求,希望以某种交换形式进行补偿以换取对大学资源的利用。如果获准,许多这样的行为将构成无关的商业活动。本声明是提醒大学社区,斯坦福大学的政策是不参与无关商业活动。

无关商业活动有可能扭曲大学教学和科研的首要任务。此外,根据税收法,此类活动的收入一般是应纳税的,这种行为的后果会给大学带来所得税方面的责任。它们牵涉到不动产税以及产品责任的影响,导致与营利部门的不公平竞争。

只有教务长可以授权在斯坦福大学内从事无关商业活动,并且该授权仅在以下情况下发生:此类活动使大学作为一个整体大大受益的可能性极大。

2. 定义

a. 创造收入——就本声明而言,"无关商业活动"是指使用斯坦福资源从第三方创收的活动,从纲领意义来说,是指与教学、科研和大学的其他教育职能无关的活动。一个无关的活动,除了它产生的收入,通常认为不能推动大学的教学或科研活动。由于《税收法》没有精确界定哪些活动从税收意义上来说是不相关的,一般的经验法则是假设认为所从事的任何活动主要为了其收入,则是不相关的。

b. 支持使命——然而,某些活动开始似乎是无关的,但是根据调查,实际上具有纲领性意义或对斯坦福大学的学术使命提供直接的支持。例如,某些可在校园进行的服务或项目是为了方便大学教师、职员和学生,如在崔西德销售食物。

3. 执行情况和例外

a. 审查需要——由于"无关"的不精确定义,能够创收并由外部利用大学土地、建筑或设备或大学人员提供的服务所开展的活动,在被批准之前必须根据纲领性使命、税收条例和之前的案例进行审查。例如大学机械制造加工店,材料的测试或分析,大学的计算机设施的利用和类似的活动。

b. 责任——执行这项政策的责任是直线管理的;如果系主任、主管或院长对提议的行为是否与商业活动无关有任何疑问,他/她的责任是汇报给有管理权的副校长办公室,副校长办公室可从财务办公室寻求咨询。汇报给教务长的院系问题应直接上报到负责研究的副教务长兼院长办公室。

c. 例外——如果有管理权的副校长同意某项安排是无关商业活动,该提案在送给教务长寻求批准前,应先提交给财务办公室进行潜在的纳税后果审查,以寻求解决方案。

15.4 财务违规行为

授权　本指南备忘录由负责商业事务兼财务总监的副校长批准。

概述　当被指控的财务违规行为(包括贪污、盗窃或诈骗)被怀疑或发现时,应遵循下列程序。没有来自员工与管理服务中心主管或财务违规小组(定义如下)的意见,各部门不能对个人进行处理或启动任何纪律处分的行动。

以下各条标题为:
1. 公告
2. 财务违规审核小组

1. 公告

院系发现或怀疑被指控的财务违规行为时,必须立即通知内部审计和机构合规执行主任,以及员工与管理服务中心主管,他们将对有关指控共同完成初步调查,并在适当情况下与法律总顾问办公室进行协商。

2. 财务违规审核小组

通过初步调查获得必要信息后,内部审计部门将迅速召开财务违规审核小组会议。根据具体情况,该小组包括下列部门的部分或全部代表:

- 内部审计
- 法律总顾问办公室
- 员工与管理服务中心
- 财务办公室
- 公共安全部
- 被指控的财务违规行为所发生的部门

- 有管理权的人力资源经理（Human Resource Manager，简称 HRM）
- 部门向之汇报的院长、副教务长或副校长办公室
- 教务长办公室（只有当涉及教员时）

财务违规审核小组将对各个参与的办公室进行安排及协调，并在恰当时通知风险管理办公室。内部审计部门将负责撰写最后报告，递交到适当的大学办公室，此报告须总结被指控的财务违规行为的调查结果，并对完善有关的内部控制提出建议。

15.5 斯坦福校名及商标所有权和使用

授权 本指南备忘录由校长批准。

目的政策 本政策的目的是确保斯坦福大学校名及商标的正确使用。

适用 本政策适用于所有使用斯坦福大学校名及商标的情况。

概述 具有代表性的斯坦福大学的注册商标，以及其他名称、印章、标志和其他符号和商标只有在斯坦福大学允许的情况下才能被使用。出售给公众的带有斯坦福校名及商标的物品必须获得许可。在线设计指南描述了斯坦福大学标志的正确使用，并提供可下载的作品，详见 http://stanford.edu/group/identity。

以下各条标题为：

1. 校名及商标政策
2. 许可程序
3. 商标使用政策
4. 进一步信息
5. 相关政策

1. 校名及商标政策

斯坦福大学因其优秀的教学、学习、研究、医学、体育、艺术和类似的活动而闻名世界。广为人知的斯坦福大学校名及其相关的印章、标志和符号（统称为"校名及商标"）代表大学教师和学生的高素质水平，并说明了大学所获成就的质量及广度。斯坦福大学校名及商标是大学最宝贵的资产。教员、学生和职员享有大学校名及商标所带来的利益，因此也分担使用它们的责任。

大学将积极保护其校名及商标以避免个人或与学校无关的组织的不当或错误使用，并确保教师、学生、校友、工作人员、斯坦福大学项目等正确使用校名及商标。如下所述，适当使用意味着与校名及商标有关的活动或产品被使用时得到了必要的批准，并能适当地反映斯坦福大学的声誉。

斯坦福校名及商标的使用方式表明，与大学无关的或未得到书面许可

的任何实体的项目、产品或服务都是被禁止的。
　　a. 所有权——大学拥有经美国专利和商标局注册的商标。包括：
- STANFORD®
- STANFORD UNIVERSITY MEDICAL CENTER®
- 树与"S"的组合
- 斯坦福大学印章

　　加州州立秘书委员会也在其他司法机构包括海外的司法机构进行了其他注册。斯坦福大学的所有注册商标，以及其他名称、标志、印章和其他符号代表大学或其实体，无论是否注册，都是斯坦福大学的财产。只有获得学校董事会或校长批准的指定人员才可以使用这样的校名及商标。注册商标应显示符号"®"，表明是获得联邦注册的商标。作为一个非注册商标，没有树的"S"应显示符号"TM"。关于标志作品的商标名称，可咨询技术许可办公室的标志许可主管，电话(650)723-3331 或发送电子邮件至 emblemlicensing@otlmail.stanford.edu。

　　除非获得校长的书面许可(参见下文"批准使用")，第三方使用斯坦福校名及商标是被严格禁止的。根据《研究政策手册》的知识产权政策(见http://www.stanford.edu/dept/DoR/rph/5-2.html)，在斯坦福用于教学开发的课程和课件属于斯坦福，未经学校允许不得进一步传播。使用斯坦福校名及商标的此类材料须得到教务长的批准才能在校外流通。

　　请参阅《研究政策手册》的知识产权政策，以获得关于大学知识产权政策的进一步信息。

　　b. 适当使用——此政策所涵盖的校名及商标只可用于与斯坦福大学赞助或认可的活动或材料。斯坦福大学的教师、学生、工作人员和志愿者必须保证斯坦福校名及商标的使用符合以下标准：

　　(1) 精确——与一项活动、计划、项目、出版或产品有关的斯坦福校名及商标的使用意味着大学某种形式上的参与。个别教师、学生、校友或工作人员的参与并不是大学赞助或认可的充分依据。在该活动中大学必须起着机构性的作用。

　　(2) 质量标准——斯坦福大学校名及商标只可用于高标准的活动，并符合大学的教育、科研及相关的目的。

　　(3) 禁止使用——为了保持非营利教育机构的地位，斯坦福不允许其校名及商标被用来参与党派政治活动。未经董事会或大学校长书面许可，个别教师、学生、校友或工作人员不得利用斯坦福大学校名及商标参与任何商业活动或外部企业活动。与第三方有关的校名及商标的使用必须符合指南备忘录14——与第三方的学术和商业关系——的政策，详见http://admin-

guide. stanford. edu/14. pdf。

c. 批准使用——校长已就如下斯坦福校名及商标的批准使用权授予：

• 教务长,用于与教学和科研有关的活动,包括教学课件和相关材料的开发(见《研究政策手册》5.2 知识产权政策,http://www. stanford. edu/dept/DoR/rph/5-2. html)和特别活动(见指南备忘录 82.1 大学活动,http://adminguide. stanford. edu/82_1. pdf)。

• 负责商业事务兼财务总监的副校长,用于斯坦福或供应商的商业活动(包括推广使用)。

• 医学院院长,用于医疗活动。

• 大学宣传策划主任,用于电影、电视、印刷媒体和电子媒体,包括大学主页。

• 法律总顾问。

法律总顾问办公室和负责商业事务的副校长/财务总监办公室负责保护斯坦福校名及商标。此外,技术许可办公室已被授权许可商品使用斯坦福校名及商标。

d. 教职员工准则——在教学、科研和其他学术活动中,斯坦福大学校名及商标可被使用,但必须遵照各学院、部门、中心和项目的正常的审查程序。这项政策的目的不是限制在属于大学活动的正常范围内使用斯坦福大学校名及商标。但是,当教师或工作人员参与了与斯坦福大学无直接联系的活动时(例如,独立咨询、其他商业活动、出版物等),斯坦福校名及商标的使用仅限于证明个人身份(例如,简·史密斯,斯坦福大学历史学教授)。

没有上述"批准使用"中描述的指定办公室的授权,斯坦福大学校名及商标只能用于与教学、学习和科研相关的目的。当教师和其他人员从事与第三方有关的商业活动时,可联系负责商业事务的副校长/财务总监办公室,寻求有关校名使用的信息和援助。对于课件及相关材料的问题,联系和负责机构规划、学习技术、拓展教育的副教务长兼院长。

允许使用的例子包括：

• 在一本书的封页上注明"约翰·史密斯,斯坦福大学心理学教授"；

• "斯坦福大学佛学研究中心",经科研委员会批准,"1996—1997 年度报告：附件 A,斯坦福大学中心的建立及审查"；

• "斯坦福法律会议",经相关的院长或系主任批准并作为大学的特别活动。

需要大学的书面批准和/或授权的例子：

• 任何使用斯坦福校名的商品,如斯坦福大学运动衫；

• 书名中斯坦福名称的使用,如《保持永远年轻的斯坦福指南》；

· 出售的试卷标题中斯坦福名称的使用,如"斯坦福心理能力测试";

· 使用斯坦福名称的课程,无论是由大学官方还是第三方将其投放市场或在校外使用,如"斯坦福成功创业研讨会";

· 使用斯坦福名称作为校外商业活动或其他活动名称的一部分,如"斯坦福全球在线集团有限公司"。

e. 学生和校友使用准则——经斯坦福大学学生联盟(简称ASSU)或斯坦福大学校友会正式承认并注册的学生和校友团体,可以在大学认可的活动中使用斯坦福名称。注册的学生团体生产出含有斯坦福大学校名或标志的商品进行出售时,必须符合技术许可办公室的许可及其他程序。只有获得适当的学术主管(院长、系主任、中心主管等)的批准,学生才可以在校外使用学院、系或斯坦福其他部门的名称(简历除外)。

f. 互联网域名注册——除非符合上述校名及商标的使用政策,教员、工作人员、校友、其他志愿者或学生不得注册含"斯坦福"或"深红"字样的域名。含"斯坦福"或"深红"字样的注册域名是董事会的财产,必须由其进行注册。

g. 商标注册——为了保护商标以维护其机构责任,负责商业事务的副校长/财务总监办公室与法律总顾问办公室和技术许可办公室共同负责商标注册。希望在大学活动中使用注册商标的教师、校友、其他的志愿者、工作人员或学生必须联系负责商业事务的副校长/财务总监办公室。与斯坦福大学、学院、系、中心、校友会或相关部门的项目、产品或服务有关的注册商标属于董事会。

2. 许可程序

a. 许可政策——负责商业事务的副校长/财务总监办公室与技术许可办公室一起监督大学的许可程序。任何出售给公众的带有斯坦福校名及商标的物品必须获得大学的许可。没有任何例外。关于许可程序的信息,联系许可办公室的标志许可主管,可拨打电话(650)723-3331或发送电子邮件至 attademarks@stanford.edu。

b. 卖家责任——大学院系、学生会、校友会、其他与大学有学术或商业关系的大学实体(例如ASSU)出售带有斯坦福校名或商标的物品进行筹资或其他用途的教师/员工/学生/校友会等组织,必须从被许可的供应商那里获得此物品;如果物品是自行生产的或来自未被许可的供应商,则此物品必须获得许可。

c. 设计审查——在许可之前,技术许可办公室要审查带有斯坦福校名及商标的产品以及含有校名及商标的设计。

d. 艺术品——作为许可协议的一部分,由技术许可办公室提供照相制版的带有斯坦福校名及商标的艺术作品。

　　e. 费用——商标使用许可费按照项目的销售量批发价的百分比来收取，作为专利使用费。关于税率信息，联系许可办公室的标志许可主管，可拨打电话(650)723-3331或发送电子邮件至 trademarks@stanford.edu。许可项目所得的净收入用于对本科生的支持，包括财政援助和其他用途。

　　f. 赠送物品——不公开销售的物品（如捐赠或用于慈善活动的物品）使用斯坦福校名及商标时，需要得到负责商业事务的副校长/财务总监办公室的许可，并可能需要支付一定的使用费。详细信息请拨打电话(650)723-3331 或发送电子邮件至 trademarks@stanford.edu 咨询。

　　g. 供内部使用的物品——供大学院系或学生或其他组织内部使用的物品一般不需要获得许可。请向负责商业事务的副校长/财务总监办公室咨询确定。

3. 商标使用政策

　　小利兰·斯坦福大学（"斯坦福"）的商标使用政策被提供给设计方案、商标、服务标志等特定设计的获许可者，包括但不限于，"斯坦福"，"斯坦福大学"，"斯坦福大学医学中心"，与斯坦福有关的印章、符号和其他设计（以下简称"斯坦福商标"）。此商标使用政策规定了使用斯坦福商标的要求。只有获得斯坦福书面协议认可及商标许可时，斯坦福商标才能被使用。除了在此类书面协议中的要求外，商标使用政策提出了各种要求。所有的名称和商标许可协议必须获得指定大学官员的批准，参见本章第1节 c.。

　　a. 斯坦福商标使用

　　（1）商标公告——斯坦福商标只可采用一定的形式和方式，并符合斯坦福不同时候规定的合适的图例。一经要求，每位获许可者应展示斯坦福商标的使用，其方式包括标签、标志、印记或其他合适的形式或机制，如知识产权、商标或服务标志公告，斯坦福不定期会通知并指定这些商标。一旦斯坦福大学提出要求，每位获许可者须安排所有带有斯坦福商标的产品以一定形式和方式带上"官方授权产品"的标签，斯坦福大学在合理通知之后会指定这些形式和方式。

　　（2）不可使用相同或相似的商标；不可组合商标——未经书面批准，斯坦福商标不得与任何其他商标一起使用，或与任何其他斯坦福商标组合使用。获许可者不得改变、修改、削弱或以其他方式滥用斯坦福商标。

　　（3）信誉——斯坦福是斯坦福商标信誉的唯一拥有者。获许可者应承认此所有权及许可商标的价值。在世界任何地方，获许可者不得申请商标注册或以其他方式寻求获得斯坦福大学商标的所有权，包括互联网域名，也不得以任何方式的行为或活动对斯坦福商标信誉产生不利影响。

（4）斯坦福商标使用的提交——在使用斯坦福商标或向公众发布之前，获许可者应自行承担费用提交使用斯坦福商标的样品。如果斯坦福大学认为斯坦福商标的使用将会损害其信誉，或者如果样品不符合商标使用政策或二者之间的书面协议的要求，斯坦福有权在收到样本的5个工作日之内拒绝其使用。除非获得斯坦福的书面批准，否则没有任何人可以使用斯坦福商标。

一经斯坦福通知，获许可者应向斯坦福递交所有标签，标志，包装，计算机图像，网页，可能与许可产品有关的、删除斯坦福元素的，或增加斯坦福元素的样品。在使用斯坦福元素、删除斯坦福元素之前，获许可者须提交带有斯坦福商标的广告或宣传材料以寻求批准。

（5）没有赞助——除非得到书面允许，获许可者不能直接或间接地明示或暗示其活动获得斯坦福的支持、赞同或赞助。应斯坦福大学要求，获许可者须声明上述效果。

（6）侵权通知——获许可者应立即通知斯坦福任何可疑的侵犯斯坦福商标的第三方行为。斯坦福有自由裁量权以加强斯坦福商标的管理（视具体协议而定，由第三方付费或执行其他义务）。

（7）质量控制和审查——斯坦福商标可被用于并只适用于符合书面协议的产品、服务和其他材料，而且这些产品、服务和其他材料应符合斯坦福大学的高质量标准，符合斯坦福自己的产品和服务的质量水平。例如（并不局限于）：

（a）斯坦福商标不得被使用于色情或与之相关的材料中，否则将损害斯坦福大学素质教育和医疗产品及服务的声誉。

（b）斯坦福商标不得被使用于诽谤或诋毁斯坦福或其他任何人或实体或与之相关的材料中。

（c）斯坦福商标不得被使用于触犯任何国家、联邦或外国法律或法规或与之相关的材料中。

b. 否定担保——本商标使用政策没有提及斯坦福可作为担保或代表(i)斯坦福商标有效性或范围，或(ii)斯坦福商标授权许可的物品的获取、使用、出售或处理将不侵犯第三方的商标、知识产权和其他的权利。

c. 终止——斯坦福可提前90天以书面形式通知被许可人终止任何斯坦福商标许可的书面协议（除非根据本指南备忘录指定的人员以书面形式规定其他的时间限制）。如果被许可人不支付许可费，或提供违反商标政策或协议的报告或提供虚假报告，并且在得到斯坦福的通知后的30天内不能纠正其违约、违反或不实报告的行为，斯坦福可以提前30天终止斯坦福大学商标的使用许可。被终止的获许可人造成的损害或违约所积累的赔偿以及其支付所积累的许可费的义务可以幸免于此类的终止。

d. 说明——此商标使用政策应与斯坦福大学和被许可人之间的协议一并阅读；如果在商标使用政策与书面协议之间发生冲突，以书面协议中的规定为准。

4. 更多信息

a. 批准问题——斯坦福校名及商标的批准问题可向以下办公室咨询：大学信息交流办公室，商业开发或法律总顾问办公室。带有"斯坦福"商标或互联网域名的注册问题可向负责商业事务的副校长/财务总监或法律总顾问办公室咨询。通过录像或其他媒介分发带有斯坦福大学校名及商标的课件问题可联系负责机构规划、学习技术和拓展教育的副教务长兼院长。

b. 商标许可程序——关于注册标志与注册商标的使用、服装和其他商品上的名称和商标的使用、许可申请表格，以及许可协议样本的进一步信息可从负责商业事务的副校长/财务总监办公室获得。联系技术许可办公室的标志许可主管，可拨打电话(650)723-3331或发送电子邮件至trademarks@stanford.edu。

5. 相关政策

下列政策包括的相关信息：

• 与第三方的学术及商业关系（指南备忘录14，详见http://adminguide.stanford.edu/14.pdf）；

• 政治活动（指南备忘录15.1，详见http://adminguide.stanford.edu/15_1.pdf）；

• 知识产权（《研究政策手册》，详见http://www.stanford.edu/dept/DoR/Chpt5.html）；

• 斯坦福大学中心建立及审查指南（科研委员会，1996—1997年度报告，附件A）；

• 事件政策及程序。

15.6 文档所有权

授权 本指南备忘录由校长批准。

政策目的 本政策目的是重申大学商业文件拥有权。

适用 本政策适用于斯坦福所有商业文件。

概述 与斯坦福大学商业活动相关所产生的、接收的或归档的文件是大学财产。

以下各条标题为：

1. 文件所有权政策

2. 更多信息

3. 相关政策

1. 文件所有权政策

与斯坦福大学商业活动相关所产生、接收或归档的文件被视为大学财产。就此项政策而言,"文件"包括任何通信记载,不论是文件、电影、视频、音频、电子或其他媒体。"商业活动"包括大学的学院、实验室、办公室或其他实体的行政管理(例如,宿舍工作人员进行的安全检查是一个"商业活动")。

2. 更多信息

关于本政策的应用和实施问题可向法律办公室咨询。

3. 相关政策

下列政策可在以下网址获得:

《研究政策手册》5.2:知识产权政策,详见 http://www.stanford.edu/dept/DoR/rph/5-2.html。

指南备忘录 15.1:政治活动,详见 http://adminguide.stanford.edu/15_1.pdf。

《研究政策手册》4.1:有关义务和利益冲突的教员政策,详见 http://www.stanford.edu/dept/DoR/rph/4-1.html。

指南备忘录 15.2:有关义务和利益冲突的员工政策,详见 http://adminguide.stanford.edu/15_2.pdf。

指南备忘录 22.2:人事档案及数据,详见 http://adminguide.stanford.edu/22_2.pdf。

15.7 赔偿

授权 本指南备忘录由校长批准。

适用 本指南备忘录适用于大学所有雇员。

概述 本指南备忘录涵盖员工的赔偿。

以下各条标题为:

1. 赔偿政策
2. 更多信息资源

1. 赔偿政策

斯坦福大学的政策与《加利福尼亚州劳动法》第2802款一致,保障和维护其教职员工。该法可在下列网址获得:http://www.leginfo.ca.gov/cgi-bin/displaycode? section=lab&group=02001-03000&file=2800-2810。

2. 更多信息资源

任何有关赔偿的问题可咨询法律总顾问办公室或风险管理办公室。

第二章 人事

22 员工人事政策

授权 该指南备忘录由负责商业事务兼财务总监的副校长批准。

概述 该政策对斯坦福大学教职员工政策的制定、执行和决议进行规定。

以下各条标题为：
1. 目的
2. 政策授权
3. 员工政策的管理
4. 员工政策的例外

1. 目的

教职员工政策及具体程序的目的在于为监管人员和管理人员提供指导，确保达成公平、一致的人事活动和决议。学校制定正式的人员政策是为解决一些问题，这些问题对于构成学校的员工人数和实体数目的确定及适用法规而言非常重要。

2. 政策授权

a. 政策制定——员工政策由负责商业事务兼财务总监的副校长与其他副校长、副教务长及其他大学工作人员磋商后核准并认可。

b. 政策修订——有关政策改变的提案应被提交至负责人力资源的副校长，由其进行研究并提出建议。经核准的修订将在行政管理指南中发布，可在斯坦福通告中传达或者以书面通知的形式告知工作人员和管理人员。有关福利计划政策（如健康、人身保险、伤残和退休等）的修订将会在计划描述摘要中和个人规划手册中反映出来。

c. 政策解释——政策解释方面的问题应由员工关系代表大会负责。

d. 涉嫌政策违反——违反政策的控诉应以书面申诉方式提交至员工与

管理服务中心主管。(详见指南备忘录 22.10,申诉程序,http://adminguide.stanford.edu/22-10.pdf)

3. 员工政策的管理

学校工作人员和管理人员,包括学术和非学术人员,都有执行大学政策和相关程序(包括适用于全体职员的政策和程序)的职责。工作人员和管理人员的监管人员负责确保员工能够得知有关员工政策和程序的信息,并为其提供政策解释和/或适当帮助。

4. 员工政策的例外

当既定员工政策的例外不可避免时,应就此例外情况事先与人力资源部的相关代表进行讨论,通常情况下该代表应是员工关系代表大会的成员。必要情况下,包括拥有管辖权的副校长、副教务长或者大学工作人员将参与被提议例外的决策制定。员工政策的例外须由负责商业事务兼财务总监的副校长或其指派者批准通过。

22.1 正式员工的雇用

授权 该指南备忘录由负责人力资源的副校长批准。

适用 该类政策及程序适用于所有大学正式员工及斯坦福线性加速器中心员工(如指南备忘录 23.1 定义所规定的),但有下列限制:

• 谈判单位——集体劳资协议约束范围内所有员工的政策均可参考如下适用协议,协议详见 http://elr.stanford.edu/union/index.html。

• 斯坦福线性加速器中心——本政策的某些程序不适用于斯坦福线性加速器中心。有关斯坦福线性加速器中心的专用程序,员工可与斯坦福线性加速器中心人力资源部门联系获得。

医院——"医院"是斯坦福医院和诊所(Stanford Hospital and Clinics,简称 SHC)以及露西尔·帕卡儿童医院(Lucille Parkard Children's Hospital,简称 LPCH)的总称。这两所医院是独立于斯坦福大学之外的雇主,拥有自己的员工政策及程序。相关的雇用问题可联系这两所医院的人力资源管理部门。

目的 为斯坦福聘用多方面的、有才干的员工提供政策和指导支持。为实现这一目的,斯坦福大学鼓励各招聘主管尽可能多地吸纳申请人以便最好的内外候选人能公平地参与所有公开职位的竞争。通过用公平的评判标准去进行公正、公开的竞争和申请,斯坦福大学才能聘用到最合适的职位候选人。

为满足学校的政策和惯例需要,以及遵守联邦和各州规章,特制定此政策。

概述 本政策审查招聘过程的每一阶段以及相应要承担的责任。

以下各条标题为：

1. 正式员工聘用常规职责
2. 招聘政策
3. 招聘政策及惯例——找寻阶段
4. 招聘政策及惯例——选择阶段
5. 招聘决定、录用通知及记录
6. 国际招聘

1. 正式员工聘用常规职责

a. 人力资源总部——人力资源总部负责制定、检测和监督招聘政策，并为大学提供实现人员编制目标所需的支持服务。

b. 地方人力资源主管——地方人力资源主管是为各组织执行此招聘和雇佣政策的责任人。

c. 招聘主管——"招聘主管"是指那些被指定做员工招聘决定的教职员工。招聘主管负责根据学校制定的及本指南备忘录中阐释的政策和程序做出决议。各招聘主管应依据联邦和州雇用管理规章规定对其所做出的与职员招聘政策适用章节相关的行为负责，并为实现反歧视行动目标的行为负责。在地方层面不能解决的有关此类政策的问题应提交至负责人力资源的副校长。

主管指南

人力资源总部的基本职责

- 实施全方位的招聘方案
- 制定招聘方案和招聘相关方案
- 就招聘策略、方案的执行、差异性、选择和职员入职问题进行商议
- 管理在线招聘系统和网站
- 保证符合法规，并执行招聘政策
- 监督临时的人事安置、国际招聘、个人背景审核、第三方管理（包括猎头公司）

地方人力资源主管的基本职责

- 向人力资源总管陈述单位需求
- 制订方案以便为地方招聘提供支持
- 就地方单位内部的和地方单位与人力资源总管间的招聘流程问题进行商议并提供帮助

- 进行并协调职位搜寻,包括选择和使用招聘搜寻公司
- 强调需要保证招聘主管考虑到反歧视行动的目标
- 执行招聘政策

招聘主管的基本职责
- 在规定的政策和限定因素的范围内作出选择和招聘决定,包括审查简历、面试候选人、进行推荐信审核以及记录过程和决定结果
- 在部门执行招聘和员工安置的政策、方案和程序
- 为实现反歧视行动的目标而作出努力

2. 招聘政策

a. 聘用机会均等及反歧视行动

依据所有可适用的法律的要求,斯坦福大学的政策是:
- 遵从所有反歧视行动的要求,并
- 为所有的申请人和员工提供均等的聘用机会。

主管指南

所有负责作出招聘决定的员工("招聘主管")应遵守由学校多元开放办公室每年发放的《均等聘用机会声明》的要求以及遵守指南备忘录23中有关"聘用机关均等及反歧视行动政策"的规定。

斯坦福大学遵守1972年《教育修正案》第四章的要求与规定。

第四章中的合规专员为斯坦福多元开放办公室的主任。如发现学校有违修正案第四章的要求与规定者,请联系修正案第四章的协调员,地址:加利福尼亚州斯坦福市卡皮斯特拉诺街585号,邮编94305-8230,或致电(650)723-0755[电传:(650)723-1216],电子邮箱:equalopportunity@stanford.edu。

b. 前任和现任员工的就业权/优先权——斯坦福大学给予现任及前任员工一定的重新聘用权利及优先权,具体如下:

(1) 重新聘用权或者恢复聘用权

(a) 定义——重新聘用权或者恢复聘用权被定义为在法律许可的范围内曾经的正式员工在其之前的职位上再次被聘用或者恢复聘用的权利。

(b) 适用范围——重新聘用权的覆盖面为曾经的正式员工,包括:
- 因服兵役而终止聘用关系的人员。收到从部队退役的前员工重新聘用要求的部门应与人事部门代表磋商决定。
- 提前或按时从商定时间(例如因应征入伍、分娩、家庭、医疗原因)返回岗

位的人员。但这样的商定时间应是由员工正式提出,由学校根据政策给予的。

（2）优先聘用权——斯坦福大学志在聘任最高质素的职位候选人。若职位需求中规定的条件及预先设定的相关筛选标准都用上了,但仍有多个有资格的求职者竞争一个岗位时,聘用通知必须首先给予下文（3）列出的具有优先权的求职者。

（3）优先权顺序——按照下列顺序考虑具有相似胜任度的求职者：

- 第一优先类型：曾有书面通知解雇的正式员工,或者依据指南备忘录22.16（解雇的规定）被永久性解雇的正式员工。优先聘用权自解雇之日起12个月内有效。对于那些职位已经被撤销并被通知如其不能获得同一部门或同一管理单位内的其他职务,则将面临解雇的员工,优先聘用权同样适用。
- 第二优先类型：满足职位要求,且担任该职务属于升职的现有正式员工,或是已成功完成针对某一具体职位的正式培训的现有正式员工。
- 第三优先类型：申请在同一工作团队中向同一主管者汇报工作的职位的斯坦福工资名单上的现任临时员工或非正式员工,且该员工在此团队中须拥有临时或非正式职位。

> **主管指南**
> 在某些特殊情况下,执行优先权政策和达成反歧视行动目标之间会产生政策冲突。在此情况下,应在下达录用通知前与当地的人力资源办公室进行协商。

c. 相关人员的聘用

任何个人均不得聘用、管理相关人员,评价其工作表现或批准对相关人员进行补偿,亦不得将相关人员置于其管辖范围内。即便上述标准均已满足,单位内部任何职位（如正式职位、临时职位和非正式职位等）对相关人员的聘用必须得到当地人力资源办公室的同意。

> **主管指南**
> 相关人员的定义[①]——"相关人员"是指通过婚姻关系、血缘关系、性关系或恋爱关系与学校员工相关的家庭成员或个人。

d. 前任员工的重新聘用

不论重新聘用原因为何,所有前任职员必须经过一段新的试用期。

（1）恢复聘用时间——若前任正式员工在离职时声誉良好且符合下列

---

① 为了本政策的目的,所有的家庭伴侣均被视为相关。

时间要求，那么其聘用时间将得到恢复。

（a）被临时解雇但在解雇后 24 个月内被学校重新聘用的前任正式员工，其解雇前的最近一次聘用时间将得到恢复。

（b）由于临时解雇以外其他原因而终止聘用的前任正式员工，若其重新聘用的时间发生在其聘用终止日后 12 个月内，其聘用终止前的最近一次聘用时间将得到恢复。

恢复聘用时间包括下列几种情况：

• 通过恢复聘用终止之前的最近一次聘用日期以使员工的各种福利得以延续。
• 恢复聘用终止之前积存的病假。
• 依据恢复的聘用时间调整假期增长率。

（2）非自愿解雇后的重新聘用——若正式员工曾被学校因事解雇，那么，招聘主管应在做出重新聘用或恢复聘用的决定前向当地人力资源办公室和人事部门代表咨询相关事宜。曾因重大渎职而被终止聘用关系的个人无资格重新接受聘用。

主管指南

有关重新聘用或复职对福利影响的信息，可登录福利办公室网站 http://benefits.stanford.edu 获得，或致电（650）736-2985 选择 9 号键获取信息。

聘用医院员工——对于曾就职于斯坦福医院和诊所（或其前身公司）或露西尔·帕卡儿童医院的正式职员，有关其聘用适用的大学招聘政策及其享受学校福利的资格方面的信息，可参见指南备忘录 22.3。

---

e. 雇用中的年龄因素——除了高中未毕业的未满 18 周岁的公民，年龄均不能作为影响聘用的因素，除非能证明年龄限制对该工作而言是必须的。

f. 未成年人的聘用

若聘用高中未毕业的未满 18 周岁的求职者，聘用部门在制作录用通知之前，应得到一份针对该求职者的聘用许可。许可应由求职者的学区开具并应将其保存在部门档案中。

主管指南

《公平劳动标准法》和加利福尼亚州法律对未成年人的雇用时间和条件均有限制。鉴于对未成年人聘用的限制很复杂，招聘主管应向当地人力资源办公室就具体事宜进行咨询。一般限制包括：

• 除了被许可的学校项目的一部分(例如,"带着孩子上班日")外,禁止未成年人参观那些不允许其作为员工而工作的场所。

• 16—17 岁的未成年人:除上述限制外,还不得参与有危险的工作。没有其他进一步限制。

• 14—15 岁的未成年人:除上述限制外,在学校上课期间,每天工作不得超过 3 小时,每周不得超过 18 小时。在学校假期期间,每天工作不得超过 8 小时,每周不得超过 40 小时。

• 未满 14 岁的未成年人:除上述限制外,还不得参与绝大部分非农业工作。

3. 招聘政策及惯例——找寻阶段

a. 职位描述

在职位描述进入人力资源管理系统(简称 HRMS)申请人系统之前:

(1) 招聘主管职责:运用《员工薪酬资源指南》(http://www.stanford.edu/dep/compensation)指出该职位的核心职能,明确并完整描述该职位的职责,包括必要的正规培训,制定并记录选择阶段的客观标准,并请当地人力资源办公室确认职位的层次和薪酬的范围。

如第 2 条 b 款所示,限制条件不得在非必要情况下限制或者减少各种类型申请者或潜在申请者的受聘机会。

(2) 地方人力资源办公室职责:审查职位简介的清晰度与内容,以及其职位分类和薪酬范围,确保职位描述在人力资源申请人跟踪系统中有记录。办公室还须审查职位要求是否适于公布。

主管指南

选择标准——用招聘主管确立的职位描述和其他相关标准(包括受教育水平、工作经历、必备技能、能力及技能要求)去筛选申请者并协助选择过程。

---

b. 通告职位空缺

(1) 地方人力资源办公室——所有正式职位空缺应与相关人力资源部门一并列出。

• 对于斯坦福线性加速器中心而言,该部门为斯坦福线性加速器中心的人力资源部。

• 对于各校区和医学院,该部门为大学人力资源总部的员工聘用办公室。员工聘用办公室会在其网站(http://jobs.stanford.edu)上宣布所有的职位空缺。此外,可通过其他媒体来通告职位空缺。

(2) 临时聘用——因为工作性质和工作日程表而不能聘用斯坦福学生的非正式职位空缺应与商业临时聘用服务和/或斯坦福临时工作一并列出。

c. 公布期

(1) 定义——公布期是指公开职位空缺信息并接受求职申请的时期。一般来说,公布期不应超过6个月,在招聘主管积极寻求并审核职位申请的情况下除外。

(2) 公布期时间——除了通过被认可的终止公布期的方式被填补的职位(请参见第3条d款以获得终止公布期的信息)外,所有空缺职位应张贴于网上至少十天。公布期始于申请人跟踪系统在线申请更新之日。在整个公布期内,职位空缺申请都应被接受。

(3) 公布期变更——除非通过放弃途径(详见第3条d款),公布期不能被缩短或终止。在征得招聘主管同意后,公布期可延长,招聘主管也可自行决定接受公布期以外的申请。

(4) 录用通知书的发放时间——在公布期之后或者在终止公告的申请获得批准之后,才能制作录用通知书(详见第3条d款)。

d. 终止公布——在录用通知下达之前,没有经过最短公示期限的所有正式职位空缺应先经过批准终止公告。地方人力资源办公室可以批准终止公告请求。但是,若该职位与学校反歧视行动目标一致时,对该职位终止公告的请求须同时获得多元开放办公室的批准。

> **主管指南**
>
> 判断终止公告是否合适所需要的一系列考虑因素,可登录职员招聘办公室的网站(http://ose.stanford.edu)阅读有关信息。地方人力资源办公室(简称HRO)负责跟进终止公告的政策,每一份招聘公告均须经过审核,以判定其是否属于均等就业机会的工作范畴(均等就业机会工作范畴在妇女和未成年人的政策方面尚未完善,学校对此有反歧视行动目标)。此外,经批准的终止公告请求须满足下列标准。人力资源办公室还应确保终止公告的请求不至于过度限制招聘人员考虑有聘用优先权的个人,且应确保职员招聘办公室收到书面的公告终止文件(最好登记在申请人跟踪系统中)。
>
> 多元开放办公室负责对属于均等就业机会工作范畴且斯坦福已有反歧视行动目标的职位的公告终止请求作出批准或否决的决定。
>
> 批准标准——招聘部门必须与职员招聘办公室协商,以判断是否有合格的临时解聘的人员适合任职。招聘部门必须将要求终止公告的原因

记录下来。若符合下列条件,地方人力资源办公室可以批准终止公告的请求:
- 部门记录了决定性的运作需要,或
- 没有对反歧视行动目标造成消极影响,或
- 已有一个唯一合格的/有能力的申请人且不太可能有更合适的人员申请,或
- 部门可以重新利用最近(过去六个月内)的申请人数据库,因为相似的职位很可能有类似的求职者。

否决标准——若地方人力资源办公室确定终止公告请求与学校的政策或反歧视行动政策不一致时,可拒绝批准终止公告请求。

e. 求职者招募

(1) 求职者定义——目前斯坦福要求求职者通过斯坦福求职网站(或 Jobs@SLAC)提交应聘正式员工职位的简历。根据该要求,求职者被定义为能够符合下列标准的任何个人:

(a) 通过斯坦福求职网站(或 Jobs@SLAC)提交针对某一职位的简历的个人;

(b) 斯坦福认为适合于某一特定职位的个人;

(c) 个人简历表明其具备该职位所要求的基本条件的个人;

(d) 在收到录用通知书之前的筛选过程中,任何时候都不得将个人排除在进一步考虑之外,除非其对该职位不再感兴趣。

(2) 机会均等政策——在职员招聘办公室和当地人力资源办公室的协助下,各部门应努力为空缺职位招募能胜任的个人,谨记学校的机会均等原则和反歧视行动目标,以及为各特定分类和各部门确立的特定的反歧视行动目标(与限额或优先权相对,并不一定出现)方面的使命。

(3) 公告文本——公告和其他职位空缺通知应是非歧视的,且应提及学校在反歧视行动和机会均等方面的使命。

(4) 国际招聘——在美国以外地区招聘,请参考国际招聘部分的内容。

(5) 猎头公司——一般而言,斯坦福限制采用猎头公司和职业介绍所提供的服务。如有必要采用上述服务(如高级职位空缺),部门应在与外部公司或代理机构商定之前同当地人力资源办公室协商。

> **主管指南**
>
> 招聘主管有责任确保猎头公司或代理机构已充分了解各自满足学校的机构性反歧视行动的职责和做好记录的职责。有关猎头公司方面的咨询可到职员招聘办公室。
>
> 有关如何选择能满足斯坦福要求、能够提供多方面的求职者并且有能力寻求求职者的猎头公司，相关信息详见 http://ose.stanford.edu。
>
> 接收电子简历——电子简历通过 http://jobs.stanford.edu 提交到职员招聘办公室。办公室收到简历后会书面向申请人确认收到。对于斯坦福大学线性加速器中心，电子简历可以通过 http://www-public.slac.stanford.edu/hr/jobs 提交。

4. 招聘政策及惯例——选择阶段

a. 聘用申请表

- 所有参加面试的职位申请者都应填写斯坦福大学聘用申请表并签名。
- 学校不接受填写不完整的申请表。
- 申请表的副本应保留在招聘记录中。
- 成功入选的候选人的申请表必须在人事档案中存档（参见指南备忘录22.2，人事档案及数据）。

b. 外国候选人

在选择外国的候选人之前，请先参考国际招聘部分的内容。

c. 面试

（1）标准管理——招聘主管应确保面试过程的标准管理。标准管理包括平等对待各申请者、避免歧视性的问题，并统一面试内容。

（2）服务——若残疾候选人提出要求，在面试过程中学校可以提供必需的服务。

d. 求职者测试

（1）预先核准——聘用过程中的所有测试筛选策略须经员工招聘主管许可后才能使用；在适当情况下，可与多元开放办公室协商。唯有标准化的、经过验证的实验工具方可列入考虑范围。

（2）服务——经残疾申请者要求，可提供对测试有帮助的服务。

（3）测试适用性——使用时，核准的测试应与核心职位功能直接相关，应在相同或相当的条件下测试所有申请者和决赛者，应被打分、评估以及被作为选择因素平等地用于所有申请者及决赛者，且应与其他申请和筛选材料一同使用。

e. 推荐信审核——招聘主管须审核至少两份来自前雇主的推荐信。推荐信审核应作为评估某一职位求职者的一部分，如果从其中得到的信息与职位相关，也可被用作影响招聘决定的因素。在完成包括推荐信审核在内的招聘程序之前，不得发放录用通知书。

> **主管指南**
>
> 招聘主管须谨慎行事以确保：
> - 推荐信中相关联系人的名字与候选人提供的任何书面推荐一起保存于招聘文件中；
> - 在可能范围内，推荐信审核中获得的不一致信息或负面信息在其被用于招聘决定前应被证实；
> - 被用于决定聘用的推荐信息应与工作相关，并能作为显示工作绩效的预测指标。
>
> 地方人力资源办公室可提供咨询服务。

f. 个人背景审核

如有需要，斯坦福大学可能会对最终候选人进行个人背景审核。在某些职位分类中（如治安官）有可能要求作出额外的个人背景审核，地方人力资源办公室会应具体要求提供信息。

g. 犯罪记录

职位申请人的犯罪记录不会自动剥夺申请人的求职资格。只有在其经地方人力资源办公室和员工与劳动关系处审查时，职位申请人的犯罪记录才会阻碍其聘用。

h. 错误的和/或误导性陈述

若发现职位申请人在职位申请表或其他文件中有误导性的和/或错误的陈述，那么该申请人将不予考虑。

i. 个人档案审查

招聘主管可获得成为职位最终人选的现任或前任员工的个人档案。在招聘主管或人力资源办公室审查个人档案后方可发放录用通知书。

> **主管指南**
>
> 如需详细信息或协助，请联系地方人力资源办公室（参见指南备忘录22.2，人事档案及数据）。

5. 招聘决定、录用通知及记录

a. 招聘决定——大学正式职位招聘的决定，应以该职位申请者相应的与工作相关的资格为基础,全面考虑第 2 条 b 款规定的就业权和优先权。

(a) 招聘主管负责依据大学政策、适用的政府法律法规规定审查各申请者相应的资格,并做出招聘决定。

(b) 地方人力资源办公室负责审查被提议的招聘决定,并确保遵守规章、法律及大学就业政策。

(c) 多元开放办公室若在某申请者或者管理员的告知下得知其在特定的职位空缺所提议的聘用行动中有违反大学反歧视行动的现象,可延迟聘用行动以便深入审查。

b. 录用通知

(1) 录用通知发布时间——录用通知的发布须经以下程序:
- 公布期期满后(或终止公布请求获准后)。
- 聘用行动(包括聘用工资)得到所需的认可。
- 在适用情况下,须成功完成个人背景审核。

(2) 录用通知书——录用通知书须用获准的通知书模板由聘用部门颁发给成功申请者。获准的通知书模板包括有为标准招聘、升职和海外招聘准备的模板。

主管指南

工作场所辅助——应残疾候选人或申请者要求,也许需要增加工作场所的辅助设施。招聘主管应参考指南备忘录 23.5,要求为残疾员工调整工作场所环境。

国际招聘——若该录用通知是为申请人在美国以外的地方工作准备的,职员招聘办公室将协助当地人力资源办公室作出安排。详情参看 22.1 第 6 条,国际招聘。

---

c. 文件及记录保存

(1) 聘用前——新任、调任、重聘或升职的员工须在填写并办理完所有相关表格后方可在新职位工作。

(2) 落选申请人
- 招聘主管负责口头或书面通知所有经过面试的落选申请人。
- 招聘主管须确保完成所有搜寻总结登记,包括在仁科人力资源管理系统中标明所有申请人的情形(处置数据)。进一步消息可参看职员招聘办公室网页,网址:http://ose.stanford.edu。

(3) 完整性——记录应包括该职位所有申请者的简历及申请材料,以及与考虑该职位的个人相关的文件。

（4）保留时间——招聘部门应将与搜寻、筛选和聘用决定有关的记录在作出招聘决定后至少保存三年。如有争议（不满投诉/诉讼）且该争议在三年期限届满时仍未得到解决，那么文件应被保存至问题解决时为止。

（5）更多信息——更多信息请参考职员招聘办公室网站（http://ose.stanford.edu）。

6. 国际招聘

美国以外的正式职员的招聘、调任或委派必须是出于明显的学校商业目的，并得到知情的学院院长或副校长的书面批准。批准意见的副本应转交给负责招聘与人才管理的副校长助理以及商务处的全球商务主管。

委派的或就职于美国以外地区的员工在不触犯当地法律的情况下须遵守学校的政策和程序。

> **主管指南**
>
> 招聘选择——许多国家的招聘规定比美国要严格。考虑到操作上和规定上的复杂性，在考虑进行国际招聘、调任或委派前，招聘人员应充分考虑满足要求的不同招聘选择。
>
> • 参看 http://fingate.stanford.edu/globalops/guide/index.html。
> • 进一步指南，可咨询代表知情中央监督机构的全球业务架构组（Global Business Infrastructure Group，GlobalBIG）。参看 http://fingate.stanford.edu/globalops/contacts/index.html。
>
> 行政费用——考虑到有关海外委派任务在规定上和操作上的复杂性，此类委派一般都会产生明显增加的行政费用。相应的，招聘或者委派员工到海外就业的主管须确保由此类委派引起的额外的行政费用已包含于委派任务期间的可用预算里。
>
> 工作授权——工作授权与移居等问题可能需要一定时间去解决，人力资源主管须确保在进行海外招聘前获得相关文件。在获得正式工作授权之前，地方人力资源办公室不可进行委派。所有录用通知书须经地方人力资源办公室批准。
>
> 顾问安排——应该特别注意，以美国标准判定为顾问安排的，在其他国家有可能在事实上构成聘用关系，并可能引起聘用、税收问题和其他规章性的事项。

一般说来，国际招聘与国内招聘一样，须在行动指南上详细列明统一政策与操作。但是，可以优先考虑国外地方的规范和要求，并且地方人力资源主管和监督人员有责任确保员工在有效委派日之前获知此类要求。为解决税收、外籍聘员身份和签证等问题,委派应有一定期限。

进一步指南,可从负责招聘和人才管理的副校长助理处和/或从商务处的全球商务主管处获取。

22.2 人事档案及数据

授权　该指南备忘录由负责人力资源的副校长批准。

适用　该政策适用于正式员工(定义见指南备忘录 23.1)、研究所学术人员及图书馆学术人员。适用于集体劳资协议约束范围内所有员工的政策可参考如下适用协议:《斯坦福大学与服务业雇员国际工会高等教育工作者地方分会间的协议 2007》以及《斯坦福大学与斯坦福治安官员协会间的协议》(详见 http://elr.stanford.edu/documents.html)。

上述政策陈述适用于所有大学员工,但斯坦福线性加速器中心人力资源部门保留自己的集体人事档案。获取与斯坦福线性加速器中心员工人事档案相关的特定程序性信息,可与该中心人力资源部门联系。

概述　大学保存每个员工的信息以确保拥有每个员工在大学的工资和工作历史的一个完整、准确、及时的记录。该指南备忘录详尽地解释了有助于建立、使用和保存任何形式的个人数据的政策和程序。

以下各条标题为:

1. 定义
2. 地点
3. 内容
4. 获取及使用
5. 保管及保留

1. 定义

员工人事档案包括职位申请书、被用于或者曾经被用于决定员工是否有资格获得晋升、薪酬、终止聘用或纪律处分的记录。有关相应内容更详细的解释参见第 3 条。

2. 地点

由于斯坦福人事职能的分散化,构成员工人事档案的文件在以下几个地方可找到:(1)计算机化的记录保存系统,(2)系主任、学院院长、副教务长或者副校长办公室,(3)部门领导或主管办公室,(4)薪酬办公室,和/或(5)斯坦福线性加速器中心人事记录处。所有上述文件共同构成人事档案。

3. 内容

员工人事档案应该只包括那些与员工工作职责、工资、绩效和基本工作经历直接相关的信息。在适用情况下，医疗档案应和其他的档案分开保存（详见下文的主管指南）。在以下三个分段中，列出了多种文件，若这些文件存在，则适合保存于员工人事档案中。未与员工和主管分享过的文件不能被存档。

a. 部门或分支机构保存的人事档案和数据：
- 出勤和缺勤记录（请注意：在斯坦福线性加速器中心此记录列在工资单上）
- 仁科人力资源管理系统记录
- 对于没有使用仁科人力资源管理系统的领域，以及在使用仁科人力资源管理系统之前的时期：

—— 请假条（包括休假及个人调休）

—— 时间表：目标跟踪雷达、RHT、工作时间记录（SU-28）——在斯坦福线性加速器中心，此记录列在工资单上。

—— 假期和病假记录——在斯坦福线性加速器中心，此记录列在工资单上。

—— 每年休假记录——在斯坦福线性加速器中心，此记录列在工资单上。

- 录用通知书和/或聘用书的确认
- 寄给员工的分类审查书
- 员工和与聘用相关的主管之间的信函
- 合规协议及其他学校要求的协议的副本，包括《健康保险流通与责任法》以及与专利运用相关的或者保密的工作人员信息/数据的协议书
- 发给员工的纪律备忘录
- 斯坦福线性加速器中心的I-9文件及支持文件
- 工作申请及其他附件（简历等）
- 职位描述
- 职位要求
- 发给员工的临时解雇通知
- 发给员工的绩效评估；随附员工反馈
- 人事变动表（简称PAF）
- 带照片的身份证明（斯坦福线性加速器中心有要求）
- 辞职信
- 员工培训援助计划（简称STAP）表及相关文件

- 发给员工的终止聘用通知
- 调任或晋升申请
- 相应工作年限的计算
b. 工资单及工资单中保存的其他表格
- 自动银行存款表格
- 伤残保险调整表（DIA）
- 长期残疾券
- I-9文件和支持文件
- 一次性付款和折算表格
- 时间表（RHTs）
- 特别薪金处理表
- 工资扣押或者扣押通知（完整版）
- W-4表格

主管指南——主管人员应注意"存档注意事项"及其他不属于员工人事档案的内容。下文列表提供一些应保留，但应与员工人事档案分开保留的文件类型示例。如对保留内容和/或保留地点仍存疑问，请联系当地人力资源主管。

- 辅助医疗档案：
— 残疾申请表；SU-17：事故/伤害报告
— 医师评估
- 与大学律师之间的往来交流
- 员工和解协议
- 员工非刑事案件诉讼
- 员工向外部机构（平等就业机会委员会、食物环境卫生署署长、联邦合同执行程序办公室）提起的控诉
- 员工关系建议
- 不满投诉、不满投诉回应及不满的相关文件
- 管理员办公室及薪酬办公室之间的便函
- 个人财务信息（贷款申请）
- 与刑事犯罪可能性调查相关的记录

4. 获取及使用

个人档案为机密性文件，为保护员工隐私，此类文件的获取受到限制。见下文各政策规定：

- 指南备忘录1大学行为准则，第3条
- 指南备忘录15.2有关义务和利益冲突的员工政策，第2条b款与第2

条 e 款
- 指南备忘录 61 行政计算机系统,第 3 条 c 款
- 指南备忘录 62 计算机及网络使用政策
- 指南备忘录 64 识别和认证系统,第 5 条

  a. 员工获取个人档案——每位员工可在常规时间向人力资源主管申请预约查看他/她自己的当地人事档案。员工可通过与薪酬办公室预约并向其出示相关证明查看他/她自己的重要人事档案。斯坦福线性加速器中心员工可与人力资源处的人事记录组预约查看。

  当员工查看档案时,人力资源主管或薪酬办公室成员须在场,并根据档案数量相应地给予员工充足的检查时间。员工查看时允许做记录。斯坦福大学须按照员工要求,向其提供任何与获得或保留聘用关系(如绩效评估或职业申请)相关的经员工签名的文件复印件。文件复印费用由员工个人承担。

  b. 前员工获取个人档案——斯坦福大学前员工在终止聘用合同后两年内可查看其个人档案。文件复印费用由前员工承担。

  c. 大学官员获取个人档案——主管、院长、部门主管、人力资源专业人士、法律总顾问办公室代表,及其他因公事须查看员工个人档案的大学官员可获准查看。对于通过选拔晋升或调任的最终人选的员工,聘用该员工的大学官员也可查看其个人档案。

  d. 法院通过传唤/传票获取个人档案——携带员工个人档案中文件传票的送达者应直接传至薪酬办公室或斯坦福线性加速器中心(SLAC)员工与劳动关系处。其他各部门无权接受所送达的传唤或传票。

  e. 外部在职证明请求(前任和现任员工)——斯坦福大学不直接回应有关在职证明的任何请求。斯坦福大学将与第三方服务供应商达成协议并委托其提供在职证明、薪水证明及移民入境证明等服务。关于在职证明,员工应遵守以下指示,详见 http://fingate.stanford.edu/staff/payemployee/emp_verification.html。请求出示斯坦福线性加速器中心(SLAC)员工的在职证明的,应联系斯坦福线性加速器中心人力资源部门。

  f. 大学代理人获取个人档案——大学各代理人按照合约要求确保大学人事资料将被机密保管且只可用于合约规定之目的。

  g. 关于聘用证明的请求(前任与现任员工)——来自大学外部有关聘用证明的请求应直接递至当地人力资源主管。请求出示斯坦福线性加速器中心员工的聘用证明的,应联系斯坦福线性加速器中心(SLAC)人力资源部门。获得入职日期和工作分类以外的相关信息,发放之前须经员工本人事先书面批准。

5. 保管及保留

a. 现任员工——员工在斯坦福大学的工作史包括该员工在若干不同部门的服务。为简化步骤实现更有效记录，当地人事档案应跟随员工在部门间调任而转移以形成包含了员工完整工作履历的统一的人事档案。当地人事档案须被保存在安全的地方，以防非法侵入。

员工不必负责保管其自身档案或信息。例如，某一部门或学院档案管理员的人事档案，应视情况由该人的监管人员或其主管保管。

b. 已终止聘用的员工——前任员工的最后一个任职部门负责确保在必要时间内保留相关记录。斯坦福大学前员工终止聘用之日后八年内，或一旦由于索偿请求（不满投诉、非刑事案件诉讼或与州政府或联邦机构的指控等），直至赔偿被最终解决前，其个人记录应被保留。

c. 过期信息的销毁——一旦确定已经超过必要的资料保留时间，相关记录应被销毁。销毁或清除此类人事资料前应联系员工与管理服务中心或联系斯坦福线性加速器中心的人力资源部门。

22.3 聘用来自斯坦福医院和诊所或其被接管公司的员工

授权　本指南备忘录由负责人力资源的副校长批准。

适用　本政策适用于成为大学员工的斯坦福医院和诊所（SHC）员工。

概述　本政策阐明了大学就业政策的实用性及斯坦福医院和诊所员工成为斯坦福大学员工后享受大学福利的资格。

以下各条标题为：

1. 综述
2. 资格要求
3. 工资标准
4. 自愿转换
5. 非自愿转换
6. 从 USHC 或 SHC 临时解雇
7. 试用期
8. 学费补助计划（TGP）

1. 综述

a. 背景及目的——斯坦福大学独立于斯坦福护理中心（USHC）及斯坦福医院和诊所（SHC）而存在。大学拥有自身的人力资源部门、就业政策及员工福利。

本指南备忘录阐释了合格员工在斯坦福健康服务中心（SHS）、露西尔·帕卡斯坦福儿童医院（LSPCH@S）、斯坦福护理中心（USHC），或 SHC 的聘用日期在何时可代替其在斯坦福的新聘用日期,以享受一定的大学福利。

b. 定义——就本指南备忘录而言,可适用下列定义:

就业指从事任何支付报酬的、雇员可享有雇主提供的健康和福利待遇的工作,或有工作但经批准缺勤的都属于就业。

SHS 聘用日期指员工在 SHS 的实际聘用日期。

LSPCH@S 聘用日期指员工在 1997 年 1 月 17 日以后的工作日期,或在 LSPCH@S 的实际聘用日期。

USHC 聘用日期指在 USHC 的实际聘用日期。

SHC 聘用日期指在 SHC 的实际聘用日期。

2. 资格要求

a. 合格员工——合格员工须在 1997 年 10 月 31 日当日或之前已被 SHS、LSPCH@S 或斯坦福大学医学院雇用,或在 2000 年 4 月 1 日当日或之后已被 SHC 雇用,下文中的学费补助计划福利除外,其有自己的合格员工的定义。

b. 直接转换——合格员工须"直接转换"为与大学的雇佣关系。就本政策而言,当员工在某工作日终止与 SHC 的雇佣关系并在大学的下一个工作日与其缔结雇佣关系时即发生直接转换。

3. 工资标准

成为斯坦福大学员工后,合格员工可依据应用于内部(大学内部)调任和晋升的方针获取工资标准。

4. 自愿转换

合格员工按照自己意愿申请并被雇用为斯坦福大学员工的可视为自愿转换雇主。在此类情况中,可应用下列标准确定员工享受福利待遇的资格:

a. 大学最近的雇用日期可用于确定员工在大学持续雇佣关系下享有下列福利待遇的期限:

(1) 临时解雇与永久解雇

(2) 获取学费补助计划的资格(下文第 8 条规定除外)

(3) 员工发展计划(指南备忘录 22.11 员工发展计划,详见 http://adminguide.stanford.edu/22_11.pdf)

b. 上述第 1 条 b 款定义下 SHS、LSPCH@S、USHC 或 SHC 的雇用日期将用于确定:

(1) 假期累计率

(2) 参与大学所提供的退休计划的资格

(3) 参与大学所资助的退休员工医疗计划的资格

c. 所需核对——一旦员工在 SHS、LSPCH@S、USHC 或 SHC 的雇用

日期被用于第 4 条 b 款规定之目的,招聘主管须与 SHC 的人力资源管理人员一起核对该员工的雇用日期。

d. 前期的大学雇用——一旦员工从大学直接转换雇佣关系至 SHS、LSPCH@S 或 SHC,该员工先前在大学雇用日期加上其在 SHC 或其前身的雇用日期可用于上述第 4 条 b 款规定之目的。

5. 非自愿转换

SHC 管理者会临时决定不再提供员工先前的职位。如果大学向员工提供此类选择允许其作为大学员工继续他/她的工作,即被视为非自愿转换雇主,且如果该员工符合条件,下列政策可适用:

a. 大学最近的雇用日期可用于确定员工在大学持续雇佣关系下享有下列福利待遇的期限:

(1) 获取学费补助计划的资格,下文第 8 条的规定除外

(2) 员工发展计划(指南备忘录 22.11 员工发展计划,详见 http://adminguide.stanford.edu/22_11.pdf)

b. 上述第 1 条 b 款定义下 SHS、LSPCH@S、USHC 或 SHC 的雇用日期将用于确定员工在大学持续雇佣关系下享有下列福利待遇的期限:

(1) 临时解雇与永久解雇

(2) 假期累计率

(3) 参与大学所提供的退休计划的资格

(4) 参与大学所资助的退休员工医疗计划的资格

c. 所需核对——一旦员工在 SHS、LSPCH@S、USHC 或 SHC 的雇用日期被用于第 5 条 b 款规定之目的,招聘主管须与 SHC 的人力资源管理人员一起就该员工的雇用日期进行核对。

d. 前期的大学雇用——一旦员工从大学直接转换雇佣关系至 SHS、LSPCH@S 或 SHC,该员工先前在大学的雇用日期加上其在 SHC 或其前身的雇用日期可用于上述第 4 条 b 款规定之目的。

6. 被 USHC 或 SHC 临时解雇

被 USHC 或 SHC 临时解雇随后被斯坦福大学雇用的员工应视为新员工,且该员工在 SHS、LSPCH@S、USHC 或 SHC 的雇用日期无论出于任何目的也不应被使用。

7. 试用期

成为斯坦福大学员工的个人将经历其与该校达成的新一轮的试用期,尽管他们在 SHS、LSPCH@S、USHC 或 SHC 或在大学的先前职位上已完成各自的试用期。该类员工与大学最近一次的雇用期限可用于确定其新一轮的试用期期限。

8. 学费补助计划(TGP)

a. 合格员工——就第 8 条而言,合格员工指由于下文指定商业交易之一的原因将其工作从斯坦福大学转换至 SHS、LSPCH@S、USHC 或 SHC 的员工,及在与下表指定业务相关的协定日期被斯坦福大学雇用的员工。为获得上述资格,员工在协定日期须拥有受抚养子女。

协定日期	商业事务描述
1994 年 8 月 31 日	设立 SHS
1996 年 8 月 31 日	寇韦儿诊所员工由 SU 转至 SHS
1997 年 10 月 31 日	设立 USHC

人力资源副校长可决定,通过将涉及大学各职位和该类职位的工作人员非自愿调任至 SHC 的其他商业事务并能够使该类人员返回大学就业后有资格恢复 TGP 福利。

b. TGP 资格——当合格员工被大学重新雇用,她/他将:

(1) 依据 TGP 方针恢复先前的服务年限并计入 TGP 资格;且

(2) 依据 TGP 方针将其在 SHC、USHC 或 SHS 的服务年限计入 TGP 资格;

当员工复职时,如果该员工先前在斯坦福大学的服务年限加上其在 SHC、USHC 或 SHS 的服务年限等于或大于享受健康福利待遇的五年资格年限,且假设其符合 TGP 方针规定的其他 TGP 标准,则该员工将直接获得享有 TGP 福利的资格。

22.4 员工薪酬

授权 本指南备忘录由负责人力资源的副校长批准。

适用 本政策适用于指南备忘录 23.1 定义下的所有正式员工和负责图书馆工作的学术人员,受集体劳资协议约束的员工除外。适用于集体劳资协议约束范围内所有员工的政策可参考如下适用协议:《斯坦福大学与服务业雇员国际工会高等教育工作者地方分会间的协议 2007》,以及《斯坦福大学与斯坦福治安官员协会间的协议》,详见 http://elr.stanford.edu/union/index.html。

如有规定的,本政策也适用于临时工和短期工。本政策亦适用于斯坦福线性加速器中心,但执行程序可能有所不同。

概述 本指南备忘录概括描述了斯坦福大学的薪酬政策。以下各条标题为:

1. 政策声明

2. 信息来源
3. 工作时长及工作记录
4. 设立薪酬幅度
5. 加班费
6. 弹性工作制
7. 对非豁免员工的特别补偿
8. 对更高级别工作的临时补偿

1. 政策声明

斯坦福大学政策规定,大学向员工支付的工资应体现市场公平性,并能反映出员工所在职位的职责及与其他大学员工相比该员工的工作数量和质量(不论资金来源如何)。大学也有意识通过设立薪酬幅度提供与相关劳动力市场类似的竞争性薪酬机遇。

2. 信息来源

斯坦福大学为员工制定的各项薪酬政策和程序见下列出版物和备忘录:

a. 由教务长、负责商业事务兼财务总监的副校长联合签发的年度备忘录对大学薪酬体系有规定。此类备忘录包括已通过年度审核和批准的当前政策与程序。

b. 《员工薪酬资源指南》(详见 https://compensation.stanford.edu/resourceguide.html)包含更为明确的有关员工薪酬体系的管理信息。

3. 工作时长及工作记录

a. 工作周——基本的全日制工作周为连续5个8小时的工作日,共40个工作时。标准工作周周期为7天,从周一凌晨00:01开始,至次周周日午夜结束。对于领薪酬的职员而言,若其被聘用的工作周时少于基本工作周的40小时,则该职员获得的薪酬将根据实际工作周时与标准工作周时(40小时)的比值而减少。对于按小时计算薪酬的员工,将按其实际工作时间支付薪酬。

正规工作时间即标准为每天不超过8小时,每周不超过40个小时的工作时间,弹性工作制员工的工作时间除外(见第6条,弹性工作制)。

b. 非标准工作周——若经人力资源主管事先批准,各部门为满足各自要求可设立其他工作周时间表或工作安排,该工作周可不同于第3条a款中所列标准工作周规定的起止日期或时刻。具体方针详见 http://elr.stanford.edu/flex.html。

c. 补班时间——应员工书面请求且经主管人员批准,非豁免员工可缩短其某一天的工作时间,并在同一工作周中的另一天补偿之前欠缺的工作时间，从而使当天工作时间多于 8 个小时但不得超过 11 个小时，且在此条件下该员工不享受任何加班补贴，除非其任何一天总工作时间超过 11 个小时或任何一周总工作时间超过 40 个小时。

如果主管人员在一天中强迫员工工作 8 小时以上，超出其所要求的弹性工作时间，则该员工应获得加班补贴。只有当员工作出书面请求且获得主管人员书面批准，方可在同一工作周进行调休，并以一倍半或双倍假期做补偿代替加班补贴，但前提是调休须按照所有可适用的州和联邦法律以及下文第 5 条 b 款(1)规定执行。如果调休不是在同一工作周进行，则主管人员须向员工支付加班补贴。

d. 休息日——根据加州法律，所有周工作时间超过 30 个小时的员工可被授权在 7 天中享受至少 1 天的休息日。

e. 休息时间——大学中每 4 个工作时提供 15 分钟的带薪休息时间。在切实可行的范围内，休息时间应定在每一工作周期中间。休息时间应设定至将工作和服务的中断降至最低。不允许员工利用各自的休息时间来缩短工作日或延长就餐时间。

f. 午餐时间——午餐时间通常为 1 个小时。非豁免员工工作超过 5 个小时的须获得至少 30 分钟的就餐时间。但在一个工作日工作不足 6 个小时的非豁免员工经主管人员批准可放弃就餐时间。午餐所占用的时间不属于工作日的一部分，但前提是员工在午餐时间不履行工作职责。

g. 工作记录——

(1) 非豁免员工的记录——联邦及州法律要求非豁免员工对每日实际工作时做精确的记录，其中包括工作的实际开始时间、结束时间及就餐时间。人力资源管理系统(爱克森斯/仁科人力资源管理系统)是专门记录每位非豁免员工工作时间、加班时间、休假、病假、节假日及其他调休时间的系统。该系统中，上述记录须在每个工资结算周期结束前进行更新，但建议员工在每个工作日更新各自的实际工作时间。主管人员(或各自的部门主管)须批准非豁免员工的时间记录并认可记录中与员工常规计划工作时间的任何出入。

(2) 豁免员工的记录——所有豁免的正式员工须保留各自休假和病假累计、已扣除的休假和病假及其他调休等记录。豁免员工的休假应以 4 个小时为增量上报。浮动假期根据员工的全时工作当量(简称 FTE)一般应以一天为单位。病假应以半天为均量上报。在不连续休家庭与医疗假期的情况下，当地人力资源主管须与员工协商确保：(a) 对家庭与医疗假期的休假时间已做精确记录，且(b) 员工的病假剩余已根据不连续休的家庭与医疗假期的时间做适当缩减。

人力资源管理系统(爱克森斯/仁科人力资源管理系统)作为记录系统，其中所做记录须在每个工资结算周期结束前进行更新。主管人员必须批准豁免员工对假期使用情况所做的记录。也可参考指南备忘录22.5休假、22.6病假及22.7其他特许缺勤。

（3）非员工的记录——对于与大学签订服务合同的另一雇主的顾问或员工，斯坦福大学不需记录其工作时间。

4. 设立薪酬额度

负责人力资源的副校长向校长推荐不同类别的薪酬等级标准以及不同薪酬幅度的最低定额与最高定额。校长设立官员的薪酬标准与工资幅度。负责人力资源的副校长负责管理整个薪酬体系。副校长、副教务长、学院院长或主管负责管理各自领域的工资发放及分类。

a. 最低工资——依据联邦及州法律，员工所获薪酬不得低于当前的最低工资，除非例外申请获法律许可且经负责人力资源的副校长批准。有关当前最低工资的信息可参看大学薪酬。

b. 非现金薪酬——如果大学提供诸如房间、公寓或膳食等额外补贴，则上述补贴根据税法确定的价值加现金薪酬即用于计算保险福利的基本工资总额。若作为招聘条件时，不得对额外补贴征收联邦收入所得税。

c. 绩效增长——员工工资的增长应基于各自绩效和贡献，但员工工资并非自动增长。工资增长应参考内部薪酬关系及相关市场信息。

5. 加班费

a. 没有加班费的员工——

（1）豁免员工的定义——依据政府规章一些员工没有加班费。通常，担任《公平劳动标准法》所定义的执行、管理和专业职务的员工为豁免员工。大学的豁免员工没有资格获得加班工资。

负责人力资源的副校长或其代理人可确定大学各级别员工中的豁免或非豁免职位。在特殊情况下，例如，从事一种以上可影响其豁免职位的工作（又称为双重聘用）的员工，在执行豁免或非豁免职位前，该员工须同当地人力资源主管协商。

常规期望——因为大学中需要开展多项活动以维持其自身运行，所以学术人员和正式员工中的全职成员除履行通常认为的正式工作职责外，可按要求为公共机构提供各种服务。此类成员所分配的工作可在各自部门内部也可在大学的另一领域完成。

此外，众所周知，正式的学术人员和豁免员工每周工作通常会超过40个小时。但上述情况被看做在对此类员工的常规期望范围内，所以员工不能因此获得额外加班费，且所得报酬不得超过FTE工资的100%。

不论与员工当前从事的工作是否有关，如果其他部门要求此员工执行额外的工作，须征得该员工主管的正式批准或须正式通知该主管，视以下职责而定：

• 非教学任务：员工须事先得到其现任主管或地方人力资源办公室的书面批准。

• 教学任务：

—若教学任务发生在员工正常工作时间以外，则员工须事先书面通知其现任主管和地方人力资源办公室。

—若准备工作和/或教学任务发生在员工正常工作时间内，则员工须事先得到其现任主管和地方人力资源办公室的书面批准。

(2) 补充信息——非谈判单位的正式员工和负责图书馆工作的学术人员，请参考《员工薪酬资源指南》第5条（详见 http://compensation.stanford.edu/resourceguide.html）或联系人力资源主管。

b. 加班费权利——要求日工作时间超过8小时或周工作时间超过40小时的任何非豁免员工依据下文(1)款规定，有资格获得加班补偿。即便该员工在任一部门工作未超过每天8小时或每周40小时的标准时间，但该员工在大学一个或多个部门的总工作时间应在统计加班费时得到考虑。依据州法规规定，大学应为工作日中超过8小时的部分提供加班费，并依据州和联邦规章为工作周中超过40小时的部分提供加班费。各项加班费政策适用于非豁免的临时工和/或短期工，以及非豁免的正式员工。大学规定和政府规章强制性要求非豁免员工的加班时间应被记录并予以补偿。

(1) 加班工资标准——大学政策规定按照一倍半时薪的加班时率补偿非豁免员工。加班补助的计算方法为轮班奖金加正规工作时间加班所得的加班费。就周工作40个小时的员工而言，其时薪为月薪除以173.33小时。

• 对于每个工作日工作时间超过12小时或单个工作周中第七个连续工作日超过8小时的非豁免员工，其超过标准工作时间的部分将获得两倍于常规时薪的补偿。

• 加班工资率

• 一倍半——工作12个小时以内超过8小时的部分

• 双倍——工作超过12个小时的部分

• 一倍半——第7个连续工作日的前8个小时

• 双倍——第7个连续工作日前8个小时之后的部分

• 一倍半——在没有提供双倍加班费的情况下，工作周工作时间超过40小时的部分

(2) 加班时间——经授权的带薪调休（例如，休假、病假、个人调休、节假

日等)可计作已工作时间,用以确定非豁免员工是否有资格获得加班费。无薪休假不可计作已工作时间。

(3) 加班限制——由于费用的缘故,应尽量减少加班工作时间。只有当加班对部门运转十分必要时各部门方可允许非豁免员工加班工作。在任何情况下州法律均禁止未满 18 岁的个人日工作时间超过 8 小时。

(4) 加班工作的批准——非豁免员工须经部门主管或被授权安排工作日程并批准加班费的指定部门代表事先批准方可从事加班工作。非豁免员工不可擅自安排工作日程或批准带薪加班,亦不可擅自进行无薪酬加班。对于在同一部门或不同部门从事超过一份以上工作的临时人员来说,加班前该员工的主管需与每个工作领域的人力资源主管联系。

(5) 延长加班时间的批准——各部门如若发现为满足工作要求,必须通过安排一名或多名员工在常规工作的基础上连续六个月或更久的时间加班的,须事先获得相关副校长或副教务长的批准。

6. 弹性工作制

a. 定义——"弹性工作周"指经压缩后不足五整天(40 个小时)的标准工作周。常见的弹性工作周时间表为四个 10 小时工作日。

b. 方针——有关弹性工作选择的方针详见 http://elr.stanford.edu/flex.html。

c. 行政事项——各部门主管在执行弹性工作制前应考虑各自的运行需求。例如,弹性工作制应用于需要延长服务时间以调整不定期时间(例如,其他时区的学生或客户)内的客户需求的学术部门,但上午 8:00 至下午 5:00 时间段更为合适时,上述弹性工作制不可执行。

d. 弹性工作制选举——相关员工严格按照适用法律的规定,经过不记名投票选举以及管理阶层的同意后可生成"弹性工作周",例如,四个 10 小时工作日,且各方达成一致意见弹性工作周内不应获得加班费,除非该员工任何一周工作时间均超过 40 个小时,或除非主管人员强迫该员工在任一工作日的工作超过约定的工作时间。只有符合各项法律要求和前提条件且经过员工与管理服务中心的事先审查,非豁免员工方可执行弹性工作制。如对研究执行弹性工作制的选择感兴趣,可联系当地人力资源主管;有关弹性工作选择的方针详见 http://elr.stanford.edu/flex.html。

7. 对非豁免员工的特别补偿

a. 召回工作时间——当非豁免员工未经事先通知,在非常规工作时间内为回应突发事件而返回工作时即发生"召回工作"时间。"召回工作"时间的最低补偿额为 2 个小时的计时工资。"召回工作"时间的补偿包括往返于"召回工作"职责时实际耗费的时间。

b. 待命补偿及 BP 机费用——已结束工作的员工可能会按要求做好提供现实可用的咨询或返回工作的准备。对于接受此类职责分配的非豁免员工,若其个人活动受到所分配工作的限制,即有资格获得部分薪酬作为对完成分配工作所用时间的补偿。

(1) BP 机费用——如果此项限制包括：① 携带电子"BP 机"(或类似设备)并保持在设备服务区内活动,且② 在 15 分钟内抵达话机并回复 BP 机呼叫,则用以补偿分配给员工的 BP 机职责(并非在工作中)所花费时间的部分薪酬等于该员工基本工资的 5%(称为"BP 机费用")。见指南备忘录 23.1 定义。

(2) 待命补偿——如果规定的限制比上述(1)更为严格,使得所分配任务要求员工与工作地保持特定的距离并待在特定的电话机旁,如此安排使员工在被召后即刻返回工作地,则用以补偿分配给员工的待命职责(并非在工作中)所花费时间的部分薪酬为该员工基本工资的 50%(称为"待命补偿")。见指南备忘录 23.1 定义。

c. 轮班费用——在日班以外时间被派往轮班的全职非豁免员工可获得轮班奖金。被派往小夜班(从下午 2 点至晚上 10 点)的全职非豁免员工可获得 10% 的轮班奖金,被派往大夜班(从夜晚 10 点至凌晨 3 点)的全职非豁免员工将获得 15% 的轮班奖金。

8. 对更高级别工作的临时补偿

如果员工临时性填补一个与其自身工作相比拥有较高等级或标准的职位空缺,期限为两个月或两个月以上,一般连续不超过六个月,则会产生适当的临时性工资差别或奖金。员工在临时指派工作期间保留其工作分类。此外,非豁免员工在从事临时指派工作期间仍保留非豁免员工身份,并获得超过加班阈值的补偿。详细信息请参考《员工薪酬资源指南》(详见 http://compensation.stanford.edu/resourceguide.html)中工资管理部分。

22.5 休假

授权 本指南备忘录由负责人力资源的副校长批准。

适用 本政策适用于正式员工(如指南备忘录 23.1 定义所规定,从事研究的学术人员和负责图书馆工作的学术人员。)适用于集体劳资协议约束范围内所有员工的政策可参考如下适用协议：《斯坦福大学与服务业雇员国际工会高等教育工作者地方分会间的协议 2007》,以及《斯坦福大学与斯坦福治安官员协会间的协议》,协议详见 http://elr.stanford.edu/union/index.html。斯坦福线性加速器中心员工的执行程序可有所不同。

概述 指南备忘录描述大学关于休假累计和使用制定的政策和程序。以下各条标题为：
1. 休假时间的累计
2. 休假的使用
3. 主管指南

1. 休假时间的累计

a. "服务期"的定义——"服务期"即按照指南备忘录23.1定义中规定的从员工作为"正式员工"的最初聘用日期算起的服务年限。可计算为服务期的月份须符合下列要求：(a)取得工资的月份，且仅以确定休假累计率为目的；(b)临时解聘后直至在24个月内被重新聘用前的月份。一月之中无论何时出现任何服务活动，该月都可计作一个服务月份。

b. 累计率改变日期——休假累计率的改变（增加和减少）应于员工入职周年纪念日或员工职位变动月份的第一天生效。累计率改变于该月份的最后一天之前记入系统中。

c. 休假累计量——

（1）对全职工作而言——休假依据下表累计：

非豁免员工的合格服务年限	支付状态/每小时	每年大约天数*
第一年间	0.038470	10
第二年初至第四年终	0.057700	15
五年初至第九年终	0.065390	17
第十年初至第十四年终	0.084620	22
第十五年初至以后	0.092310	24
豁免员工（未跟踪工作时）的合格服务年限	每月小时数	每年大约天数
第一年间	10.00	15
第二年初至第九年终	13.33	20
第十年初至以后	16.00	24

（2）对兼职人员和按月份工作人员而言——合格员工获得正规工作（即，非加班工作）薪酬的任何月份应按比例记入休假。就休假累计而言，"正规工作薪酬"包括完成工作的薪酬及节假日、休假和病假工资（详细信息请参考指南备忘录22.4员工薪酬）。豁免员工的休假累计依据员工全时工作当量的比例计算。

---

* 在某些情况下，员工累计的假期，乘以按照六十进制率计算所得小时数后四舍五入，较其在2005年1月8日之前已累计的数量存在些微增长。并且可能的工作小时数会因年份而异。

d. 休假累计的方法

（1）累计休假——休假时间从员工被聘用后的第一个月开始累计，包括工作（非加班）期间、病假和休假时间。季节性临时解聘期间，休假仍然按照员工继续常规工作的情况累计。在每个服务月结束之际统计休假累计。

（2）休假不可累计的情况——下列情况下休假不可累计：

- 在离职员工结束最后一天实际工作后获得的离职前休假期间。
- 始于2005年1月8日或该日期以后的带薪或无薪休假期间，包括短期残疾假期、长期残疾假期、员工工资发放期，或使用家庭成员临时性残疾工资补偿（FTD）期。

e. 休假最大限度累计

（1）累计限度——未使用的休假可逐年累计，但休假最大累计限度须符合下表的规定。如果员工休假已累计至最大限度或由于最高值的年度性减少使员工假期累计量超过最大限度，超出限度的部分不再累计直至假期被使用后剩余量低于最大限度。

休假累计率（天数/年）	休假最大限度累计（天数/小时数）2009年	休假最大限度累计（天数/小时数）有效期至2010年1月1日	休假最大限度累计（天数/小时数）有效期至2011年1月1日	休假最大限度累计（天数/小时数）有效期至2012年1月1日
15	37.5/300	37.5/300	37.5/300	30/240
17	42.5/340	42.5/340	40/320	30/240
20	50/400	50/400	40/320	30/240
22	55/440	50/400	40/320	30/240
24	60/480	50/400	40/320	30/240

（2）兼职工作的累计限度——最大容许累计量基于合格员工的全时工作当量按比例分配。

（3）例外批准——最大容许累计量的任何例外须由员工所在部门事先以书面形式申请，部门须识别可为此次例外作担保的特殊操作要求，并将此例外直接上报至负责人力资源的副校长。最大容许累计量的例外情况经负责人力资源的副校长批准才可准予。

（4）员工职位的改变——如果员工工作职位的改变（例如，由全职变为兼职，或由豁免变为非豁免），导致其原来职位休假累计超过新职位的最大累计限度，则在职位改变之时员工应获得对超出部分的补偿，除非员工及其所在部门互相同意对超出部分的安排——由员工在短时期内休完。上述安排也可同时提供补偿款和休假。所安排补偿款应基于员工职位变更前的薪酬标准支付。

2. 休假的使用

a. 不可预支休假——未获得休假时间之前员工不可使用,除非员工借假期(不得超过每月常规累计休假量)抵偿冬季停课的无薪假期。

b. 休假时间安排——各部门负责每年为员工提供休假的机会。员工通常应在累计休假的财政年使用已累计的假期。具体安排须经主管人员批准,服从与部门要求相一致的时间安排,并且应适当考虑员工的喜好与意愿。如果某员工没有确定休假时间,他/她可按规定在其累计休假的财政年结束之前使用已累计的休假时间,或在支持员工薪酬的基金或合同结束之前使用已累计的休假时间。

c. 在非休假性质的假期使用休假时间——如果员工提出请求并经主管人员许可,休假时间可用于其他假期(例如:残疾假期、个人事假和冬季停课假期)。

d. 休假预付工资——详细内容见指南备忘录 35 大学薪金。

e. 以薪酬代替休假——休假不可转换为现金,除非当员工工作期限终结或当工作职位的变更导致员工原来职位休假累计超过其新职位的最大容许限度(见上文第 1 条 e 款)。

f. 离职休假薪酬——解除正式员工聘用关系的员工凭借各自已累计休假可获得按其当前薪酬标准一次性清付的报酬,但其已累计休假不可超过上述第 1 条 e 款规定的休假累计最大限度。退休员工和被永久性解雇的员工可要求在最后工作日结束时通过使用已累计的休假和个人调休(称为"离职休假")保留其在薪酬簿上的注册。员工提出离职休假的申请须以书面形式上交所在部门人力资源处。但在此类情况下,病假、休假和个人调休在实际最后的带薪工作日结束后不可被累计或记入,并且其间的节目也不获得薪酬或记入。离职休假期间不可使用病假。

g. 缺勤——无薪缺勤不是聘用关系的终止;当员工申请无薪假期时,部门无须向其提供累计休假的一次性清付的报酬。

h. 休假转移——当一名员工从大学某一部门调至另一部门,该员工自 2003 年 9 月 1 日起的累计休假可通过在线费用转移转至中央休假累计账户。有关已转移休假的记录指南详见 http://fingate.stanford.edu/staff/payadmin/policy_notes/vac_balance_funding.html。

i. 期限固定受聘者与固定资金资助的员工——任用期限固定的员工以及由固定资金来源支付工资的续聘员工按照要求可在任用期限或资金来源终止之前用完所有的已累计休假。

j. 获得轮班奖金的非豁免员工——定期换工或执行大夜班(见指南备忘录 22.4,员工薪酬,第 7 条 c 款)因而通常获得轮班奖金的员工可继续在记入休假的时间内获得轮班奖金。

3. 主管指南

a. 休假记录与报告——所有正式员工的休假记录在每个工资结算周期结束之前必须被更新。如果某一员工欲终止聘用关系,详见 http://www.stanford.edu/dept/dms/hrdata/jobaids.html 中规定的程序执行。当一名员工从本部门调至另一部门,该员工自 2003 年 9 月 1 日起的累计休假可通过在线费用转移转至中央休假累计账户。有关程序详见 http://fingate.stanford.edu/staff/payadmin/policy_notes/vac_balance_funding.html。离职休假或调动休假的价值评估指南详见 http://www.stanford.edu/dept/DoR/Resources/vac.html。计算休假的货币价值详见 http://fingate.stanford.edu/staff/payadmin/quick_steps/calcuate_vac_accrual.html。详细信息请参考指南备忘录 22.4 员工薪酬。

b. 向员工公布休假累计情况——通常未使用爱克森斯系统的部门在每个财政季度结束之后应向员工提供书面结算,其中显示当前休假累计情况、当前休假累计率以及累计率的有效日期。如果可行,各部门被鼓励更为经常地向员工提供休假累计报告;例如,在休假累计和使用数据计算后每月提供一次报告。报告中一旦出现差异应即刻参考员工出勤的书面记录做出解决。在上述记录缺失的情况下,各部门通常应接受员工出示的休假使用证明。

22.6 病假

授权 本指南备忘录由负责人力资源的副校长批准。

适用 本政策适用于非集体劳资协议约束范围内的正式员工、从事研究的学术人员和负责图书馆工作的学术人员。(术语"正式员工"如指南备忘录 23.1 定义中所规定)适用于集体劳资协议约束范围内所有员工的政策可参考如下适用协议:《斯坦福大学与服务业雇员国际工会高等教育工作者地方分会间的协议 2007》,以及《斯坦福大学与斯坦福治安官员协会间的协议》,详见 http://elr.stanford.edu/union/index.html。斯坦福线性加速器中心员工的执行程序可有所不同。

概述 本指南备忘录描述了带薪病假累计和使用的相关政策。

以下各条标题为:

1. 累计
2. 病假使用
3. 管理

1. 累计

a. 资格——上文"适用范围"中描述的大学员工可按照下文规定累计并使用病假。

b. 病假累计——

（1）合格员工可按以下规定累计病假：

- 豁免员工按照全职薪酬的每月 8 个小时病假的比率累计。
- 非豁免员工按照正规工作时间每小时 0.046154 个小时的比率累计，亦等于年均 2080 个小时正规工作时间中 96 个小时或 12 个工作日。
- 对于兼职和月份工作，合格员工可在获取正规工作时间所得薪酬的任何月份将工作时间按比例记入病假。此处正规工作时间所得薪酬包括为已完成工作支付的薪酬也包括为节假日、休假和病假支付的薪酬。豁免员工基于其全时工作当量的比例进行病假累计。

（2）未使用的病假逐年累计，没有最大极限限制。

（3）若变更职位——如果员工从某一职位离职并接受大学内的另一职位，该员工剩余未使用的病假将同时转入新部门。

（4）不可预支——病假须在被使用之前记入员工档案。

（5）临时解聘期间（参考指南备忘录 22.16 解雇第 2 条），病假在员工继续常规工作的情况下累计。

c. 病假不可累计的情况——

（1）从 2005 年 1 月 8 日或该日期以后开始的带薪或无薪休假期间，包括短期残疾假期、长期残疾假期、员工工资发放期，或使用家庭成员临时性残疾工资补偿期。

（2）在离职员工结束最后一天的实际工作后获得的离职前休假期间。

2. 病假使用

许可范围内的病假使用包括：

a. 当员工的疾病或受伤致使其无法正常工作。

b. 医疗预约和牙医预约——针对所有医疗预约和牙医预约安排的换班，包括工伤换班（例如，物理治疗）可记入病假、休假或个人调休。如有可能，提倡主管人员应用弹性工作制调整常规工作时间之外的医疗预约。员工应在部门方便的时间安排医疗预约。

c. 大学节假日与病假——如节假日与员工由于疾病/受伤所请的假期重合，节假日时间已被记入病假时间，且该员工不属于其他原因请假，则其带薪节假日时间应从病假中扣除。

d. 休假期间——如果员工在休假期间按照医疗指导采取住院治疗或卧病在床治疗，其住院/卧床时间应记入已累计的病假。在适当情况下，员工可申请获得伤残抚恤金。详情可参考指南备忘录27.7残疾及家事假期。

e. 冬季停课期间——只有在有限情况下（如下所示），且经学校假期主管——利宝互助保险集团的批准，方可在冬季停课期间使用累计病假。使用病假的所有要求保持不变。

（1）员工在冬季即将停课前因残疾已获批放医疗假。

（2）员工在冬季停课期间伤残或患病，且通过利宝互助保险集团批准认可残疾（申请获得残疾抚恤金的说明，可参看指南备忘录27.7伤残及家事假期）。

（3）员工获利宝互助保险集团批准在冬季停课期间照顾患病或残疾的家庭成员。

f. 家庭与医疗假

（1）家庭成员病假——当与员工关系密切的家庭成员因疾病或受伤需要员工离开工作岗位提供照料时，员工在1月1日至12月31日一年服务期中最多可获得15天的病假。此政策中，与员工关系密切的家庭成员仅包括：员工的配偶或同性同居伴侣；员工的孩子、员工配偶的孩子或同性同居伴侣的孩子；员工父母、员工配偶的父母、员工的兄弟姐妹；员工的祖父母或孙子女，或依靠于员工并与员工同吃住的其他家庭成员。

（2）员工也可申请家庭医疗假。详细信息参考指南备忘录27.7伤残及家事假期。

g. 残疾期间使用病假以获取工资——除非员工向其所在部门提出例外申请且经批准，否则大学将使用员工已累计的病假保证其在获取残疾抚恤金期间获得基本工资。参考指南备忘录27.7伤残和家事假期。

3. 管理

a. 请假通知——员工应将缺勤（或有计划的缺勤）上报主管人员。部门应负责就员工如何向部门告知请假的事宜制定并传达相关规章。

b. 记录并报告病假累计及使用——大学应用人力资源管理系统（爱克森斯/仁科人力资源管理系统）记录所有正式员工已记入、使用和累计的病假。每个工资结算周期须针对员工已使用病假更新上述记录。详细信息请参考指南备忘录22.4员工薪酬。有关爱克森斯的时间和请假系统的信息详见 http://fingate.stanford.edu/staff/payemployee/time_leave_reporting.html。

c. 病假在每个服务月月初被记入，如果实际累计量与期望值不符，可在下个月月初作些调整。

d. 休病假期间所得收入应缴纳税款，须扣除联邦税、州税和联邦社会保险税。

e. 医疗确认——使用病假需要提供合格的医疗证明。批准病假的主管人员应负责确认满足病假的使用条件。合格的证明包括但不限于：与员工的个人接触、医生出具的能够证明须请病假进行医疗救治的说明、所预期的病假持续时间，以及当员工能够返回工作时的任何限制与其持续时间。

f. 申请残疾抚恤金——如果员工因同一疾病或受伤使病假时间超过五个连续工作日或连续七天时间，该员工须申请残疾抚恤金。

22.7 其他特许缺勤

授权　本指南备忘录由负责人力资源的副校长批准。

适用　本政策适用于指南备忘录 23.1 定义规定的所有正式员工、从事研究的学术人员和负责图书馆工作的学术人员。适用于集体劳资协议约束范围内所有员工的政策可参考如下适用协议：《斯坦福大学与服务业雇员国际工会高等教育工作者地方分会间的协议 2007》，以及《斯坦福大学与斯坦福治安官员协会间的协议》，详见 http://elr.stanford.edu/documents.html。

概述　以下各条标题为：

1. 带薪缺勤
2. 其他缺勤
3. 休假政策
4. 主管指南

1. 带薪缺勤

经事先批准的带薪缺勤可被看做用以计算加班费的已工作时间［参考指南备忘录 22.4 员工薪酬，第 5 条 b 款(3)］。除指南备忘录 22.5 休假、22.6 病假和 22.12 带薪节假日中批准的缺勤外，下列带薪缺勤须经大学批准。

a. 投票表决——如果正式全职员工由于工作日程的原因，不能在常规安排的工作时间以外参与投票表决，主管人员应批准必要的离开时间，但带薪的离开时间不可超过两个小时。此类时间安排应以最小限度中断部门工作为前提。

b. 陪审员职责——受陪审员召集令召集的正式员工，可在法院所规定离开日常工作的缺勤时段内获得带薪休假。该员工须提供由法院或陪审团专员出具的尽陪审员义务所需时间的证明。

c. 出庭——由于员工工作过程和范围引发的事件，被传唤作为证人（而非原告或被告）在法院出庭的员工，可在按法院要求离开日常工作的缺勤时段内获得带薪休假。但若员工在此事件中是作为原告或被告出庭致使缺勤的，应记作个人调休、休假或无薪事假。

d. 个人调休制度——正式员工经其主管人员事先批准，可因个人原因休假。可用的个人调休时间可合理地用于在冬季停课期续薪，各主管人员对员工的上述请求须予以批准。全职员工每年可因其个人原因获得最多 24 个小时的带薪休假；对于新员工或返聘员工以及兼职员工，每年容许的最大调休时间可按比例分配。个人调休可在年初使用。员工可在个人调休记入之前借用全部的个人调休时间以抵偿冬季停课的无薪假期。个人调休不可由当年延续至次年。如果员工被终止聘用而其个人调休未被使用，部门应安排员工在被解雇之前使用个人调休。任何剩余未使用的个人调休将在员工的最后一笔工资中以薪酬方式支付。

使残疾抚恤金增加的个人调休——除非员工向其所在部门提出例外申请且获得批准，否则大学将使用员工已累计的调休（病假、全年个人调休、浮动假期和休假，按此顺序排列）从而维持其在获取残疾抚恤金期间的基本工资。参考指南备忘录 27.7 伤残及家事假期部分第 2 条。

主管指南：员工没有义务解释他/她计划如何使用个人调休假期。主管人员对个人调休请求的批准或拒绝只与员工缺勤是否可协调相关连。

e. 丧亲假——如果与正式员工关系密切的家庭成员死亡，按照下文规定，员工在必要的缺勤期限内可继续领取固定工资，但此期限不得超过五个工作日。所需缺勤期限被定义为出席葬礼或追悼会及履行相关职责所需要的时间，该期限须经员工所在部门的批准。如需额外假期，部门可批准使用休假或无薪事假。"（与员工）关系密切的家庭成员"仅限于员工的配偶或同性同居伴侣；员工的孩子、员工配偶的孩子或同性同居伴侣的孩子；员工父母、员工配偶的父母；养父母；员工的兄弟姐妹；员工的祖父母或孙子女。"（与员工）关系密切的家庭成员"也包括依靠于员工并与员工同吃住的其他家庭成员。

f. 军事训练假——正式员工按规定须履行一年一度的军事训练职责的，该员工每年最多可获得 17 天的假期作为服现役期。大学将为员工在军队基本工资外补发其缺勤工作日的工资，金额不超过该员工的全部薪水或工资。员工须在大学工作整一年，才可获得由大学发放的补偿性的军事训练工资。（发放程序可参考下文第 4 条 f 款。）详细信息可联系所在当地人力资源主管。

2. 其他缺勤

注：此类缺勤为无薪缺勤，员工不可凭此获得大学发放的工资。但依据缺勤性质，员工可按要求使用其他假期，例如，累计休假、个人调休或病假，或在缺勤期间依据大学自助伤残保险计划有资格获得残疾抚恤金。

a. 无薪缺勤类型

（1）事假——正式员工可按部门指示接受所安排的无薪事假。如出现与带薪休假有关的假期需延长情况或需请假照顾家庭成员等情况，可基于此类情形准予事假。

（2）残疾假——员工由于自身受伤或生病或其家庭成员生病的原因需要请假，相关信息请参考指南备忘录 22.6 病假和 27.7 伤残及家事假期。

（3）专业性假期（进修活动）或教育性假期——正式员工可利用部门准予的休假参与各项活动或教育课程以提高员工在大学中的自身价值。此类缺勤不可超过一年。（按照部门要求和安排参与培训、教育或专业发展的时间按工作时间支付工资。有关利用带薪休假参与员工培训和发展计划的政策可参考指南备忘录 22.11 员工发展计划。）

（4）公共服务假——正式员工可利用部门准予的休假临时参与社区事务、州事务或国家事务，包括公职选举。但员工在公共代理机构或社区代理机构参与长期或持续性全职工作通常不能作为适当理由被准予休假。

（5）服兵役假——自愿服兵役或应召在一段较长时期内服兵役的正式员工应联系其人力资源主管获取更详细信息。关于短周期的军事训练职责可参考上文第 1 条 f 款 "军事训练假"；关于军队人员配偶的休假权利可参考下文第 2 条 a 款（6）其他休假。军人家庭成员的一些休假可见指南备忘录 22.17 服兵役假。

（6）其他休假——大学按照法律要求将提供如下休假：消防志愿者假、父母参与学校纪律培训假、父母到校参与亲子活动假、扫盲假、作为家庭暴力或性侵犯受害者获得的工作休假、作为刑事犯罪的受害者及与司法程序受害者相关的一些个人被准予的缺勤，以及作为军人配偶在军人休假时获得的休假权。

有关上述休假的详细信息请咨询员工与管理服务中心。

b. 无薪缺勤期间的福利延续

（1）员工福利延续——员工的保险和健康计划在其无薪缺勤期间将得到延续。在无薪休假期间，员工将收到各项福利的账单，针对 30 天或更长的休假，员工须从速支付其保险费。

（2）无薪休假——员工无薪休假期间所有退休计划养老金机制停止运作。

事假中，员工应支付全额的员工团体健康计划、牙科保险及人寿保险金。

（3）员工福利取消——若要取消保险项目，员工须在休假开始 31 天以内，访问员工福利网页 http://benefits.stanford.edu 或者致电（650）736-

2985（按选择键 9）。如果福利未被取消，员工的保险费将被计入账内，员工须支付该费用以便福利得以延续。

3. 休假政策

a. 休假期限——每类休假应有规定期限，附有明确起始日期。休假时间不能超过固定期限的约定终止之日。无论何时，当提议的休假中缺勤的总期限超过 12 个月，超出休假时间之前员工须获得所在部门人力资源主管和负责人力资源的副校长（或其指定人员）或斯坦福线性加速器中心人力资源主管的批准。期限超过 12 个月的休假批准理应非常罕见。

b. 复职要求——准予或推荐休假的部门有义务在休假结束后恢复员工原先的职位或类似职位。在特殊情况下，负责人力资源的副校长（或其指定人员）可在员工书面呈交放弃被重新聘用的权利时批准其休假。当员工不能提供在休假结束后有意返回大学工作的合理担保时，休假将不予批准。

c. 由于临时解雇终止休假——如果员工休假过程中其所在部门出现临时解雇的情况，该部门将应用常规的临时解雇程序且其适用范围包括休假的员工。如果由于临时解雇而终止员工休假，离职费、重新聘用及福利延续等标准规定均可适用。

d. 休假结束后未返回工作——如果员工在休假结束后未返回工作，或部门已得知其将不再返回工作，该部门将终止员工休假及其雇员身份，并说明其离职原因。

4. 主管指南

a. 记录——仁科/爱克森斯人力资源管理系统应反映出显示休假类型和休假期限的带薪休假和无薪休假。诸如伤残证明和休假书面请求等文件应保留在部门档案处。

b. 事先批准——如果休假需要获得负责人力资源的副校长（或斯坦福线性加速器中心人力资源主管）的事先批准，部门的批准申请应连同其书面推荐一并上交。

c. 无薪休假期间情况改变——如果员工无薪休假期间情况有变需要更改休假状态，该员工所在部门采取任何措施前应就此情况与人力资源主管商讨。

d. 福利计划安排——维塔（Vita）管理公司将按照税后基准向无薪休假的员工收取保险和健康计划的保险费。员工必须及时向维塔公司支付保险费。

e. 工作日程表更改——主管人员应遵守大学和政府有关加班工资的各项政策和政府要求，据此更改非豁免员工的工作日程表，从而为其提供个人休假。（关于工作日程的政策参考指南备忘录 22.4 员工薪酬。）

f. 军事训练薪酬的发放程序——相关员工应归入带薪休假类别（因此所享受各种福利不受影响），但其薪水为零（0.00美元）。军事训练假期结束后，员工须提供一份可核实其军队所得收入的工资存根副本。之后部门对员工休假期间的薪酬予以调整，以确保调整后的薪水加上军队补发薪水等同于该员工常规的全日制工作薪水。

g. 退役军人被重新聘用的权利——任何服兵役的员工享有法律保障的重新聘用权利。员工服兵役期间，其所在部门应从人力资源处获得此类权利的相关信息。

22.8 离职

授权　本指南备忘录由负责人力资源的副校长批准。

适用　本政策适用于指南备忘录23.1定义项下规定的所有正式员工和学术人员。适用于集体劳资协议约束范围内所有员工的政策可参考如下适用协议：《斯坦福大学与服务业雇员国际工会高等教育工作者地方分会间的协议2007》，以及《斯坦福大学与斯坦福治安官员协会间的协议》，详见 http://elr.stanford.edu/union/index.html。

适用于学术人员中部分成员的附加规定，应与相关当地人力资源主管协商执行。尽管政策适用于包括斯坦福线性加速器中心在内的整个大学，但此处的若干特殊程序并不适用于斯坦福线性加速器中心。员工应联系斯坦福线性加速器中心人力资源部以获得其离职程序方面的相关信息。

概述　本指南备忘录概括论述了关于正式员工和学术人员从大学离职的各项政策和程序。

以下各条标题为：

1. 政策声明
2. 辞职
3. 退休
4. 死亡
5. 固定任期结束
6. 解雇

1. 政策声明

斯坦福大学应依据所有适用法律和规章在适当和必要时为正式员工和学术人员办理离职手续。为达成上述目的，大学将遵守下列政策和程序。

2. 辞职

a. 定义——辞职系指员工自愿终止雇佣关系。辞职应以书面形式予以确认（参考下文主管指南）。对已经确认的辞职报告只有经主管和地方人力资源部门同意并给予书面许可方可被收回。

b. 主管指南——为编制计划，大学要求员工尽快向各自主管告知其辞职意向。非豁免人员至少应在辞职两周之前以通知形式告知主管，豁免人员至少应在辞职四周之前以通知形式告知主管。主管人员应要求员工递交书面辞职报告，其中包括辞职日期及原因。如果员工没有提供上述书面报告，主管人员应以书面形式确认员工的口头辞职。

3. 退休

a. 定义——当某一员工满足成为一名大学正式退休人员的资格要求且自愿终止聘用关系时即发生退休。可参考指南备忘录 22.9 员工退休。

b. 主管指南——当员工向主管递交计划退休的通知，主管人员应建议员工至少在退休之前二至三个月间参加福利部门主办的退休专题研讨会。具体日期和时间表详见 http://benefits.stanford.edu。

4. 死亡

一旦员工死亡，主管人员应尽快通知斯坦福福利部门和当地人力资源部门。处于可享有福利的职位（至少工作总时间的 50%）的所有员工，可获不少于基本人寿保险（一次性最高支付额可达 50000 美金）的理赔。详细信息可参考指南备忘录 27.1 遗属抚恤计划。

5. 固定任期结束

a. 定义——固定期限任命系指在员工被聘用或任命之时已确定并记录计划实施终止日期的职位任命。

b. 政策——被大学聘用或任命的固定期限员工由其所在部门在任命终止之日解除聘用关系，除非经部门批准延长聘用期或重新聘用。

（1）通知——对于被任命的固定期限员工，其所在部门须就任命之时双方达成的计划终止日期发出书面通知。对于大多数学术人员来说，延期聘用通知或非延期聘用通知有额外要求。进一步消息可参考针对此类任命的政策。

（2）不适用申诉程序——由于固定任命期满导致聘用关系的终止不属于因故解雇，不受任何申诉程序约束。

（3）计划终止日期前离职——固定期限员工在其任命的计划终止日期之前，可由于其他原因或临时解雇以非自愿的方式与大学解除聘用关系。参考指南备忘录 22.16 解雇和指南备忘录 22.15 处理行为操守与绩效问题。

6. 解雇

a. 定义——解雇系指员工非自愿地被大学终止聘用关系。进一步信息可参考以下资源：
- 处理行为操守与绩效问题，参考指南备忘录22.15；
- 关于试用期间的解雇，参考指南备忘录22.14；
- 关于资深职员离职的信息，参考指南备忘录22.13；
- 关于解雇问题，参考指南备忘录22.16。

b. 政策——非因指南备忘录22.15列明的原因，不得无故辞退员工，试用期间解雇和资深职员解雇除外。主管人员在作出解雇员工决定之前，须与地方人力资源办公室协商，如无其上一级主管同意并经负责人力资源的副校长或其指定人员的审批，不得做出解雇决定。

c. 通知——被解雇的员工将获得两周的通知期或代通知金或同时获得通知金和通知期，但出现下列情况之一除外：
- 严重渎职行为，例如偷窃行为、人身侵犯、损害或破坏大学名声或运作的行为。
- 致使大学相信员工已放弃自身工作的事实。
- 员工在已批准的休假结束后没有或没能返回工作的。
- 其他未经批准的缺勤。

22.9 员工退休

授权　本指南备忘录由负责人力资源的副校长批准。

适用　本政策适用于指南备忘录23.1定义中规定的所有教员、学术人员和正式员工。适用于集体劳资协议约束范围内所有员工的政策可参考如下适用协议：《斯坦福大学与服务业雇员国际工会高等教育工作者地方分会间的协议2007》，以及《斯坦福大学与斯坦福治安官员协会间的协议》，协议详见http://elr.stanford.edu/union/index.html。

概述　本指南备忘录描述大学退休员工可获得的退休金计划、医疗保险和其他额外补贴。

以下各条标题为：
1. 退休计划
2. 正式的大学退休人员
3. 主管指南

1. 退休计划

a. 大学退休计划——所有此类计划的既定参与者，不论是否为正式的大学退休人员，均可获得大学退休计划提供的退休金。有关参与资格、缴纳金额、保留退休金的权利和福利等的详细信息请参考每项计划的摘要描述（详见 http://benefitsu.stanford.edu/）。计划摘要描述是关于此类计划的大学官方信息，包含此类计划如何实行的说明及联邦法律和本计划规定下参与者的权利等的描述。

（1）员工退休年金计划（简称 SRAP）——该项退休计划针对受集体劳资协议约束的一些员工制定。此外，由于历史上某些计划规定的变更和参与者选举，一些豁免员工和非豁免员工可能是下列两者之一：

（a）员工退休年金计划的当前参与者，或

（b）作为员工退休年金计划的当前参与者从以往的参与中获取累计的员工退休年金计划福利。

（2）斯坦福付费退休金计划（简称 SCRP）——该项退休计划针对教员、学术人员以及豁免员工和非豁免员工而制定。但由于某些计划中规定的变更和参与者选举，一些员工被推举继续参加员工退休年金计划而非斯坦福付费退休金计划。本计划摘要描述详见 http://benefits.stanford.edu/。

b. 自愿递延课税年金计划（简称 TDA）——此项退休计划为所有合格员工提供，自聘用起生效，该退休福利用于补充社会保障和员工退休年金计划／斯坦福付费退休金计划外。在本计划中，"员工"包括教员和职员、博士后研究学者，以及临时工、短期工和待定员工。员工向本项补偿计划缴纳延期课税的费用，并说明各自缴纳费用往何处投资。

c. 社会保障退休津贴——社会保障计划为工作年限达到全保险水平的个体提供退休津贴。退休人员从 62 岁开始，在社会保障基于员工年龄规定的通常的退休年龄前，可获得扣减的津贴。如果员工延迟退休，则其超出通常退休年龄的部分可获得额外津贴。发放津贴以后，员工从有实质报酬的工作挣得的薪酬数量若超出法律限制，其社会保障津贴可被扣减。员工和雇主均须支付社会保障计划的费用。美国社会保障局当地办公室将提供额外信息并协助此项津贴的应用。

2. 正式的大学退休人员

a. 资格——只有当前员工和那些不曾因行为不当（且以书面形式被告知没有资格再被学校聘用）被终止聘用的前员工方有资格成为正式的大学退休人员，但前提是上述人员在任职时满足一定年龄限制和服务要求。

（1）在 1992 年 1 月 1 日之前被聘用的员工——1992 年 1 月 1 日之前在被聘用之日即有资格获得健康福利津贴的员工，满足下列两条件之一者具有成为正式的大学退休人员的资格：

- 如果已参与至少 10 年的健康福利津贴资格服务且退休时年龄至少

为 55 岁,或
- 满足"75 年规则"[参见本款(2)]。

(2) 在 1992 年 1 月 1 日当日或之后被聘用的员工——1992 年 1 月 1 日当日或之后的在被聘用之日即有资格获得健康福利津贴的员工,同时满足下列要求者具有成为正式的大学退休人员的资格:
- 参与健康福利津贴资格服务至少 10 年,且
- 年龄和服务年限总和至少为 75 年。
- 本规则被称为"75 年规则"。

(3) 渐进式退休制度——若一名全职员工已具备正式退休人员的资格,但却希望通过继续从事兼职工作实现渐进式退休制度,在该员工与其所在部门(包括员工被再次聘用的部门)双方相互接受时,可做出这样的安排。员工从事由部门依据适用的退休计划提供的兼职工作期间,其退休福利将继续累积。

(4) 退休人员返聘——如果退休人员返回斯坦福大学工作,他/她应致电斯坦福大学福利处(电话:650/736-2985,按选择键 9)就返聘对退休人员健康福利的影响等问题进行商讨。

b. 正式的大学退休人员福利计划

(1) 医疗福利待遇——正式退休人员可参与大学提供的退休人员医疗计划。关于参与资格、保险范围、大学缴纳金额、费用和福利等的详细信息详见 http://benefits.stanford.edu/提供的退休人员健康与福利保险的摘要描述。年满 65 岁的退休人员及其配偶须申请并坚持缴纳医疗保险 A 部分和 B 部分。

(2) 牙科保险——正式员工可参与大学提供的退休人员牙科保险。详细信息可参考退休人员健康与福利保险摘要描述。

(3) 额外补贴——依据提供服务或设施的部门的规则和政策,正式的大学退休人员可使用大学图书馆及娱乐/运动设施,且员工参与某些运动项目可享受员工折扣。正式的大学退休人员仍有资格参与学费补贴计划。

3. 主管指南

a. 退休安排——

(1) 学校鼓励员工在其可能退休的日期之前至少二至三个月参加退休会议。

(2) 退休是员工自愿终止聘用关系的一种形式。详细信息可参考指南备忘录 22.8 离职,以及指南备忘录 35 大学薪金。

b. 退休礼物——各部门可使用大学资金为退休人员购买退休礼物。但超过票面值的礼物可能会被视为接受者的额外收入缴纳税款。详细信息可

参考指南备忘录23.8赠与大学员工的礼物和奖品。

c. 退休人员返聘——如果一些人员从大学退休后被再次聘用,可适用下列规定:指南备忘录22.1正式员工的雇用和指南备忘录35大学薪金。

医疗保险:对于被大学返聘的退休人员,其所在职位有资格享有福利待遇,且其每周工作时间在20至40小时之间的,有资格获得与现有员工相同的福利待遇,并且同样需要注册为现有员工。如有返聘员工符合此类要求的,应致电斯坦福大学福利处,电话:(650)736-2985,按选择键9办理注册。

如果返聘的退休员工再次终止聘用关系,应致电斯坦福大学福利处,电话:(650)736-2985,按选择键9再次注册退休医疗保险。

d. 被召回的退休人员——若退休人员获得来自员工退休年金计划、斯坦福付费退休金计划或自愿递延课税年金计划的款项,在该退休人员被召回至可获得福利待遇的职位时仍可获得此类福利。此外,被召回的退休人员可基于所得薪水累计额外的退休福利。

22.10 申诉程序

授权 本指南备忘录由负责人力资源的副校长批准。

适用 本政策适用于指南备忘录23.1定义部分规定的所有正式员工(包括试用期间的员工、短期工和临时工),学术人员和资深职员除外。适用于集体劳资协议约束范围内所有员工的政策可参考如下适用协议:《斯坦福大学与服务业雇员国际工会高等教育工作者地方分会间的协议2007》,以及《斯坦福大学与斯坦福治安官员协会间的协议》,协议详见 http://elr.stanford.edu/union/index.html。其他申诉程序详见 http://elr.stanford.edu/grievance.html。

概述 本指南备忘录概述了处理斯坦福大学劳资关系问题的正式程序。更多详细信息请参考员工与管理服务中心提供的《斯坦福大学劳资关系问题的解决方案》。正式申诉程序是对以常规和非正式方法回应和解决员工问题和投诉这一做法作出的补充,而非替换。

以下各条标题为:

1. 非正式解决方案
2. 申诉程序之步骤
3. 代表
4. 不记录、不报复
5. 替代程序

1. 非正式解决方案

学校鼓励员工、监管人员和主管尽早确认并解决劳资关系问题和纠纷。非正式方案包括与相关人员直接讨论;由监管人员、主管或另一信任的同事介入解决;由更高级别的监管人员或主管介入解决;由当地人力资源主管、员工与管理服务中心、申诉专员办公室协助解决;以及仲裁。依据问题的性质,其他人员或办公室也可提供帮助。

2. 申诉程序之步骤

申诉程序的步骤如下:

a. 步骤一:面对面交谈——员工应与发生问题的工作小组之监管人员和主管直接进行交谈。各主管和监管人员有责任尽力内部解决问题。

b. 步骤二:大学审查——如果经步骤一处理后该类问题仍然存在,并且问题涉及违反大学政策的作为(或不作为),并对员工的聘用时间或聘用条件带来负面影响,则员工可向员工与管理服务中心提交正式申诉。与员工与管理服务中心代表预约,请致电(650)723-2191。

涉及员工福利和薪酬的问题须直接运用为处理此类主题而制定的申诉程序,由负责福利问题的福利服务中心和负责薪酬问题的地方人力资源主管处理解决。除此以外,涉及员工间纠纷或绩效评估的问题不适宜用步骤一和步骤二处理。

如果申诉涉及临时员工没有符合指南备忘录22.1规定的优先聘用权的问题,则唯一需要解决的问题是确定聘用优先类型是否正确应用。如果确定聘用优先类型出现应用错误,负责受理投诉的部门应采取的补救办法是:聘用申诉人以填补处于同一工作分类和级别,并上报至同一招聘主管或该主管的继任者的下一空缺。

员工应在问题或纠纷产生后30天内提交申诉。申诉表格可从链接:http://elr.stanford.edu/grievance.html 下载,或从员工与管理服务中心获得。

1)试用期员工、临时工和短期工投诉——由试用期员工、临时工和短期工提交的申诉将经学校员工与管理服务中心成员,或学校中申诉员工所在部门以外的部门主管审查。负责审查的人员将确定与申诉相关的事实并基于此类事实提供补救措施。审查人员对于事实的确定将为最终确定;但此项决定须经过员工与管理服务中心助理副主席的审核,以确保正确应用大学政策。

补救措施若为员工及其所在部门接受即可被采用。若员工或其所在部门有一方不接受上述补救措施,员工应按照员工与管理服务中心的要求诉诸大学复审官员。复审官员将在20天内作出决定,其决定将为最终决定,对学校和员工均具有约束作用。试用期员工、临时工和短期工提交的申诉不具申请仲裁的资格(见步骤三)。

2)通过试用期的正式员工——由已通过试用期的正式员工提交的申诉在由大学复审官员审查之前必须经过调解评估程序。调解评估程序包括与员工和大学申诉专员分别进行交谈。可要求监管人员或主管与地方人力资源主管参与调解评估程序。

经调解仍未解决的投诉应提交至大学复审官员处,该官员将在最后一次审查会议结束后15天内对投诉做出回复。大学复审官员对于事实的确定将为最终确定;但此项决定须经员工与管理服务中心审核,以确保大学政策的正确应用。大学复审官员的决定对员工和大学而言均为最终决定,但涉及与大学终止聘用关系或永久性解雇的情况除外,在上述两种情况下员工(并非大学)可按照下文步骤三申请仲裁。

c. 步骤三:仲裁——已通过试用期的正式员工可申请以仲裁方式处理终止雇用或永久性解雇问题。员工须在大学复审官员发出书面指示后20天内以书面形式提交仲裁申请至员工与管理服务中心助理副主席。如果员工和员工与管理服务中心助理副主席达成书面协议,其他聘用关系问题也可提交仲裁;但大学保留撤回仲裁的权利。

申请仲裁的员工须配合大学及时、迅速地通过仲裁解决问题。员工若在30天内未能执行仲裁协议,或在执行仲裁协议的十天内未能选出仲裁人,将被视为放弃投诉。仲裁费由斯坦福大学支付。员工产生的费用将由自己承担。仲裁人的裁决对员工和大学均具有约束力。

3. 代表

a. 自我代表——员工可在申诉程序中的任一步骤作自身代表。

b. 员工代表——一旦需要其他代表,员工可从大学非律师职位的员工当中挑选任意代表,挑选的代表不仅要愿意且要能够在不耽误自身工作的情况下协助员工寻求解决纠纷的方案。无论对寻求纠纷解决方案的员工而言还是对斯坦福大学员工代表而言,如果参与纠纷解决的时间超过20小时,超出部分应使用个人调休和休假时间。

c. 外界代表——此类代表仅适用于步骤三,寻求纠纷解决方案的正式员工在开庭受理投诉时可由员工挑选且自费聘请的律师或其他外界代表代之出庭。

4. 不记录、不报复

任何人不可因员工为解决劳资关系问题做出的合法努力或使用申诉程序而对其实施恶意报复行为。员工使用申诉程序的行为不得记入其人事档案。

5. 替代程序

进行正式申诉的任一步骤时,双方可协议将此问题递交大学申诉专员处理。

22.11　员工发展计划

授权　本指南备忘录由负责商业事务兼财务总监的副校长批准。

概述　员工发展计划(SDP)通过为课程、研讨会和专题学术讨论会提供部分或全部费用来促进员工发展,上述活动能使员工改善当前工作的绩效、随时做好应对职业发展的准备,或满足与员工当前绩效或预期的职业发展相关的学位计划的要求。SDP 包含两部分:员工培训援助计划(STAP),提供对相关工作和职业有促进作用的课程和研讨会;及员工学费偿付计划(STRP),为学位计划的注册人提供部分或全额的学费补贴。更多信息详见 http://hrweb.stanford.edu。

以下各条标题为:

1. 资格
2. 员工培训援助计划(STAP)
3. 员工学费偿付计划(STRP)
4. 允许的支出
5. 偿付
6. 应用程序
7. 税法解释
8. 员工发展计划(SDP)的定位和持续时间

1. 资格

为参与员工发展计划,员工必须符合下列标准:

• 为持续雇用的正式员工(参考指南备忘录 23.1 中对正式员工的定义,详见 http://adminguide.stanford.edu/23_1.pdf);亦包括谈判单位的员工。员工学费偿付计划(STRP)援助工作未满全职工作时间的正式员工并预付学费。

• 员工不能从与员工发展计划(SDP)重复的其他来源获得财政资助(可增加奖学金、助学金和部门基金额,但不可与员工发展计划重复)。

• 符合教育机构的所有入学标准。

从事教学的学术人员——资深讲师、讲师、驻校艺术家等工作时间至少为全职工作时间 50% 的人员也有资格参加员工培训援助计划。

此外,为达到员工学费偿付计划(STRP)的援助资格,员工须在当前职位完成一年的工作;在有固定期限的职位工作的员工不具参与员工学费偿付计划(STRP)的资格。员工培训援助计划(STAP)不得用于提高员工学费偿付计划(STRP)的补贴。

2. 员工培训援助计划(STAP)

员工可以申请参与员工培训援助计划,从而获得与其工作相关的培训,并实现职业发展。

a. 与工作相关的培训——培训项目须与员工当前任务的绩效要求直接相关,包括按照员工主管或学校规定回应组织需求或业务需求所开展的培训。上述培训可以是由被认可之学院、大学、技术/职业学院、特殊技能学院或成人教育学院以取得学分或结业证书的形式组织开展正规课程;或是由被认可的人主持的专家研讨会、专题学术研讨会或给予特别重视的短期计划;也可以是在会议或专业组织中获得的培训。培训提供者须获得员工监管人员批准。

(1) 带薪假期/带薪调休——正式员工须被准予带薪调休,从而参加经由主管批准的与工作相关的培训项目。此类调休须与部门工作进程保持一致且工作时间须符合合同要求和授予要求。对于以培训为目的的调休,部门将为调休员工发放薪酬。

(2) 偿付——如果员工能够合格地完成培训,则员工可在出现开支的财政年内(经主管批准)要求通过员工培训援助计划偿付可扣税的支出。递交的要求将自课程开始之日起从员工培训援助计划基金中扣除。如果员工在课程结束之前已接受偿付,则该员工须向主管提供合格完成培训的证明(参考第5条偿付对程序的说明)。

b. 职业发展培训——针对职业发展的培训必须具有确定的、有计划的目标。上述培训可以是由被认可之学院、大学、技术/职业学院、特殊技能学院或成人教育学院以取得学分或结业证书的形式组织开展正规课程;或是由被认可的人主持的专家研讨会、专题学术研讨会或给予特别重视的短期计划。此次培训须获得员工主管批准。

(1) 无薪假期/无薪调休——如果正式员工在非工作时间没有获得类似的培训课程,则其每月最多可被准予24小时的无薪假期参加经部门批准的以职业发展为目的的培训。部门可基于兼职正式员工的已工作时间百分比为其预支调休时间。调休的批准与否由员工所在部门决定,调休必须与部门工作进程保持一致且工作时间须符合合同的要求。

(2) 偿付——如果员工能够合格地完成培训,则员工可在出现开支的财政年内(经主管批准)要求通过员工培训援助计划偿付可扣税的支出。递交的偿付要求将自课程开始之日起从员工培训援助计划基金中扣除。如果员工在课程结束之前已接受偿付,则该员工须向主管提供合格完成培训的证明(参考第 5 条偿付对程序的说明)。

3. 员工学费偿付计划(STRP)

合格的员工如果已获得学位计划的资格(不包括证书计划),可请求获得员工学费偿付计划(STRP)的援助,从而参加在完全被认可之学院、大学、技术/职业学院、特殊技能学院或成人教育学院完成本科生或研究生学位的有关课程培训。该请求须获得员工主管批准。

a. 无薪假期/无薪调休——如果正式员工在非工作时间没有获得类似的培训课程,则其每月最多可被准予 24 小时的无薪假期参加经部门批准的本科生或研究生课程培训。部门可基于兼职正式员工的已工作时间百分比为其预支调休时间。调休的批准与否由员工所在部门决定,调休必须与部门工作进程保持一致且工作时间须符合合同的要求。

b. 偿付——通过员工学费偿付计划(STRP)获得可扣税支出的偿付,在员工每学期或学年参加培训之前直接划拨至学院。

4. 允许的支出

a. 员工发展计划(SDP)偿付——依据员工培训援助计划,学费、注册费和所需教科书、CD 或录音带费用(旅行费用、测试费、会员费、期刊订阅费和参考书费除外)可按照每个财政年确定的最大偿付额给予偿付。依据员工学费偿付计划,只有学费(不含书费或生活费)可按照每个财政年确定的最大偿付额给予偿付。员工学费偿付计划课程所需的教科书费和生活费不可使用员工培训援助计划基金进行偿付。对于同一门课程或计划而言,员工可能无法获得员工培训援助计划提供的偿付,也可能无法获得员工学费偿付计划提供的偿付。

在始于 2003 年 9 月 1 日的财政年,员工培训援助计划的最大偿付金额为 800 美元,而员工学费偿付计划的最大偿付金额为 5250 美元。工作时间不足全职工作时间的正式员工将按(工作时间占全职工作时间的)比例可获得员工学费偿付计划(STRP)的偿付。员工每年能获得的员工发展计划(SDP,包括 STAP 和 STRP)的最大偿付金额为 5250 美元。

b. 部门偿付——如果可扣税的支出超过当前员工培训援助计划(STAP)/员工学费偿付计划(STRP)的最高金额,超出部分的开支将由员工所在部门进行部分或全部偿付。是否进行部门偿付由员工所在部门根据其可能提供的部门培训基金数额自行决定。为当地投资计划提供的方针文件应在培训发展办公室存档。如果一个纳税年度中员工的职业发展培训总偿付金额超过 5250 美元(见下文第 7 条 a 款),则无论大学基金来源如何,所有偿付数额须缴纳税款。部门偿付与员工培训援助计划(STAP)/员工学费偿付计划(STRP)遵守相同的纳税规定。

5. 偿付

a. 偿付的时间选择——如果员工能够合格地完成培训,则员工可在开支产生的财政年内(经主管批准)要求通过员工培训援助计划(STAP)偿付可扣税的支出。员工须在完成培训活动后 20 天内或在当前财政年结束前申请偿付,以较先者为准。递交的偿付要求将自课程开始之日起从员工培训援助计划基金中扣除。通过员工学费偿付计划(STRP)获得可扣税支出的偿付,可在员工每学期或每学年参加培训之前直接划拨至学院。

b. 员工义务——如果大学在员工完成培训活动之前已通过员工培训援助计划对其培训费用给予偿付,员工应有义务合格完成受援助的培训。大学已为员工提供偿付而该员工未完成培训活动的,员工须返还大学的总偿付金额。

c. 合格完成培训的证明——通过大学培训援助计划(STAP)使用大学基金支付培训费用的员工须尽快向其主管提供合格完成培训的证明——最迟不得超过培训活动结束后四周。对员工学费偿付计划(STRP)而言,员工须尽快向其监管人员和培训发展部的行政计划助理提供合格完成培训的证明。上述证明可是学院或培训提供者授予的正式评分等级卡或成绩单。如果员工不能获得上述证明,也可提供由讲师或学院出具的完成课程培训的书面证明。对于学术课程而言,若要使用员工学费偿付计划(STRP)提供的基金,须取得 C 级或以上成绩,或在只有达标和不达标两种成绩的课程测评中获得达标的成绩。

6. 应用程序

a. 事先探讨——计划参加培训或发展活动的员工须在注册相关课程或计划之前就发展目标和绩效目标与其主管进行探讨。与此同时,双方应就培训的适用性和假期的相关问题做出决策。注册前,员工及其主管应再次审查职业发展计划。

b. 部门审查——主管应审查员工培训援助偿付的请求及其提供的合格完成培训的证明,以便确定如下事实:

- 员工资格(见上文第 1 条)
- 计划适用范围(见上文第 2 条和第 3 条)
- 允许的支出(见上文第 4 条)
- 课程完成(见上文第 5 条 c 款)

c. 程序——有关应用信息详见 http://hrweb.stanford.edu。

d. 培训发展部审查——培训发展部对所有申请与本指南备忘录规定的资格标准、适用性标准和容许标准的一致性给予检查和周期性审计。培训发展部对已获准的申请的偿付享有最终决定权。无论培训发展部决定批准偿付或决定拒绝偿付均与按照申诉程序开展的审查无关。对培训发展部的决定有异议的,可向人力资源数据处主管递交书面申诉。

7. 税务解释

员工发展计划(SDP)旨在尽可能为员工提供依据联邦和州法律规定须缴纳税款的项目之外的福利待遇。因此,依据法典第127条规定和下文规章,本指南备忘录为员工专有福利制定单独的书面计划,并为此类员工提供教育援助。

a. 一般规则——通常员工每个纳税年度可从各自总收入扣除为接受研究生或本科生教育获得的不超过5250美元的偿付额(包括学费、注册费,及所需的教科书费)。

b. 纳税年度——员工应注意,员工学费偿付计划于每个斯坦福大学财政年提供不超过5250美元的费用偿付。由于斯坦福财政年始于当年9月1日,止于次年8月31日,因此员工在其纳税年度有资格获得超过5250美元的偿付。

c. 其他情况——如若用为员工支付的超过5250美元的金额偿付某些与工作相关的培训,且通过此类培训可保持或提高员工技能,则此项费用可被扣除。但如果培训是为满足员工工作的最低学历要求之需,或培训目的在于使员工具备从事一门新行业或业务的资格,则此项费用不应被扣除。

d. 获得帮助——员工如有任何疑问可与其个人税务顾问协商。

8. 员工发展计划的定位和持续时间

a. 管理——员工发展计划(SDP)服从大学管理。大学有权确定与员工发展计划(SDP)相关的所有事宜,包括但不限于参与资格问题、福利金额、证明文件和税务处理;并且大学所做决策均为最终决策,对所有人员具有约束作用。

b. 修订和终止——大学保留对员工发展计划(SDP)在任何方面的修订权或随时废止该项计划而不作事先通知的权利。

22.12 带薪节假日

授权 本指南备忘录由负责人力资源的副校长批准。

适用 本政策适用于不受集体劳资协议约束的斯坦福大学员工。适用于集体劳资协议约束范围内所有员工的政策可参考如下适用协议:《斯坦福大学与服务业雇员国际工会高等教育工作者地方分会间的协议2007》,以及《斯坦福大学与斯坦福治安官员协会间的协议》,协议详见 http://elr.stanford.edu/union/index.html。

概述 本指南备忘录描述大学中关于假期计划和薪酬支付的政策。以下各条标题为：

1. 获得带薪节假日的资格
2. 带薪节假日的指定时间
3. 节假日恰逢周六、周日时的政策规定
4. 节假日恰逢冬季停课期的政策规定
5. 浮动假期
6. 节假日薪酬支付政策

1. 获得带薪节假日的资格

正式员工（系指那些被持续聘用或以固定任命期限被聘用、期限为六个月或更长、每周工作时至少为 20 小时的员工）自被聘用的第一天起即有资格获得带薪节假日。临时工和短期工没有资格获得带薪节假日。

要获取假期薪酬，员工在假期前后的常规工作日须处于带薪状态，季节性解雇/临时解雇的员工或那些经批准自假期结束后开始或自假期开始前终止休假状态的员工除外。

2. 带薪节假日的指定时间

a. 定期节日——每年由州长顾问团预定大学为庆祝下列节日计划的休假时间。通常此类节日的日期如下表所示：

新年	一月一日
马丁·路德·金诞辰纪念日	一月的第三个星期一
总统日	二月的第三个星期一
阵亡将士纪念日	五月的最后一个星期一
独立日	七月四日
劳动节	九月的第一个星期一
感恩节	十一月的第四个星期四
黑色（感恩节后的）星期五	十一月的第四个星期五
圣诞节前夕	十二月二十四日
圣诞节	十二月二十五日
浮动假期	见第 5 条

b. 主管指南——大学也鼓励主管人员准予员工按照除上述大学指定假日外的宗教日或其他特殊庆祝活动调整休假、个人调休或浮动假期的请求。

3. 节假日恰逢周六、周日时的政策规定

若节假日恰逢周六，则由大学在该周的周五休假，若节日恰逢周日，则由大学在次周的周一休假。若圣诞节恰逢周六，则定于本周周五休假，"圣诞节前夕"则定于本周周四休假。

4. 节假日恰逢冬季停课期的政策规定

大学在工作周期间可能会有一段包括圣诞节前夕、圣诞节或新年等节日在内的冬季停课期。冬季停课期间仍坚持在工作岗位上的员工，在停课期间恰逢节日的，将获得假日薪酬，且在剩余的停课期间可使用个人调休、浮动假日、累计休假、无薪调休或此类假期的任何组合。详细信息请参考指南备忘录 22.7 其他特许缺勤。

5. 浮动假期

a. 浮动假期政策——正式全职员工自 1 月 1 日（或 1 月 1 日后被聘用员工的聘用之日）起可获得 8 小时的浮动假期，该员工可在与主管人员商议后在当年的任何一天使用上述浮动假期。工作未满全职工作时间的员工可按比例获得浮动假期。

b. 浮动假期和冬季停课期——员工可"借用"其全部未计入的浮动假期以弥补冬季停课期间的无薪日期。

c. 主管指南：终止聘用情况下的浮动假期——如果员工将要被解雇但其应得的浮动假期未被使用，主管人员应安排员工在被解雇之前休完浮动假期。如果上述方法不可行，员工可将未使用的浮动假期通过终止聘用网页登记表进行上报。之后员工将获得节假日的固定工资。

d. 更多信息——如需获得详细信息，请联系所在部门人力资源主管。人力资源主管名单详见 http://elr.stanford.edu/resources.html。

6. 节假日薪酬支付政策

a. 当节假日休假时间恰逢预定工作日且员工在当天不必工作时——

（1）领薪水的全职豁免员工和领薪水的兼职豁免员工——领薪水的全职豁免员工和领薪水的兼职豁免员工在节假日当日将领取固定工资。

（2）正式全职非豁免员工——正式全职非豁免员工在节假日当日领取预计的正规工作时间的固定工资。

（3）正式兼职非豁免员工——正式兼职非豁免员工可获得节假日当日预计的正规工作时间的固定工资，也可按常规五天工作周总工作时除以 5 得出的平均一天工作时数获得固定工资（以两者中数额较大者为准）。

b. 当节日休假时间恰逢员工预定调休且员工在当天不必工作时——

（1）领薪水的全职豁免员工——领薪水的全职豁免员工可在当年另一天获得带薪调休，若员工所在部门认为在另一天调休不可行，可将 8 小时调休计入该员工次年 1 月 1 日生效的个人调休中。

（2）领薪水的兼职豁免员工——

（a）如果常规工作日程为每周五天每天相同小时数的工作时，员工可在另一天获得带薪调休。但如果员工所在部门认为在另一天调休不可行，可将调休当天的工作时数计入员工个人调休时间中。

（b）如果工作日程为每周四天或少于四天的工作日或每周每天工作时数各不相同，员工可在另一工作日获得等同于五天制常规工作周中平均一天的工作时数的带薪调休。但如果员工所在部门认为在另一天调休不可行，可将调休当天的工作时数计入员工个人调休时间中。

（3）正式全职非豁免员工——正式全职非豁免员工可在另一天获得固定薪酬标准的带薪调休，若员工所在部门认为在另一天调休不可行，员工可额外获得一天按一倍半的正规工作时间的薪酬标准支付的薪酬。

（4）正式兼职非豁免员工——正式兼职非豁免员工可在工作日程外的另一工作日获得一天固定薪酬标准的带薪调休，该次调休所得薪酬可等同于替代调休当日通常正规工作时的薪酬，也可等同于按常规五天工作周总工作时除以五得出的平均一天工作时数计算所得的薪酬（以两者中数额较大者为准）。

c. 当员工在节日休假之日工作——

（1）领薪水的全职豁免员工和领薪水的兼职豁免员工——如果主管人员认为操作情况许可，经其批准，领薪水的全职豁免员工和领薪水的兼职豁免员工可获得部分薪酬或全部薪酬的带薪调休。

（2）正式全职非豁免员工——正式全职非豁免员工在节假日工作可获得一倍半于常规薪酬标准的报酬，或者在同一工资结算周期获得另一天固定薪酬标准的带薪调休，若不能提供调休，可获得额外 8 小时的薪酬支付（如适用，包括轮班奖金）。

（3）正式兼职非豁免员工——正式兼职非豁免员工在节假日工作可获得一倍半于常规薪酬标准的报酬，或者获得工资结算周期内相同工作小时数的带薪调休，若不能提供调休，可依据上述小时数获得额外薪酬支付。

（4）临时工或短期工——临时工或短期工，包括学生员工，工作时间可获得按规定的正规工作时间薪酬标准支付的薪酬，若员工每个工作日的实际工作时间超过 8 个小时或每工作周的实际工作时间超过 40 个小时，可获得按加班薪酬标准支付的薪酬。

d. 当节日休假发生在员工休假时——

（1）如果员工正在休假、休病假或其他带薪休假且按预定安排将返回工作时发生节日休假，该员工休假时间应被记作带薪节假日，而非休假、病假或其他带薪休假。

（2）如果员工已获得长期残疾抚恤金的支付，该员工将不能获得节假日薪酬。

（3）如果员工正处于季节性/临时解雇时期且解雇期限不超过 25 天，该员工返回工作时将获得按常规预定工作时数支付的常规节假日薪酬。

（4）如果员工正处于无薪休假阶段，该员工将不能获得节假日薪酬。

22.13 资深职员

授权 本指南备忘录由负责人力资源的副校长批准。

适用 本政策适用于被指定为"资深职员"且在列明劳动待遇的录用通知书上书面明确该任命的员工。关于有资格指定资深职员的职位列表由负责人力资源的副校长办公室保存。

概述 以下各条标题为：
1. 政策声明
2. 目的
3. 资深员工的解雇
4. 资深职员的行政复议
5. 管理办公室

1. 政策声明

资深员工的职责和职能体现在必须要通过不同的政策和条款对其聘用和终止聘用进行约束。此类员工为"任意"员工，可以以任何理由（或无需理由）在任何时间终止聘用，包括临时解雇。资深职员不适用指南备忘录22.15处理行为操守与绩效问题，以及指南备忘录22.10申诉程序规定的内容。资深职员有权获得下文规定的资深职员的行政复议。

2. 目的

本政策描述了资深职员与大学间的特殊聘用关系，并进一步提出了处理资深职员劳资纠纷的行政复议程序。

3. 资深员工的解雇

a. 解雇政策——学校可以任何理由在任何时间解雇资深职员，包括临时解雇；或经院长、副教务长、副校长、教务长或校长批准无需理由即可解雇。此类解雇可诉诸相关行政复议，但不受学校的任何申诉程序审查。被解雇的资深职员按照下文规定将收到解雇通知和离职费，但因为行为不当被校长或人力资源副校长确定解雇的资深职员除外。自愿辞职的资深职员无资格取得解雇通知或离职费。

b. 有关延期通知的政策——资深职员收到终止聘用的通知期至少须有三个月。如果大学采取代通知金方式，则支付期限不得超过三个月。大学可选择同时向资深职员发放通知和代通知金的方式将其解雇。对于此类安排，大学可在规定的通知期满之后支付离职费。

c. 有关离职费支付的政策——资深职员离职后，在《权利让渡和离职费返还协议》生效的前提下将最少获得三个月、最多下表规定的工资。直至《权利让渡和离职费返还协议》规定的离职通知的撤销期满后,方可支付离职费。

大学正式员工的持续工作年限	离职费
10 年以下	3 个月工资
10 年以上 12 年以下	4 个月工资
12 年以上 14 年以下	5 个月工资
14 年以上 16 年以下	6 个月工资
16 年以上 18 年以下	7 个月工资
18 年以上 20 年以下	8 个月工资
20 年以上 22 年以下	9 个月工资
22 年以上 24 年以下	10 个月工资
24 年以上 26 年以下	11 个月工资
26 年或以上	12 个月工资

d. 有关福利延续的政策——资深职员在被解雇之日后三个月内可继续享有其在大学办理的医疗保险,获得大学的常规补贴,但前提是在此期间员工应准时缴纳所需的任何费用。在通知期内(包括任何代通知金支付期内)斯坦福付费退休金计划的基本供款延续。若资深职员在通知期间作为员工对计划进行供款,则匹配性供款亦会延续。

e. 有关离职费返还的政策——聘用终止日期以后的月份构成了"离职费返还期"。该期限等于员工收取离职费的月数。如果某一资深职员在离职费返还期结束之前被大学重新聘用,则他所应得的离职费等于他若未被解雇所应得的基本工资,差额部分按照《权利让渡和离职费返还协议》的规定必须返还给大学。

4. 资深职员的行政复议

a. 目的

(1)资深职员行政复议系指审查员工认为处理不当且对其造成直接影响的任何作为的正式准则。

(2)行政复议不排除把与资深大学管理人员进行非正式交谈作为解决问题的一种尝试。

b. 程序

(1)与主管人员的交谈——资深职员首先应就问题与其直属主管沟通,指出投诉的性质,所涉及的大学政策及期望的解决方案。主管人员应在一周之内尽快以口头或书面形式做出回复。

（2）书面报告——如果问题并未通过交谈得到解决，职员可在一周内将此问题书面上呈至有权审理的院长、副校长、副教务长或教务长。该院长、副校长、副教务长、教务长或其指定代理人应对此问题进行考虑，做出认为适当的任何处置，并在两周之内以书面形式回复员工。

（3）上诉——上述院长、副校长、副教务长或教务长的决定应为最终决定，但其直接参与决定会引发投诉的情况除外。在此种例外情况下，员工可向人力资源副校长或其指定人员提交上诉。除非人力资源副校长认为此类事件需要递交大学校长进行复议，否则人力资源副校长或其指定人员的决定应为最终决定。

5. 管理办公室

a. 政策修订——有关政策变更的提议应呈递人力资源副校长以便研究和推荐。

b. 政策解释——有关政策解释的疑问应提交负责人力资源的副校长解决。

c. 记录——所有上诉和处置办法的副本应送至人力资源副校长。

22.14 试用期

授权 本指南备忘录由负责人力资源的副校长批准。

适用 本政策适用于指南备忘录 23.1 定义项下规定的所有正式员工。适用于集体劳资协议约束范围内所有员工的政策可参考如下适用协议：《斯坦福大学与服务业雇员国际工会高等教育工作者地方分会间的协议 2007》，以及《斯坦福大学与斯坦福治安官员协会间的协议》，协议详见 http://elr.stanford.edu/union/index.html。

概述 以下各条标题为：

1. 定义和目的
2. 政策
3. 主管指南

1. 定义和目的

试用期指新进正式员工的工作初期，在此期间部门通过对其绩效表现进行评估以确定该员工是否满足所从事岗位的各项要求和期望。被重新聘用的前员工通常应接受一段新的试用期。任何与试用期相关的例外须经人力资源主管批准。

2. 政策

a. 试用期限——试用期期限指员工作为大学正式员工服务的前六个

月,作为实习生服务的前六个月也包括在内。试用期可以延长。试用期延长(1)须经人力资源主管批准,(2)具有明确的延长期限,通常不应超过两个月,且(3)如若切实可行,部门在延长试用期前须以书面形式告知员工。试用期随已批准休假长短而自动延长。本政策不保证在有理由提早终止试用合同的情况下员工仍能获准完成完整 6 个月的试用期。

b. 附加试用期——员工试用期结束后如被调任、提升、指派至大学的不同职责岗位,或被重聘回原来职位,则无需经历附加试用期。以下情况除外:解雇后被重新聘用的员工须接受六个月的二次试用期(如下 d 款所示)。

c. 试用期满——部门应于试用期最后一天结束前告知员工其试用期已满或仍需延长。如员工未收到此类通知,则该员工被视为试用期满。在情有可原的情况下,如果员工未及时收到试用期满或需延长的通知,人力资源主管可确定该员工试用期未满。

d. 解雇试用期——员工出现下列情况之一时,在其新职位将经历前六个月的解雇试用期:

- 受聘于另一职位前为永久性解雇人员,或
- 被给予永久性解雇的正式告知,或
- 被告知如果该员工在同一部门或行政单位没能获得另一份工作将被解雇。

如员工未圆满完成解雇试用期,该员工可回复至解雇的状态,并可获得该状态下应得的收益。根据指南备忘录 22.10 申诉程序规定,解雇试用期阶段员工本人可申请回复至临时解雇的状态,也可由员工所在部门代之申请,且不得申诉。

每位员工经历任一解雇后仅须接受一次解雇试用期,且仅享有一次机会申请回复至临时解雇状态。如果员工受聘于第二份工作(后续工作或同时进行的工作),则该员工不需要接受解雇试用期。解雇试用期延长或解雇试用期满应依照上述对试用期的规定办理。

e. 试用期间终止或解雇试用期间终止——试用期间,员工或学校任一方可在任何时间以任何原因或无需原因终止劳动关系,不需事先通知。对于试用期间的解雇,不适用指南备忘录 22.15(处理行为操守与绩效问题)的规定,此类聘用关系的终止须经负责人力资源的副校长或其指定人的批准。

3. 主管指南

规划试用期——大学鼓励各主管设立绩效期望并向新进员工传达,设法在试用期间解决存在问题。有关可能导致试用期延长,或在试用期间或试用期结束时终止员工试用合同等问题,主管人员应与其地方人力资源主管进行协商。

22.15 处理行为操守与绩效问题

授权 本指南备忘录由负责人力资源的副校长批准。

适用 本政策适用于指南备忘录 23.1 定义项下规定的所有学术人员和（成功通过试用期的）正式员工。适用于集体劳资协议约束范围内所有员工的政策可参考如下适用协议：《斯坦福大学与服务业雇员国际工会高等教育工作者地方分会间的协议 2007》，以及《斯坦福大学与斯坦福治安官员协会间的协议》，协议详见 http://elr.stanford.edu/union/index.html。

概述 本指南备忘录为何时、如何采取纠正措施（包括终止聘用关系）提供指引，从而处理员工表现不佳或行为不当或两者结合的情况。

以下各条标题为：
1. 政策声明
2. 目的
3. 主管指南

1. 政策声明

大学政策规定每位员工应按照指示完成各自的任务和职责，并依照合理性规则和工作要求规范自身行为操守。学校的政策是：员工不得被无故辞退。"因故"泛指任何合理的业务原因，包括但不限于：无法满意履行工作职责或满足工作要求、无法工作、过多缺勤或迟到、披露/滥用保密信息、破坏/滥用大学财产、不服从管理、不遵守大学政策和程序、在获批休假后不返回工作岗位或其他损害学校运作的渎职或不当行为。

若员工行为不符合绩效或行为操守期望，则应采取纠正措施。大学政策并未要求按照正式步骤或顺序采取纠正措施，亦认识到应根据具体情况和详情采取适当的纠正措施。此外，某类行为，包括任何形式的渎职行为，可成为即刻解雇的理由。

2. 目的

本政策目的是为向主管人员和员工说明何种情况下可采取纠正措施或终止聘用关系。

3. 主管指南

a. 概述——主管人员有责任向其直属上级提供真实并有建设性的绩效反馈。

b. 通知——在解雇员工前，主管人员通常应向该员工发出书面通知（如：备忘录、绩效评估、信件等），提醒员工其绩效或行为令人不满意，须进行改善。书面通知之前也可进行口头谈话。但是,在适宜即刻解雇的情况下(请咨询地方人力资源办公室)不必进行提前通知。

c. 解雇——如上文所述,在解雇员工前主管人员通常应向员工发出通知提醒其表现不足之处。但是并非所有的聘用关系终止前均须发出通知。主管作出解雇员工的决定前应与地方人力资源办公室商议,未得到其上级主管同意并由负责人力资源的副校长或其指定人员审批之前,不得确定解雇决定。

22.16 解雇

授权 本指南备忘录由负责人力资源的副校长批准,并由其保留对本指南备忘录的最终解释权。

适用 本政策适用于指南备忘录23.1定义项下规定的所有学术人员和正式员工,讲师、资深讲师和资深职员(见指南备忘录22.8离职及22.13资深职员)除外。适用于集体劳资协议约束范围内所有员工的政策可参考如下适用协议:斯坦福大学与服务业雇员国际工会2007高等教育工作者地方分会间的协议,以及斯坦福大学与斯坦福治安官员协会间的协议,协议详见 http://elr.stanford.edu/documents.html。

尽管政策声明适用于包括斯坦福线性加速器中心(SLAC)在内的整个大学,但此处所给的若干特殊程序并不适用于斯坦福线性加速器中心;员工应联系斯坦福线性加速器中心人力资源部以获得其解雇程序方面的相关信息。

概述 本指南备忘录概述了斯坦福大学用以执行临时性解雇或永久性解雇员工的各项政策和程序。

以下各条标题为:

1. 政策声明
2. 暂时性或季节性解雇
3. 永久性解雇

1. 政策声明

大学对员工服务的需求随时间而改变。对员工需求的上述改变可归因于纲要变更、重组、大学履行其职能或满足自身需求的方式的改变、对某些服务的周期性需求、经济需求、业务需求、改进的规划和/或目标、和/或资金来源的减少和/或再分配,包括强制性预算减少或自由支配的预算减少。

一旦大学决定减少岗位、削减劳动力和/或减少某种工作的数量,它可要求员工暂时性或永久性离职,此类离职称为解雇。如果解雇期限持续四个月以下，该员工仍可被以无薪"临时解雇"状态保留在薪酬簿上。如果解雇期限未确定或超过四个月，该员工即被"永久性解雇"，与大学解除雇佣关系。被永久性解雇的员工有资格申请在大学工作，可享有以雇用为目的的雇用优先权，参考指南备忘录 22.1 正式员工的雇用和 22.16 为临时解雇提供的各项政策和程序。

2. 暂时性或季节性解雇

a. 定义——暂时性或季节性解雇是对正式员工实施的不超过四个月的免职。根据大学判断，若需要在某一行政单位、工作组或部门暂时性削减劳动力或减少某种工作量，就会出现暂时性或季节性解雇。

b. 选择——行政单位、工作组或部门的管理者员可决定对哪类员工实施暂时性解雇。（研究院院长将对涉及资深研究助理或研究助理的暂时性解雇案例进行审核。）

c. 通知——对将实施暂时性解雇的员工应尽可能早地给予通知。除非发生紧急事件或大学无法控制的状况，否则此类员工应提前两周即 14 天给予通知。口头通知员工后应尽快给予确定性的书面通知（不应晚于暂时性解雇之日）。书面通知必须包括暂时性解雇的生效期及员工按照指示返回工作岗位的日期。返回工作岗位的日期如有任何变动也应以书面形式给予确定。

d. 服务持续性——暂时性解雇期间大学服务连续性不会出现任何中断。

e. 福利持续性——被暂时性解雇的员工可继续享有大学提供的医疗保险和团体人身保险，但前提是员工应直接并及时向大学支付其自身应付的部分。长假和病假在暂时性解雇期间可按照员工继续常规工作的情况累计。

f. 节假日——暂时性解雇期间假期薪酬不可延续，除非解雇期限在 25 天以内，在后一种情况下，通常员工计划工作小时数的固定假期薪酬将在员工返回工作岗位后支付。

g. 未能返回工作岗位——如果被暂时性解雇的员工在规定的返回时间或被召回时未能按时返回工作岗位，该员工应被终止雇佣关系，除非他请求休假并被批准。终止雇佣关系的书面通知须在终止雇佣关系日期之前交与员工，且上述通知必须包括终止日期及员工申请失业补偿福利的权利。

3. 永久性解雇

a. 定义——永久性解雇即依据解雇通知解除大学与试用期满的正式员工间的雇佣关系。

b. 岗位减少或削减——当大学根据判断认为有必要在部门、行政单位或工作组内削减劳动力或减少某种工作量,则工作岗位可被撤销或减至较小比例的全日制岗位。规划削减岗位时,可能会出现下列结果:
- 工作岗位的撤销,
- 工作岗位削减至原来的75%以下,或
- 工作岗位从常规状态变为非常规状态,

并且现时没有岗位空缺,这时就存在发放永久性解雇通知的可能。在这些情况下,可应用下列政策用以识别并实施解雇。执行时须咨询员工与管理服务中心,且与所在部门人力资源主管协商一致。

c. 永久性解雇遴选政策——大学将确定实施永久性解雇的行政单位或工作组。管理人员所做决定可不受审核。

(1) 减少劳动力——在行政单位、部门或工作组内部,管理人员可确定将会受劳动力削减或受某种工作量减少影响的一系列职能部门或工作分类。管理人员所做决定可不受审核。

(2) 解雇遴选政策——在受到影响的职能部门或工作分类中,临时工和试用期员工将先被终止雇佣关系,之后在正式员工中选出解雇的对象,但前提是被保留员工具备工作所需的充足的技巧和能力。

(a) 管理人员将根据自己对当前形势的判断、未来业务要求和员工表现、技巧、才干及满足该类要求所必需的能力,确定需要解雇或保留的员工人选。

(b) 如果员工的技巧、才干、表现及满足当前和未来业务要求的能力被管理人员视为不相上下,则员工在大学持续工作时间的长短及大学对反歧视行动的承诺将被作为选择临时解雇、重新分配或保留员工的参考。

d. 解雇通知的发放——如出现下列情形,则不能因为上述已确定岗位的撤销或削减而发放解雇通知:

(1) 该岗位由仍处于试用期的员工占据,此种情况下该员工适用在试用期间被解雇的规定(见指南备忘录22.14试用期),或

(2) 该岗位由拥有固定任期的员工占据,且当该岗位被撤销或削减时其固定任期恰好终止,或

(3) 该岗位由临时工占据,此种情况下该名临时工将被终止合同,或

(4) 占据该岗位的员工在解雇通知下发之前已被选为大学保留员工,并以正式员工或非正式员工身份从事被削减岗位或任何其他既得岗位的全职或兼职工作。

除上述情形外,岗位的撤销或削减会导致解雇通知的发放,一旦发生此类事件,可应用下列各章节规定。

e. 通知或以支付代通知金的方式通知——

（1）通知——在永久性解雇的情况下,部门须至少提前一个月至多三个月向员工发放书面通知。在以支付代通知金方式通知的情况下,部门向员工支付代通知金的最长期限为一个月。

（2）提早辞职——如果员工在收到永久性解雇的书面通知后提请辞职,剩余通知期限将不能转换为工资支付给员工。然而员工一旦具备资格,根据本条政策和下列时间表则仍可获取离职费。（见 g 款）

（3）学术人员的解雇——由于项目原因需要解雇研究助理或图书管理员时,被解雇员工提前获得书面通知的期限至少应为三个月。在以支付代通知金方式通知的情况下,部门向员工支付代通知金的最长期限为三个月。但由于非项目原因（如缺乏有效财政支持）而解雇研究助理或图书管理员时,被解雇员工提前获得书面通知的期限至少应为一个月,或在以支付代通知金方式通知的情况下,支付期限至多为一个月。

f. 解雇状态的改变——在下列情形下,向正式员工发放的解雇通知可被变更：

（1）解雇的延期——对于已被告知解雇却仍未解雇,且其随后接手的工作预期持续六个月以内的正式员工,他/她的解雇日期将被延期直至其暂时分配任务结束为止。由部门发给员工用以使解雇延期生效的信件应附带新的解雇日期。员工随后接手的工作可在同一部门或不同部门进行。每轮解雇仅可被延期一次。如果员工在收到解雇的延期通知后辞职,他/她可获得离职费,该费用将被重新计算至可反映员工任职最后一天。离职费将基于员工被解雇前所从事岗位的薪酬标准及工作时间占全职时间百分比来计算。

（2）解雇的取消——如正式员工收到解雇通知后却并未被解雇,随后被其所在部门保留或在实质上等同于正式工职位或可享受福利的岗位任职,他/她的解雇将被取消。在此类情况下,部门应以信件形式通知员工已取消其解雇。被取消"解雇状态"的员工,一旦辞职将不能获得离职费。员工收到取消解雇信件后并在收到一份新的解雇通知之前提请辞职的,将被视为"自愿辞职"。对于以后任何员工削减,部门应遵循本指南备忘录规定的常规通知和解雇程序实施裁员。

根据指南备忘录 22.5 第 2 条 f 款规定条款,对于终止其作为正式员工的雇佣关系的员工,关于其累计休假,会收到一份按当前薪酬标准计算的一次性清付款项。

g. 离职费支付政策——每名在大学持续工作一年或一年以上的合格正式员工在被大学永久性解雇当日,将有资格根据下列离职费用表获得一份解雇补贴,但前提是已执行《权利让渡和离职费返还协议》。

员工在本大学的同一服务期内至多可有一次机会获得离职费。对已被解雇员工获得离职费的资格可通过下列方式进行审核：

（1）依据下述离职费用表确定其是否有资格获得离职费（与按月发放的基本工资的比例）。

（2）依据员工之前获得离职费的月数相应削减其离职费。

（3）加上之前向大学返还的任何月份或数月的离职费（见下述 h 款规定）。

只有当《权利让渡和离职费返还协议》任意撤销期满时方可支付离职费。离职费通常在员工最后一个工作日当日或《权利让渡和离职费返还协议》的任意撤销期满后五个工作日内支付（以两者较晚的日期为准）。

离职费用表

大学正式员工的持续工作年限①	有资格获得的离职费与按月发放的基本工资②的比例
1 年以上 2 年以下	0.5
2 年以上 4 年以下	1
4 年以上 7 年以下	2
7 年以上 10 年以下	3
10 年以上 12 年以下	4
12 年以上 14 年以下	5
14 年以上 16 年以下	6
16 年以上 18 年以下	7
18 年以上 20 年以下	8
20 年以上 22 年以下	9
22 年以上 24 年以下	10
24 年以上 26 年以下	11
26 年或以上	12

h. 离职费返还政策——

（1）如果一名员工已获得解雇补贴，在获得离职费的资格期（见 g 款表格）结束之前被大学重新雇用为可享受福利的正式员工，该员工仅可保留金

---

① 本指南备忘录中所使用的大学持续工作年限为从一名正式员工最近一次被雇用开始算起的一段时期。暂停工作后恢复雇用的相关规定在指南备忘录 22.1 正式员工的雇用第 2 条 d 款作详述。

② 基本工资是指按月发放并记录在案的工资，基本工资不包括任何奖金（例如：班次补助、加班报酬或补充报酬）。离职费将基于解除雇佣关系之时当月的基本工资计算，或基于前 12 个月的月平均基本工资计算（以两者中数额较大者为准）。

额等同于他/她未被解雇时应得基本工资（例如，仅该员工在被解雇和重新雇用期间获得的基本工资）的离职费。其离职费的剩余部分将在重新雇用之时全部返还，除非该员工被授权在员工与管理服务中心提供的表格中以书面形式呈现一份有关返还和薪酬减少的合理的时间表，该表期限不超过一年。

离职费将按比例分配给被重新雇用的员工，且该名员工重新接手的岗位较解雇前的岗位相比，要求的时间投入百分比较低。员工可请求其他安排，且一经批准，可与负责人力资源的副校长就制定返还进度表达成书面协议。（对于资深研究助理、研究助理和各级图书管理员，可通过教务长办公室与员工达成上述其他安排。）

(2) 依据集体劳资协议条款规定获得离职费的员工，在一个不受集体劳资协议约束的岗位被大学重新雇用后，为以后计算离职费之故，仅从被重新雇用之日起算，该员工应被视为一个拥有大学持续工作年限的新员工，除非此项解雇补贴依据上述 h 款(1)规定进行返还。

i.（被解雇后的）新职介绍服务——因部门发放解雇通知之故而与之解除雇佣关系的正式员工（并在新进员工六个月试用期之外的员工）在收到他/她解雇书面通知之日后的六个月内，可享受为期三个月的新职介绍服务。此类新职介绍服务应由大学独立指定的新职介绍服务中介提供，且上述服务所需费用应由大学按照不同时期确定的金额支付，对于超过确定金额的费用（如果存在），则由被解雇的员工所在部门独立支付。

j. 申诉——当正式员工对未遵守上述或任何其他有关大学员工解雇政策的部门管理者提起投诉时，有关用于确定员工投诉的排他程序可参看指南备忘录 22.10 申诉程序。

22.17 服兵役假

授权 本指南备忘录经负责人力资源的副校长批准。

适用 本政策适用于指南备忘录 23.1 定义项下规定的所有正式员工、从事科研的学术人员，及负责各图书馆工作的学术人员。适用于集体劳资协议约束范围内所有员工的政策可参考如下适用协议：《斯坦福大学与服务业雇员国际工会高等教育工作者地方分会间的协议 2007》，以及《斯坦福大学与斯坦福治安官员协会间的协议》，协议详见 http://elr.stanford.edu/union/index.html。

概述 《1994 年兵役服务就业和再就业权利法》（简称 USERRA）禁止雇主歧视在兵役服务中履行非职业军人义务的雇员，并要求雇主提供假期以便其履行军人义务。该项政策的目的在于按照法律要求提供服兵役假期并遵从《1994年兵役服务就业和再就业权利法》的其他相关规定、其他相关的或经斯坦福大学批准的规章。

以下各条标题为：

1. 军事训练假及薪酬
2. 现役军人假期
3. 《家庭和医疗休假法修正案：军人家庭成员休假》

1. 军事训练假及薪酬

a. 当需要履行年度军事训练义务时，每名正式员工每年将获得不超过17天的休假进行实训。除军队基本工资外，大学会为员工规定的工作日缺勤补发工资，金额不超过该员工未离开工作岗位所得的薪酬或工资。员工须在大学工作整一年，才可获得由大学发放的补偿性军队基本工资。详细信息可联系当地人力资源处。

b. 军事训练薪酬程序——相关员工应归入带薪休假类别（因此所享各种福利不受影响），但其薪酬为零（0.00美元）。军事训练假期结束后，员工须提供一份可核实其军队所得收入的工资存根副本，其后部门对员工休假期间的薪酬进行调整，以确保调整后的薪酬加上军队补发薪酬等同于该员工的常规全日制工作薪酬。

2. 现役军人假期

自愿服兵役或应召延长服兵役时间的员工，如满足下列要求将有权恢复其当前职位。对此信息如有任何疑问请咨询当地人力资源处：

- 员工确保斯坦福大学提前收到服兵役的书面通知或口头通知；
- 服兵役的期限不得超过五年；
- 退役员工及时返回工作岗位或申请重新雇用；并且
- 员工光荣退伍，不曾因不够资格或遭遇不名誉而被开除军籍。

3. 《家庭和医疗休假法修正案：军人家庭成员休假》

a. 介绍——《2008年联邦国防授权法》对《1993年家庭和医疗休假法》作出了修订。修订后的法律为军人家庭成员提供了更为广泛的休假保护政策。2009年10月29日，国会将《家庭和医疗休假法》中对军人家庭休假规定的适用范围扩及更广义的军人家庭成员这一类别。

b. 紧急特发事假——

身为国民警卫队成员或后备役成员之配偶、父母、子女的员工，因其家庭成员在服役或被召服役，可享有不超过12周的因家庭和医疗等"紧急特发"事件而休假的权利。特许紧急事件由规章定义，包括诸如短预警的部署、军事行动、照看幼儿、学校活动、金钱或法律上的安排、咨询、休养、部署后活动及其他雇主和雇员均同意为紧急特发的事件。

2009年的法律将此种休假的适用扩及现役军人（即调配至国外服役的武装部队的正式成员）的家庭成员，使其可因紧急事件而休假。

c. 军人护理休假——

军人护理休假规定要求雇主在为期12个月的时间里为身为"规定范围内的现役军人"家庭成员的员工提供不超过26周的无薪家庭和医疗休假，以照顾受伤或患病的现役军人。享有假期的包括有因遭遇重伤或重病而正进行治疗、康复或疗养的武装部队现役成员的家庭成员。而武装部队现役成员又包括国民警卫队或后备役成员（或临时性伤残退役军人）。

2009年法律将军人护理休假扩及至正在进行治疗的退伍军人的家庭成员。具体来说，它覆盖了以下退伍军人的家庭成员：

1）因服役引致重伤或疾病而正在进行医疗、康复或疗养的退伍军人。（新法承认，对退伍军人和武装部队现役成员来说，重伤或重病包括原有的伤病在服役过程中恶化的情况。）

2）在进行医疗、康复或疗养前的5年内曾成为包括国民警卫队或后备役在内的武装部队的成员的退伍军人。

d. 具备资格——休假前被斯坦福大学雇用至少1年中实际工作时间至少有1250个小时（带薪调休、带薪休假及无薪休假不包括在内）的员工方有资格享受此类休假。

提请注意的是，新休假法权利并未延长员工家庭和医疗休假的时间。例如，如果某一员工已将《家庭和医疗休假法》规定的12周假期用于休产假，则该员工无权享用12个月中额外的12周假期用于处理由其家庭成员应召服兵役引起的突发情况。

23　一般人事政策

授权　本指南备忘录由斯坦福大学校长批准。

适用　本政策适用于斯坦福大学的所有员工。

概述　本指南备忘录中的系列政策为斯坦福大学的基本雇用政策。

以下各条标题为：

1. 平等就业机会、不歧视政策和反歧视行动政策
2. 同工同酬政策

1. 平等就业机会、不歧视政策和反歧视行动政策

a. 平等就业机会——依据适用法律向所有求职者和员工提供平等就业

机会是斯坦福大学的一贯政策。本政策适用于雇佣关系的各个方面：（包括但不限于）招聘、淘汰、定岗、监督、工作条件、工资、培训、晋升、降级、调任、解雇及合约终止。大学所有相关人事政策、程序和惯例均不能违反该条基本政策。

  b. 不歧视政策——

  i. 斯坦福大学不针对种族、宗教信仰、肤色、籍贯、国民祖先、身体或精神残疾、医疗条件、婚姻状况、性别、年龄、性取向、性别认同、越南战争退伍军人身份或其他任何受法律保护的特征，对任何在斯坦福大学就业方面相关的人群产生歧视。

  ii. 对任何受到法律保护的人群进行骚扰也是一种歧视，同样是本大学政策所禁止的。骚扰是指如果某行为严重、深入、持续地以不合理的方式干扰了他人的工作并影响其正常参与大学的其他活动，则此种行为已构成对他人的骚扰，应被禁止。

  应被禁止的骚扰行为可包括以下形式（包括但不限于）：使用攻击性蔑称、玩笑和其他因个人或团体受保护的地位而针对此类人群实施的攻击性口头、书面、计算机合成的视觉行为或肢体行为。

  c. 反歧视行动——作为一项机构性政策，并与其作为联邦政府签约人承诺的义务保持一致，斯坦福大学对多样性政策和反歧视行动做出承诺，并将依法遵守反歧视行动的各项要求。

  d. 不报复——有关对已感知到的歧视或侵犯给予关注的个人或参与任何歧视骚扰犯投诉调查的个人，斯坦福大学禁止对其实施打击报复。报复是针对由于他人歧视或骚扰行为而采取真诚善意投诉的个人，或参与到歧视或骚扰投诉调查的个人采取的敌对行为。敌对行为是对个人雇用条款或条件产生实质性影响的一切行为。

  e. 投诉程序——认为自身受到歧视、骚扰或违反本政策规定的报复的员工或求职者可就此类问题直接致电管理人员、员工与管理服务中心主管（电话：650/723-1743）、多元开放办公室主管（电话：650/725-0326）、负责科系事务的副教务长（电话：650/725-2545）、医学院员工关系办公室（电话：650/725-8607），或斯坦福线性加速器中心负责员工关系和培训的主管（电话：650/926-2358）等进行投诉。关于性骚扰，员工可参考指南备忘录23.2和本手册所列资料。针对歧视、骚扰或报复性行为，应尽快以书面形式做出举报，越早举报，越容易开展调查并采取相关补救措施。

  做出错误举报或提供虚假信息将被视为缺乏提供真实报告/信息的真诚善意的态度而受到惩罚。

  大学承诺对有关歧视、骚扰和报复的投诉进行调查和补救。本政策约束范围内所有个人应充分参与并协助有关任何歧视、骚扰或报复投诉的调查。要求参与并协助调查却没有履行应尽职责的个人将受到惩罚。

依据员工个人的职位类别（例如：教职人员、学术人员、正式员工、博士后学者等）及投诉性质，可运用适用的申诉或其他程序，详见 http://hrweb.stanford.edu/elr/policies/list_grievance_procedures.html。也可与大学申诉专员（电话：650/723-3682）和医学院申诉专员（电话：650/498-5744）就所关心的问题进行有关保密的探讨。还可拨打投诉热线进行匿名举报。

f. 外部举报——歧视、骚扰和报复行为为州和联邦法律所禁止。除上述内部资源外，个人可直接向受理非法骚扰、歧视和报复投诉的政府代理机构投诉，此类机构包括美国平等就业机会委员会（EEOC）、加州公平雇用和住房部（DFEH）和/或美国教育部民权事务办公室（OCR）。此类机构列于电话簿的政府部分。即便所涉及的行为没有违反法律，但仍然可能违反本政策。

2. 同工同酬政策

a. 已完成工作的报酬——不论资金来源如何，斯坦福大学支付薪酬和工资的政策公平地反映了一个员工在义务、责任、价值、工作数量和工作质量上与其他员工相比较的差别。

b. 薪酬实践——大学的目的在于在其财政能力允许范围内设立工资等级，从而使相似工作条件下从事相似工作的员工能相互竞争。

23.1 定义

授权 本指南备忘录由斯坦福大学校长批准。

适用 本政策适用于教员、职员、学生以及其他与大学存在关联的人员。适用于集体劳资协议约束范围内所有员工的政策可参考如下适用协议：《斯坦福大学与服务业雇员国际工会高等教育工作者地方分会间的协议 2007》，以及《斯坦福大学与斯坦福治安官员协会间的协议》，协议详见 http://elr.stanford.edu/union/index.html。

概述 本指南备忘录定义了不同类型的学术人员和非学术人员及与大学有特定关联的团体。

以下各条标题为：

1. 教授会
2. 在特定政策中心和学会的学术职位
3. 学术人员
4. 其他教职头衔

5. 博士后研究员和博士后助理研究员
6. 访问学者
7. 员工
8. 正式员工
9. 短期工
10. 临时工
11. 斯坦福大学学生员工
12. 豁免员工
13. 非豁免员工
14. 底薪工资
15. 时薪工资
16. 发薪期
17. 员工福利
18. 期限（任职期限）
19. 基本工资
20. 固定工资

1. 教授会

教授会由终身任期教授会、非终身任期教授会和医学中心教授会组成。教授会的任命须经部门主管、院长、教务长、学术委员会之咨询委员会和大学校长的批准。

a. 终身任期教授会——包括教授、副教授、助理教授。终身任期教授会的成员同时也是学术委员会成员。教授通常都被任命为终身任期，即没有时间限制。副教授的任命期限可为定期或为终身任期。助理教授的任命有一定期限。被任命为助理教授级别且不具有博士学位的个人在官方确认其达到成为博士的所有必要条件之前不能成为学术委员会成员。

b. 非终身任期教授会——包括"临床"、"表演"、"研究"或"教学"系列的教授或副教授，从事"研究"的助理教授，及从事"应用研究"的教授。"表演"任命由美术学院发出，"临床"任命由医学院发出，"应用研究"任命由斯坦福线性加速器中心国家加速器实验室发出。非终身任期教授会的成员同时也是学术委员会成员。

c. 医学中心教授会——包括"特定医学中心"如斯坦福大学医学中心或露西尔·帕卡儿童医院的教授、副教授或"学科"助理教授。医学中心教授会的教员属于有投票资格的医学院教师委员会（Faculty Council）成员，但不属学术委员会成员。他们有资格依据各部门和学院政策就部门和学院相关事宜进行投票，并在各教师委员会任职，但为学术委员会成员选举而特别保留的人员除外。

2. 在特定政策中心和学会的学术职位

a. 资深院士——特定政策中心和学会的资深院士是学术委员会成员。资深院士的任命有特定期限或有一段持续期限（视规划需求和/或资金而定），不属于终身任期。（注：胡佛研究所中的资深院士不是学术委员会成员，他们的任命不同于其他资深院士的任命程序。）

b. 中心院士——中心院士不是学术委员会成员。其任命有特定期限，时限可变更，视规划需求和/或资金而定。

3. 学术人员

非专业学术人员包括教学人员（讲师、资深讲师和驻校艺术家）、研究人员（研究专员、资深研究专家、资深研究工程师和资深研究学者）及专业图书馆人员（图书馆馆长助理、图书馆副馆长、图书馆馆长和图书馆高级馆长）。此类人员的任命有特定期限，有一段持续时间（视其表现、规划需求或财政支持而定），此类人员亦可在行政岗位或项目持续期间内被任命。对于从事教学的学术人员，其任命程序由教务长办公室制定。对于从事研究的学术人员，其任命程序由研究院院长办公室制定。学术人员不属于学术委员会成员。

4. 其他教职头衔

下列职务的任命须获得部门主管和学院院长的批准。员工以带薪或无薪形式在特定期限或一段持续期限内被任命（视规划需求和/或资金而定），且工作的时间比例可以不同。享有其他教职头衔的获委任人不属于学术委员会成员。下列任何类别中教授有学分的学术课程，且从斯坦福大学收取报酬的个人须是斯坦福大学员工，并通过固定工资表程序获得薪酬。

a. 代理教授、代理副教授、代理助理教授、代理非授课讲师，详见 http://www.stanford.edu/dept/provost/faculty/policies/handbook/ch9.html#acting

b. 客座教授、客座副教授、客座助理教授、客座非授课讲师、客座授课讲师，详见 http://www.stanford.edu/dept/provost/faculty/policies/handbook/ch9.html#visiting

c. 顾问教授、顾问副教授、顾问助理教授、顾问非授课讲师，详见 http://www.stanford.edu/dept/provost/faculty/policies/handbook/ch9.html#consulting

d. 临床教授、临床副教授、临床助理教授、临床非授课讲师，详见 http://www.stanford.edu/dept/provost/faculty/policies/handbook/ch9.html#voluntary 及 http://med.stanford.edu/academicaffairs/handbook/

chapt6. html。

  e.（礼节性）任命，详见 http://www. stanford. edu/dept/provost/faculty/policies/handbook/ch9. html♯bycourtesy

  f. 教学专家，详见 http://www. stanford. edu/dept/provost/faculty/policies/handbook/ch9. html♯teaching

  5. 博士后研究员和博士后助理研究员——此类博士后培训职务的获委任人可被看做高级学生。他们作为未正式录取学生注册。如果此类学生至少有10％的时间被大学聘用，可获得学费减免。

  6. 访问学者——指从事个人研究或参与其他学术活动的大学来宾。访问学者须持博士学位（或是其领域公认的专家），且来自校外研究院或组织。"访问学者"不能获得大学为学生和教职员工提供的薪酬或福利。他们受学院或学术部门资助，并享受一定的礼节性特殊待遇。

  7. 员工——系指大学薪酬簿上所列既非本校学生、教员、学术人员、其他教学人员，也非博士后助理研究员的人员。"员工"应遵循管理指南备忘录或适用的集体劳资协议规定的任命程序和条款。作为临床教师/教育者或指导员的员工遵循指南备忘录所列条款，但其任命、薪酬支付和申诉审核程序由医学院院长制定。有关临床教师/教育者或教员的更多信息详见 http://med. stanford. edu/academicaffairs/CEs/，http://med. stanford. edu/academicaffairs/handbook/chapt8. html，以及 http://med. stanford. edu/academicaffairs/handbook/chapt5. html。

  8. 正式员工——全时工作当量达50％或连续工作至少6个月，或符合适用的集体劳资协议中描述的员工具有"正式"员工职位。"正式"员工职位是多数健康和福利计划和项目的必要条件。在本行政指南中，"可享受福利的员工"指有资格获得大学提供的健康和福利待遇的正式员工。

  9. 短期工——短期工指全时工作当量小于50％且一年中完成所有工作任务的时间不超过1000个小时的大学薪酬簿在册员工。如果完成所需工作的时间超过1000小时且此时终止聘用，则直至次年该员工方可被重新聘用为大学薪酬簿在册短期工或临时工。本政策亦禁止该解聘员工通过临时性机构继续留在学校工作。指南备忘录22.1正式员工的雇用概述了有关提供给临时工或短期工的优先聘用权的信息。如果岗位职责涉及技术、维修或服务，短期工的任命要求员工连续4个月或更久期限内全时工作当量小于50％。短期工不是正式员工。

  10. 临时工——临时工指连续6个月内全时工作当量达50％或更多，且在6个月期间完成所需工作的时间不超过1000小时的大学薪酬簿在册员工。如果完成所需工作的时间超过1000小时且此时终止聘用，则直至次年该员工方可被重新雇用为大学薪酬簿在册短期工或临时工。本政策亦禁止该解聘员工通过临时性机构继续留在学校工作。指南备忘录22.1正式员工的雇用概述了有关提供给临时工或短期工的优先聘用权的信息。如果岗位职责涉及技术、维修或服务，临时工的任命要求员工在连续4个月内全时工作当量达50%或更多。临时工不是正式员工。

11. 斯坦福大学学生员工——在斯坦福大学正式注册的学生员工拥有"学生"身份，但所从事工作与斯坦福大学学生角色完全独立或不相关联的员工除外。非当前注册的斯坦福大学学生被视为短期工或临时工。

12. 豁免员工——大学所有员工，包括学生和教职人员都服从于联邦或州制定的有关最低工资、加班薪酬支付和相关账目记录保留的要求。但若员工从事正当的专业岗位、管理岗位和执行岗位时，可免受加班薪酬支付和账目记录保留等相关要求的约束。在斯坦福大学"豁免"岗位通常有执行官员、教员、学术人员、其他教学人员及一些专业人员、行政人员和执行人员。"豁免"职位由负责人力资源的副校长依据《公平劳动标准法》的相关规定和美国劳工部制定的规章确定。

13. 非豁免员工——系指未被联邦和州所制定有关加班薪酬支付的规章豁免的员工。他们加班须获得加班费。

14. 底薪工资——"底薪工资"区别于"时薪工资"，系指依据标准工作时制定的、不随月份变更且每月数量相等的月度薪酬（例如，每月1000美元）。（例如，2010年一名按底薪支付的全职员工，如果一月份工作184小时，二月份工作160小时，两个月的底薪数仍相等。）

15. 时薪工资——此类工资以小时为单位进行计算，工资随各结算周期内的实际工作时间（或带薪休假期）不同而变化。

16. 工资结算周期——每月有两个工资结算周期：从每月的第1天至第15天，以及从第16天至当月的最后一天。工资于每个工资结算周期后第7天之前的或当天的工作日发放。

17. 员工福利——系指大学为教职员工的福利待遇而制定的规划和项目。包括根据法律要求诸如社会保险和短期残疾保险等项目，及大学自身设立的项目，例如健康计划、个人寿险、残疾收入计划、教育和培训计划、退休收入计划和康乐设施。

18. 期限（任职期限）——所有教职员工均享有下列之一的任职期限：

a. 持续任期——没有明确持续期限或时间限制。

b. 固定任期——符合正式员工的定义、有固定的任职期限且明确规定了任职期满日期的员工属于具有固定任期的员工。有固定任期的员工服从适用于正式员工的各项政策，但此类政策依据员工的固定任期录用通知书或其他书面聘用合同或协议内容可作修订。

19. 基本工资——系指针对员工所从事工作按小时计算或月度底薪支付的工资。基本工资不包括任何形式的奖金,例如加班费、班次补助、补偿性薪酬,或其他任何除基本工资外的工资要素。

20. 固定工资——系指针对员工所从事工作按小时计算或月度底薪支付的工资,包括任何形式的奖金,例如,班次补助、补偿性薪酬,或其他任何除基本工资外的工资要素。

23.2 性骚扰和双方意愿下的性关系或恋爱关系

授权　本指南备忘录由斯坦福大学校长批准。

适用　本政策适用于斯坦福大学学生、教职人员,及参与各类项目和活动的其他人员。

概述　斯坦福大学致力于提供一个没有性骚扰、胁迫和剥削的工作与学习场所。一旦发生性骚扰事件,大学将予以制止、防止其再次发生,并对事件责任人给予惩罚及/或采取其他相关措施。

另见性骚扰政策办公室网页(http://harass.stanford.edu)。

以下各条标题为:

1. 总则
2. 何谓性骚扰?
3. 遇到性骚扰该怎么做?
4. 程序事项
5. 处理性骚扰的有关资料
6. 双方意愿下的性关系或恋爱关系
7. 政策审核和评定

1. 总则

a. 违反政策的适用范围及处罚——本政策适用于所有斯坦福大学学生和教职人员,及参与到斯坦福大学各类项目和活动的其他人员。其使用范围包括斯坦福大学各类项目和活动(校内及校外),包括海外项目。违反本政策的个人应受到的惩罚最高不超过包括解雇、开除和/或其他相关处罚或措施。

b. 尊重彼此——斯坦福大学致力于提供一个没有性骚扰、胁迫和剥削的工作与学习场所。在本政策约束范围内的学生、教职人员和其他个人应相互尊重。

c. 从速办理——针对性骚扰的举报应严肃对待并从速予以处理。大学可根据上报行为的性质及其严重性针对特殊情况采取特别措施,此类措施按照下文详细探讨内容可包括：干预、调解、调查及提起申诉和给予惩罚。一旦发生性骚扰事件，大学将予以制止、防止其再次发生，并对事件责任人给予惩罚及/或采取其他相关措施。

　　d. 机密性——大学认识到性骚扰等事件中机密性的重要。负责执行本政策的性骚扰顾问和其他人员应尽可能合理地尊重上报个人或被指控实施性骚扰个人的机密性和隐私。当大学依照法律要求进行信息披露（譬如通过法律程序）时，及当大学为保护其他人员权益的意愿强于保护上述个人而要求披露信息时，个人机密性不能得到维护。

　　e. 采取保护措施以免遭报复——向善意举报的个人或向为就违反法律行为展开的调查提供信息的个人报仇并/或实施打击报复属违法行为，并将受到惩罚。但故意上报或提供虚假信息的也将受到惩罚。

　　f. 与言论自由的关系——斯坦福大学承诺秉持问询自由和言论自由的原则。激烈的探讨和辩论对一所大学的成长十分重要，本政策并非用于抑制普遍教学方法或言论自由，也不允许这样做。然而，性骚扰并非受法律保护的行为，也不是对学术自由的恰当履行；性骚扰是对大学完整性、对其追求学术自由的传统及对其在成员间建立的信任的损害。

　　g. 所需培训——根据《加州政府法典》第 12950.1 条规定，受雇于斯坦福大学的所有主管必须接受关于性骚扰问题的培训，培训时间最短为 2 小时，且之后每隔两年须进行再培训。有关培训对象及如何达到培训要求的细节问题可见性骚扰政策办公室网站：http://harass.stanford.edu/training_mandated.html。

　　所有新雇员（此处指既不是教员也不是主管）在聘用起 6 个月内必须接受为新的非主管员工们设立的防止性骚扰培训。参与培训者将学会如何在工作中和校园里辨别性骚扰。培训者可通过以下网址注册：http://axess.stanford.edu。

2. 何谓性骚扰？

不受欢迎的性暗示、要求性好处或任何具有性实质的其他视觉的、口头的或肢体行为构成性骚扰，此时：

　　a. 直接地或间接地表明此类行为的屈服或拒绝将成为参与学术或任职决策或评估的一个因素，或成为参加学校活动的许可条件；或

　　b. 此类行为目的或结果表现为无理干涉个人学术或工作绩效，或制造胁迫或不利的学术、工作或学生生活环境。

　　可根据此类行为发生的确凿事实或背景确定性骚扰的构成元素。性骚扰可表现为多种形式——或微妙和间接的，或明显和公开的。例如，

- 可针对异性或同性的个体施行。

- 可发生在同辈间或存在等级关系的个体间。
- 其目的在于强迫个体参与不受欢迎的性关系或产生导致个体行为或工作表现改变的影响。
- 可包括重复的行为，或严重时甚至可以由单一事件引起。

关于性侵犯的大学政策（见指南备忘录 23.3 性侵犯，详见 http://adminguide.stanford.edu/23_3.pdf）也可适用于涉及肢体接触的性骚扰。

3. 遇到性骚扰该怎么做？

个人可直接从下列资料中寻求更多信息：

- 联系加利福尼亚州斯坦福市卡皮斯特拉努路（Capistrano Way）585 号 209 室的性骚扰政策办公室，邮编：94305-8210，联系电话：(650)723-1583 或 327-8259；电邮：harass@stanford.edu——获得相关信息、咨询、建议，或提出投诉。注意，在办公时间可通过电话向性骚扰政策办公室作匿名问询。
- 性骚扰政策办公室，详见 http://harass.stanford.edu。
- 联系第 3 条 a 款或第 5 条 a 款中所列的任何指定的性骚扰顾问或智囊团人员。

以下为斯坦福大学制定的处理性骚扰的主要步骤。执行时可不必遵循指定的顺序。尽管如此，初期非正式手段通常对纠正存在争议的行为十分有效。

a. 咨询——性骚扰政策办公室、性骚扰顾问（包括住宿处主任）、人力资源主管、员工关系专家、心理咨询服务中心（CAPS）的顾问或帮助中心、纪念教堂的牧师、劳资关系申诉专员或其他人员都可提供有关性骚扰的咨询服务。性骚扰政策办公室提供现任性骚扰顾问的名单，详见 http://harass.stanford.edu/SHadvisers.html。任何愿意探讨性骚扰相关事宜的人，无论"骚扰"事件是否确实发生，也无论查询信息的是投诉人还是认为自身行为可成为批判对象之人（尽管没有根据）或第三方，均可获得咨询服务。

寻求咨询的人员通常希望此类咨询是保密的或"不留记录的"。为实现此意愿，个体谈及性骚扰时往往不会明确相关者的身份，有时甚至也不会透露自身身份。依据法律规定，拥有以下职业身份的个人也可提供有关性骚扰的机密性咨询，如：

i. 心理咨询服务中心（CAPS）的顾问，详见 http://vaden.stanford.edu/caps/

ii. 帮助中心的顾问，详见 http://www.stanford.edu/dept/helpcenter/

iii. 纪念教堂的牧师

iv. 大学申诉专员，详见 http://www.stanford.edu/dept/ombuds/

v. 医疗中心申诉专员，详见 http://www.med.stanford.edu/ombuds/

在后几类案例中，机密等级取决于获得咨询信息的特定个人持有何种法律保护，在确切的事实被透露以前相关资讯服务部门应将机密等级告知个人。详见 http://harass.stanford.edu/resources.html。

更多有关机密性的信息可参见上述第 1 条 d 款。

b. 直接交流——个体可亲自向他方告知或以书信形式描述不受欢迎的性暗示行为及其影响，并申明须停止此类行为，通过这些方式直接回应性骚扰。性骚扰顾问能指导个人进行表述或执笔，也可为收到此类信息的人提供咨询服务。对善意发起此类交流的个体实施打击报复是违反本政策的行为。

c. 第三方干预——根据当时情形，在工作场所、学生宿舍或学术场所发生性骚扰的，第三方可尝试进行干预。此类第三方干预者可以是性骚扰顾问、人力资源专业人员、申诉专员、其他教职人员，有时也可以是与大学不相关的调解人员。

一旦使用第三方干预，通常情况下第三方（或若干第三方）将私下会见各个相关人员，努力澄清各自意图并达成双方均可接受的理解，以确保各方未来能够轻松交流。其他程序诸如各方间或各方与监管人员间展开调解式探讨等也可应用于相关情况。

第三方干预可能取得的成果包括双方就未来行为达成明确协议、对工作场所中分配的任务做出变更、用一组人员替换另一组人员，或其他的解决办法（如恰当）。

d. 正式投诉、上诉和惩罚措施——根据具体情况，可采取投诉、上诉和惩罚措施。

（1）投诉和上诉——依据当时情形及上诉人和被上诉人的身份可采取相适应的程序。通常，此类措施包括个体提交书面声明、由大学代表进行实情调查然后做出决定。在一些案例中也有可能导致向更高级别的斯坦福大学行政官员提起一次或多次上诉。由于程序变化迥异，因此应仔细阅读相关程序（如下所示）。

如果大学已确定的实情调查人员或投诉受理官员存在利益冲突，将安排替换人员；性骚扰政策办公室主管或员工和管理服务中心主管可协助确保此类人员的替换。

在大多数案例中，各项投诉和上诉须在被控诉行为发生后一段规定时间内提交。当通过非正式途径所作出的努力不能自动延长提请投诉或上诉的时限时，在适当情况下上诉人和其他相关方可以书面方式相互同意延长提请投诉或上诉的时限。

下列程序副本可从帕纳马街 215 号（MC:4163）员工与管理服务中心获取：

• 解决斯坦福大学工作场所中的问题：对员工纠纷解决政策的理解，详见 http://elr.stanford.edu/documents/SolvingWorkPlaceProblems Brochure.PDF。

• 纠纷解决过程（使用指南）：更多员工纠纷解决过程，详见 http://elr.stanford.edu/docouments/UserGuide.PDF。

• 研究政策指南：针对负责图书馆工作的学术人员和从事研究的学术人员的相关信息，详见 http://rph.stanford.edu/9-2.html。

（2）惩罚措施——在适当案例中可采取惩罚措施。依据所述行为个体的身份可采取相适应的惩罚措施。例如，教职人员应服从教职人员惩罚说明的规定，详见 http://www.stanford.edu/dept/provost/faculty/polices/handbook/ch4.html#statementonfacultydiscipline，学生应服从基本标准的规定。与学生司法事务相关的更多信息详见 http://www.stanford.edu/dept/vpsa/judicialaffairs/。

本节所涉及个体可就此类选择和处理性骚扰的不同方法进行探讨。

4. 程序事项

a. 调查——一旦重要事实引发争论，相关部门可就此事实展开调查。调查应尽可能尊重所有当事人的隐私。在相关案例中，可请求专业调查人员协助调查。调查结果可用于第三方干预程序或用于投诉或惩罚措施。

b. 记录——性骚扰政策办公室将以数据统计为目的对性骚扰报告实施跟踪，且至少每年就性骚扰案件数目、性质和处理方式向学校校长报告一次。

性骚扰政策办公室可就性骚扰举报及回应此类举报所采取的措施做机密性记录，并为确认可能从就性骚扰问题的培训中获益的个人或部门的身份，进而确定使用上述机密性记录培训的优先等级。在被指控个人没有收到投诉通知的情况下，辨识信息不会被保存。

c. 补偿及费用——补偿及费用问题之产生通常与大学是否为受性骚扰之控告的斯坦福大学员工作辩护并对其进行补偿有关。加州法律部分规定如下："雇主应全部补偿其员工作为……的职务被解雇的直接后果造成的必要开支或损失。"规定中涉及的补偿应依据各种实际情况而定。尽管如此，违反本政策的个人应意识到其自身和/或自身所在的学校、学院或其他单位可能须按要求对错误行为和/或与雇员解雇相反的行为招致的任何判决、费用和开支进行支付。一般情况下，可参考指南备忘录15.7（详见 http://adminguide.stanford.edu/15_7.pdf）。

5. 处理性骚扰的有关资料

a. 建议——对性骚扰存在疑惑的个人可联系性骚扰政策办公室链接 http://harass.stanford.edu/index.html#Advisers 上所介绍的性骚扰顾问或下文列出的其他个人。性骚扰应尽早被举报；越早举报，越容易开展调查并采取适当补救措施。一旦举报被长时间拖延，大学将设法以最合理的方式处理，但可能会由于耽误时间过多而不能得到令人满意的结果。

同样地，任何人一旦收到涉及性骚扰举报或投诉应从速与性骚扰政策办公室或性骚扰顾问协商。

大学有许多经特殊培训并在性骚扰问题范围内担负特殊职责的个人。简而言之，此类人员有：

• 性骚扰顾问（详见 http://harass.stanford.edu/SHadvisers.html），是愿意与个人探讨性骚扰问题的人（无论此类个体因为自身曾经遭遇过性骚扰还是因为想要了解大学关于性骚扰的政策和程序等信息）。通常大学的每个学院及各大型工作单位至少将被指派一名顾问；大多数住宿处主任也被任命为性骚扰顾问。顾问也有权受理投诉。

• 性骚扰政策办公室主管，他负责本政策的执行。主管办公室也会按要求向个体提供建议和咨询；接受投诉并调整他们的处理方式；监督其他顾问；鼓励并协助学生、教职人员接受性骚扰预防教育；记录投诉的处理结果；并在通常情况下协调解决本政策项下出现的问题。因为后天教育和自身意识是预防性骚扰的最佳途径，因此性骚扰政策办公室最重要的职能包括培养个体意识、开展教育和培训项目并出版有关性骚扰的信息资料，详见 http://www.stanford.edu/dept/shpo。

• 依据上述规定，对性骚扰存在疑惑的个体也可通过非正式形式与心理顾问（例如通过心理咨询服务中心或帮助中心）、牧师（通过纪念教堂），或大学或医学院申诉专员谈论各自的疑惑。详见 http://www.stanford.edu/dept/shpo/resources.html。

b. 外部举报——性骚扰为州法律和联邦法律所禁止。除上述内部资源外，个体可直接向负责处理非法骚扰和歧视投诉的政府机关提出投诉，例如，美国平等就业机会委员会（EEOC）、属于美国教育部的民权事务办公室（OCR），及加州公平就业与住房部（DFEH）。此类机构列于电话簿的政府部门的部分。即便所涉及行为没有违反法律，但仍可能违反本政策。

6. 双方意愿下的性关系或恋爱关系

a. 概述——任何建立在固有不平等地位的个体间的性关系或恋爱关系都存在一定风险，此类关系中的双方应承担该类风险。在斯坦福大学，上述不平等地位包括（但不限于）教师与学生、主管与员工、资深教职人员与初级教职人员、导师与受训人员、顾问与接受指导者、教学助理与学生、教练与运动员,及监督学生日常生活环境的宿管和住校生。因为存在利益冲突、剥削、特权和偏见的潜在可能,上述关系可损害所提供监督和评价的真实完整性或感知完整性,并尤其损害教师—学生关系背景下的固有信任。此外,上述关系并非如处于优势地位的人想象的那样建立在双方意愿的基础上。尤其是在回顾该事件之时,双方可能对此关系有不同的感知和理解。

此外,上述关系可能会损害或伤害学术环境或工作环境中的其他人。当此关系提供不当的接触机会或优势、限制机遇或获得对此类问题的感知时,双方关系在一方能通过担任某一职位审核另一方的工作或影响其职业的情况下,可能为第三方投诉提供理由。而且,情况可能发生变化,先前受欢迎的行为可能变得不再受欢迎。即使双方起初同意展开恋爱关系,但过去给予的允许并不能为后来的控诉开脱。

如果存在此类关系,具有较高权威或权力的一方将承担主要责任,并须确定他/她没有对关系另一方行使任何监督或评价职能(此处对教师而言尤为重要)。如果按要求必须取消资格,被取消资格一方也须通知他/她的主管、部门主任,使该主管或主任能够履行其职责就代用监管或评价职位设立的适当性给予评价。(或者员工可通知其所在部门人力资源主管。)

总结:需要重申的是,由具有较高权威或权力的人承担取消资格和通知的职责。没有按照有关取消资格和通知的要求执行的即已违反本政策,因此应受到惩罚。大学有权采取任何必要措施以确保服从该取消资格的政策精神,包括将一方员工或双方员工调任从而使对工作组的破坏降到最低限度。

在极少数情况下,如果由于规划的原因使提供替代的监督或评价并不可行,具有管理权的主任或主管必须批准所有给予的评价和补偿措施。

b. 与学生之间——在一所大学中,教师所扮演的角色是多面性的,包括作为知识的引导者、顾问、良师益友及建议者,因而教师的影响力和权威远远超出教室的范围。因此普遍而言,大学认为教师与学生之间的性关系或恋爱关系,尽管建立在双方愿意的基础上,且无论学生是否须服从教师的监督或评价,都与教师的固有角色不相一致,因此应予以避免。斯坦福大学因此极力反对上述关系。

7. 政策审核和评定

本政策于 1993 年 10 月 6 日生效,并分别于 1995 年 11 月 30 日和 2002 年 5 月 30 日进行两次修订。本政策接受周期性审核,任何评论或建议应发至性骚扰政策办公室主管。

23.3 性侵犯

授权 本指南备忘录由斯坦福大学校长授权批准,并经负责学生事务的副教务长、负责人力资源的副校长和教务长授权执行。此外,违反本政策的个体可能会受到刑事诉讼和民事诉讼。

适用 本政策适用于所有学生和教职员工。

概述 本政策概括论述斯坦福大学有关性侵犯的一系列政策和程序。以下各条标题为:
1. 政策声明
2. 何谓性侵犯?
3. 信息的机密性
4. 教育和预防
5. 有关性侵犯的资料
6. 政策执行
7. 公共机构所作出的回应

1. 政策声明

斯坦福大学不接受也不容忍性侵犯的发生。

大学极力要求遭遇过性侵犯的个人作出正式举报。一旦收到性侵犯的举报学校会从速处理,且尽可能在最大限度内保密。

大学承诺提供关于处理性骚扰问题的校内外服务和资料的相关信息。本政策项下所列资料可协助个人获得全面服务。

所有学生和教职员工应服从本政策规定。违反者最高将受到包括解雇、开除或其他相应体制性制裁的惩罚。也包括来自外部机关的起诉。对学生而言,校外性侵犯行为亦可能受校内惩罚程序约束。

致力于提高对性暴力的认识及其预防和帮助服务的综合性网站可见 http://www.stanford.edu/group/svab/。该网站包含一份资源列表,叙述各项举报方式并附带一份匿名通知单。

2. 何谓性侵犯?

性侵犯系指不经双方同意发生的或因威胁或恐吓发生的不想要的性行为的犯罪,不论袭击者是熟人或是陌生人。性侵犯可因强行实施和/或违背个人意愿,或当个人无法自行同意时实施。未满18周岁的、服食毒品和/或酒精而麻醉的、发育性残疾的、因暂时性或永久性精神或身体疾病而无法表达意愿的,在法律上均被视为不能自行同意的个人。

依据联邦和州法律,性侵犯包括但不限于强奸、强行鸡奸、强行口交、有目的的性侵犯、性侵害(如:以性满足为目的的强行触摸身体的隐私部分)、及性侵犯威胁。

3. 信息的机密性

大学将尽一切努力保护个人隐私并维护信息的机密性。然而机密性等级取决于提供咨询者的职业角色。提供咨询者在咨询开始之前应明确告知机密限度。

受侵犯个体可与受法律保护的一些个人进行机密性交谈。此类人群包括性侵犯顾问,如基督教女青年会(YWCA)斯坦福大学性侵犯中心、帮助中心和心理咨询服务中心的顾问、临床医师和牧师。法律也对无须保护机密性的事项作出规定,例如,为遭受性侵犯的伤员治疗的医师和护士,按照要求须对伤员情况做出报告以配合法律执行。此外,医师、护士、心理学家、精神病学家及社会服务人员须将对未满18岁的未成年人实施的性侵犯事件上报至儿童保护机构。

受侵犯个体与其他个人分享的信息,其机密性不受法律保护。例如,为对相关人员做到公平合理或为响应法律要求,学生事务主任、住宿处主任或住宿处助理应告知其他人以维护当事人的安全和权利。此外,学生事务主任作为指定的校园安全总管,须依照法律要求向公安机关报告校园事故的真实细节。此类报告只用于统计工作,不包括个人身份识别。

州法律允许执法部门对以正式途径举报性侵犯的个人身份保密。斯坦福大学公共安全部出台的政策即为保护上述机密性。但如果当地检察官提起刑事诉讼,则可能不需确保机密性。

如果原告向司法事务办公室提起诉讼,则被告学生须获得原告及受害人的姓名。但可为受害人作出调整以保护其隐私,例如,隐藏审讯文件中受害人的姓名或其他能确认身份的标志。

按照法律要求,所有对大学员工披露的校内性侵犯事件只能以统计为目的(不可附带能确认身份的标志)上报至斯坦福大学公共安全部,公共安全部之职责则在于制作并出版一年一度的性侵犯和其他犯罪活动统计表。

4. 教育和预防

资源——斯坦福大学提供有关性侵犯教育和预防的各种资源。学校提倡学生和教职员工利用校内提供的性侵犯预防和教育资源优势(受大学支持并以学生为主导)并鼓励其积极参与性侵犯预防活动,努力减少受侵犯的风险。

• 性侵犯预防项目主管(电话:725-4211)的办公地址位于瓦登学生健康中心。项目主管开展教育拓展项目,在瓦登建立信息资源中心,对同龄受教育人员的性侵犯行为进行监管,并提供有关正当防卫级别的参考信息。此外,由新生辅导和健康促进服务中心赞助,该项目主管为斯坦福大学全体新生监制一部以学生为主角的指示性电影。该电影以熟人强奸及相关问题为主题，放映后由学生分小组在学生宿舍展开讨论。在线信息详见 http://vaden.stanford.edu/health_promotion/hps_sexassault.html。

• 斯坦福大学公共安全部（电话：723-9633）开展各类教育项目，并为学生和教职员工分发教育文献。

• 斯坦福大学消除强奸联会（Stanford United for Rape Elimination，SURE，电话：725-SURE）为学生和教职员工提供晚间车辆护送服务，以加强校园社区的安全。

5. 有关性侵犯的资料

最新资料列表详见 http://www.stanford.edu/group/svab/。

凡遭遇过性侵犯的个人，不论其遭遇的是强奸或是其他不想要的性接触，大学都敦促其向公安机关、司法事务办公室和/或学生事务主任进行正式举报。

无论性侵犯受害者选择进行正式举报与否，大学敦促其寻求相关帮助。大学为教职员工、学生和校园访客提供了多种资源（见下表）。基督教女青年会斯坦福大学性侵犯中心作为中心资源，提供获得其他资源的简便途径与信息。基督教女青年会斯坦福大学性侵犯中心位于瓦登学生健康中心一层，提前预约或在辅导时间开放，该中心连接斯坦福大学专门开通的 24 小时电话：(650)725-9955。

有关校内外的用于医学治疗、法律证据搜集、获得信息、支持和咨询，及对性侵犯做出官方报告的特别资料见下文。各类资料均可协助个人获得全方位的服务。

a. 医学治疗——遭遇性侵犯的个体应尽快寻求相关医疗评估。

• 如存在生命危险，应即刻拨打911（或使用校园电话，拨打9-911）或用校内的蓝色紧急电话亭报警。个体亦可到斯坦福医院和诊所的急救部门或到最近的医院急救部门实施急救。

• 对于轻伤的治疗，学生和/或其配偶/家庭伙伴可选择瓦登学生健康中心（电话：723-4841），若健康中心已关闭，也可选择斯坦福医院和诊所的急救部门（电话：723-5111）。教职员工应咨询其主治医师。

• 对性传播疾病和怀孕的评估和预防，及其他健康问题的咨询，学生和/或其配偶/家庭伙伴可选择瓦登学生健康中心（电话：723-4841）。教职员工应咨询其主治医师。

b. 医学—法律证据搜集——对于遭遇性侵犯的个人（尤其对于遭遇强奸、强行口交或鸡奸的个人），学校鼓励其申请医学—法律证据搜集。如果个体事后决定寻求刑事诉讼和/或民事诉讼，物证的即刻搜集则必不可少

(见第 6 条 c 款,法律选择权)。

联邦法律规定性侵犯受害人能免费获得医学—法律检验。[见 2005 年《受虐待妇女保护法》(VAWA)42U.S.C.§3796gg-4(d)]为获得免费的医学—法律检验,个体可以联系基督教女青年会(电话 725-9955)、斯坦福大学公共安全部(电话 911 或 723-9633)或圣塔克拉拉谷医疗中心,电话(408)885-6466(办公时间致电性侵犯回应小组办公室);还可致电(408)885-5000(急救部门)。斯坦福社区成员的受害人应尽早联系基督教女青年会,因为该青年会将提供即时支持和辩护,并可按要求协调与其他机构的服务。基督教女青年会斯坦福大学性侵犯中心 24 小时电话为 725-9955。鼓励受害人要求警方护送至圣塔克拉拉谷医疗中心进行治疗。

圣塔克拉拉谷医疗中心急救部门[电话:(408)885-5000]是圣塔克拉拉郡提供证据搜集或医学—法律检查的专门机构,该部门员工经特殊培训和充分准备以搜集此类证据。注意:该医疗中心是州法律下的指定侵犯汇报者,有法律义务将侵犯的报告交给警方。

c. 获得信息、支持和咨询——无论做出官方报告与否,大学鼓励遭遇性侵犯的个人获得相关信息、支持和咨询。校内和校外不同机构的顾问可帮助受害个体确定应该采取的步骤,例如寻求医疗救护、保护证据、寻求咨询或上报至当局。

无论性侵犯真实发生与否,无论寻求性侵犯相关信息的个体有否遭遇性侵犯或是否被控告为性侵犯,或该个体为第三方,只要其愿意探讨与性侵犯相关的问题,斯坦福大学社区可为任何人提供此类信息、支持和建议(资料见下文)。

受保护信息的机密等级取决于提供咨询者的职业角色,在确切事实被透露以前应与前来咨询者讨论其机密等级(见第 3 条信息的机密性)。

- 学生可咨询下列机构或人员:

基督教女青年会斯坦福大学性侵犯中心(电话:725-9955),详见 http://www.stanford.edu/group/svab/ywca.shtml;

心理咨询服务中心(电话:723-3785),详见 http://CAPS.stanford.edu;

瓦登学生健康中心的临床医师(电话:723-4841),详见 http://vaden.stanford.edu/medical_services/index.html;

宗教生活办公室(电话:723-1762),详见 http://religiouslife.stanford.edu/;

大学申诉专员(电话:723-3682),详见 http://www.stanford.edu/dept/ombuds/;

医疗中心申诉专员(电话:498-5744),详见 http://www.med.stanford.

edu/ombuds/。

住宿处主任和研究生生活办公室可提供关于学术、住房及其他相关问题的协助(电话:725-2800 和 723-9929)。

• 教职员工可咨询下列机构或人员:

基督教女青年会斯坦福大学性侵犯中心(电话:725-9955),详见 http://www.stanford.edu/group/svab/ywca.shtml;

医疗中心申诉专员(电话:498-5744),详见 http://www.med.stanford.edu/ombuds/;

私人医生

• 下列人力资源办公室可为教职员工提供其他帮助:

校园办公室[电话:(650)723-1743]

医学院办公室[电话:(650)725-8607]

斯坦福线性加速器中心办公室[电话:(650)926-2358]

大学访客及教职员工与学生的家属可咨询下列机构或人员:

基督教青年会斯坦福大学性侵犯中心[电话:(650)725-9955],详见 http://www.stanford.edu/group/svab/ywca.shtml。

其他在圣塔克拉拉地区的基督教女青年会热线电话:[(408)287-3000 或(650)493-7273]

私人医生

d. 对性侵犯做出官方报告——大学鼓励遭遇性侵犯的斯坦福社区成员尽快做出正式举报,无论其当时意图是否在于寻求犯罪的民事赔偿,或是在于通过联系学生事务主任或通过填写匿名大学通知单寻求内部惩罚措施。详见 http://www.stanford.edu/group/svab/reporting.shtml。

为获得法律或惩罚性处理,大学鼓励遭遇性侵犯的个体做出正式举报。

• 在斯坦福大学校内发生性侵犯的,可联系斯坦福大学公共安全部[电话:(650)723-9633 或 9-911]。

• 在校外发生性侵犯的,可联系当地警方:

• 帕洛阿尔托市(Palo Alto),可致电:911 或 329-2307

• 门洛帕克市(Menlo Park),可致电:911 或 325-4424。

• 司法事务办公室(如果攻击者为斯坦福大学的学生)致电:(650)724-2485

• 上文所列人力资源办公室在第四页(为员工提供的)。

无论受害者选择将性侵犯上报公安机关与否,其应直接向能协助受害人获得医疗救护和/或咨询、联系公安机关并获取其他支持服务(譬如帮助受害人解决由性侵犯引发的学术问题)的学生事务主任(电话:723-2733)做出报告。

关于报告选择权的完整列表详见 http://www.stanford.edu/group/svab/reporting.shtml。

6. 政策执行

本政策由斯坦福大学校长授权批准,并由负责学生事务的副教务长、负责教职员工服务的副校长及教务长授权执行。违反本政策的个体除受到学校处罚外,还可能受刑事诉讼和/或民事诉讼追究。

a. 针对学生采取的惩罚措施和其他行政措施——性侵犯违反了用于约束学生行为的基本标准。约束学生的惩罚性措施和程序列于 1997 年《学生司法宪章》中,详见 http://www.stanford.edu/dept/vpsa/judicialaffairs/judicialprocess/sjc1997.htm。司法事务办公室(电话:725-2485)负责对学生违规行为的所有投诉进行调查,包括对性侵犯的指控,一旦证据支持该项指控,办公室将负责提交正式控诉。发现应对自身违规事件负责的学生应接受轻则留校察看重则被大学开除的惩罚。

《学生司法宪章》确保所有学生,包括被控告的学生在内的各项权利受到保护。大学将保护涉及惩罚案例的学生的隐私;但在涉及性侵犯指控的情况下,做出报告的受害个人及被控告的学生每人可在惩罚过程的各阶段自愿选择一名监护人。每位学生将被告知调查状况及结果。为安慰性侵犯受害人并保护其隐私,大学可作出相应调整。详见 http://www.stanford.edu/dept/vpsa/judicialaffairs/judicialprocess/hearings.accommodations.htm。

b. 针对教职员工采取的惩罚措施——依据适用于教职员工个人的各项政策对本政策的违反行为给予处理。集体劳资协议结束范围内的员工受适用协议中各项政策的约束。对于已被证实的违规个人,轻则可能受到批评,重则可能被大学免职。

c. 法律选择权——除大学采取的惩罚措施外,参与性侵犯的个人可能会受到刑事诉讼和/或民事诉讼的追究。

地方检察官办公室考虑作出刑事起诉之前须收到公安机关的举报。如果性侵犯受害人能及时举报至公安机关并获得搜集到的医学—法律证据的支持,则其胜诉的可能性会更大些(见第 5 条 b 款,医学—法律证据搜集)。

希望获取有关法律选择权的详细信息的个人可咨询私人律师或基督教女青年会斯坦福大学性侵犯中心[电话:(650)725-9955]。

d. 性骚扰——在一些案例中,性侵犯也可构成性骚扰。针对性骚扰提起的投诉可参照指南备忘录 23.2 所列出的程序。

可通过电话:(650)723-1583 或电邮:harass@stanford.edu 联系性骚扰

政策办公室。详见 http://www.stanford.edu/dept/shpo/index.html。

7. 公共机构所作出的回应

a. 公共信息——要求获取性侵犯事件相关信息的个人应联系斯坦福大学新闻服务中心（电话：723-2558）或斯坦福大学公共安全部［电话：(650)723-9633］。

b. 性侵犯的公共通知——按照州和联邦的法律要求，斯坦福大学公共安全部须收集在其管辖范围内发生的性侵犯事件的统计信息并做出年度报告。为提高公共安全水平，该部门也应就性侵犯事件及其趋势对校园社区给予警告。

23.4 无烟环境

授权 本指南备忘录由斯坦福大学校长批准。

适用 本政策适用于斯坦福大学的所有学术部门和行政部门，包括斯坦福线性加速器中心（SLAC）及所有校园宿舍。本政策并不能取代依据联邦、州或当地法律或条例生效的其他限制性政策。任何超出法律要求的限制性政策须经校长批准。

概述 以下各条标题为：

1. 政策
2. 方针
3. 执行
4. 实施与分发

1. 政策

斯坦福大学政策规定，禁止在围封式建筑物和设施内部及校园的室内或室外活动中吸食烟草制品。

2. 方针

a. 禁烟区——本方针特别规定，在下列区域禁止吸烟：教室及办公室、一切围封式建筑物和设施、有遮层的人行道、大学校车、室内或室外体育活动、其他大学赞助或指定的室内或室外活动，及指定为"禁烟"的室外区域。

- 大学里任何围封式建筑物或设施内不提供烟灰缸。
- 须张贴"禁烟"标志。

b. 室外吸烟区——如果不是遇上学校组织的活动，且在没有张贴"禁烟区"标志的区域，室外吸烟是允许的。在非禁烟区域的室外吸烟须在距离门口、所开窗户、有遮层人行道和通风系统至少 20 英尺远的地方，以防止烟雾进入围封式的建筑物和设施内。为照顾吸烟教职人员、员工和学生的需求，副校长、副教务长及院长可在现有的庭院和院子中指定某些区域作为吸烟区,在此类指定区域内须提供烟灰缸。提供指定吸烟区和烟灰缸的相关费用将由一个或多个专门的学术单位或行政单位承担。

3. 执行

本政策的实施有赖于吸烟者和非吸烟者的相互体谅与相互合作。大学社团的所有成员都有责任遵守并服从本政策及其方针规定。

  a. 戒烟信息——教职人员和员工可通过疾病预防研究中心的健康改善项目(HIP)获得戒烟计划。学生可通过学生健康中心联系健康促进项目(HPP)获得戒烟信息或计划。

  b. 屡次违反——屡次违反本政策的教职人员、员工和学生可能须接受适当措施以纠正其违规行为并预防这些行为再次发生。

4. 实施与分发

本政策副本将分发至所有教职员工和学生及大学社区的所有新成员。

23.5 要求为残疾员工调整工作场所环境

授权 本指南备忘录由大学校长批准。

适用 本政策适用于所有大学员工。尽管政策声明适用于包括斯坦福线性加速器中心(SLAC)的整所大学,但本指南备忘录所列的若干特殊程序在斯坦福线性加速器中心并不适用;有关要求调整工作场所环境的流程方面的信息,员工应联系斯坦福线性加速器中心人力资源部获取。

概述 本指南备忘录概述了斯坦福大学与残疾相关的调整的政策和程序。

   以下各条标题为:

   1. 政策

   2. 实施及职责

   3. 程序——建议步骤

   4. 筹资

   5. 化解争端

   6. 机密性及记录

1. 政策

斯坦福大学注重并且也有使命依据包括《加州公平就业住房法》(CREHA)、《1990年美国残疾人法》和《1973年康复法》(第504条)在内的州和联邦法律法规,为合格的残疾员工提供均等就业机会。

残疾系指对个体一项或多项主要生理活动(例如,照顾自己、行走、眼看、耳听、说话、呼吸、学习、坐立等)产生限制的任何身体机能损伤或精神损伤。为确保残疾员工获得均等就业机会，大学应为其提供合理的调整和辅助工具，使其能够履行各自工作的基本职能并参与大学各项目与活动。

2. 实施及职责

a. 员工——负责就任何期望获得的与残疾相关的工作场所环境调整提出请求。非教职人员身份的员工请求应提交至主管或人力资源主管；教职人员身份的员工应联系各自主席、部门或学院中负责教职人员事务的主管，或《1990年美国残疾人法》第504条中涉及的法规事务主管。

b. 主管——负责接收有关工作场所环境调整的各种请求，告知员工具体的程序，并提交上述请求至相关人力资源主管。当主管有理由相信员工的残疾致使其无法做出请求时，该主管有责任就环境调整展开讨论。主管应将所有请求和调整告知所在部门人力资源主管。

c. 人力资源主管——负责对上述请求做出评估，确定必需的书面证据，并确定所申请的调整是否适当、有效。人力资源主管的确定详见 http://hr-web.stanford.edu/information/directory.html 或拨打相关电话：校内电话：723-2191；医学院电话：725-8607；斯坦福线性加速器中心电话：926-2358。

d. 法规事务主管——《1990年美国残疾人法》第504条中涉及的法规事务主管负责提供有关《1990年美国残疾人法》的就业规定及雇主应尽义务的信息。员工也可联系法规事务主管咨询校园可及性方面的信息和关于获得技术与辅助设备及筹资来源的资料。《1990年美国残疾人法》第504条中涉及的法规事务主管的办公地址为斯坦福大学卡皮斯特拉努路585号，Mariposa House，多元开放办公室，电话（650）725-0326，传真（650）723-1791，电传打字机(650)723-1216。

e. 主席及负责教职人员事务的主管——负责接收关于调整工作场所环境的请求，并提交至《1990年美国残疾人法》第504条中涉及的法规事务主管，按照下文第3条所列程序予以处理。

3. 程序——建议步骤

a. 步骤一——请求：员工负责就其残疾的事实申请调整工作场所环境。此类申请应以书面形式提交至该员工的主管或其人力资源主管，且包括下列信息：

（1）员工姓名、电话号码及地址

（2）所在部门

（3）主管

（4）身体机能或精神状况及持续时间

（5）申请的性质

（6）简要介绍所申请的调整如何使员工履行其基本职能。

b. 步骤二——讨论：一旦收到申请，主管或人力资源主管将会告知员工，并向其解释调整程序。如有必要，主管或人力资源主管也将会见员工，并就申请内容和调整余地进行讨论。

c. 步骤三——提供残疾证明：负责对申请的调整实施评估的主管或人力资源主管将确定采用何种必需的书面证据对残疾员工进行核实。书面证据会随残疾性质、程度及所申请调整的不同而改变。员工有责任就其残疾状况按申请提供证明。

如果大学认为应该获得关于身体机能或精神残疾的性质及其影响的第二种专业意见，部门将承担获得此类意见的费用。

一旦员工将所有证明提交至人力资源主管和/或主管，调整申请将得到评估。

d. 步骤四——评估：在确定适当的调整之前须逐个评估提交的申请。主管或人力资源主管将考虑为实现合理调整的需求，从而在引进新设或附加服务之前确定其他部门或单位中是否已存在此类必需设备或服务。

为员工确定合理的调整时须考虑下列因素：

（1）员工身体机能或精神状况的性质是什么？它会如何影响员工对工作场所设置的需求？

（2）员工的身体机能或精神状况是否会对其一项或多项主要的生理活动产生限制？

（3）员工申请做出的调整是否能使其有效履行工作的基本职能？

（4）员工申请做出的调整是否会改变或削减该项工作的基本职能？

（5）员工申请做出的调整或更改会给其所在部门或单位带来何种影响？

大学不必提供会削弱所涉及工作的基本职能的调整，也不必提供针对个人性质的调整或服务，例如提供助听器或轮椅。此外，大学不必降低其绩效、成果或行为标准，甚至改变对每位员工所期望的上岗要求。

e. 步骤五——通知：负责对调整申请进行评估的主管或人力资源主管应在收到完整请求（包括所需的证明）后15天内向员工提供书面的决定通知。如果该决定已包含一份调整方案，决定通知也应包括所预计的实施日期。如发生意外使主管或人力资源主管需要延长时间来评估申请或提供调整，他/她应向员工发出书面通知说明请求函的状况及计划的决定日期。

4. 筹资

一旦申请的调整被认为是适当且合理的，则部门应带头负责为此项调整筹资。如果费用超出该部门的收入能力，将依照部门或办公室的报告流程由较高级别的部门分摊支付。如需获得更多关于残疾调整的其他筹资来源的信息，可联系多元开放办公室，电话：(650)725-0326。

5. 化解争端

a. 非正式程序——如果员工不同意主管或人力资源主管做出的决定和/或给予的建议性调整,他/她可联系多元开放办公室《1990年美国残疾人法》第504条中涉及的法规事务主管,以获得协助化解争端,地址:斯坦福大学卡皮斯特拉努路585号,Mariposa House,电话:723-0755,传真:0725-0326。

b. 正式投诉程序——可适用的投诉程序依据当时情形及投诉人的状况而定。固有的投诉程序列表详见 http://hrweb.stanford.edu/elr/polices/list_grievance_procedures.html。

如果就本政策结合自身情况的适用性存在疑问,可拨打所在地人力资源处电话——校内:723-2191;医学院:725-8607;斯坦福线性加速器中心:926-2358。

6. 机密性及记录

每位大学员工有义务维护教职员工残疾信息的机密性。因此,主管和所在部门人力资源主管只能在有利于调整的情况下才可提供教职员工的相关信息。

23.6 管制物品与酒精

授权 本指南备忘录由负责人力资源的副校长批准。

适用 本政策适用于指南备忘录23.1定义项下规定的斯坦福大学的所有员工(包括教职员工和学生)(详见 http://adminguide.standford.edu/23_1.pdf),及政策规定的斯坦福大学的某些非员工个体。本指南备忘录也适用于斯坦福大学所有的在校学生。

概述 以下各条标题为:

1. 背景及目的
2. 政策
3. 监管人员手册
4. 获得帮助
5. 法律制裁
   附件

1. 背景及目的

a. 健康风险——管制物品和非法药物(统称为管制物品[①])误用和滥用

[①] 管制物品系指管制物品法中定义的药物,包括但不限于诸如大麻、海洛因、可卡因和安非他明一类的药品。

及酒精滥用是被广泛认可的导致严重健康问题的罪魁祸首,也是社会和民众所关注的问题。与服用非法药物和滥用酒精相关的健康风险包括各种各样对身体机能和精神造成毒害的后果,包括吸毒成瘾、严重残疾及死亡。有关酒精和特效药物的已知效果的信息可从维登健康中心建立的"酒精和其他药物滥用预防项目"获取,详见 http://vaden.stanford.edu/。

b. 联邦立法——为回应此类社会和民众所关注的问题,美国国会已通过《1988年无毒品工作场所法》、《1989年无毒品学校和社会法修正案》,和《1991年公共汽车运输员工测试法》。根据此类法律,斯坦福大学特制定下列适用于所有员工和学生的政策。

2. 政策

斯坦福大学的政策在于维护无毒工作场所和校园。禁止在斯坦福大学校园、工作场所或任何大学活动中非法生产、销售、分配、占有,和/或服用管制物品,或非法占有、服用、销售酒精。(与管制物品和酒精相关的活动的区分见本指南备忘录结尾部分的附件。)工作场所和校园包括所有大学举办活动所使用的房屋及场地。而且在工作时员工禁止受到管制物品的影响,违反本政策的个人最高将受到包括终止雇用或开除学籍等的惩罚性制裁。各类违规行为也可被提交相关权威机构予以检举。

a. 员工——作为雇用的基本条件,当所有斯坦福雇员处于能够履行其工作职责的条件下,无论环境是否合适,他们必须本着不能伤害自身及他人安全的态度。

在工作时员工禁止受到管制物品或酒精的影响。此处"影响"是指员工的感知、认知、运动功能或工作能力受到影响、削弱或降低,具体表现为:语句不清、行走困难、眼睛红涩、脾气暴躁或威胁举止、满身酒气等。(注:按处方使用合法的处方药不受此政策影响)

在工作场所、校园或任何大学活动中进行非法生产、销售、分配、占有,或服用管制物品,或非法占有、服用、销售酒精的员工最高将受到解除雇用的惩罚。要求获得商业驾照从而具备26000吨以上重型车辆、张贴有运输危险材料的车辆,和/或指定承载16人或以上的车辆等驾驶资格的员工应服从用于测试药物和酒精服用情况的协议。斯坦福线性加速器中心的员工必须遵守SLAC的政策。

b. 学生——在工作场所、校园或任何大学活动中非法销售、占有或服用管制物品或酒精的学生最高将受到开除的惩罚。

c. 学校其他成员——对于在斯坦福为谋取利益而工作的非斯坦福正式员工(例如:独立承包商、代理机构提供的临时员工、参加斯坦福合作项目的访客或志愿者)须遵守本政策规定,否则将被禁止进一步在此开展工作。

d. 康复——圆满完成适当的康复项目（包括参加疾病治疗后的照顾调养）之后即有资格继续工作或进一步开展工作，或恢复学生身份。

e. 定罪报告——经证明被判定（包括无罪申诉）在斯坦福工作场所违反毒品刑事法的员工，须在作出判决后五天内将此判决以书面形式告知校方，包括人力资源办公室或员工与管理服务中心的副校长助理（对员工而言）或院长（对教职人员而言）。

3. 监管人员手册

监管人员应带头负责斯坦福大学管制物品和酒精政策的有效执行和实施，并须对在工作场所使用或出示管制物品或酒精的迹象或证据提高警惕。

a. 交流——监管人员须确保每位员工都意识到斯坦福大学制定的管制物品和酒精政策，并明白违反本政策是严重的事情，将导致包括可能被终止雇用的惩罚措施。监管人员须确保本政策的副本在所有工作场所进行张贴，且每位新员工人手一份。

b. 与人力资源部门协商

如果员工存在违反本政策的嫌疑，监管人员应与人力资源主管协商制订计划，并展开适当调查从而使此类情况得到解决。

c. 工作绩效削弱：在工作场所非法服用管制物品或酒精的影响——工作绩效问题可存在多种原因。与员工谈论其工作绩效中出现的问题时，监管人员应帮助该员工确定问题来源，并为其提供适当协助、咨询或其他资料等形式的引导。

当工作绩效遭到削弱，主管应采取常规的纠正措施，先与员工进行讨论。如果一名员工的工作行为对工作场所中员工和/或其他人产生安全隐患，监管须即刻采取措施对当时情况做出评估；在此类案例中，员工不允许继续其当前的工作，直到该员工能正常工作才可返回其工作岗位。

依据事实，特殊情况应采取特殊措施应对。主管应与各自人力资源主管协商并记录在工作中可能造成危害的可疑员工。

如果员工主动向监管人员承认由于管制物品的滥用导致其绩效未达标或行为不当，监管人员应敦促该员工针对物品滥用寻求合格的治疗资源。如果员工选择寻求帮助，他/她应联系适当的资源。如果员工申请休假以实施康复计划，主管应采取常规步骤对该次休假的请求予以审核。

在仔细分析后，如果确认是在主动坦白之前（或之时）犯下的行为不端、绩效问题或触犯法律等错误行为为可导致受到惩罚，包括终止雇用。

d. 毒品和酒精测试——对于要求获得商业驾照从而具备26000吨位以上重型车辆、张贴有运输危险材料的车辆，和/或指定承载16人或以上的车辆等驾驶资格的员工，其主管人员必须确保已对此类员工实施服用毒品和/

或酒精的相关测试。院系负责这些测试并决定是否有必要启用外界机构的帮助。

4. 获得帮助

学校极力鼓励对管制物品服用、滥用及康复有所关注的员工与其家庭医师、健康计划或斯坦福帮助中心联系，详见 http://www.stanford.edu/dept/helpcenter，此类人员和机构可为员工提供能够提供完整的、机密建议的相关性资源（社区或私人代理机构）。

许多健康保险计划为应对物品滥用和康复的物品滥用项目提供保险服务。薪酬办公室网页提供额外相关信息。

学校敦促学生（包括具有斯坦福大学学生身份的员工）与维登健康中心下属的酒精和其他药物滥用预防项目和/或心理咨询服务中心联系。

5. 法律制裁

非法生产、销售、分配、占有和/或服用管制物品或酒精受到多数联邦、州和地方法律的管制。此类法律对轻罪者和重罪者实施法律制裁。罪行的刑事处罚范围从罚款和缓刑到联邦福利的拒绝或撤销（例如：学生贷款）再到人身监禁和没收动产及不动产。

本指南备忘录附件包含若干关于非法生产、销售、分配、占有和/或服用管制物品或酒精的法律。因为法律随时间推移而改变，因此附件中所提供的信息只是用作说明（相关条款），而不是全面详尽的（阐述）。更多更详尽的实时信息可从斯坦福公共安全部门获取。

附件

通常，下列行为自2006年2月起被视为刑事犯罪：

• 非法生产、销售、分配或占有管制物品的［美国管制物品法目录Ⅰ至Ⅴ所列物品（21U.S.C.812,21U.S.C.828、841、844、859、860)］；

• 非法占有或以销售为目的占有《加州健康和安全法》11054、11055、11056、11057和11058条明确规定的管制物品的；

• 占有、种植、销售或以销售为目的占有大麻的（《加州健康和安全法》11357、11358和11359条规定）；

• 服用管制物品或受其影响（《加州健康和安全法》11550条规定）；

• 运输、销售或向未成年人散发大麻或利用未成年人运输、销售，或散发大麻的（《加州健康和安全法》11361条规定）；

• 占有、提供或生产吸毒用具的（《加州健康和安全法》11362条及以下规定）；

• 向未满21岁的人群或向任何醉酒者提供酒精饮料的（《加州商业及职业守则》25658、25602条规定）；

• 在公共场所受酒精影响且不能照顾自身安全或他人安全的(《加州刑法典》第 647 条 f 款规定)；

• 在任何公共场所或对公众开放的场所持有装酒精容器的未满 21 岁的人群(《加州商业及职业守则》25662 条规定)；

• 在受酒精或其他麻醉品影响或血液中酒精浓度达 0.08% 或以上的状态下驾驶摩托车的(《加州车辆法典》23152 条规定)；

• 血液中酒精浓度达 0.05% 或以上的状态下驾驶摩托车的未满 21 岁的人群(《加州车辆法典》23140 条规定)；

• 摩托车上载有敞口的装酒精容器的，未满 21 岁驾驶载有酒精的车辆的或在摩托车上持有酒精的人员(《加州车辆法典》23223、23224 条规定)；

• 拥有或使用虚假年龄和身份证购买酒精的(《加州商业及职业守则》25661 条规定)；

• 任何未满 21 岁购买酒精的人群(《加州商业及职业守则》25658.5 条规定)。

23.7 员工培训

授权　本政策由负责人力资源的副校长制定，副校长经与大学其他主管和团体商议后确定各项培训要求(视情况而定)。

此外，院长、副校长或教务长成员可确定各学院或组织要求的专门培训。此类培训可在当地实现，但须得到总培训供应者认为其适当可行的支持。

适用　本政策适用于斯坦福大学所有员工，包括教员、职员和学生。

概述　斯坦福大学有义务为学校员工提供必要的培训，并保留确定某些所需培训项目之权利。一旦被确定为所需的培训项目，培训应被视为一项工作职责，因其是员工工作质量不可或缺的一部分并可促进组织运作的总体效力。

以下各条标题为：

1. 目的/基本原理
2. 措施及指导
3. 提供文件资料及实施
4. 审理办公室
5. 定义

1. 目的/基本原理

工作环境的日益复杂使员工需要不断提高能力并改进与工作绩效有直接关系的知识和技能。此外，外部规章及斯坦福大学政策、程序和惯例的变化会产生风险/责任,这就要求有具体职责的大学员工(教职人员、职员和学生)须接受与上述变化相一致的信息。在某些情况下已经备案的培训可委托外部代理机构管理,并接受审计复核(例如:在金融管理、健康和安全惯例,及商业项目管理等领域)。

2. 措施及指导

a. 部门主管负责下列事宜:

· 确定需要接受专门培训方能上岗工作的员工名单。

· 采取必要措施从而实现必要的培训,包括确定相关课程并提供参与培训所需的假期。

· 监控员工工作绩效,并将正在进行的培训和拓展作为继续员工绩效评估的一个要素。

· 提供培训后支持,使员工在工作中的技术应用实现最大化。

b. 提供所要求的学校范围的培训的部门负责下列事宜:

· 通过开展满足工作要求的课程以回应客户的需求;权衡培训的内容及传授,从而在减少达到熟练程度所需时间的同时实现培训价值的最大化;考虑能够代替课堂指导的切实可行的措施。

· 对培训项目的效力给予持续评估。

· 向负责人力资源的副校长推荐需针对大学全体人员组织的特别培训。此类推荐须包括下列定义:

— 需要培训的原因

— 要求接受培训的人数

— 培训计划(包括必要的资源)

— 为培训备案的方法

3. 提供文件资料及实施

所需培训圆满结束后,必须在需要接受培训的组织内部备案。此类备案记录将成为授权执行某项工作(例如,授权大学资金的支出或授权获取特殊信息或资料)的先决条件。

4. 审理办公室

有关本政策的问题可直接提交至学习与发展办公室(电话:650/723-0657)。该办公室领导大学培训咨询委员会。

5. 定义

a. 必要的培训——在证明某种能力的材料被作为从事某项工作的条件时或在某项工作的分配中具有决定性影响。

b. 大学范围——对大学社区成员具有普遍适用性,而非仅针对学院、部门或办公室。

c. 当地培训——对单独的学院、部门或办公室的需求具有特定适用性。

d. 假期——为员工参加培训或其他与本职工作相关的活动而提供的暂时调离工作的时间。假期是可补偿的工作时间。

23.8 赠与大学员工的礼物和奖品

授权　本指南备忘录由负责人力资源的副校长和财务主管联合批准。

适用　本政策适用于指南备忘录 23.1 定义项下规定的所有教职人员、学术人员和正式员工（详见 http://adminguide.standford.edu/23_1.pdf）。

概述　本指南备忘录为向大学合格员工赠与非课税礼物或奖品提供了一系列明确的指导方针。

以下各条标题为：

1. 政策声明
2. 目的
3. 员工服务年限奖/退休奖
4. 教员退休奖
5. 象征性礼物
6. 主管人员指南——程序
7. 资料

1. 政策声明

按照各部门或学院决定，可为员工颁发礼物或奖品作为对员工非绩效方面的认可，例如为答谢其多年的服务或祝贺退休。购买此类礼物或奖品的费用须来自大学相关基金。此外，部门或学院须遵守后续奖励方针，否则礼物或奖品的全部或部分价值将作为员工个人的课税收入上报至美国国税局（IRS）。

本政策不包括为鼓舞员工士气而制定的常规业务支出。此类业务支出包括：偶尔商业午餐，办公室聚餐或为丧亡、住院或家庭危机购买鲜花。本政策也不包括绩效奖励或奖金，绩效奖励或奖金按照薪酬簿程序发放，接收人通常须缴纳税费。

此外，本政策并不妨碍个别教职员工向其同事赠送私人礼物，但前提是大学基金不可用于此类目的。

2. 目的

斯坦福大学认识到通过对员工工作年限、退休的认可或在其他特殊场合对其加以表扬对于保持员工士气具有重要性。为此本指南备忘录针对礼物或非课税收入性质的奖励的价值和类型提供明确的指导方针。

3. 员工服务年限奖/退休奖

正式员工和学术人员身份的员工在其领取服务年限奖的周年之日须处于在职状态。服务年限应按照指南备忘录22.5休假部分第1条a款规定计算服务期后确定(详见 http://adminguide.stanford.edu/22_5.pdf/)。

下列有关服务年限奖/退休奖的方针依据美国国税局规章而制定。依据下列规范设立并颁发给合格员工的奖励无须承担纳税义务：

a. 时间选择——在员工入职后第一个五年内不可颁发服务年限奖/退休奖,且每五年至多颁发一次。

如果在员工入职后第一个五年内颁发或每五年中多次颁发服务年限奖/退休奖,则所颁发奖金须全额缴纳税款,并上报财务办公室。

b. 美元限额——奖品价值或费用不得超过400美元。且学校建议,奖品的价值或费用应与员工被认可的服务年限相当(例如,15年的服务年限奖金额应大于10年的服务年限奖金额)。如果服务年限奖或退休奖的价值或费用超过400美元,则超出限额的价值或费用须缴纳税款(例如,如果获得奖金额为450美元,则50美元应缴纳税款)。

如果员工选择退休的年份正好是他/她获得服务年限奖资格的年份,则其服务年限奖的最高价值或费用不得超过400美元,其服务年限奖免税。

在极少数情况下,免税奖品金额会高于400美元。任何例外情况须提前上报负责监督支出的助理财务主管(详见 http://financialgateway.stanford.edu/docs/orgchart.pdf/)。

c. 奖品形式——为避免作为收入上报须缴纳税款,奖品应以有形动产形式发放。美国国税局不把礼券看作有形动产,因此礼券应按规定缴纳税款。如果奖品以现金、支票或礼券形式发放,不管费用或价值多少,这些奖项都视为额外工资(见下文第5条a款,象征性礼物的例外)。

d. 富有意义的颁发——奖品须作为纪念特殊场合中的特殊事件或一项庆祝活动而颁发,例如在部门会议、聚餐或午宴等场合。应尽可能在周年纪念当年颁发服务年限奖/退休奖。为避免出席人员承担纳税义务,部门或学院应确保仅在特殊场合及活动费用合理的情况下进行特殊意义奖项的颁发。

系主任/(学院)院长/副教务长/副校长应负责确保各自组织不同级别的颁奖活动符合上述美国国税局对非课税礼物的各项要求。

4. 教员退休奖

任职五年以上的教员在其退休或离校之际有资格获得大学给予的奖励,作为对其服务和贡献的认可。(教职人员不得参与为员工设置的五年增值服务年限奖。)对于非课税退休奖获得者,须同时满足本节规定的五年服务年限的要求及本节第 3 条 b 款至第 3 条 d 款所列的要求。任何不符合美国国税局规定要求的奖品将被列为课税收入,并须上报财务办公室。例如,如果奖品在员工服务满五年之前授予的或奖品是一份礼券,则全部奖品金额将被计作课税收入。而且,如果奖品价值/费用超过 400 美元,则任何超出 400 美元的数额将按规定缴纳税款(比如,如果获得退休奖为 600 美元,则超过限额的 200 美元应缴纳税款)。

部门主管有责任确保所颁发奖品符合美国国税局规定的各项要求。

在极少情况下,非课税奖品金额可高于 400 美元。任何例外情况须提前上报负责监督支出的助理财务主管(详见 http://financialgateway.stanford.edu/docs/orgchart.pdf)。

5. 象征性礼物

各部门或学院将决定获得此项奖励的人选及赠送场合。为确保员工收到非课税礼物,各部门须遵守美国国税局所列规章,规章内容如下:

a. 美元限额——平均每人不得超过 50 美元的礼物总价值。如果礼物价值高于 50 美元,则整份礼物须按规定缴纳税款。在金额上限制为 50 美元以下的合格礼券可视为非课税象征性礼物。但前提是,该礼券只能用于使其接受者凭借该券从卖主处交换有形动产,且该券不能被转换为现金或被用于抵消接受者在礼券发行公司所欠账目。

b. 频率——礼物仅能在特殊场合赠送。经常性或按照惯例赠送给员工的礼物不具备非课税待遇的资格,且须作为课税收入上报。

c. 非现金礼物——此类礼物须是有形动产。更确切地说,非现金礼物不能为支票或金额超过 50 美元的礼券(见上述第 5 条 a 款合格礼券的描述)。

6. 主管人员指南——程序

a. 非课税礼物/奖品——购买非课税礼物和/或奖品的费用可先由个人支付之后由大学使用 Oracle 金融偿付应用软件进行偿付,或使用大学采购卡购买。员工的姓名及赠送礼物的特殊场合(例如,十年服务年限时)按要求应包括在内或包含在采购卡的验证信息中,以确保及时执行。更多信息可参看指南备忘录 36.4 费用偿付,详见 http://adminguide.stanford.edu/36_4.pdf。

b. 课税礼物/奖品——购买课税礼物或奖品时不符合本政策中美国国税局规定的一项或多项要求的费用可先由个人承担,之后由大学使用 Oracle 金融偿付应用软件进行偿付或使用大学采购卡购买。员工姓名、员工的工作证号码及赠送礼物的特殊场合按照要求应包括在内,或包含在采购卡的验证信息中,以确保及时执行该项要求。为此类礼物执行的一切偿付将送至薪酬管理部,且偿付金额将包含于员工工资(W2)或表格1099中。更多信息可参看指南备忘录36.4费用偿付,详见http://adminguide.stanford.edu/36_4.pdf。任何使用大学采购卡购买的礼物须清楚注明将作为礼物用于商业活动之目的。采购卡验证人员须能够按要求提供进行偿付的纳税信息,以便正确完成向接受者报告所需的税款的程序。未能按照上述步骤执行的将被剥夺使用采购卡的特权。

7. 资料

有关员工礼物的更多信息请联系所在部门相关人力资源主管。

23.9 工作场所的暴力行为

授权 本政策由负责商业事务兼财务总监的副校长制定。

适用 本政策适用于斯坦福大学的所有员工,及为自身利益在斯坦福大学工作的所有非员工个体。

概述 本政策为回应在工作场所、斯坦福大学校园内或斯坦福线性加速器中心(SLAC)发生的暴力事件或暴力威胁事件提供一系列指导方针。

以下各条标题为:

1. 政策
2. 定义
3. 程序

1. 政策

斯坦福大学致力于为员工提供一个安全的工作环境;因此,大学将不会容忍在工作场所发生的任何暴力事件或暴力威胁事件。除非大学警察署给予书面许可,否则大学场地中禁止使用《加州刑法典》定义下的所有武器。违反本政策的员工最高将受到包括终止雇用在内的惩罚。故意实施虚假控诉加害他人的员工最高也将受到包括终止雇用在内的惩罚。非员工个体违反本政策的,将依据所适用的法律进行处理。

2. 定义

a. 暴力行为包括在工作场所发生的所有故意地或无意地伤害到或威胁到另一在场个体安全的身体接触行为。

b. 暴力威胁包括任何在性质上能被正常人解释为故意对另一个体造成肢体伤害的行为。

c. 工作场所包括教职员工或学生员工参与学校工作所处的所有大学设施和校外场所。

3. 程序

a. 总任务及职责

(1) 总则：

(a) 任何正在经历或看到逼近的暴力事件的个人应立即拨打 9-911 寻求急救服务。

(b) 任何认为他/她遭遇暴力犯罪侵害的员工有权向适当的法律执行机构上报。

(2) 员工

每位员工：

(a) 应将任何暴力行为或暴力威胁上报至其直属主管人员、人力资源主管（详见 http://hrweb.stanford.edu/information/HRM_List.pdf），或上报至位于斯坦福线性加速器中心（SLAC）（电话：650/926-2355）的员工与管理服务中心（电话：650/723-2191），或上报至最近的管理人员。此类报告将被迅速、彻底地调查。

(b) 应将任何对个体包括对场所的限制令告知其主管人员。

(3) 主管人员

直属主管人员的职责包括：

(a) 快速回应与工作场所安全相关的问题。

(b) 如果可能发生或实际发生暴力事件，应联系相关专家，包括员工与管理服务中心（电话：650/723-2191）、大学警察署（电话：650/723-9633）、医疗中心保安处（电话：650/723-7222）或斯坦福线性加速器中心（SLAC）场地安全处（电话：650/926-2355）。

(c) 在情况已被控制的情况下，仍应将暴力行为或暴力威胁快速告知其主管人员及员工与管理服务中心。

(d) 如果直属主管人员已获悉限制令，则应联系员工与管理服务中心寻求帮助。

(4) 人力资源主管（HRMs）

人力资源主管的职责包括：

(a) 在获悉暴力行为或暴力威胁后尽快联系员工与管理服务中心的相关代表/专家。

(5) 员工与管理服务中心

员工与管理服务中心员工：

(a) 应就关注实施暴力及有潜在暴力倾向的员工的问题与管理人员进行协商并提出建议。

(b) 如果发生暴力行为或暴力威胁，应对事件进行调查，并协同管理人员、法律顾问及警察署/安全处确定将要采取的相关行动。

（c）收集并保留校园范围内有关工作场所暴力行为或暴力威胁的信息。

（6）帮助中心

帮助中心（详见 http://www.stanford.edu/dept/helpcenter/，电话：650/723-4577）的顾问：

（a）应为有意获得协助以处理工作场所发生的危险、威胁或暴力事件等相关状况的任何员工提供机密的咨询服务。

（b）向暴力行为或暴力威胁的受害者、旁观者或其他受负面影响的团体和个人提供教育支持、情感支持和咨询服务。

（c）向对员工实施暴力的可能性进行评估的管理人员提供咨询。

（d）对实施暴力行为或暴力威胁的员工提供最初评估，并介绍所需的相关临床评估或治疗。

（7）警察署/安全处

警察署/安全处：

（a）大学警察署应采取相关法律执行措施。

（b）斯坦福线性加速器中心场地安全处和医学院安全处应将此事件告知所有相关法律执行机构，并与之协作。

b. 暴力威胁

职责：

（1）任何经历或看到暴力威胁的个人应立即将事件情况上报其主管人员、人力资源主管或警察署。

（2）接到通知的主管人员或其他人员应尽快联系员工与管理服务中心相关代表。

（3）地方管理人员应努力确保其他员工的安全。

（4）员工与管理服务中心应协同主管人员对存在嫌疑的暴力威胁进行调查，包括采访目击证人等。

（5）基于调查发现，采取适当行动、惩罚或其他措施。

c. 未涉及伤害或使用武器的暴力行为

职责：

（1）员工应立即将该暴力事件上报至其主管人员、人力资源主管或警察署。

（2）主管人员或其他人员接到通知后应尽快联系相关人力资源主管或管理服务中心代表。

（3）如有需要，员工与管理服务中心应协同帮助中心的顾问对此事件进行调解、磋商，或介绍所需的临床评估或治疗。

(4)员工与管理服务中心执行对大学暴力事件的独立调查,并联合管理人员采取适当行动、惩罚或其他措施。

d. 涉及伤害或使用武器的暴力行为

职责:

(1)任何个人一旦目睹暴力事件的发生,首先应拨打 9-911 报警,如果事件发生在医学院,则应拨打医学院安全处电话(650/723-7222),如果事件发生于斯坦福线性加速器中心,则拨打斯坦福线性加速器中心大门安全处电话(650/926-3555),然后通知当地管理人员。

(2)当地管理人员应努力确保其他员工的安全。

(3)管理人员或员工不应干涉此类事件,除非根据其最佳判断得出结论:(a)当时情形过于严峻来不及等待法律执行官员处理,且(b)管理人员或员工认为通过其干预可成功处理此类事件。

(4)一旦医学院安全处、斯坦福线性加速器中心场地安全处,或大学警察署获知此类事件,应与相关法律执行机构协调并协助控制事件状况。

(5)区别于警察署可能执行的任何刑事调查,员工与管理服务中心带头就大学暴力事件实施独立调查,并联合管理人员采取适当行动、惩罚或其他措施。

(6)如有必要,应安排帮助中心的顾问与暴力事件受害人和旁观者一起工作。

23.10 健康信息的隐私与安全

授权　本指南备忘录由负责商业事务兼财务总监的副校长和负责人力资源的副校长批准。

适用　本政策适用于作为斯坦福大学 HIPAA 组份成员和斯坦福大学团体医疗保险计划(简称"团体医疗保险计划")项下劳动力履行职能的全体学校职员、教员、医师、志愿者、学生、顾问、承包商和分包商。斯坦福医院和诊所(简称"SHC"),包括曼露健康联盟及位于斯坦福大学的露西尔·帕卡儿童医院(简称"LPCH"),与他们各自的《职工退休所得保障条例》(简称"ERISA")项下的健康保险计划都有不同的 HIPAA 政策。

概述　本指南备忘录记述了斯坦福大学对 1996 年《健康保险流通与责任法》及其附属规则(简称"隐私规则"和"安全规则")的执行情况。斯坦福校内受 HIPAA 影响的包括斯坦福大学 HIPAA 组份和团体医疗保险计划,关于它们的定义,参看本部分第 3 和 4 条。

指南备忘录以包含更多 HIPAA 组份政策的斯坦福大学 HIPAA 网站(http://hipaa.stanford.edu)和团体医疗保险计划 HIPAA 政策为参考。团体医疗保险计划在其人力资源网络服务器的资源库中保留 HIPAA 政策和程序,该服务器与福利中心员工分享。指南中所列政策概述了更多个人关于自身受保护健康信息(简称"PHI")的具体权利,及符合隐私和安全规则规定的操作要求和系统要求。

以下各条标题为:

1. 隐私规则
2. 安全规则
3. 斯坦福大学 HIPAA 组份的指定
4. 团体医疗保险计划
5. 隐私和安全行政部门
6. 政策及程序
7. 安全措施
8. 培训
9. 违规
10. 避免胁迫行为或报复行为
11. 处罚
12. 评估及报告
13. 更多信息

1. 隐私规则

1996 年《健康保险可携带性与责任法》的隐私规则限制斯坦福大学使用和泄露可能将个人身份与其健康信息联系起来的信息。除非经个体授权,或经法律允许,斯坦福大学不可使用或泄露受保护的健康信息。对于不存在暴露个人身份问题的健康信息的使用或泄露,该行为不受限制。

2. 安全规则

安全规则要求斯坦福大学实施行政、技术和物理等方面的安全措施,以确保以电子表格形式存在的受保护健康信息(简称"ePHI")的机密性、整体性和可用性,并保护 ePHI 不受任何预期的威胁或危险、未被授权的使用或泄露。安全规则对在整理及传输过程中被储存在大学系统中的 ePHI 实施保护。

3. 斯坦福大学 HIPAA 组份的指定

斯坦福大学提供医疗护理的部分或与之共享受保护健康信息(PHI)的部分即所谓的"医疗护理组份",统称为"斯坦福大学 HIPAA 组份"。斯坦福大学授权其隐私总监指定包含于斯坦福大学 HIPAA 组份中的医疗护理组份。被指定的学院、部门和职能机构列表可见斯坦福大学 HIPAA 网站（链接：http://hipaa.stanford.edu/）或向大学隐私总监申请查询。任何人若认为他/她所在部门或项目使用或泄露受保护健康信息（PHI），而且这个部门被指定为斯坦福大学 HIPAA 组份的一员，则应与大学隐私总监联系。

此外，斯坦福大学 HIPAA 组份已联合斯坦福医院和诊所，后者包括曼露健康联盟及位于斯坦福的露西尔·帕卡儿童医院（以下合称为"医院"），按照隐私规则和安全规则规定形成一个单一的联合实体，该实体被称为斯坦福附属联合实体。通过合并为斯坦福附属联合实体，斯坦福大学 HIPAA 组份和医院在与另一方共享信息上有最大的灵活性，从而更好地完成各自的任务。

4. 团体医疗保险计划

作为雇主，斯坦福大学赞助并支持各种构成"团体医疗保险计划"的 ERISA 健康保险计划。团体医疗保险计划是与斯坦福大学 HIPAA 组份不同的联合实体，因此，这个计划有不同的 HIPAA 隐私和安全政策。团体医疗保险计划项下各项计划的列表可见斯坦福大学 HIPAA 网站（链接：http://hipaa.stanford.edu/）或向大学隐私总监申请获得。

5. 隐私和安全行政部门

a. 隐私官员

斯坦福大学已为斯坦福大学 HIPAA 组份、斯坦福附属联合实体和团体医疗保险计划指定了一名 HIPAA 隐私总监（简称"大学隐私总监"）。大学隐私总监负责按照隐私规则制定并执行所必需的政策和程序。大学隐私总监的联系方式等信息见下文第 13 条。

如有必要，大学隐私总监可要求由包含于斯坦福大学 HIPAA 组份的一个学院、部门或项目，或由团体医疗保险计划，指定各地方隐私总监，从而有效执行项目规划内的各项政策。此类要求应即刻得到满足。

b. 安全官员

斯坦福大学已为斯坦福大学 HIPAA 组份及团体医疗保险计划指定了一名 HIPAA 安全总监（简称"斯坦福信息安全总监"）。斯坦福信息安全总监负责确保斯坦福大学 HIPAA 组份及团体医疗保险计划的电子表格形式受保护健康信息（ePHI）的安全，包括按照安全规则制定必要的政策和程序并实施各项安全措施保护 ePHI。斯坦福信息安全总监的联系方式等信息见下文第 13 条。

如有必要，斯坦福信息安全总监可指定各地方安全总监（"安全总监代表"）以促进各项政策、地方程序和安全措施的执行。

6. 政策及程序

大学隐私总监已制定了一系列政策方针,以确保斯坦福大学 HIPAA 组份和团体医疗保险计划遵从隐私规则的规定。必要和适当的时候,大学隐私总监可添加或更改此类政策方针,让法律的时效性与隐私规则的效力保持一致。

斯坦福信息安全总监已按照安全规则制定一系列政策方针,并可在必要和适当的时候添加或更改此类政策方针,从而提高遵从安全规则的效力。

斯坦福大学 HIPAA 组份中所包含的各个项目及团体医疗保险计划须按照符合斯坦福大学 HIPAA 政策和本指南备忘录中规定的必要程序对其劳动力进行发展、补充、存档和培训。更多有关具体的项目程序、劳动力成员的信息应在适当的情况下联系地方隐私官员或安全官员,或各自的主管人员获得。

各项目应按照大学隐私总监、斯坦福信息安全总监、总顾问办公室和/或内部审计部门等的要求开展,并应编写书面程序和培训资料以供审查。

7. 安全措施

斯坦福大学 HIPAA 组份及团体医疗保险计划将制定恰理适当的行政、技术和物理等方面的安全措施,从而保护受保护健康信息(PHI)不被故意地、偶然性地或非偶然性地使用或泄露,不至于违反 HIPAA、隐私规则、安全规则或斯坦福大学 HIPAA 政策等要求。

详细信息请见斯坦福大学 HIPAA 网站,详见 http://hipaa.stanford.edu/。

8. 培训

斯坦福大学 HIPAA 组份及团体医疗保险计划机构将对包括管理人员在内的各种劳动力人员就隐私和安全政策以及项目程序方面进行适当的培训,以便于他们更好地执行其职能。对于有必要或适合接受 HIPAA 培训的新劳动力成员,其培训应在首次接触受保护健康信息(PHI)之前,且在任何情况下都不可晚于受雇后 30 天。受政策或程序的实质性改变而影响到其职能的劳动力员工应及时就此类改变接受培训,且接受培训的时间不应晚于上述改变生效日后 30 个工作日。各项目组将记录劳动力已完成培训,并将按照大学隐私总监和斯坦福信息安全总监所要求的格式保留此类记录。应大学隐私总监或美国卫生及公共服务部部长的要求可提供培训记录。

斯坦福信息安全总监将执行安全认识计划,向所有劳动力成员讲授有效的安全操作。安全意识计划的内容包括但不限于:(a) 关于预防、探测并报告恶意软件的信息,(b) 关于监视登陆尝试并做出不符报告的信息,及(c) 关于建立、更改并维护登录口令的信息。该计划将包括对相关安全措施和问题实施周期性更新和提醒，其中的措施包括影响 ePHI 安全性能的环境变更和操作变更。

9. 违规

当隐私规则和/或安全规则、斯坦福大学 HIPAA 政策、本指南备忘录 23.10 中包含的政策或任何为实施上述规章和政策而制定的项目程序遭侵犯时，任何个人应立即将该事件上报其主管人员、地方 HIPAA 官员、大学隐私总监或斯坦福信息安全总监（如适用）。所有上报事宜应及时予以调查，如果可能，应以机密方式予以处理。

如果劳动力成员要求匿名上报，他/她也可向机构内服务热线报告上述事宜（详见 http://institutionalcompliance.stanford.edu/report/）。如果劳动力成员不具备上网的条件，他/她可拨打电话（650）721-1667 联系制度遵守办公室。

从实用性程度上讲，任何由违反隐私规则或安全规则或由安全事故造成的不良影响可得到减轻。在适当的情况下，项目组和/或大学可经考虑后给予处罚。各项目组应将所有调查、决议、补救和处罚措施记录在案，并将此类记录的副本转发至大学隐私总监或斯坦福信息安全总监（如适用）。

10. 避免胁迫行为或报复行为

对于依据隐私规则或安全规则规定行使其权利或参与任何包括递交投诉或举报违规事件等活动的病人、医师、员工，或任何其他个人，斯坦福大学 HIPAA 组份和团体医疗保险计划不得因其上述所行实施胁迫、威胁、强迫、歧视，或采取其他报复行动。针对依据上述第 9 条规定举报违规事件的个人而实施的任何报复性尝试本身将被视为对本政策的违反，并可导致被处罚。然而，对声称违反隐私规则或安全规则而采取的非法行动或措施存在疑问的个体，须以良好诚信的态度相信该项行动或措施是非法的，并须以合理的方式提出上述质疑，不得违反隐私规则或安全规则。

11. 处罚

在某种情况下，违反隐私规则或安全规则可导致民事处罚或刑事处罚。违反隐私规则、安全规则、本指南备忘录包含的政策或斯坦福大学 HIPAA 政策，或为执行此类政策制定的任何程序的劳动力成员将受到最高包括终止雇用、终止合同或终止与大学的其他关系等的违纪处分。

12. 评估及报告

各项目组将为大学隐私总监或斯坦福信息安全总监提供所要求的全部信息，从而使大学隐私总监或斯坦福信息安全总监能够（a）充分受理投诉，（b）回应美国卫生及公共服务部（HHS）部长或其他卫生及公共服务部（HHS）官员发出的请求，并（c）告知斯坦福大学或医院领导务必遵守隐私规则和安全规则。

当有必要回应影响 ePHI 安全性的环境变化或运作变化时(例如,新识别的安全风险、新采用的技术),斯坦福大学 HIPAA 组份及团体医疗保险计划将定期对其安全措施进行技术性和非技术性评估,从而使其安全政策和程序符合安全规则规定的要求,并记录大学安全政策和程序与安全规则的一致性。

13. 更多信息

a. 疑问——如果关于此类政策还存在疑问,请联系各自的主管人员。部门管理人员应联系相关项目官员和/或大学隐私总监(对于隐私规则而言)或斯坦福信息安全总监(对于安全规则而言),询问关于此类政策的阐释和/或部门程序等问题。所有问题都能够得到尽快解决对确保不违反隐私规则和安全规则十分重要。

大学隐私总监——可通过电邮:privacyofficer@stanford.edu 或电话:650-723-3331 联系大学隐私总监。

斯坦福信息安全总监——可通过电邮:securityofficer@stanford.edu 联系斯坦福信息安全总监。

23.11 州外员工

授权 本指南备忘录由负责商业事务兼财务总监的副校长批准。

适用 本政策适用于斯坦福大学所有员工,包括斯坦福线性加速器中心的员工,以及在集体劳资协议约束范围内的员工。

概述 本指南备忘录介绍有关州外员工的雇用和/或州外员工再分配的政策。

以下各条标题为:

1. 定义
2. 政策
3. 更多信息

1. 定义

"州外员工"系指原始工作地点不在加利福尼亚州本土的斯坦福大学员工。指南备忘录 23.1 定义项下规定的所有个体对本部分而言可被视为员工。顾问和承包商不在本备忘录规定范围内。

2. 政策

a. 适用法律——在加利福尼亚州本土以外或在斯坦福大学(作为雇主)以外就业的员工应服从其所在州或其工作所在国有关就业的所有法律。

州税、就业税及员工薪酬的规定因美国各州就业法规不同而各不相同。

大学薪酬办公室负责使这些规定和法规得到遵守。因此，各部门须将任何涉及斯坦福大学州外员工的预期安排即刻电邮至 payroll@stanford.edu 告知大学薪酬办公室。

此外，斯坦福大学员工在加州以外的其他州工作除引起上述与就业相关的法律遵守要求外，亦会引发其他法律遵守的问题。因此，将员工聘用或分配至加州以外的职位须以大学重要的业务目的为支撑而并非仅为对员工作出调整。

b. 批准——员工聘用或再分配须经有管理权的院长、主管、副教务长或副校长确定此次分配的重要业务原因后给予批准。

c. 薪酬——在加州以外地方开始工作之前，员工须通过向薪酬办公室递交填写完整的州外员工批准表，向大学薪酬办公室告知州外工作分配情况。该表详见 http://fingate.stanford.edu/staff/payadmin/forms.html。

d. 管理费用——因为确保遵守法律要求而引起的高额成本，以及在某些情况下因失业和残疾保险金的义务等，州外员工人均管理费用较高。因此，每指派一名新的州外员工，将被一次性收取 500 美元费用。收取时间为该员工任命生效时。

同时该部门每年还将被收取 200 美元。未及时向薪酬部门上报州外员工的部门将受到处罚。

e. 福利——被派驻加州湾区以外工作的员工，其健康保险及福利津贴计划的选择将受到更多限制。更多信息详见 http://benefits.stanford.edu/。

f. 当员工在加州工作时——州外员工被派至加州从事斯坦福业务的期限应报大学薪酬办公室。无论员工的居住地在何州，其在此期限内所得薪酬应视为加州应课税收入，且都应服从加州有关税收的全部条款。州外员工可使用州外员工在加州工作日期表（该表详见 http://fingate.stanford.edu/staff/payadmin/forms.html）上报其在加州的工作日期。

g. 国外员工——一旦斯坦福大学员工被派驻美国以外的其他国家工作，该员工所在部门应为财务办公室报销一切用以满足派驻国的所有就业要求的费用。各部门应被建议设立暂时机构或通过大学当地机构为员工安排账单。各部门应被告知大学建立聘用关系的执行时间可超过六个月。

3. 更多信息

更多信息可通过电邮 Canellos@stanford.edu 联系大学税务合规主管。

24　本科生校园就业

授权　本指南备忘录由负责学生事务的副教务长批准。

概述　本指南备忘录概述了为斯坦福大学本科生校园就业制定的一系列政策和程序。有关研究生助研和助教职位的就业信息，可见指南备忘录 24.2。

以下各条标题为：

1. 学生工作列表
2. 工作类别一览表
3. 学生招聘、工资支付和监管

1. 学生工作列表

　　a. 工作列表服务——斯坦福大学各部门若愿意聘用本科生作为兼职员工，可使用职业发展中心（Career Development Center，CDC）提供的基本职业系统列出各自的职位空缺。各部门应登录网站 http://cardinalcareers.stanford.edu/employer/ 张贴职位，也可应用各自的途径寻找学生员工。

　　b. 每周工作时——许多获得财政资助的学生的财政资助协议中规定该学生要有一个学年的收入预期。如果每周工作 7 至 10 个小时，大多数学生将能够满足收入预期。为使学生能将充足精力投入到各自学习中，学校鼓励学生尽量控制各自的工作时间。因此，针对本科生所列的工作，每周工作时间不应超过 15 个小时。

　　c. 不歧视——适用于指南备忘录 22.1 第 2 条 a 款中规定的正式员工的不歧视政策，同样适用于学生员工。

2. 工作类别一览表

　　下文一览表可用于大部分校园工作。各类别工作的起薪依据工作要求和该生工作经验而定。尽管薪水通常在三个学期工作后才会定期上涨，但只要雇主认为适当，员工薪水在任何时候在其水平范围内可得到提升。由于工作要求和学生表现普遍不同，雇主可在一定水平范围内灵活设定学生的工资标准。

　　a. 级别Ⅰ——该级别的工作要求员工能够按照规定标准执行工作。最具代表性的工作职责是重复性。员工只需遵守简单的指示，没有过多解释或技术含量。主管人员确定工作的轻重缓急，并对所完成工作的准确性进行检查。该级别具有代表性的工作包括：

- 需要最低技术含量的办公室工作，如档案管理员、报信人、接待员

- 需要较少体力劳动的工作,如动物饲养员、司机、导游
- 基本的实验工作,如玻璃器皿清洗人员
- 学生宿舍的食物供应工作
- 图书馆工作,如图书归架、资料核对、表格填写、影印、准备装订资料

b. 级别Ⅱ——该级别工作中,员工能够独立负责并正确应用各程序完成多种需要判断与解释的任务。主管人员通常负责检查最终结果正确与否。该级别具有代表性的工作包括:

- 需要具备基本财务知识和办公室设备等知识的办公室工作
- 需要繁重劳动的工作,如园丁或仓库管理员
- 需要具备专门技能的技术性工作,如摄影师、电影放映员
- 需要具备中级科学知识的实验室工作
- 图书馆工作,如问题答疑、非日常文书工作

c. 级别Ⅲ——在该级别工作中,员工在确定工作程序、方法及与他人协调各工作阶段方面负有实质性责任。执行该工作需要创意、分析和判断。只有当上级领导要求时主管人员才对该工作进行检查。该级别具有代表性的工作包括:

- 电脑程序员
- 行政助理
- 音乐家、艺术家
- 工作招聘人员
- 图书管理工作,该工作需要员工能够广泛使用外语、能在没有监督的情况下、在长期一段时间内负责图书馆分馆或相似单位的工作,且具有非常专业的文献搜索知识。

3. 学生招聘、工资支付和监管

a. 招聘——主管人员告知人力资源主管处理相关系统登录工作。

b. 工资支付——建议支付给本科生员工的计时工资等级详见http://financialaid.stanford.edu/aid/employ/wage_scale.html。各部门须从各自薪酬簿账户支付学生员工工资,有资格获取联邦工读计划(Federal Work-Study,FWS)的学生除外。希望聘用已获得联邦工读计划的学生的部门应提交联邦工读计划授权申请表,详见http://financialaid.stanford.edu/aid/employ/fws_form.html。有关联邦工读计划的更多信息详见http://financialaid.stanford.edu/faculty_staff/index.html。

c. 监督——须指定一人为学生员工的直属主管,该名人员应直接负责监督学生工作,确保将已工作时间输入并通过爱克森斯系统批准。

d. 工作一览表——学生应在许可的时间内工作,确保准时且在工作绩

效和表现方面满足雇主的所有合理要求。大多数校园雇主按照学生考试时间表在工作时间上给予一定的灵活性,但并非所有雇主都是如此,因此如果学生同意工作则应坚持完成。

24.1 本科生工资级别

已从本指南中移至 http://www.stanford.edu/dept/finaid/wagescale.html。

24.2 研究生助教职位

授权 本指南备忘录由负责研究生教育的副教务长批准。

适用 本政策适用于获得助教职位的研究生的任命。

概述 本指南备忘录概述有关斯坦福大学研究生助教任命的规章。包括研究生助教奖学金的定义,获得该助教职位的资格标准、各类助教职位的简述、学费补贴的管理规则及其他政策条例。关于该主题,如有任何疑问请致电负责科研和研究生政策的助理院长办公室,电话:(650)723-9721。

以下各条标题为:

1. 定义及区分
2. 研究生助教职位资格标准
3. 研究生助教职位任命类型:教学型
4. 研究生助教职位任命类型:研究型
5. 研究生助教职位任职时间比及期限
6. 薪水
7. 学费补贴(TAL)
8. 除助教职位外的工作
9. 研究生助教职位任命的取消或变更
10. 税款及报税
11. 福利
12. 其他信息的资源

1. 定义及区分

a. 研究生助教职位是学生就业形式的一种,作为自身学术与职业培训和发展的一部分,研究生可参与大学研究活动或教学活动,并可凭上述活动的表现获得包括薪水和学费补贴的薪酬福利待遇。

与助教奖学金的区分:

- 助学金——助学金系财政补助而非薪水。获取助学金的学生不需提供任何服务;学校基于学生能力表现授予该奖项,帮助学生获得学位。

• 通过薪酬簿支付的按时计费的工作——研究生可被聘用从事与学术和专业培训不相干的工作并获得相应薪酬。此类聘用不属于研究生助教职位的任命,不产生学费补贴,不经研究生财政支持系统受理。

b. 研究生财政支持系统是用于输入所有研究生助研职位和助教职位任命及助学金的在线应用系统。尽管博士后研究学者并非被斯坦福大学录取入学的研究生,但其职位任命也可输入研究生财政支持系统。研究生财政支持系统也可处理对其他非录取入学研究生的财政支持,例如,客座研究员。但非录取入学研究生没有资格接受研究生助教职位。

2. 研究生助教职位资格标准

a. 具备有效的入校注册许可及有效的研究生学位项目[①]许可,被斯坦福大学录取入学。

b. 注册——所有获得研究生助教职位的学生在任命研究生助教的每个学期内须进行注册。对于秋季、冬季、春季三个学期,除非学生目前处于终期研究生注册状态,否则该生须注册参加 8—9—10 单元学习。除申请终期研究生注册(Terminal Graduate Registration,TGR)的学生外,研究生财政支持系统将不允许支付学费补贴,除非该研究生作为秋季、冬季和春季学期的全日制学生注册。本条注册要求的例外仅适用于获带薪实习荣誉资格的学生及残疾学生。

c. 关联性——学生所从事的服务项目(教学或研究)须与其学术项目具有关联性,从而使该生具备助教职位任命的资格。

注:在研究生财政支持系统/工作列表管理器输入或批准研究生助教职位的任命表明,该学生所从事的工作应与其学术项目相关联。

d. 教学助教所需的英文水平——所有国际学生在被任命教学助教前须获得校方对其英文水平的认可。

• 如若部门计划任命的学生并未获被批准教学,则该部门须要求学生联系外国留学生英语办公室(English for Foreign Students Office,EFS)(电话 650/723-1310 或电邮:triesen@stanford.edu)安排一次面试。

• 在外国留学生英语办公室将英文水平认可输入研究生财政支持系统后,方可进行研究生助教职位任命。

e. 在美国就业所需的 I-9 资格——依据联邦法规,所有通过薪酬簿领取薪水的个人须填写联邦就业资格审查表格(I-9)以证明其在美国就业的资格。各部门须在学生第一次领取工资前将必要文书转发至薪酬办公室。更多信息可参看学生专项薪酬簿管理,详见 http://fingate.stanford.edu/

[①] 参与本硕连读项目且完成180单元本科学习的学生可接受研究生助教职位类别的任命。

staff/payadmin/payadmin_student.html。

  f. 社会保险号须登记在薪酬簿上。

  g. 替代性人选——如果被录取入学的研究生不能满足助研或助教职位的要求,学校可雇用尚未取得学位的本科生或非录取入校的人员担任助教或助研级别的工作。该职位按小时支付薪酬,通过人力资源管理系统处理,而非通过研究生财政支持系统。被任命担任上述职位的个人没有资格获得学费补贴。相关部门主席(或项目主管)及学院院长办公室应首先确认没有录取入校的研究生人选后,方可进行替代任命。

  3. 研究生助教职位任命类型:教学型

  研究生教学职责可归为以下四个任命级别。负责研究生教育的副教务长办公室为各级别建立最低薪金率。(导师授课助手和研究生授课助手的职位具有相同的最低薪水标准。)

  注:任何学生都不可被任命担任其所选课程的下列职位。

  a. 课程助理——协助主要负责某一课程的教员开展教学活动。课程助理的职责多种多样,但不包括课堂授课。其职责包括:

- 协助教员准备讲课资料及指导实验。
- 主持复习课和考试评分。
- 在办公室值班。
- 监控或维护现有课程的网站。

  b. 教学助理——很大程度上教学助理比课程助理更具独立性。教学助理与主要负责某一课程的教员共同开展教学活动,或在多门课程中协助某一组学生。其职责多种多样,包括:

- 为展示新材料的课堂分段和/或实验作准备。
- 在教室或实验台展示材料。
- 为部分或全部考试或论文打分和/或评分(但并非独立确定总分)。
- 在办公室上班时间值班。

  c. 研究生授课助手——此项教学任命仅限有过真正教学经验的研究生。研究生授课助手在斯坦福大学的出版物中一般会被看做讲师,将主管课程并对其负责(有教员身份)。该授课助手对班级应负的职责一般包括:

- 备课、教学、评分、在办公室值班等,与部门已制定的教学措施保持一致。
- 在某些情况下,若某一课程内容由教员协调者确定,则研究生授课助手须对该课程负全责。在其他情况下,对于经部门/项目组提供且批准的课程,授课助手可在指导教师的指引下独立组织课程资料。

  d. 导师授课助理——此项教学任命仅限于有过真正教学经验的研究

生。除助教应尽之责外，该生：
- 作为主要助教在给定课程或一套课程中协调其他助教的培训与指导。
- 编制综合材料（包括以互联网为基础的材料）作为一门课程或一组课程的辅助资料。

4. 研究生助教职位任命类型：研究型

下文研究型任命按照资格、职责和薪酬的顺序依次列出。

a. 研究助理——在教员监督下从事研究项目。

b. 博士后助理研究员——按照下列类别任命的高级博士生

（1）在工程学和自然科学领域
- 执行通常的研究生助研工作范围以外的研究或行政管理工作。
- 该类别任命不可用于填补正规员工职位。

（2）在人文科学和社会科学领域
- 在教员监督下从事研究项目。
- 为学生和监管人员共同的专业目标对研究工作作出独创性的贡献。

5. 研究生助教职位任职时间比及期限

a. 全学期任命

研究生助教职位的任命期限为全学期。标准任命周期为：10月1日—12月31日、1月1日—3月31日、4月1日—6月30日，及7月1日—9月30日。标准学期开始之前已从事工作的学生可获得预备的学期时间表。按照预备的学期时间表开展工作的学生在整个学年须自始至终按该时间表进行。

b. 秋季、冬季和春季研究生助教职位任命

（1）研究生助教任职时间比至少为10%。任职时间百分比须以5%递增。

（2）至多为50%——通常的研究生助教任职时间比最多可为50%，以使学生为获得学位取得飞速进步。若助教任职时间比超过50%会适得其反阻碍学生进步。

（3）若任职时间百分比达40%，则一次性须增加10%至最高百分比50%。不存在45%的任职时间百分比。

（4）例外批准——如果在一学年中研究生助教任职时间超过50%，或同时获得的两类助教职位任职总时间超过50%，或在任职时间比为50%的情况下学生仍注册超过10单元的课程，则须获得学生指导教师、部门主管和学院院长办公室的事先批准。

- 上述研究生助教职位任命的推荐信应注明学生学业情况及预期完成

学位的日期;学生须获准候选资格。

• 只有当研究生助教职位的任命没有妨碍学生为获得学位取得的进步,方可予以批准且通常任命期限不超过一年。

c. 夏季研究生助教任命

(1) 时间百分比——在夏季学期,无须事先批准,研究生助教任职时间占学生时间的百分比可超过50%。如有可能,夏季研究生助教任职时间比超过50%的应设为单独的任命,而并非几个较小任命的合并。

夏季学期研究生助教任职时间比最高可达90%,且这种职位包括三个单元的学费补贴(或终期研究生注册学费)。除非属于终期研究生注册,否则助教就职时间达90%的学生须注册1至3个单元的研究、指导学习或课堂学习。

任职时间合计超过90%的不可通过研究生财政支持系统处理。100%雇用的岗位则通过人力资源管理系统受理。此类任命不属于研究生助教职位,因此不包含学费补贴。

(2) 单元数——在夏季学期,研究生至少须注册一单元或作为终期研究生注册获得任意时间百分比的助教职位。任职时间超过50%的学生其学费补贴将按比例减少(见表格)以调整附加就业。在夏季学期既有研究生助教工作和又有8小时以上按小时支付薪酬工作的学生应根据其夏季学期总工作量按比例减少注册。已注册为终期研究生的学生须注册终期研究生课程(801或802)。

有关夏季学期学费补贴的更多信息见第7条d款(4)。

6. 薪水

斯坦福大学每年为研究生助教职位设置最低薪水标准。尽管学校没有明确规定最高薪水标准,但学生所在学院可以对此作出明确规定。关于当前薪水的信息可参考由负责研究生教育的副教务长办公室编制的年度薪水记录,见链接:http://www.stanford.edu/dept/DoR/rph/RAMemo.html。

a. 资金来源

(1) 研究生助教(研究型)薪水可由外部/受赞助资金或由学院/部门资金支付。

(2) 研究生助教(教学型)薪水可由大学分配给各学院或部门的预算或由学院/部门资金支付。

7. 学费补贴

a. 定义——学费补贴通过为学生支付一部分学费体现其支持学生教育方案的承诺。

b. 资格——研究生助教职位任命的一切资格要求须得到满足。(见第

2节。)

　　c. 资金来源

　　研究生助教任职时间比为50%的学生的学费补贴的价值是依据8—10单元(法学院为8—9单元,医学院医学博士项目为8单元)的学费值设定的。研究生助教任职时间比为10%至50%之间的学生的学费补贴价值为每年出版的学费补贴表规定的比例值。见链接：http://www.stanford.edu/dept/DoR/TAL_tables/。

　　无论研究生助教职位在何处,学费和学费补贴均基于学生的家庭学校学费率。学生取得助教职位任命的学院/科系负责支付薪水及支付基于该生家庭学校的学费率规定的学费。

　　大学要求学生获取的任何校外学费援助在该生申请学费补贴前应最大限度地得到利用。只要学生接受斯坦福大学的研究生助教职位,就需要向其所在科系索取他/她获得的其他援助项目的信息。

　　学费补贴的费用由斯坦福大学基金,学院、科系和/或支持研究生助教制度的赞助项目基金等承担。

　　(1) 为研究助理提供的学费补贴资金

　　为研究助理提供的学费补贴资金可进行划分并由下列机构资助：

　　• 赞助部分：除医学院以外,65%的学费补贴金额直接由赞助项目或其他支持研究生助教制度的援助资金支付；在医学院,81%的学费补贴金额由赞助项目或其他支持研究生助教制度的援助资金直接支付。

　　斯坦福大学部分：35%的学费补贴金额由斯坦福大学支付,或由研究助理工作所在的学院支付；医学院负责支付19%的学费补贴金额。

　　• 在地球科学院、教育学院、工程学院、人文科学学院和法学院,大学一般基金用于支付斯坦福大学为研究助理资助的一部分学费补贴。而商学院和医学院利用自身资金支付斯坦福大学为研究助理资助的一部分学费补贴。

　　(2) 为教学助理提供的学费补贴资金

　　• 在地球科学院、教育学院、工程学院、人文科学学院和法学院,学费补贴由大学为各学院/科系分配的预算提供资金。

　　• 商学院和医学院负责为在各自学院担任教学助理的学生支付学费补贴。

　　(3) 联邦工读计划

　　• 联邦工读计划基金不能被用于支付学费补贴。

　　• 如果学生获得由联邦工读计划资助的助研金,则联邦工读计划基金将用于支付学生薪水,学院/科系负责支付学生学费补贴的"赞助部分",即学费的65%，而斯坦福大学将用一般基金支付剩余部分，即学费补贴的35%。

• 如果学生获得由联邦工读计划资助的助教金，则联邦工读计划基金将用于支付学生薪水。对这些学生提供的学费补贴资金按上文第7条c款(2)所述。

（4）在非注册学院工作的学生

当研究生在其注册学院以外的学院被任命为助教或助研，该生所工作的学院负责按照学生家庭学校学费率支付学费补贴。就研究助理而言，尽管其学费由赞助资金和大学分开支付（两者支付比例为65%/35%或81%/19%），但学费分担比例应视该生工作的学院而定。

（5）终期研究生注册及终期医疗注册（Terminal Medical Registration，TMR）

• 学费补贴不得用于支付未来学期的终期研究生注册/终期医疗注册学费。

• 终期研究生注册/终期医疗注册学费由联合助研金一次性全额缴纳（见下文）。研究生财政支持系统将不对终期研究生注册/终期医疗注册学费进行划分，并同大学或学院基金分担此类费用。

• 对研究助理而言，终期研究生注册/终期医疗注册费用将直接由用于支付学生薪酬的基金支付。

• 对教学助理而言，地球科学学院、教育学院、工程学院、人文科学学院和法学院使用大学为教学助理分配的预算支付终期研究生注册费用。商学院和医学院利用自身资金支付终期研究生注册/终期医疗注册费用。

d. 学费补贴金额

（1）百分比时间——所得学费补贴金额依据研究生助教任职时间而定。学费补贴表格，详见 http://www.stanford.edu/dept/DoR/TAL_tables/。

• 研究生助教任职时间比最小为10%，所提供学费补贴金额等同于2个单元学费的价值。（注：斯坦福大学收取的学费最低为三个单元，因此任职时间比为10%的研究生助教职位不能为斯坦福大学以单元为基础的最低学费提供充足的学费补贴。）

• 秋季、冬季和春季学期的研究生助教职位任职时间比最大为50%，所提供学费补贴金额等同于8—10个单元学费的价值；法学院、医学院医学博士项目除外，在法学院只等同于8—9个单元值，在医学院医学博士项目等同于8个单元值。

（2）研究生助教职位期限

• 研究生助教职位的任命期限为全学期（见本文件第5条"研究生助教

职位任职时间比及期限")。学生在被任命的全学期将获得指定金额的学费补贴。

（3）多重研究生助教职位

学生可持有多重研究生助教职位的任命，包括同时获得助研任命和助教任命。在同一学年中，此类助教职位任职时间总额不得超过50%。多重助教职位相加获得的学费补贴价值至多为8—10单元。研究生财政支持系统将自动计算出多重助教职位在职时间比，为学费补贴金额计算奠定基础。例如，两类任职时间比占25%的职位相加可获得等同于8—10单元的学费补贴价值。

（4）夏季学期任命

为夏季学期研究生助教职位提供的学费补贴可根据学生注册单元数量不同而不同：

- 职位任职时间比介于10%和50%的可获得学费补贴表格规定金额的学费补贴。
- 职位任职时间比大于50%、小于90%的所获得的学费补贴金额随任职时间增加而成比例减少。
- 夏季学期职位任职时间比为90%的可获得等同于1—3单元学费价值的学费补贴。
- 夏季学期任命期限为三个月，尽管此期间课程可能安排为8—10周。如果一项助教职位任命在全学期结束前终止，持有该职位的学生所得薪酬将在任职终止之日停止发放，但学生可获得与全学期任命相关的学费补贴。

e. 学费补贴使用

（1）学费补贴仅可在其通过任命产生的学期使用。

（2）学费补贴仅可用于抵免缴纳学费。学费补贴：

- 不可兑换为现金
- 不可转让给另一名学生
- 不可用于缴纳其他费用，如斯坦福学生联盟费用
- 不适用于缴纳继续教育项目课程的学费

8. 除助教职位外的工作

为确保能专注于学生的学术进步，斯坦福大学对已持有任职时间比为50%助教职位的注册学生可能参与的额外工作的数量进行限制。以下条款均反映了有关学生签证的斯坦福大学的各项要求和美国移民入境规章。在此类条款中，学期被定义为从上课第一天到期终考试最后一天，以大学校历或相关学院公布的日历为准。下列规定的限制并不适用于按照相关学术日程定义的学期间周期。（注：学期周期不同于助研或助教的支付周期，学期

周期作为研究生助教职位标准的"起始"、"终止"日,用于持续地为学生支付,包括学期间的短暂休息。)关于额外工作,各个学院和科系会制定更严格的政策。

a. 对美国学生工作时间的限制——秋季、冬季和春季学期期间,研究生助教职位任职时间比为50%的学生在斯坦福大学校内和/或校外每周的额外工作时间不可超过8小时;在此8小时内不可担任其他助教职位。

b. 对国际学生工作时间的限制——持有F-1和J-1签证的学生在校内每周工作累计不得超过20小时,包括在其完全注册学期期间的研究生助教职位任命。更多有关为持有F-1和J-1签证的学生指定的规章的信息可联系贝克特尔国际中心,详见 http://www.stanford.edu/dept/icenter/。

9. 研究生助教职位任命的取消或变更

a. 在研究生助教职位起始之日取消——如果在研究生助教职位开始之日或之前取消任命,则:

(1) 无须支付薪水。

(2) 无须提供学费补贴。

(3) 已发放至学生账单的学费补贴应被收回。

(4) 学生应负责缴纳任何学费。

b. 在任命研究生助教职位的学期间取消任命

(1) 如果学院或科系在学习期间出于任何理由而非由于某种原因终止研究生助教职务,薪水也随之停止,但学生仍可获得全学期的学费补贴。此类情况包括当研究生助教职位赞助资金终止供给时。

(2) 如果研究生在学期中自愿终止职位或由于某种原因被撤离任命的,则须停止发放薪水并收回学费补贴。

(3) 学生由于下列原因致使助教职位任命终止时,薪水会停止发放,学费补贴将按所需提供用以支付学生的账单:

- 已完成所有所修学位的要求并离开大学,或
- 已正式退出学位计划并离开大学,或
- (由于突发事件/医疗所需)获得大学给予的休假批准。

10. 税款及报税

a. 薪水及学费补贴

- 1986年8月16日以后获得的来自研究生助教职位的薪水奖励应服从州及国家个人所得税和预提所得税的规定。
- 与为寻求学位的学生提供的助教职位相关的学费不需缴纳税款。

b. 免除联邦社会保险税及自动伤残保险税款

- 所有学生在其任命的每个学期(包括夏季学期)中需要进行注册、出

席常规课程或完成其他与学位计划相关的各项要求，从而具备联邦社会保险税和自动伤残保险税款的豁免资格。

11. 福利

本指南备忘录所述研究生助教职位之任命专为斯坦福大学学生设计、提供。

a. 调休——任何休假津贴或病假津贴都不适用。有关工作时间的任何调整，包括休假或病假的调休，须经教研室主任亲自安排。

b. 健康保险——健康保险津贴的获取资格是在每学期基于薪酬簿截止期批准的研究生助教职位和研究员任命而确定的。研究生只要没有取消基本医疗保险或选择由外部资金来源来支付各自保险，都有资格获取健康保险补贴。健康保险补贴将按如下支付：

• 每学期的研究生助教职位任职时间比为 25% 或更多的学生可获得大约为单个学生基本医疗保险费费用的 50% 的补贴。

• 每学期的研究生助教职位任职时间比少于 25% 的学生可获得大约为单个学生基本医疗保险费费用的 25% 的补贴。

12. 其他信息的资源

• 所有研究生的助教职位任命须通过仁科人力资源软件的研究生财政支持系统在线输入。

• 如对本政策存在疑问，可参看研究生财政支持系统政策指南，详见 http://www.stanford.edu/dept/DoR/gfs/。

• 如对在线输入存在疑问，请致电 IT 服务平台，电话：5-4357（求助按 5 号键），或登录 http://helpsu.stanford.edu 寻求帮助。

• 有关研究生健康保险的问题，请联系瓦登学生健康中心（详见 http://vaden.stanford.edu）。

• 薪酬标准与学费补贴表——助教、助研的最低薪酬标准及学费补贴表格详见 http://www.stanford.edu/dept/DoR/TAL_tables/。

24.2S 研究生奖学金补充文件

已从本指南移至 http://www.stanford.edu/dept/DoR/TAL_tables/

24.3 博士后研究附属机构

已从本指南移至 http://www.stanford.edu/dept/DoR/rph/9-4.html。

25 卫生与安全

25.1 卫生与安全服务

授权 本指南备忘录由负责科研的副教务长兼院长批准。

概述 本备忘录将列出在斯坦福大学提供各种卫生与安全服务的主要办公室、部门和团体。

以下各条标题为:
1. 环境卫生与安全部
2. 管理小组
3. 卫生与安全委员会
4. 其他部门

1. 环境卫生与安全部

环境卫生与安全部(the Department of Environmental Health and Safety,EH&S)是斯坦福大学负责卫生与安全事务的核心部门。环境卫生与安全部与本校安全合伙人(实验室、设备运行、住房及餐饮服务部门的委任安全官员)以及安全协调员、安全委员会、各院系管理者和教员密切合作。如需卫生与安全方面的帮助或信息,请致电环境卫生与安全部,电话号码为723-0448。

2. 管理小组

斯坦福大学负责研究规范性的五个管理小组应该确保各研究机构遵守联邦政府对研究活动的规定,为此,它们将审查涉及利用人类、实验动物、危险性生化媒介、重组 DNA 或辐射性危险物的研究活动。

3. 卫生与安全委员会

本校卫生与安全委员会对斯坦福大学各种卫生与安全项目,包括斯坦福线性加速器中心的此类项目实施监督,向校长说明斯坦福大学卫生与安全项目、政策与组织机构是否充分,推荐能够促进校园卫生与安全状况良好发展的重点领域与发展策略,促进斯坦福大学内部负有卫生与安全问题执行责任的机构之间进行协调沟通,评议与现存管理小组尚未解决的卫生与安全问题相关的全校性政策并向校长提供相关建议。

4. 其他部门

其他部门在卫生与安全方面承担重要责任。

- 公共安全部(校园警察)主要负责交通安全、地震和应急计划,以及警务服务(电话:723-9633)。

- 风险管理办公室管理斯坦福大学的财产、法律责任,和车辆保险、员工补偿以及自保项目和索赔;评估并确认财务风险以保护本校资产和资源;并为校内各机构提供风险方面的咨询(电话:723-4554)。
- 消防服务由帕洛阿尔托消防局提供(电话:9-911),消防检查服务由圣塔克拉拉郡消防队长办公室提供(电话:650-917-0767)。其他火灾预防与法规咨询服务由斯坦福大学环境卫生与安全部消防队长办公室提供(电话:723-0609)。
- 环境卫生与安全部应急小组针对涉及危险物质的事故提供应急服务(电话:725-9999,24小时服务)。
- 本校其他部门,如设备运行部和资产规划与管理部同样具有卫生与安全方面的重要职能,例如预防性维护、维修和检查。
- 加州大学旧金山分校斯坦福卫生服务中心拥有独立的安全服务机构和设备运行机构。"286"警报拉响时,两个机构均将采取行动应对所出现的紧急情况。

25.2 紧急/意外事件处理程序

授权 本指南备忘录由负责科研的副教务长兼院长批准。

概述 本指南备忘录是对斯坦福大学紧急事件处理程序的汇编,内容包括对伤害与意外事件、火灾、地震,以及危险性物质的排放与泄露等事件的处理程序。更多关于防灾预备的详细信息,请参阅环境卫生与安全部出版的《各院系、部门紧急情况处理规划指南》(详见http://www.stanford.edu/dept/EHS/prod/general/erprep/plans/dept.pdf)或联系应急准备中心,电话725-1409。

以下各条标题为:

1. 员工工作过程中受到伤害或学生受到伤害的情况
2. 备灾工作
3. 火灾
4. 紧急情况定义
5. 涉及危险物质的紧急情况处理程序
6. 地震及其他灾害

1. 员工工作过程中受到伤害或学生受到伤害的情况

a. 紧急救助——帕洛阿尔托消防局提供紧急救助和恢复服务。校内拨打电话911或9-911可获得帮助。

b. 医疗援助

（1）员工（包括学生员工）——如受到任何伤害需要接受医疗，前 30 天必须在斯坦福大学风险管理办公室指定的医疗机构就诊，除非伤者在事发之前已以书面形式预先指定*了私人医生。

若相关人员病情或伤情严重，斯坦福医院急救室（24 小时服务：电话 723-5111）或急救部（工作日上午 8 点到晚上 9 点开放，电话 723-2568）可按需使用。

其他医疗服务的提供者必须符合最新规定，相关信息可参阅风险管理办公室网站（http://www.stanford.edu/dept/Risk-Management/docs/su_occupational_med_pro.doc），或职业保健中心网站（http://www.stanford.edu/dept/EHS/prod/researchlab/IH/SUOHC/index.html）。

（2）学生（非斯坦福员工）

• 瓦登学生健康中心，地址是校园大道 870 号。电话号码 724-2273（4—护理），分机号为 4。9 月中旬到 6 月中旬，工作时间是周一到周五早上 8 点到晚上 8 点，周六和周日早上 10 点到下午 5 点 30 分。6 月中旬到 9 月中旬，工作时间是周一到周五早上 9 点到下午 5 点。健康中心闭馆时，可通过电话联系医生和心理健康辅导员。

c. 交通——如有需要，帕洛阿尔托消防局或斯坦福大学警察署将安排救护车服务。

d. 报告与工作相关的严重伤害和职业病

（1）所有伤害——所有伤害必须向风险管理办公室报告。关于如何报告伤害的信息，请参阅指南备忘录 25.6。

（2）与工作相关的严重伤害和职业病——产生下列后果的状况被定义为严重伤害或疾病：

• 需要住院治疗 24 小时或以上
• 丧失身体任意部分
• 永久毁容
• 死亡

向受害者实施紧急救治之后，如发现严重职业伤害或疾病必须立刻由相关主管人员通过电话向环境卫生与安全部报告情况，电话号码 723-0448。如果受害者未在意外发生后立刻住院，但是随后住院且住院时间为 24 小时或以上，主管人员在得知情况变化之后必须立刻通知环境卫生与安全部，以

---

* 预先指定私人医生表格可通过访问 http://www.stanford.edu/dept/Risk-Management/docs/forms/predesig.html 下载，或拨打风险管理办公室电话 723-7400 获得。

便环境卫生与安全部能够联系上加州职业安全与健康管理署（California Oecupational Safety and Health Administration,Cal/OSHA）。严重事故应该由环境卫生与安全部和加州职业安全与健康管理署共同调查。

2. 备灾工作

相关主管人员具体负责保证他们主管的所有个人得到关于应对危机的适当程序的培训，并保证他们负责的工作区域对应急程序进行适当公告。部门管理者或建筑物负责人有责任与本校消防队长办公室（属于环境卫生与安全部，电话 723-0609）合作为各部门指定一个紧急集合点（Emergency Assembly Point,EAP），用来安排各部门的应急程序以及进行针对性训练。

3. 火灾

使用校内电话拨打 9-911（付费电话拨打 911，医疗中心电话拨打 286）并启用距离最近的火灾报警器以提醒建筑物内所有住户。遵照建筑物疏散程序撤离建筑物。在所在区域的指定紧急集合点集合，等待消防部门到来并进行现场指挥。已经集合起来的避难者应该努力确定是否有人失踪，如认为有人仍被困在建筑物内，部门管理者或建筑物负责人应该将该信息提供给消防部门。

4. 紧急情况定义

紧急情况	需要立刻采取行动保护个人、环境或财产的不可预见的事件。
对健康构成威胁的紧急情况	若不立刻采取措施则存在严重伤害个人或排出环境污染物的明确可能性的紧急情况。（如果可能性不明确，应将其视作对健康构成威胁的紧急情况）。
不对健康构成威胁的紧急情况	不存在严重伤害个人或排出环境污染物的明确可能性的紧急情况。（如果不能确定发生的紧急情况是否对健康构成威胁，则应该将其视作可能对健康构成威胁的紧急情况。）

5. 涉及危险物质的紧急情况处理程序——在所有情况下，任何人如果察觉到涉及危险物质的紧急情况，不管其位置如何，应该采取如下措施：

a. 如果对健康构成威胁，使用校内电话拨打 9-911（使用其他电话拨打 911，或者使用医学院电话拨打 286），如果需要撤离所在建筑物或者找不到电话，启动距离最近的火灾报警器。

• 如果涉及辐射或放射性物质，拨打电话 723-3201 呼叫保健物理办公室。

• 如果不能确定面临的紧急情况是否对健康构成威胁，则视其为对健康构成威胁并采取相应行动。

- 如果面临的紧急情况属于化学物质或危险物质泄露,除了联系急救人员以外,还应该尽快通知负责该区域的首席调查员。如果不知道首席调查员是谁或者无法联系到该调查员,则应该通知院系、部门或建筑物管理者、安全委员会主席或院系、部门领导。如有可能,在任何情况下都应该留下适当相关信息。(应该在每个含有危险物质的房间附近公告上述人员的工作和家庭电话。)

9-911(警察/消防通信中心)或286(斯坦福大学医疗中心安全办公室)接到涉及危险物质的紧急情况报告,将会立刻通知环境卫生与安全部。如果紧急情况涉及辐射或放射物质,9-911将会通知保健物理办公室。

b. 如果不对健康构成威胁,拨打电话5-9999呼叫环境卫生与安全部可获得咨询和清理帮助。

6. 地震及其他灾害

各院系、部门管理者或建筑物负责人应该起草所在院系、部门或建筑物的防灾方案。防灾计划包括为每栋建筑物设定紧急集合点,张贴疏散地图,保护建筑设施,分发紧急情况联系信息,购买或者预备应急装备,并且制定紧急状况恢复计划。起草上述方案时如需帮助,请联系环境卫生与安全部,电话723-0448。也可拨打公共安全部电话723-0569索要印刷材料。

如果发生地震,要保持镇静。地震发生时如果在室内,应该躲在桌子下面寻求保护;远离玻璃物品。当震动完全停止后,根据所在建筑物的紧急疏散程序小心地离开建筑物。向所在区域的紧急集合点集合,并实施所在部门的应急方案。(如在室外,请远离建筑物和电线。震动停止后,请向所在区域的紧急集合点反映情况。)

25.3 查明和消除存在于工作场所的危险因素

授权 本指南备忘录由负责科研的副教务长兼院长批准。

概述 本指南备忘录描述加州参议院198号法令,即《职业伤害与疾病预防法》规定的监督职责。查明和消除存在于工作场所的危险因素的责任适用于所有的主管人员和教职员工,且适用于所有工作场所,包括实验室、教室、商店和办公室。

以下各条标题为:

1. 检查
2. 危险因素消除与报告

1. 检查

a. 政策——主管人员、教职员工,都应该具体负责保证对工作场所进行有计划、周期性的检查工作,以查明和评估工作场所存在的危险因素和不安全的工作活动。

b. 程序

（1）何时需要进行检查——对各工作场所的检查频率应该与其包含的危险程度成比例。工作场所引入新的、不同类型的卫生与安全风险的新物质、工序、程序或设备时，也应该对其实施检查。环境卫生与安全部应该协助主管人员完成检查，并根据需要实施独立的检查活动。

（2）记录——主管人员应该负责保证对检查活动进行记录，包括实施检查的人员、日期、发现的任何具有不安全性的条件或实践活动，以及采取的纠正措施。这些记录必须保存至少一年，并且可供环境卫生与安全部或职业安全与健康管理署调用。自检核对清单和指南，以及检查记录的标准表格可以向环境卫生与安全部索取（电话 723-0448）。

2. 危险因素消除与报告

（注意：本政策仅适用于非紧急情形。如果发生紧急情况或者严重威胁健康的情况，请参照指南备忘录 25.2 列出的应急反应程序，详见 http://adminguide.stanford.edu/25_2.pdf。）

a. 政策——应该立刻采取相应措施，消除发现的危险因素并且/或者保护个人免受危险因素威胁。如果主管人员或管理者掌握的资源不足以消除不安全因素，该主管人员或管理者必须向更高级别的管理层报告。

任何主管人员或管理者，一旦意识到存在严重威胁个人健康或安全的潜在危险，应该立刻向环境卫生与安全部报告并通知可能受到威胁的个人。

斯坦福大学鼓励员工和学生向其主管人员、管理者，或向环境卫生与安全部报告威胁到健康和安全的危险因素。不得解雇、开除或以任何形式歧视出于善意向斯坦福大学或相关政府机构报告威胁健康和安全的危险因素的员工和学生。主管人员应该向员工和学生传达本政策，并且鼓励他们报告工作场所潜在的危险因素。

b. 程序——危险因素的消除与报告工作应该遵循斯坦福大学规定的保养和维修程序进行，并保证其妥善完成。

25.4 卫生与安全的培训与沟通

授权 本指南备忘录由负责科研的副教务长兼院长批准。

概述 本指南备忘录描述加州参议院 198 号法令，即《职业伤害与疾病预防法》规定的监督职责。卫生与安全的培训与沟通责任适用于所有的主管人员和教职员工，且适用于所有工作场所，包括实验室、教室、商店和办公室。

以下各条标题为：

1. 培训责任
2. 何时需要进行培训
3. 培训内容
4. 培训资源
5. 记录

1. 培训责任

主管人员和教职员工，均具体负责保证用以与员工和学生沟通健康与安全事务的系统得到了实施和维护。信息必须以容易理解的方式向相关员工和学生传达。必须注意到文化程度和语言障碍。口头沟通应该由书面材料或张贴通知作为补充。适当时，在员工和学生的工作场所应该可以获得与他们有关的条例、法规和政策文本。

2. 何时需要进行培训

出现以下情况时，员工和学生必须得到培训：

- 员工或学生第一次开始工作；
- 员工或学生被分配一项新任务且之前没有接受过针对此项任务的培训；
- 新物质、工序或设备为工作场所带来新的危险因素（引入新的或不同类型的危险因素，例如引入放射性物质或腐蚀剂时，或者当新设备带来完全不同于已有危险的危险因素时，必须进行培训）；
- 主管人员了解到一种新的或先前无法辨识的危险因素。

3. 培训内容

斯坦福大学卫生与安全培训包括三个层面的内容：

- 第一层面培训是由人力资源部工作人员为斯坦福大学的所有新员工提供的一般性的斯坦福大学情况介绍。内容包括斯坦福大学的卫生与安全政策和实践，员工在卫生与安全方面的权利和义务，斯坦福大学的卫生与安全服务，以及员工可期待的从他们的主管人员或管理者处得到的进一步培训和信息。
- 第二层面培训由各学院、部门或建筑物的安全代表与环境卫生与安全部联合为在实验室、商店、厨房或其他有可能面临特殊危险的场所工作的员工和学生提供。第二层面培训内容包括适用于各学院、部门、建筑物、服务商店、厨房或办公室的与安全管理、项目和程序相关的一般信息。
- 第三层面培训由首席调查员、实验室主任、商店/厨房主管和班级教学者向实验室研究员和助理、实验课学生以及商店和食品服务工作人员提供。第三层面培训内容包括针对实验室、研究小组和商店与上述人员工作相关的特定危险的信息,以及这些人员应该执行的具体规则和程序。

更多关于各层面培训内容的具体信息请参阅《斯坦福大学安全手册》。

4. 培训资源

环境卫生与安全部拥有一个安全问题视频库、一系列关于安全问题的出版物以及技术人员,可以帮助主管人员和各部门开展培训项目。环境卫生与安全部的保健物理办公室为辐射安全培训提供专门的支持项目。环境卫生与安全部和本校安全合作伙伴合作,共同协助各学院、部门向学生和教职员工提供一般性的实验室安全训练。如有任何关于培训或培训材料的问题,请致电环境卫生与安全部交流办公室(电话725—1470),也可以与相关的本校安全合作伙伴讨论为某一部门设立某一培训项目。

5. 记录

主管人员必须为卫生与安全的培训和沟通建立档案,不论培训和沟通工作是以课堂、安全会议形式还是以一对一职业安全培训讲习形式进行。必须对培训对象、培训者、培训时间以及培训内容进行记录。记录文件应该包括安全会议或安全培训讲习日程,有参与者签名的签到表,以及所有书面沟通记录。培训记录必须保存至少一年,且随时接受职业安全与健康管理署的检查。记录保存指南参见环境卫生与安全部网页 http://ehs.stanford.edu。

25.5 卫生与安全的绩效标准与纪律

授权 本指南备忘录由负责科研的副教务长兼院长批准。

概述 本指南备忘录描述加州参议院198号法令,即《职业伤害与疾病预防法》规定的监督职责。卫生与安全的绩效标准与纪律的责任既适用于所有的主管人员和教职员工,也适用于所有工作场所,包括实验室、教室、商店和办公室。

以下各条标题为:

1. 政策
2. 主管指南

1. 政策

维持安全、健康的工作环境是斯坦福大学的政策。管理者与主管人员有责任建立并维持良好的卫生与安全操作。应该颁布并推行能够保证实施良好的卫生与安全操作的工作规则,如果必要,可以通过纪律程序推进相关工作。

2. 主管指南

为了发挥最大效力,关于卫生与安全操作的规定应该清楚地通知全体员工:形式包括张贴通知、举行会议、举办培训等。工作内容描述与绩效评价标准应该清楚地阐明:良好的卫生与安全操作是对员工工作期望的组成部分。绩效考核必须评价员工对卫生与安全规则的遵守,并认可良好的卫生与安全操作。

此外,应该从一开始就使每位员工认识到,不遵从良好的卫生与安全操作可能使其面临最高包括终止聘用的违纪处分。

纪律的作用是让员工认识到遵循包括采取良好卫生与安全操作在内的指示规则的严肃性与重要性。

25.6 意外事故与意外事件报告

授权 本程序指南备忘录由风险管理办公室主管批准。

概述 本指南备忘录列举了在工作场所中员工发生意外事故、意外事件或危险物接触事件后,为落实联邦和州政府的相关要求而应该填写的表格。本备忘录不涉及心理应激诉求;如出现此类诉求,应立刻联系所属部门的人力资源官员获取相关指导。斯坦福线性加速器中心目前适用本备忘录列举的各项政策。斯坦福线性加速器中心员工须向斯坦福线性加速器中心医疗部报告意外事故、意外事件或危险物接触事件。

以下各条标题为:

1. 补偿抚恤金简介
2. 如何获得表格
3. 各种伤害均需填写的报告
4. 接受治疗的情况下应该填写的报告
5. 需要医疗救助或误工一天以上的情况下应该填写的附加报告
6. 工作人员误工时间补偿报告

1. 补偿抚恤金简介

关于斯坦福大学工作人员的劳动补偿金的详细信息可网上查阅,详见 http://www.stanford.edu/dept/Risk-Management/docs/workcompben.shtml。

2. 如何获得表格

表格编号	表格名称	获取来源
加州职业安全与健康管理署表格 5020	工伤雇主报告表	http://www.stanford.edu/dept/Risk-Management/docs/forms/5020.html
加州劳工赔偿部表格 1	员工索赔劳动补偿抚恤金表	风险管理办公室

(续表)

表格编号	表格名称	获取来源
SU-16	工作人员误工时间补偿报告	http://www.stanford.edu/dept/Risk-Management/docs/forms/su-16.fft
SU-17	意外事故/意外事件/危险物接触事件报告	http://www.stanford.edu/dept/Risk-Management/docs/forms/su-17.html
—	员工私人医生预指定表格	http://www.stanford.edu/dept/Risk-Management/docs/forms/predesig.html

3. 各种伤害均需填写的报告

如果员工发生意外事故、意外事件或接触危险物事件，受伤者或接触危险物者的主管人员必须完成并提交意外事故/意外事件/危险物接触事件报告(表格 SU-17)。及时提交此报告既符合州政府和联邦政府对于提交报告的要求，同时亦能够帮助环境卫生与安全部展开充分的调查从而对与工作相关的危害做出补救。

非员工意外事故也需要填写并提交表格 SU-17。

a. 时间限制——表格 SU-17 必须在事件发生 24 小时之内提交。

b. 适用范围——表格 SU-17 适用于所有员工(包括全职、兼职和临时员工)以及校内所有学生、承包商和访客，不论受伤者或接触危险物者是否接受医疗照顾。

c. 由谁签字？——表格 SU-17 必须由伤者或接触危险物者及其主管人员共同准确地完成并签字。如果伤者或接触危险物者不是斯坦福大学员工，伤害事故、意外事件或接触危险物事件发生区域的主管人员或管理者须在表格 SU-17 上签字。如果难以获得伤者或接触危险物者的签字，各院系、部门应该立刻提交主管人员陈述报告，并尽快提供伤者或接触危险物者的陈述报告。

d. 递交何处——将表格原件和两份副本邮寄或递送至风险管理办公室。地址：阿尔盖洛街 425 号，恩斯那大厦 A 单元，邮政编码：6207。如有必要，还应同时递交加州职业安全与健康署表格 5020(参与下文第 5 条)。保留一份副本留作部门存档。

4. 接受治疗的情况下应该填写的报告

员工由于受伤、意外事件或接触危险物而接受治疗的，必须立刻给予该员工索赔劳动补偿抚恤金表(加州劳工赔偿部表格 1)以及当年的劳动补偿抚恤金表。不能按照州政府规定做出上述努力的，将面临高额罚款和罚金，这些罚款将由相关部门支付。加州劳工赔偿部表格 1 以及详细的指南表可向风险管理办公室索取。地址：阿尔盖洛街425号，恩斯那大厦A单元。邮政编码：6207。电话：650/723-7400。

  a. 时间限制——加州劳工赔偿部表格1必须在意外事故、意外事件或接触危险物事件发生24小时内由一位大学代表签字后给予或邮寄给相关员工。

  b. 适用范围——加州劳工赔偿部表格1适用于所有接受医疗照顾的受伤或接触危险物的员工（包括全职、兼职和临时员工）。

  c. 由谁签字——雇主/主管人员/管理者应该在雇主填写部分签字。伤者不需要签字。

  d. 递交何处——必须将表格复印件递交风险管理办公室以核查雇主义务。

  5. 需要医疗救助或误工一天以上的情况下应该填写的附加报告

  加州法律要求，若工伤或职业病导致下列后果时，则应该递交工伤雇主报告表（加州职业安全与健康管理署表格5020）：

- 因伤误工一天或以上，或
- 需要诊所、医院、急诊室或医疗办公室医生提供医疗服务。

  填写加州职业安全与健康管理署表格5020是支付医疗服务的必需工作，也是在劳动补偿保险项目下就任何残疾进行索赔的基础。由于与工作相关的残疾而导致误工以及劳动补偿保险条目下的医疗保险的相关信息，参见指南备忘录22.6病假。

  a. 需要打印的内容——加州职业安全与健康管理署表格5020必须是打印的。

  b. 时间限制——加州职业安全与健康管理署表格5020必须在事件发生后24小时内递交。

  c. 适用范围——加州职业安全与健康管理署表格5020仅适用于斯坦福大学员工。这里所说的员工包括兼职和临时的斯坦福员工，但是不包括：独立承包人、由临时援助/雇用机构或供应商聘用的人员，以及校园内其他雇主的员工，如斯坦福书店聘用的员工。

  d. 由谁签字——受伤员工的主管人员或代理主管人员应在加州职业安全与健康管理署表格5020上签字。

  e. 递交何处——将加州职业安全与健康管理署表格5020原件和两份副本，以及表格SU-17原件和两份副本和附一位大学代表签字的加州劳工赔偿部表格1共同邮寄或递送至风险管理办公室。地址：阿尔盖洛街425号，恩斯那大厦A单元。邮政编码：6207。

6. 工作人员误工时间补偿报告

如果员工自意外发生当天后或自与工作相关的疾病发作第一天开始误工一天或以上，则其主管人员或管理者必须递交工作人员误工时间补偿报告（表格 SU-16）至风险管理办公室。这样做的目的是为了遵守联邦/州政府职业安全与健康管理署的记录要求，并避免临时无法对劳工进行补偿。此表格中包含详细的填写指南。表格 SU-16 应在员工恢复工作后在线提交。详见 http://www.stanford.edu/dept/Risk-Management/docs/forms/su-16.fft。

25.7 体检

授权 本指南备忘录由负责科研的副教务长兼院长批准。

适用 《加州职业卫生与安全法》以及加州职业安全与健康管理署和其他联邦法律规定，雇主应为某些职位的员工提供医疗监督项目。这些项目可以包括对尚未开始工作的新员工进行体检，也可以包括对某些特定职位或在某些特定环境下工作的员工进行定期医疗评价。根据要求，斯坦福大学应该提供上述体检内容，但是只有一部分员工——例如接触石棉的工人、需要使用呼吸器进行工作的员工，以及危险物质应急小组成员——是由条例规定须得到机会接受体检的。

概述 本指南备忘录是对斯坦福大学医疗评价工作程序的概述。

以下各条标题为：

1. 政策
2. 参与标准
3. 项目管理者
4. 程序
5. 员工怎样获得记录

1. 政策

斯坦福大学通过其医疗监督项目来评价和监督接触到一定有害物质和有害环境的斯坦福大学教职员工和学生的健康。有害物质和环境由法律和斯坦福大学政策界定。

2. 参与标准

在下列条件下工作的员工能够享受到各种类型的体检。不在下列条件下工作的员工，可能会根据其工作职责、接触到的物质、个人病历、部门意外事故和伤害事故发生情况，以及其他安全方面的标准得到相关体检项目推荐。

a. 接触石棉——在接触石棉的岗位上工作的新员工，开始工作前应该进行体检，此后应该定期进行体检。

b. 危险性生化媒介——工作中接触生物安全等级 2 或 3 的危险性生化媒介、接触潜在传染性物质或接触可能携带动物传染病的动物的员工，应该参与相关医疗监督项目。

c. 诊所人员——本校诊所人员应该在被聘用之时进行体检，并于入职后每年接受肺结核测试。工作中接触化疗药物的诊所员工同样应该每年接受相应检查。

d. 接触危险化学物质——在实验室中接触某种程度的致癌物质或其他危险化学物质，或者接触职业安全与健康管理署各条例中规定的有毒有害物质的人员可以在一定条件下要求接受医疗监测。如果需要关于接受监测和参与医疗监督项目的要求的最新详细信息，请致电环境卫生与安全部，电话 723-0448。

e. 危险物质应急小组——将承担对危险物质泄露或溢出进行应急处理工作的危险物质应急小组新成员，在开始工作之前应该接受体检且此后每年均应接受体检。

f. 接触激光——将要接触 3b 级或 4 级激光束的人员，在开始工作之前可以获得眼科检查。详细信息请致电保健物理办公室，电话 723-3201。

g. 接触噪声——可能在等于或超过 8 小时在时间加权平均值达 85 分贝的噪声环境下工作的员工，可以接受听力测试，包括基线体检和此后的年检。

h. 警官——斯坦福大学公共安全部要求新警官开始工作之前接受体检。

i. 呼吸机使用者——在需要使用呼吸机的岗位上工作的新员工，开始工作前应该接受体检，此后每年应该接受医疗评价。

j. 其他建议——除了上述规定的工作岗位以外，建议工作中需要繁重的体力劳动的员工，如体力工人、体育指导员、设备和机器操作员、送货人、货物运输员和卡车司机接受体检。同样建议在工作中需要敏锐听力、持续良好视力以及其他任何良好身体素质的员工接受体检。

主管人员或员工在判断相关标准的适用性时如需帮助，可以联系所在部门安全代表，或者致电环境卫生与安全部，电话 723-0448。

3. 项目管理者

a. 环境卫生与安全部——环境卫生与安全部负责实施校级政策和程序，并负责运营一个针对员工并现场办公的职业卫生中心，该中心可以根据要求为员工提供咨询和帮助。

b. 学院/部门——本校内部各学院/部门负责管理本政策所覆盖的为教职员工和学生提供的相关项目。包括安排体检时间、处理文件和保存记录。

c. 主管人员——各部门的主管人员负责确定所在单位有哪些员工根据标准应该接受体检,并确保这些员工得到适当的体检。环境卫生与安全部可以协助监管人员确定某项医疗检查是否适当。

4. 程序

a. 服务费用支付——除非斯坦福大学职业卫生中心(Stanford University Occupational Health Center,SUOHC)提前另有安排,体检费用应由雇用员工的部门或项目支付。斯坦福大学职业卫生中心负责为斯坦福大学员工和未来员工的体检费用办理流水账转移。所有部门必须与斯坦福大学职业卫生中心共同安排体检事宜。

b. 预约——各部门应该安排向斯坦福大学职业卫生中心预约体检事宜(电话 650-725-5308)。如果不能履行预约,相关部门或个人有责任通知斯坦福大学职业卫生中心,并重新预约。如果斯坦福大学职业卫生中心未能至少提前 24 小时得到通知,相关部门可能会因未预约而被要求支付费用。

c. 新员工——进入某些岗位的员工(如呼吸机使用者、接触石棉者、警官、危险物质应急小组成员等)可能会被要求在开始工作之前完整地接受一次与工作内容相关的体检。医疗评价的完成情况是否令人满意是能否在上述职位任职的条件之一,这些职位的候选人应该得到如是告知。

d. 记录保存——目前,根据加州和联邦相关规定要求,且为了保证个人参与医疗监督项目的持续性,依据本政策进行的体检的所有记录均保存在斯坦福大学职业卫生中心。

体检医生应该审查每位接受体检者的检查结果,并为异常发现提供适当的说明。

斯坦福大学职业卫生中心将寄送或通过电子邮件发送一份体检结果表至环境卫生与安全部。体检结果表中列明参与体检者完成某项特定工作、在有潜在危险的环境下工作,以及/或在需要借助呼吸机的岗位上工作的能力。斯坦福大学职业卫生中心也负责直接向员工的雇用部门/实验室递送一份体检结果表。如果个人在完成其工作方面存在身体能力不足,主管人员应该联系环境卫生与安全部以确定应该采取的适当行动。如有必要,应向人力资源部咨询。

各部门如有员工参与医疗监督项目,则必须建立医疗监视项目档案,其中包含所有项目参与者的体检结果表。同时,斯坦福大学职业卫生中心也保留一份档案副本。

5. 员工怎样获得记录

员工或其指定代表可以在提出要求之后 15 天内免费查阅或获得一份体检记录。

25.8 卫生与安全参考指南

本指南备忘录包括各部门解决具体卫生与安全问题时可以参考的材料和可以拨打的电话号码。

1. 政策说明

《斯坦福大学卫生与安全：原则、责任和实践》，详见 http://ehs.stanford.edu/training/intro/ppribm.pdf。

《研究政策手册》，详见 http://www.stanford.edu/dept/DoR/rph/。

2. 在线信息

详见 http://ehs.stanford.edu。

3. 手册

能够在环境卫生与安全部领取的手册，详见 http://ehs.stanford.edu/resources/documents_manuals.html。

4. 联系号码和网址

环境卫生与安全部（http://ehs.stanford.edu/aboutus/staff.html）	723-0448
斯坦福大学医疗中心安保部（服务于医学院）	723-7222
医学院（24 小时应急服务）	286 （医学院内部拨打）
公共安全部 警察/火灾/医疗反应：紧急事件 非紧急事件（http://www.stanford.edu/group/SUDPS/contact.shtml）	9-911 723-9633
风险管理办公室（http://www.stanford.edu/dept/Risk-Management/）	723-4554
院系、部门安全合作伙伴（http://ehs.stanford.edu/training/resource/Univ_Safety_Partners.pdf）	

27　员工福利计划

27.1　遗属抚恤计划

授权　本指南备忘录由人力资源副校长授权、批准。

适用　所有教职员工,如果至少连续六个月任职时间比例达 50% 或以上的,则均适用本政策。具体问题请联系斯坦福大学福利处,电话 650/736-2985(按选择键 9)。

适用于集体劳资协议约束范围内所有员工的政策可参考如下适用协议:《斯坦福大学与服务业雇员国际工会高等教育工作者地方分会间的协议 2007》,以及《斯坦福大学与斯坦福治安官员协会间的协议》,协议详见 http://elr.stanford.edu/union/index.html。

概述　以下各条标题为:

1. 团体人寿和意外死亡及丧失肢体保险
2. 公务旅行意外伤害保险
3. 社会保障遗属抚恤金
4. 斯坦福大学退休计划遗属抚恤金
5. 劳动补偿遗属抚恤金

1. 团体人寿和意外死亡及丧失肢体保险

如需了解保险的范围、资格、注册、收益和成本等信息,详见 http://benefits.stanford.edu/。

2. 公务旅行意外伤害保险

a. 小册子——如想获得该保险的计划册,详见 http://www.stanford.edu/dept/Risk-Management/docs/bus_trav_ai.shtml 或向风险管理办公室索要。

b. 主管指南——任何员工如果在参加本校核准的旅行中发生意外死亡、丧失肢体或者永久性完全残疾,其所在部门应该立刻联系风险管理办公室。学校须按要求宣誓,证明该旅行是出于本校公务目的而进行。在为公务旅行处理费用报销凭证时,主管人员应该提醒员工,个人购买的"旅行人寿保险"不属于报销费用,因为本校为公务旅行自动提供总括旅行意外保险。

3. 社会保障遗属抚恤金

覆盖斯坦福大学所有正式员工的社会保障项目,在某些条件下,会在员工死亡时提供抚恤金。此类补助的相关信息详见 http://www.ssa.gov/,也可在社会保障局的当地办公室获取。

4. 斯坦福大学退休计划遗属抚恤金

在某些情况下,如果员工在退休前死亡,斯坦福大学退休计划将为其遗属或受益人提供抚恤金。请参考适用的计划摘要描述(详见 http://benefits.stanford.edu/),也可致电 650/736-2985(按选择键 9)咨询。

5. 劳动补偿遗属抚恤金

如果因受伤导致死亡,则应该对其遗属支付死亡抚恤金。对遗属支付死亡抚恤金的具体情况根据遗属人数由加州法律确定。如需帮助,可致电风险管理办公室,电话 650/723-7400。

27.2 健康计划

授权　本指南备忘录由人力资源部副部长核准。

适用　本政策适用于正式员工。("正式员工"的定义参见指南备忘录 23.1,http://adminguide.stanford.edu/23_1.pdf。)适用于集体劳资协议约束范围内的员工的政策,可参考如下适用协议:《斯坦福大学与服务业雇员国际工会高等教育工作者地方分会间的协议 2007》,以及《斯坦福大学与斯坦福治安官员协会间的协议》。协议见链接:http://elr.stanford.edu/union/index.html。尽管这些政策条文适用于所有本校员工,但涉及斯坦福线性加速器中心员工的具体信息,仍应联系斯坦福线性加速器中心人力资源部门。

概述　本校为所有具备资格的员工提供健康计划。本指南备忘录将提供资格的具体要求以及获取更多信息所需链接。

以下各条标题为:

1. 资格
2. 教职员工可以享受的项目
3. 登记
4. 斯坦福大学健康计划资助额度
5. 保密规定

1. 资格

所有教职员工,如果至少连续六个月(对签集体劳资协议的员工,要求连续四个月或以上)工作时间比例为 50% 或以上,则具备享受健康计划的资格。具备资格者的家属也可登记纳入计划。更多信息详见http://benefits.stanford.edu。

下列人员不具备享受健康计划的资格:临时雇员、工作时间比例低于50%的员工、斯坦福大学学生、访问学者以及博士后人员。

2. 教师和员工可以享受的项目

a. 医疗计划——本校为每位具备资格的员工和本校正式退休人员提供若干项医疗计划以供选择。如需这些医疗计划的相关介绍,详见http://benefits.stanford.edu 参阅计划摘要描述和承保证书,也可致电(650)736-2985(按键9)。计划摘要描述提供本校关于医疗计划的官方信息,内容包括资格、登记、项目参与者在项目中和依据联邦法律享有的权利,以及其他一些内容。每个承保人的承保证书则对承保人的福利和计划操作进行说明。

b. 牙科计划——本校为员工提供牙科计划,为登记员工缴纳一定数额的牙科必需费用。如需相关介绍,详见http://benefits.stanford.edu 参阅计划摘要描述,也可致电(650)736-2985(按键9)。计划摘要描述内容包括资格、福利、项目参与者在项目中和依据联邦法律享有的权利,以及其他一些内容。

3. 登记

a. 新员工——教职员工可以在入职之后31天内通过完成http://benefits.stanford.edu 上的在线登记为自己和家属登记加入一个医疗和/或牙科计划。

b. 家庭状况变化——在家庭状况的变化得到认定后31天内,(根据联邦法律规定)可以进行年中登记和变更。更多信息,详见http://benefits.stanford.edu 并点击"生活事件"一栏(Life Events)。

c. 开放登记期——斯坦福大学每年设定一次开放登记期,通常在11月,以帮助员工审查和/或变更他们福利选择。新的选择将在新计划年的1月1日生效。

4. 斯坦福大学健康计划资助额度

如需了解斯坦福大学在医疗和牙科计划中对员工的资助额度,详见http://benefits.stanford.edu 并点击"资源库"一栏(Resource Library)。

5. 保密规定

斯坦福大学《员工退休收入保障法》福利计划的运行遵循1996年颁布的《健康保险流通与责任法》中的保密规定,其对如何处理个人可识别健康信息进行了规定。

27.4 学费减免

授权 本指南备忘录由负责学生事务的副教务长和负责人力资源的副校长批准。

适用 本政策适用于斯坦福大学所有员工,受集体劳资协议约束范围内的员工除外。适用于集体劳资协议约束范围内所有员工的政策可参考适用协议,详见 http://elr.stanford.edu/documents.html。

概述 本指南备忘录描述斯坦福大学教职员工子女助学金计划以及斯坦福大学课程旁听权。

以下各条标题为:

1. 斯坦福大学教职员工子女助学金计划
2. 旁听斯坦福大学课程
3. 工作人员发展与培训

1. 斯坦福大学教职员工子女助学金计划

斯坦福大学设有教职员工子女助学金计划,根据此计划,符合资格的教职员工可以获得针对其子女接受高中毕业后教育费用的财政援助。《斯坦福大学助学金计划(TGP)指南》提供了关于资格、覆盖范围、福利和操作程序等信息,详见 http://hreap.stanford.edu/tgp.html 获得或致电(650)736-2985(市内通话)或(877)905-2985(免费)选择助学金计划选项。

各学院和分支机构有权根据自身情况为其他员工提供学费援助(但是数额不得超过助学金计划提供的数额)。这种学费援助为应税收入,将作为受益员工的收入进行上报。

2. 旁听斯坦福课程

a. 可以旁听的课程——有必要将旁听权范围限制为讲座课程。含有个别教学的课程,如创造性写作、表演、艺术创作、音乐练习、语言练习(语法或对话)、研讨班和需要实验的课程,不适合旁听,教员及教职员工的配偶或同性伴侣也无权接受旁听。

b. 旁听费减免资格——教员以及教职员工的配偶或同性伴侣可以获得旁听费用减免,如果课程有利于提高正式员工的工作效率,则相关人员也可获得旁听费用减免。教职员工的子女不具备获得旁听费用减免的资格。

c. 程序——可以在位于崔西德纪念联盟楼(Tresidder Memorial Union)的学生服务中心领取旁听注册表。所有旁听人员必须在进行旁听之前得到课程教员的许可。旁听员工还必须得到部门主管的书面许可,说明将要旁听的课程有助于提高该员工的工作效率以及如有必要允许请假。所有申请旁听的人员均需要在注册时出示其斯坦福大学身份证件。

3. 工作人员发展与培训

关于正式员工助学金和其他培训及发展项目的信息可参见指南备忘录 22.11。

27.5 大学住房方案

授权 本指南备忘录由教务长批准。

适用 获取斯坦福大学住房方案资格信息可访问教职员工住房中心网站（http://FSH.Stanford.edu），也可致电 650/725-6893。

概述 本指南备忘录就具备资格的教员（以及某些由教务长办公室确定的行政人员）能够享受的本校住房方案提供相关信息。

以下各条标题为：

1. 目的
2. 责任
3. 政策和程序

1. 目的

斯坦福大学住房方案的目的是促进斯坦福大学完成其教学和科研目标。若本校希望继续吸引并留住优秀教师，能够提供得到经济住房的机会是关键因素。出台具备资格的教师（以及某些由教务长办公室确定的高级工作人员）能够享受的本校住房方案，旨在利用可获得的财政、管理和土地资源以节约的方式减轻本地住房高成本的影响。

2. 责任

教职员工住房中心（Faculty Staff Housing, FSH）负责管理本校住房方案，并负责监察该方案的资格要求和准则。

3. 政策和程序

为获得享受本校住房方案的资格，教职员工应该达到"具备资格者"的要求。

关于目前的住房方案及资格要求的信息可参见教职员工住房中心网站（http://FSH.Stanford.edu）。联系教职员工住房中心，可致电 650-725-6893，或发送电子邮件至 fshousing@stanford.edu。教职员工住房中心办公室的地址是加州斯坦福市 A 号巷 552 号欧文楼，邮编 94305-8630。

斯坦福大学有权修改或废止住房方案及资格要求而不另行通知。

27.7 伤残及家事假期

授权 本指南备忘录由负责人力资源的副校长批准。

适用　本政策适用于非集体劳资协议约束范围内的正式员工、从事研究的学术人员和负责图书馆工作的学术人员。("正式员工"的定义参见指南备忘录23.1定义规定。)适用于集体劳资协议约束范围内所有员工的政策可参考如下适用协议:《斯坦福大学与服务业雇员国际工会高等教育工作者地方分会间的协议2007》,以及《斯坦福大学与斯坦福治安官员协会间的协议》,详见http://elr.stanford.edu/union/index.html。

注意:

— 斯坦福线性加速器中心员工适用的程序可有所不同。

— 教师可以参考《教师手册》的第三章。

— 要了解每项伤残计划的具体资格要求,可参看该计划的相关信息。

概述　本指南备忘录描述伤残假期和其他障碍类别假期,以及这些假期类型与本校抚恤计划之间的协调关系。

以下各条标题为:

1. 概述

2. 增加伤残抚恤金

3. 劳动补偿保险

4. 自动伤残保险(VDI)/短期伤残保险(SDI)

5. 长期伤残保险(LTD)

6. 家事与医疗假

7. 产假

8. 假期持续长度

9. 家事临时假期工资替代补助

10. 伤残期抚恤金

11. 更多信息

1. 概述

本校具备资格的员工可以参与一系列伤残福利和家事假期计划。下面将描述相关政策。可以向所在部门人力资源办公室或斯坦福大学福利处咨询,访问网站http://benefits.stanford.edu/或致电(650)736-2985。关于这些伤残福利计划的覆盖范围和用途的重要信息参见相关计划宣传册,该宣传册可向斯坦福大学福利处索取。

a. 伤残索赔的特别程序

(1) 员工向其直属主管递交休假(或计划休假)报告。

(2) 员工可以通过利宝互助保险集团免费电话(800)896-9375或网站

www.mylibertyclaim.com 提出索赔。如需提交任何表格,利宝互助保险集团负责通知该员工。

(3) 如果该员工未致电利宝互助保险集团,其所在部门负责通知该保险集团。

(4) 以下步骤依据针对所有伤残的一般程序,参见下述第 1 条 b 款。

b. 针对所有伤残的一般程序

(1) 及时性原则——各部门应该督促员工尽快向伤残福利计划提出索赔。例如,如果某位员工将要在提前约定好的日期进行住院治疗,则在去医院之前应该联系利宝互助保险集团。此外,该员工还必须尽快将签过字的授权卡递交至其医生办公室。在利宝互助保险集团收到由医生完整填写的载有对伤残情况的相应证明的表格之前,不会支付任何伤残抚恤金。如果不接受住院治疗,该员工仍然需要向利宝互助保险集团及其主管递交休假报告。

(2) 劳动补偿——如果员工伤残是或者可能是与工作相关的,则其所在部门应该在员工受伤事件发生 24 小时内将情况报告给风险管理办公室。参见以下第 3 条劳动补偿保险。斯坦福线性加速器中心员工应该访问网址 http://www-group.slac.stanford.edu/hr/wc/了解相关报告要求。

(3) 各部门负责通知其内部人力资源办公室伤残假期联系人。

(4) 人力资源办公室伤残假期联系人——各部门人力资源办公室伤残假期联系人负责通知本校人力资源部伤残与假期服务中心(Disability and Leave Services,DLS)并与之协调。各部门人力资源办公室伤残假期联系人与相关员工、其主管人员和本校人力资源部伤残与假期服务中心共同确保及时地沟通信息。

(5) 伤残与假期服务中心(DLS)——伤残与假期服务中心负责更新员工的爱克森斯/仁科人力资源管理系统记录,并与斯坦福大学各种福利抚恤金提供者以及各部门人力资源办公室伤残假期联系人协调工作。更多信息详见人力资源数据服务网站(http://hrdata.stanford.edu)。

(6) 主管人员的持续沟通工作——主管人员(或地方人力资源办公室作为代表)应该定期核查对员工的短期伤残福利抚恤金索赔或劳动补偿抚恤金支付做出的决定。如果某位员工长期休假,则主管人员应为员工做好相应安排并及时得到员工预计恢复工作的时间信息。如果该员工无法亲自告知主管人员其无法恢复工作,则主管人员应该做出其他安排,以便从其他途径及时了解该员工恢复工作的时间。

2. 增加伤残抚恤金

a. 增加伤残抚恤金——员工接受伤残抚恤金期间,本校将保证该员工在相当于应计付时间的一段时期内获得基本工资,员工向所在部门提出例外申请的除外。本校允许员工提出上述例外申请。家事临时假期的相关信息,参见第9条。应计付时间依次包括:生病时间、当年个人调休,浮动假期,假期。应计付时间将一直得以使用直至该员工脱离伤残状态,包括劳动补偿保险,或直至所有保险余额消耗完毕。伤残与假期服务中心(DLS)负责管理员工在人力资源管理系统(爱克森斯/仁科人力资源管理系统)中的记录。伤残与假期服务中心负责确保来自伤残抚恤金提供者和本校的金额总和不超过员工遭受伤残之前的工资。斯坦福线性加速器中心的程序有所不同。

因此,如果员工拥有应计付时间,该员工将得到来自以下一家或多家承保公司的伤残保险金:利宝互助保险集团或苏黎世北美保险集团,同时还能在伤残期间在应计付时间未使用完毕的情况下获得本校支付的基本工资。一旦应计付时间使用完毕,相关员工仅能在接下来的被批准假期期间获得来自伤残抚恤金提供者的伤残保险金。

b. 超额偿付——如果某员工得到了超额偿付,则其应该通过直接支付或调整当前和未来的应计付时间的方式向本校归还超额部分。

3. 劳动补偿保险

a. 简介——本保险项目的目的是,为遭受与工作相关的伤害和病痛的员工在其休假期间提供部分收入,并支付治疗这些伤害和伤痛的必要医疗、外科和住院服务费用。本校全额支付劳动补偿保险。

劳动补偿保险金是由第三方管理者苏黎世保险集团直接向相关员工支付的免税抚恤金。

b. 资格——斯坦福大学的所有员工,包括学生员工和教职员工均是劳动补偿保险的覆盖对象。与工作相关的伤残规定对临时员工、学生员工和短期员工适用;但是假期和/或生病期间的计费(或不计费)不适用于这些员工。

c. 对工伤及相应缺勤的报告和记录——各部门对所有与工作相关的伤害和疾病的报告有附加要求。参见指南备忘录25.6意外事故与意外事件报告。

d. 支付——劳动补偿保险的提供者苏黎世保险集团一般在伤残期的第四天或在住院第一天付款,视二者中较早发生的时间而定。如果相关员工在医生的授权下需要停止工作14天以上(不需要连续),则三天等待期将排除在14天之外,且将会得到相应的追溯付款以保证事实上从伤残发生的第一天开始支付抚恤金。

斯坦福大学将缺勤时间的前五个完整工作日(不必连续)作为与工作相关的伤残带薪假期。本校将在此期间支付工资从而提高劳动补偿水平,员工的生病时间或假期不计入该时间范围。

根据加州法律,员工不得同时接受劳动补偿抚恤金和全薪。因此,如果员工在学校支付全薪的五天带薪假期或其他相关假期内同时获得了劳动补偿抚恤金,应将抚恤金归还本校。对于兼职员工,将根据员工的日常工作日程按比例折算全职工作日。

e. 索赔延误——如果索赔受理出现延误,缺勤的前五个完整工作日(不必连续)将被记入病假时间,并按照短期非工作相关伤残处理该索赔。如果累计病假时间已用完,则其将被依次记入应计个人调休、浮动假期和假期;如果相关员工没有足够的应计时间,则剩余时间将无法得到偿付。如果索赔是在劳动补偿保险条目下接受的,则前五天所包括的任何病假、个人调休、浮动假期、和/或假期时间将得以恢复。

f. 提高劳动补偿金额——员工可以同时享受带薪休假和伤残计划抚恤金,但是总额不得超过其基本工资。在伤残发生后的前五天之后,累计病假、个人调休、浮动假期和假期时间将被依次计算使用,用来作为劳动补偿抚恤金的补充。通过这样的做法,相关员工可以继续得到相当于全薪的收入。

g. 伤残和假期服务中心的责任——伤残和假期服务中心负责为所有因工作相关的伤残而缺席工作的员工更新爱克森斯/仁科人力资源管理系统记录。伤残和假期服务中心负责确保伤残抚恤金和斯坦福大学抚恤金之和不超过员工发生伤残之前的工资,并精确记录员工的休假时间使用情况。

h. 更多信息——关于索赔程序、意外事故报告、抚恤金金额和相关事宜的详细说明可向风险管理办公室索取,电话(650)723-7400,网址http://www.stanford.edu/dept/Risk-Management/docs/workcompben.shtml。另外,指南备忘录25.6意外事故与意外事件报告,含有关于劳动补偿的其他信息。斯坦福线性加速器中心员工如需获取相关信息,可访问http://www-group.slac.stanford.edu/hr/wc/。

4. 自动伤残保险/短期伤残保险

a. 自动伤残保险(Voluntary Disability Insurance,VDI)/加州伤残保险(State Disability Insurance,SDI)计划——斯坦福大学自动伤残保险计划得到了州政府的支持,通过提供比加州伤残保险计划更加优厚的抚恤金以代替之。自动伤残保险计划为员工在伤残期间提供长达52周的部分收入,或提供一笔有最高金额限制的抚恤金。在《保险说明册》里有对该计划的描述,该《保险说明册》可从斯坦福大学福利处获得,可访问http://benefits.stanford.edu或致电(650)736-2985,按选择键9。关于加州伤残保险计划的相关信息,可访问加州就业发展局网站(www.edd.ca.gov)获取信息。

b. 资格——所有属于加州居民的教职员工均是斯坦福大学自动伤残保险计划这类短期伤残保险的覆盖对象（如果员工选择退出自动伤残保险计划，则被加州伤残保险计划覆盖）。非加州居民的员工则是另外一个持续时间为13周的短期伤残保险计划的覆盖对象。

c. 抚恤金等待期——等待期情况可参考斯坦福大学福利处网站（http://benefits.stanford.edu）上列出的斯坦福大学自动伤残保险覆盖说明或致电（650）736-2985，按选择键9。

d. 纳税——短期伤残保险（自动伤残保险/加州伤残保险）抚恤金属于免税收入。这些免税抚恤金由利宝互助保险集团直接向员工支付。

5. 长期伤残保险

a. 介绍——本保险计划在伤残时间较长的情况下提供部分收入延续。长期伤残保险（Long Term Disability, LTD）抚恤金可以在连续90天的伤残期后开始给付。伤残15个月之后，本计划抚恤金的发放将受到较大限制，因为将应用更严格的"伤残"定义。

b. 资格——经过伤残认定的员工在伤残情况持续90天后可以申请长期伤残保险。当员工的伤残持续时间接近90天时，本伤残保险的提供者负责为该员工提供相关信息。

c. 纳税——长期伤残保险抚恤金应向联邦政府和州政府纳税，但是不属于《联邦社会保险捐助法》的征收对象。

d. 更多信息——"长期伤残保险计划"的计划摘要描述中还有保险覆盖面、伤残定义以及抚恤金等信息。该说明可在斯坦福大学福利处网站获取：http://benefits.stanford.edu。

6. 家事与医疗假

a. 介绍——家事与医疗假的享有权由联邦政府的《家事和医疗请假法》（FMLA）和/或《加州家庭权利法》（CFRA）赋予。对军属假期的说明在指南备忘录22.17中列出。在大多数情况下，《家事和医疗请假法》和《加州家庭权利法》规定的假期与短期伤残假期，以及与工作相关的疾病或伤痛假期可以并行使用。具备资格的员工在任意12个月期限内能够获得最多12周无薪假期；这里的12个月期限始于每年1月1日。"能够获得"的意思是在下列情形的发生得以确认的情况下，各部门不得拒绝给予上述无薪假期：

- 员工有孩子出生或需要安置收养或寄养的孩子。

限制条件——因有孩子出生或需要安置收养或寄养的孩子而申请的假期应该以时间段的方式进行（至少两周），而且必须在孩子出生或安置发生后的十二个月内完成。

- 员工的配偶、同性家庭伴侣、父母或孩子面临严重的健康不良状况，需要该员工暂停工作照顾生病的家庭成员。

"严重的健康不良状况"的定义——严重的健康不良状况是包括下列状况的疾病、伤害、损伤或其他身体或精神状况：(1) 在医院、临终关怀医院或院舍服务机构中接受住院治疗；(2) 因丧失工作能力需要停止工作三天以上；或(3) 需要接受医疗机构的持续治疗或医疗观察。

- 导致员工无法担当其工作的严重的健康不良状况。

b. 资格——在美国工作且已被斯坦福大学聘用至少一年，并且在提出假期申请前12个月内实际工作至少达到1250小时（排除带薪休假、带薪假期和无薪假期）的员工有资格申请家事与医疗假。

c. 通知——在能够预见到请假需要（如婴儿预产期、收养日期或计划治疗日期）的情况下，员工应该提前30天通知所在单位。如果不可能做到提前30天通知，则员工应该做到尽早通知。在员工有足够的信息提前获知请假需要但是没有做到提前通知的情况下，所在部门可以在得到通知满30天之前拒绝准予假期。上述拒绝行为只能在情况必要时采取，并且一定要与该部门人力资源办公室咨询后做出决定。如果员工恢复工作的日期晚于或早于预计日期，则其应该至少提前两天通知所在单位。

d. 医疗证明——员工必须致电利宝互助保险集团要求获得家事与医疗假/加州家庭权利假。利宝互助保险集团负责与员工共同在医疗服务机构处获得关于该员工、其子女、父母、配偶或同性家庭伴侣确实面临严重健康不良状况、该状况预计持续时间，以及需要相关员工照顾家庭成员的证明。员工必须在15天内向利宝互助保险集团提供该证明。申请延长假期同样要求递交相关证明。各部门也可以要求员工先提交相关医疗证明方予员工恢复工作。

7. 产假

孕期与分娩——正式员工可以获得无薪假期，在有相关证明的前提下带薪假期和无薪假期的总长度可以达到四个月。

加州法律目前赋予具有资格的员工4个月产假（Pregnancy Disability Leave, PDL）。前三个月产假与联邦政府的《家事和医疗请假法》赋予的假期并行。接下来的产假，具备资格的员工可以使用《加州家庭权利法》赋予的假期。

得到证明的产假与《加州家庭权利法》赋予的假期并不冲突，除非相关员工已经超过法律允许的最长产假时间。

8. 假期持续长度

a. 最长期限——具备资格的正式员工由于非工作相关的伤病而能够得到允许的医疗假期最长期限是连续12个月。此项规定适用于由于怀孕相关原因或个人原因而被认定为家事医疗假期的任何假期。如果假期未获批准,则相关员工将被解雇并得到关于此项决定的书面通知。

b. 例外——若申请持续时间超过 12 个月的假期,需要事先得到所在部门人力资源办公室和人力资源部副校长(或其委派者)或斯坦福线性加速器中心人力资源办公室主任的同意。本项政策的任何例外申请必须以书面形式递交到所在部门人力资源办公室。

9. 家事临时假期工资替代补助

a. 介绍——此项加州政府计划为因照顾病情严重的家庭成员或迎接新生儿出生而需要请假者在其休假期间提供部分收入。

b. 资格——根据加州法律,属于加州居民的教职员工可以用家事临时假期保险费(Family Temporary Disability Insurance Benefit,FTD)代替一部分自动伤残保险费。

c. 假期时间使用——在接受家事临时假期保险金之前,相关员工必须使用两周已经获得但是尚未使用的带薪假期。其中一周假期时间可用于七天等候期。如果员工拥有的累计假期时间不足两周,则将提前使用其假期时间直至恰好凑足两周。如果累计假期时间不足一周,则等待期的剩余部分将得不到收入。

d. 增加家事临时假期补助——员工接受伤残抚恤金期间,本校将通过使用该员工的应计付时间保证其在接受家事临时假期保费支付期间能够得到相当于其基本工资的收入,除非其向所在院系、部门提出例外申请。本校允许员工提出上述例外申请。具体情况说明如下:

如果属于临时家事中的产假,则可以计入的应计付时间依次包括:该年度的个人调休、浮动假期和假期。

如果属于临时家事中的家事照料假期,则可以计入的应计付时间依次包括:家事病假,相关要求参见家事病假政策;该年度的个人调休;浮动假期;假期。

在相关员工得到批准的家事临时假工资替用补助耗尽或者所有账户结余耗尽之前,上述应计付时间一直可以使用。伤残与假期服务中心负责管理员工在人力资源管理系统(爱克森斯/仁科人力资源管理系统)中的记录。伤残与假期服务中心负责确保来自伤残抚恤金提供者和学校的抚恤金之和不超过相关人员家事假期开始之前享受的工资水平。斯坦福线性加速器中心的相关程序有所不同。

因此,如果员工拥有应计付时间,则其将在可以使用的应计付时间耗尽之前,在享受得到批准的家事临时假期时同时得到来自利宝互助保险集团的家事临时假期保险金和来自本校的部分工资。一旦可用的应计付时间消耗完毕,在接下来的假期时间中,该员工仅能够收到来自利宝互助保险集团的家事临时假期保险金。

e. 超额偿付——如果员工得到了超额偿付,则其应该通过直接支付或调整当前和未来的应计付时间的方式向本校归还超额部分。

f. 纳税——家事临时假期保险抚恤金不是加州和《联邦社会保险捐助法》的征税对象,但对联邦税收来说是应课税福利收入。

g. 更多信息——如需关于本保险抚恤金的说明,可访问 http://benefits.stanford.edu/。获取表格可访问资源图书库网址 http://benefits.stanford.edu/cgi-bin/resources/?cat=7&submit=Search+By+Category。

10. 伤残期抚恤金

a. 健康与人寿抚恤金

(1) 带薪假期——在抚恤金扣除方面没有变化。如果员工正在享受带薪家事医疗假期、家事临时假期、自动伤残保险或劳动补偿保险假期,将在税前以员工的假期工资单为基础扣除应该缴纳的保险费,假期工资数额低于平时工资数额。长期伤残的相关情况见以下所述。

(2) 无薪假期——正在享用无薪家事临时假期、自动伤残保险或劳动补偿保险假期的员工,以及所有长期伤残保险(付费或不付费)的参与者,在被本校聘用期间均需缴纳相等的保险费用。每月7号和22号由维塔管理公司在税后工资的基础上收缴员工应该缴纳的那部分保险费用。

(3) 长期伤残工资损失——长期伤残状况不会导致福利抚恤金保险费数额发生变化。如果员工恢复半职工作,则保险费将从员工税前缩减的工资中扣除。

b. 退休计划

(1) 带薪假期——如果员工仍然接受来自应计病假、个人调休、浮动假期和假期的收入,则根据退休计划的条文规定,退休计划抚恤金应该累计且/或供款应该继续缴纳。

(2) 长期伤残与带薪假期——根据退休计划的条文规定,利用应计付时间(例如病假、假期、个人调休、浮动假期)补充长期伤残抚恤金收入的员工应该将这些得到报酬的时间计入本校退休计划的收入时间。

(3) 退休资格——长期伤残的时间长度不影响正式退休资格。

c. 聘用终止情况下抚恤金问题

(1) 医疗和牙科保险——如果正式员工在其接受短期伤残计划或劳动补偿计划抚恤金的过程中与本校之间的聘用关系终止,则其仍然可以自费通过《统一综合预算协调法》继续享受18个月医疗和牙科保险或者直到长期伤残保险得到批准。如果长期伤残保险得到批准,该员工应该联系斯坦福大学福利处（http://benefits.stanford.edu/），以恢复其医疗与人寿保险计划。

（2）人寿保险——将人寿保险纳入或转入个人保险计划是可行的。相关员工应该在聘用关系终止时联系斯坦福大学福利处获取相关表格。

11．更多信息

若需要更多信息，请向所在部门人力资源部咨询，或向斯坦福大学福利处咨询，详见 http://benefits.stanford.edu/。

关于加州伤残保险和劳动补偿保险的一般问题可向相关政府部门咨询。

27.8 学校资源

授权 本指南备忘录由校长批准。

概述 本指南备忘录列举了本校教职员工和学生能够获得的一些服务和资源，并且提供了获得更多信息的参考途径。

以下各条标题为：

1. 政策说明
2. 适用范围
3. 家庭支持
4. 儿童保育
5. 咨询与纠纷解决
6. 性骚扰和性侵犯
7. 学校隐私官员
8. 更多资源

1．政策说明

斯坦福大学为员工和学生平衡工作/家庭/个人生活而提供相应资源和服务。

2．适用范围

此处所述服务和资源适用于斯坦福大学教职员工和学生；有些服务也适用于教职员工和学生的家庭成员。

3．家庭支持

工作生活服务中心在家庭生活的各方面为斯坦福大学社区成员提供支持，并为其提供关于教育、校园和各种社区项目与各种服务的相关信息。更多信息详见 http://www.stanford.edu/dept/ocr/worklife/。

4．儿童保育

a. 政策——所有与斯坦福大学校内儿童保育服务规定有关的事务均必须经过职业生涯服务中心主管同意。在斯坦福大学校园内，只有得到加州政府社会服务署颁发的社会服务许可证的指定学术或行政大楼才能得到提供儿童保育的许可。

b. 服务、资源与推介——关于校内儿童保育项目、社区儿童保育中心和基于家庭的儿童保育服务的信息可以访问职业生涯服务中心网站（http://www.stanford.edu/dept/ocr/worklife/）或致电 650/723-2660。

c. 儿童保育补助金计划——获取相关信息可以访问职业生涯服务中心网站（http://www.stanford.edu/dept/ocr/worklife/）或致电 650/723-2660。

d. 收养费用补偿——获取相关信息可以访问职业生涯服务中心网站（http://www.stanford.edu/dept/ocr/worklife/）或致电 650/723-2660。

5. 咨询与纠纷解决

a. 人力资源主管——各院系或职能部门的人力资源主管负责执行斯坦福大学的人事政策，并且负责就人事事务提供帮助和咨询。如需找到所在院系或职能部门的人力资源主管，可访问网页 http://hrweb.stanford.edu/information/HRM_List.pdf 或致电 650/725-8356。如果所在院系为医学院，请致电 650/725-8607；如果工作单位是斯坦福线性加速器中心，请致电 650/926-2358。

b. 员工与劳动关系处——员工与劳动关系处为解决工作场所问题提供资源，并提供相关政策说明和咨询。员工所在部门也可能有可供联系的员工关系专家。可参看 http://hrweb.stanford.edu/information/hrdirectory.html#er 或致电 650/723-2191。如果所在院系为医学院，请致电 650/725-8607。如果工作单位是斯坦福线性加速器中心，请联系斯坦福线性加速器中心员工/劳动关系部门，电话 650/926-2358。

c. 帮助中心——可以为斯坦福大学教员、工作人员及其家庭成员提供免费且保密的咨询、研讨会和小组活动。更多信息详见 http://www.stanford.edu/dept/helpcenter/或致电 650/723-4577。

d. 申诉专员——为了公正地解决纠纷，请联系申诉专员办公室和调解中心。了解相关信息请访问 http://www.stanford.edu/dept/ocr/ombudsperson/或致电 650/723-3682。如果所在院系为医学院，请致电 650/498-5802。

e. 解决纠纷——正式的申诉、上诉和惩戒程序，详见 http://hrweb.stanford.edu/elr/policies/list_grievance_procedures.html，也可通过性骚扰政策办公室（http://www.stanford.edu/group/SexHarass）获得。

6. 性骚扰和性侵犯

相关政策和资源，参见指南备忘录 23.2 性骚扰和双方意愿下的性关系或恋爱关系,详见 http://adminguide/23_2.pdf,以及备忘录 23.3 性侵犯,详见 http://adminguide/23_3.pdf。

7. 学校隐私官员

学校隐私官员负责确保斯坦福大学遵守 1996 年颁布的《健康保险流通与责任法》中的隐私规定,该法对如何处理个人可识别健康信息做出了规定。

8. 更多资源

a. 多元开放办公室——关于文化中心、残疾通道、工作小组,以及本校的扶持行动计划的信息,详见 http://www.stanford.edu/group/OMD/index.html 或致电 650/725-0326。

b. 公共安全部——斯坦福大学公共安全部是一个综合服务机构,为斯坦福大学提供 24 小时执法、安保、安全、预防犯罪和应急服务。相关信息请访问 http://www.stanford.edu/group/SUDPS/或致电 650/723-9633。医学院请联系斯坦福大学医疗中心安保部,电话 650/723-7222。

c. 休闲——更多信息,请访问斯坦福大学主页(http://www.stanford.edu/)。

d. 其他资源——斯坦福大学各中心、服务部和项目的完整列表,请访问 http://www.stanford.edu/home/administration/dept.html。

28 人事信息

28.1 外国国民的签证及就业

授权 本指南备忘录由校长批准。

适用 本政策适用于斯坦福大学教员、学术和正式员工,以及未正式注册学生,包括斯坦福线性加速器中心的职员在内,但是涉及该研究中心自己的业务领域的除外。有关斯坦福线性加速器中心的相关信息请访问 http://www-group.slac.stanford.edu/hr/。

概述 本指南备忘录提供外国国民访问斯坦福大学获得入境签证的相关政策信息以及列有详细程序信息的网页链接。

以下各条标题为:

1. 责任
2. 移民事务中的特殊情况

1. 责任

　　a. 院系、部门——各院系、部门负责代表在本校寻求就业机会的外国国民递交签证申请。准备接收外国国民就业的院系、部门负责收集必要信息、完成必要表格，并确保得到必要部门/院系的批准以便向贝克特尔国际中心递交完整申请。各类申请程序的详细信息，请参考 http://www.stanford.edu/dept/icenter/InternationalScholars/index.html。

　　注意：准备签证申请或签证证件之前必须首先核准并确认得到任命或聘用。招聘信息参见指南备忘录22.1正式员工的聘用，详见 http://admin-guide.stanford.edu/22_1.pdf。

　　不得将移民身份作为歧视外国国民的一种手段。

　　相关信息可在下列网址获得：

　　• 斯坦福大学J-1(交流访问学者)赞助计划签证证书申请指南，详见 http://www.stanford.edu/dept/icenter/InternationalScholars/index.html。

　　• 邀请并向非居民外国人支付工资的步骤，详见 http://fingate.stanford.edu/staff/travel/arrange_foreignV.html。

　　• 外国访问者分类，详见 http://fingate.stanford.edu/staff/travel/arrange_foreignV.html。

　　• 就业资格

　　1986年颁布的《移民改革和管制法》规定，雇主应该对员工的就业资格进行核实和确认，并填写美国公民和移民服务局I-9表格。请访问 http://fingate.stanford.edu/staff/payadmin/quick_steps/update_I9.html 并向下滚动下载表格《美国公民和移民服务局雇主手册：表I-9填写说明》。

　　b. 外国学者服务办公室——负责协调程序，并为有意向接收或聘用外国教职员工或研究者的院系、部门提供具体指导。

　　c. 外国学生顾问办公室——负责帮助学生处理移民、社交、文化和适应环境等问题。该办公室位于贝克特尔国际中心(电子邮箱 visa@stanford.edu，电话 650/723-7303)。

　　d. 院系、部门内部人力资源办公室——负责为各院系、部门内非学术工作人员申请H-1B签证所准备的材料提供指导、审查和核准，并负责将完整的申请材料递交至贝克特尔国际中心的外国学者服务办公室。同时也将为学术工作人员、博士后和教师的签证申请提供指导。

　　e. 法律代表——如果外国学者服务办公室认为某项事务需要法律解释或咨询，法律总顾问办公室将负责审查此事并决定是否应该或应该怎样对其进行处理。各院系、部门或个人不得聘用私人律师代表本校与政府机构交涉。但是,本政策并不禁止外国公民为获取所需法律咨询建议或进行自费移民申请而进行法律咨询(由此产生的任何法律费用由私人支付),这些行为得到允许的前提是不得向对方透露本校是申请人的雇主。

f. 国际访问者办事处——负责安排国际学者、科研工作者、大学和公共代表团,以及其他官方代表到斯坦福大学进行短期访问(持续时间通常为一天)的会议和合作项目事宜。相关信息参见 http://www.stanford.edu/dept/icenter/Services/oiv/index.html。

2. 移民事务中的特殊情况

a. 医生——医生须获得加州医疗许可证/豁免证或审查信,方可接触病人。如需更多信息,请联系斯坦福大学医院住院医师主任,电话 650/723-5948。

b. 志愿者——担任志愿者的外国国民,在未得到在美国工作授权的情况下,不得在斯坦福大学从事给付工资的职位。

c. 家属——外国国民应该对其家属负责。

d. 临床研究员——临床研究员必须持有加州医疗许可证/豁免证或审查信。

f. 博士后学者

相关信息参见 http://www.stanford.edu/dept/DoR/rph/9-4.html。

斯坦福大学博士后学者移民信息,详见 http://www.stanford.edu/dept/icenter/InternationalScholars/index.html。

本校博士后研究人员管理的相关政策参见《研究政策手册》中博士后学者部分,网址 http://www.stanford.edu/dept/DoR/rph/9-4.html。

医学院博士后管理,详见 http://www.stanford.edu/group/OPA/。

g. 绿卡/永久居民——http://www.stanford.edu/dept/icenter/InternationalScholars/H-1/PR.html。

只有在得到管理院长或副校长批准的情况下,本校才可以资助教员和某些学术及其他职员获得永久居民权。美国公民与移民服务局的受理费用,以及任何与永久居民权受理相关的法律费用,都应由身为外国国民的申请者完全承担,除非提供支持的院系、部门与当事人另有书面约定并且得到了管理院长或副校长或其委派人的同意;但是,根据劳工部的相关规定,与因永久居民权受理而递交的任何劳工证明,在申请过程中产生的法律费用和花费均必须由提供支持的院系、部门承担。

• 教员——处于终身教职系列和已经获得终身教职的教师均有资格获得资助。

• 从事科研的学术人员——科研相关人员必须获得持续任命,且其工作时间与全职工作时间比必须大于75％才有资格获得永久居民申请内部资助。当事人必须满足美国公民与移民服务局的能力标准，以证明目前存在申请获得成功的合理可能性。固定任期人员，以及获得持续任命但是工作时间与全职工作时间比小于75％的科研相关人员，均无法得到本校对永久居民权申请的资助。

• 正式员工/从事教学的学术人员/负责图书馆工作的学术人员——本校不对非豁免员工或固定任期工作人员申请永久居民权提供资助。豁免员工、正式员工、从事教学的学术人员和负责图书馆工作的学术人员同样没有资格获取永久居民权申请资助，除非管理院长或副校长或其委派人在与法律总顾问办公室商议后，认定推进申请对本校有重要的意义，并且依据目前情况可以判断该申请具备获得成功的合理可能性。此类情况应属极少数例外。

h. 临时申请的有效性——基于工作的非移民签证申请，例如H-1或O-1签证，有效期限不应超过当事人在斯坦福大学的任期。上述申请产生的法律费用和美国公民与移民服务局受理费用应完全由当事人承担，除非提供支持的院系、部门与当事人另有书面约定。例外情况是，美国公民与移民服务局对申请H-1B签证所征收的500美元纸币，必须由提供支持的院系支付。

i. 两年居住要求——贝克特尔国际中心不支持、管理或审查对《移民与国籍法》中的212(e)规定（两年居住要求）的豁免。

28.3 通信目录和列表

授权　本指南备忘录由校长批准。

适用　本政策适用于斯坦福大学员工和学生。

概述　本校保留着对学校有重要意义的个人和组织的姓名、地址、电话号码和电子邮箱。本指南备忘录规定了使用本校保留的上述数据的相关政策，并且阐明了用于处理大学事务的主要数据列表。以下各条标题为：

1. 本校通信目录和列表的使用
2. 个人注册系统
3. 人力资源管理系统
4. 学生管理系统
5. 校友信息

1. 本校通信目录和列表的使用

a. 公开资料——

（1）隐私权——根据《家庭教育权利与隐私权法》(Family Educational

Rights & Privacy Act, FERPA),学生对其学习成绩拥有隐私权；更多信息，参见学生公告，http://www.stanford.edu/dept/registrar/bulletin/。此外，根据加州法律，学生、附属机构、教职员工对在通信录中列出的某些信息拥有隐私权。

斯坦福个人（StanfordYou）系统（https://stanfordyou.stanford.edu/）允许教职员工和学生修改、保护并预览斯坦福大学通信录中将要公开的关于他们的信息。

（2）印刷版斯坦福大学通信录——包括斯坦福大学员工和秋季学期注册学生信息。它可以免费提供给斯坦福大学所有长期员工和注册学生，但是公众需要购买。既然这些信息可以公开获得，斯坦福大学将放弃对它作何用途的控制权。因此，斯坦福大学采取特别措施尊重个人对其家庭住址和电话号码等信息的保密意愿。参见上述第1条a款(1)。

（3）斯坦福联系人通信录（Stanford.Who）——这是斯坦福大学的官方在线通信录，网址是http://stanfordwho.stanford.edu/，包括斯坦福大学现有学生、教职员工，包括本校附属机构人员、医院和斯坦福线性加速器中心人员的通信信息。斯坦福大学成员可以选择对自己某些或全部联系信息进行保密，使其不出现在公共通信录和斯坦福大学内部通信录中。参见上述第1条a款(1)。

b. 校友通信录——斯坦福大学校友联合会和其他院系校友联合会出版的在线和印刷版通信仅供校友、现有学生和本校某些院系、部门个人使用。不得将校友通信录用于商业目的。

c. 供学校使用的通信录列表——不可公开获得的通信录列表仅供学校使用。这些列表包括邮寄地址列表和电子邮箱通信列表，斯坦福大学成员利用本校资源创建的上述列表也包括在内。使用这些通信列表（包括使用列表内容、制作邮寄标签和在线使用电子邮件通信列表）的授权需同时满足下列条件：

- 相关组织对本校校长负责；
- 使用目的是为本校官方业务服务；以及
- 索要或使用通信列表的个人对列表的使用与其在本校承担的职责一致。

以下情况不得授权使用本校通信列表，例如：

- 通信列表用于个人、党派政治或商业目的
- 将通信列表提供给校外人员或实体
- 通信列表被斯坦福大学以外的组织用于促销宣传或招标

d. 各院系、部门责任——各院系、部门有责任确保其保管的通信列表的

使用符合本校政策。以下列出了除本指南备忘录以外的其他适用政策：

• 指南备忘录 15.1 政治行为，详见 http://adminguide.stanford.edu/15_1.pdf。

• 指南备忘录 15.2 有关义务和利益冲突的员工政策，详见 http://adminguide.stanford.edu/15_2.pdf。

•《研究政策手册》4.1 有关义务和利益冲突的教员政策，详见 http://www.stanford.edu/dept/DoR/rph/4-1.html。

• 指南备忘录 62 计算机及网络使用政策，详见 http://adminguide.stanford.edu/62.pdf。

e. 例外——对本校数据进行不与本政策一致的使用的任何要求必须得到本校校长或其委派人的同意。

2. 个人注册系统

a. 内容——个人注册系统的工作内容包括对全体教职员工、学生和成员组织的信息进行基本核实。

b. 原始信息——个人注册系统的原始信息来自于学生管理办公室的学生信息、人力资源管理系统的教职员工信息，以及斯坦福大学网络（SUNet）身份系统支持的其成员组织信息。

c. 怎样修改信息——教职员工、在校学生和刚毕业的学生可以使用网络上的爱克森斯系统修改自己的相关信息，或者使用斯坦福个人系统修改与服务相关的信息（如电子邮件设置）。详见 https://stanfordyou.stanford.edu/。教职员工可以在斯坦福个人系统中修改自己的个人介绍信息；与工作相关的信息修改则由人力资源管理员在仁科人力资源管理系统中进行。

d. 信息输出

（1）斯坦福联系人通信录——参见上述第 1 条 a 款（3）。

（2）印刷版斯坦福大学通信录内容——参见上述第 1 条 a 款（2）。

（3）爱克森斯系统——一种网络服务系统，教职员工和学生可以利用它完成许多信息管理工作。

（4）内容更正到达原始信息系统的路径——通过斯坦福个人系统和爱克森斯系统进行的信息更正首先到达个人注册系统，然后到达仁科学生管理系统和人力资源管理系统。

（5）其他授权使用——上述数据可以应用于本校的其他业务系统，例如身份证件系统和图书馆系统。

e. 更多信息——更多详细信息，参见 http://www.stanford.edu/dept/itss/infrastructure/registry/project/。

3. 人力资源管理系统

a. 内容——人力资源管理系统包括本校员工和退休人员详细的个人和工作信息。

b. 原始信息——现有员工和退休人员的相关信息来自仁科人力资源管理系统，由现有员工或退休人员所在院系、部门提交。

c. 怎样修改信息

（1）员工的住址和电话信息——斯坦福个人系统允许员工更改斯坦福大学通信录将要公开的信息或要求对此信息进行保密。更多信息详见 https://stanfordyou.stanford.edu/。

（2）工作相关信息的更改——不属于员工住址和电话号码的信息的更改由各院系人力资源管理员通过仁科人力资源管理系统在线进行。

（3）退休人员——对退休人员信息的修改由福利办公室在收到退休人员的书面说明后进行。只有荣誉退休人员才被列入斯坦福联系人通信录。

d. 信息输出

（1）个人注册系统——仁科人力资源管理系统向个人注册系统提供数据。

（2）邮寄地址标签——仁科人力资源管理系统可以为特定人群生成邮寄地址标签。如需咨询获取项目信息，请各院系部门联系邮寄和递送服务中心。

4. 学生管理系统

a. 内容——仁科学生管理数据库包括学生和申请入学者的个人信息，包括实际通信地址和电子邮件地址。

b. 信息来源——

（1）中央办公室——包括总务长办公室、注册主任办公室、财政援助办公室和本科生招生办公室

（2）各学术部门——由拥有相应权限的院系、部门管理员录入导师、研究生学位支持信息、研究生财政援助信息和录取数据。

c. 怎样修改信息——一般来讲，中央办公室和各学术部门可以更新由其录入的数据。学生可以通过爱克森斯系统和斯坦福个人系统更新个人信息，网址分别是 http://axess.stanford.edu 和 https://stanfordyou.stanford.edu/。

d. 信息输出

（1）个人注册系统——仁科学生管理系统向个人注册系统提供数据。

（2）学生记录——仁科和集成学生管理系统包含详细的学生信息，包括个人地址。如需获取这些数据，学术部门必须得到部门主任批准，中央办公

室工作人员必须得到注册主任批准,而且只有在"需知"的情况下才给予批准。出于商业目的地址名录,邮寄地址标签和个人信息报告由集成学生管理系统生成。

(3) 申请者信息——本科和研究生申请者的个人信息包含在仁科、集成学生管理系统和斯坦福大学网络应用程序供应商数据库中。如需获取这些数据,学术部门必须得到部门主任批准,中央办公室工作人员必须得到注册主任批准,而且只有在"需知"的情况下才给予批准。出于商业目的地址名录,邮寄地址标签和个人信息报告由集成学生管理系统生成;也可由网络应用程序供应商数据库、集成系统和仁科学生管理系统生成。

5. 校友信息

a. 内容

(1) 毕业生系统——毕业生系统校友信息数据库包含斯坦福大学校友、学生家长和本校赞助者,包括企业和基金会的情况信息。本数据档案被用于生成《斯坦福杂志》和学校发展规划办公室、斯坦福大学校友联合会以及斯坦福大学寄送的各种信件和邀请通知的邮寄名录。本档案中的数据可以出于特定目的进行查询,例如可以查询于1980年获得法律学位的校友。发展规划办公室维护并管理毕业生系统。

(2) 各院系部门数据库——一些院系部门对其校友和赞助者进行信息记录。这些数据库适用以下约束条件。

- 各院系部门可能由于通信联系而获得一些数据更新信息。这些数据更新信息应该发送至 alumni.information@stanford.edu 以便相应信息在毕业生系统中得以更新。
- 发展规划办公室以外的部门,如果需要利用毕业生系统中的信息发出捐赠邀请,必须得到斯坦福大学基金与运营管理中心高级总监的同意。
- 数据库使用记录的目的必须与向提供信息者说明的使用目的一致。

b. 信息来源

(1) 校友——在读和已毕业学生的相关数据由仁科学生管理系统导入毕业生系统。尽管最近毕业的学生可以通过爱克森斯系统更新信息,但是目前爱克森斯系统与毕业生系统之间不共享信息资源。

(2) 家长——斯坦福大学学生家长的相关信息数据由斯坦福大学发展规划办公室家长事务科从住房中心管理的本科新生信息工程获得,并提交给发展运营办公室和毕业生系统。

(3) 斯坦福大学赞助者——关于斯坦福大学赞助者的数据信息由发展规划办公室内部各科向发展运营办公室提供。

c. 怎样修改信息——发展运营办公室在毕业生系统内对信息进行修

改。修改信息来源于退回的邮件、邮政地址变更卡、与通信录中人员的通信、由个人通过在线文件进行的信息修改，以及个人保持联系的本校院系发出的通知。需要的信息包括：

- 当事人的本校身份证件号码
- 当事人姓名
- 信息变更内容
- 当信息不直接来源于当事人时，需要消息来源人的姓名、斯坦福大学院系名称和电话号码

d. 数据库文件输出

（1）通信录列表——各院系出版的特定人群通信录使用毕业生系统数据库作为数据来源。

（2）邮寄地址标签和地址列表——需要毕业生系统输出内容的院系、部门在得到斯坦福大学基金与运营管理中心高级总监的同意之后，应该联系其内部发展规划办公室寻求帮助。通信信息仅提供给本校内部院系、部门。如果通信服务由外部供应商提供，则相关院系部门负责确保该供应商使用数据的保密性，且不会利用这些数据获取利益。

e. 数据库文件管理

只有发展运营办公室可以对毕业生系统中的个人信息和捐赠信息进行修改。在解决因使用毕业生系统所引发的本校政策遵循问题时，发展运营办公室的常务主任担当协调人身份。

28.4 斯坦福大学身份证件

授权　本指南备忘录由校长批准。

概述　本指南备忘录列举在斯坦福大学内使用的各种身份证件，并说明它们的用途。

以下各条标题为：

1. 使用身份证件的目的
2. 身份证件的种类
3. 身份证件的管理
4. 校园设施与服务的使用
5. 其他卡类

1. 使用身份证件的目的

a. 与本校保持联系——斯坦福大学为与本校有特定关系的个人制定机器可识别验证的身份证件（简称"身份证件"或"身份证"），这些个人包括斯坦福大学学生、教职员工和其他与斯坦福有密切关系的个人，此类个人由本

政策、教务长或负责人力资源的副校长指定。身份证件的目的是确认并记录其与斯坦福之间的关系。

b. 使用权限——持有效身份证件的斯坦福教职员工和学生可以使用斯坦福大学内的某些设施、资源、福利及服务（总称"使用权限"）。在政策允许，或者在教务长或负责人力资源的副校长批准的情况下，其他持有斯坦福证件的人也可享有某些使用权限。

2. 身份证件的种类

以下类型身份证件由斯坦福大学卡务处签发。与身份证件相关的申请资格及使用权限详见 http://www.stanford.edu/services/campuscard/cardoffice.html。有关教员、学生以及学术访问人员的证件种类会经教务长批准随时更新，有关斯坦福大学职员和其他校园来访人员的证件种类会经负责人力资源的副校长批准随时更新。

a. 学生卡——发放给注册学生（本科生、研究生、终期研究生、访问学者、继续教育学院文学硕士学生）。

b. 博士后卡——发放给博士后学者。

c. 教职员工卡——发放给本行政管理指南23.1定义项下的教授会、学术人员、在特定政策中心和学会保有学术职位的人员、非附属机构临床医生/教师、胡佛研究所高级学者、正式员工以及退休教职员工和名誉教职员工。

d. 临时员工卡——发放给符合本行政管理指南23.1中"临时"定义的职员和享有"其他教职头衔"的人员。

e. 斯坦福线性加速器中心教职员工卡——发放给斯坦福线性加速器中心现任教员及正式职员。

f. 斯坦福线性加速器中心临时员工卡——发放给符合本行政管理指南23.1中"临时"定义的斯坦福线性加速器中心的职员。

g. 学者卡——发放给受邀参加斯坦福大学非学位奖学金项目或非学位学习的学者、实习人员以及其他个人。奈特中心、斯蒂格纳创作中心、行为科学高级研究中心以及斯坦福人文中心的学者均有资格获得学者卡。任何能提供被斯坦福大学认可项目录用证明的个人可获得学者卡。

h. 访问学者卡——发放给下列学术和研究访问学者：（1）非斯坦福学生；（2）受到某院系、部门或其他斯坦福大学机构邀请而对本校进行访问，但是不作为教员或员工领取工资的个人；（3）持有博士学位或被公认为是所在学科领域的专家。获访问学者卡的个人必须在斯坦福居住至少三个月，且以开设学术讲座或积极与斯坦福师生就现有研究项目进行合作的形式，对斯坦福大学的学术研究作出贡献。访问学者卡的发放，必须提供包含以下内容的邀请函：(1) 由相关院系、项目或中心的院长或主任签发；(2) 须包含在斯坦福逗留的时间；(3) 须注明提供资助的斯坦福个人或实体。

i. 礼宾卡——发放给下列人员：

(1) 学生及博士后学者的配偶和生活伙伴。

(2) 有效教职员工卡或学者卡持有人的配偶或同性生活伙伴。

(3) 附属医院员工。

(4) 不在斯坦福工资单之列的享有"其他教职头衔"人员。

(5) 位于斯坦福校内的卡内基教育促进基金会的职员。

(6) 附属教会的牧师。

(7) 位于斯坦福大学校内的，并且经教务长决定，(i) 能够为斯坦福教员提供学术研究支持的，或者(ii) 其从事的活动得到教务长认可，对斯坦福的学术研究任务能够提供支持的机构的职员。例如位于斯坦福校内的卡内基科学研究所植物生物系的职员及霍华德·休斯医学研究所的职员。

3. 身份证件的管理

a. 签发——身份证件只能由学生财务服务中心（学生卡）或信息技术服务中心（其他卡类）签发。在本条中学生财务服务中心和信息技术服务中心统称为斯坦福大学卡务处。

(1) 身份证件的照片必须为正面免冠头像，不得佩戴墨镜。出于宗教原因，在不遮挡面部的情况下，可以佩戴头巾。

(2) 学生、博士后学者及教职员工的身份证姓名必须与学校学生及员工办公室登记的官方姓名一致。

(3) 身份证的照片的签发，须出示官方发放的含照片的证件（如驾照或护照），此证件须包含可辨认的照片以及(a) 与学校学生及员工办公室登记一致的姓名（仅限于学生、博士后学生和教职员工），(b) 委任函的姓名（仅限于教员、学术人员、附属教会牧师及校董成员），(c) 学者录用证明上的姓名，或者(d) 访问学者邀请函的姓名。

(4) 礼宾卡只在学生、博士后、教职员工、斯坦福线性加速器中心的教职员工出示证明后发放给其配偶或合法的生活伙伴，或者在出示学者卡以及有效婚姻关系或生活伙伴关系证明后发放。

(5) 首次发放的学生卡、博士后卡、教职员工卡、临时员工卡、斯坦福线性加速器中心教职员工卡和临时员工卡以及学者卡免收手续费。礼宾卡、访问学者卡的签发以及其他卡类的补发均须支付给斯坦福大学卡务处一定费用。费用随时会有变化。

(6) 如果证件丢失或被盗，证件持有者必须立刻向斯坦福大学卡务处报告。丢失或被盗的证件随后将失效。

b. 有效期——身份证件的有效期规定如下：

(1) 学生卡：此类证件仅当证件持有者为注册学生期间有效。下述情况下学生卡失效：(a) 在学生毕业所在季度的最后一日或者其在斯坦福的注册结束之时，(b) 学生身份发生改变，不再为斯坦福注册学生之时。如果学生夏季学期没有注册，但往下的秋季学期有注册，此学生卡在夏季学期仍可使用。学生卡上不注明失效期。

(2) 博士后卡：此类证件仅当证件持有者为斯坦福博士后期间有效。下述情况下博士后卡失效：(a) 在斯坦福的注册结束季度的最后一日，(b) 身份发生改变，不再为斯坦福注册学者之时。博士后卡上不注明失效期。

(3) 教职员工卡和斯坦福线性加速器中心教职员工卡：此类证件仅当证件持有者为斯坦福任命教员、员工、退休人员及荣誉退休人员期间有效。下述情况下证件失效：(a) 固定任期到期之日，(b) 学校返聘（而非退休）到期之日，或(c) 持卡人身份发生改变，不再享受斯坦福特殊待遇之时。教职员工卡和斯坦福线性加速器中心教职员工卡上不注明失效期。

(4) 临时员工卡和斯坦福线性加速器中心临时员工卡：此类证件仅当证件持有者为斯坦福员工期间有效。下述情况下证件失效：(a) 固定任期到期之日，(b) 继任到期之日，(c) 持卡人身份发生改变，不再享受斯坦福特殊待遇之时。临时员工卡上不注明失效期，但是会注明其固定任期期限。

(5) 学者卡和访问学者卡：此类证件仅当证件持有者在学者录用证明上指定的期间或者受邀为斯坦福访问学者期间有效。斯坦福学者录用证明到期或者斯坦福访问学者受邀期限到期之时，学者卡和访问学者卡到期失效。

(6) 礼宾卡在下述情况下失效：(a) 委任函中标注的日期到期之日，(b) 返聘到期之日，(c) 持卡人身份发生改变，不再享受斯坦福特殊待遇之时。发放给配偶或生活伙伴的礼宾卡，在其配偶或生活伙伴身份证件到期之日相应到期失效。礼宾卡上不注明失效期。

(7) 如果持卡人所在的组织机构在持卡人身份证件失效前结束或变更与学校的合作关系，持卡人的证件相应无效。

c. 证件上交——斯坦福大学身份证件属于斯坦福大学财产，以下情况证件须上交：(i) 证件未经换发，到期失效；(ii) 所在的组织机构与学校的合作关系结束；(iii) 应上级主管或其他校方官员要求。在证件到期之日（若没有换发），或是持卡人所在组织机构与学校的合作关系结束之时，相关管理员、项目主任、院长或人力资源主管有权要求教职员工卡、斯坦福线性加速器中心教职员工卡、临时员工卡、斯坦福线性加速器中心临时员工卡、学者卡、访问学者卡及礼宾卡（包括给配偶和生活伙伴的礼宾卡）的持有者上交相关证件。上交的证件将被销毁。

d. 斯坦福大学卡务处——斯坦福大学卡务处负责监管新卡的制作和证件的补发。更多有关身份证件获取资格的信息及证件申请过程参见 http://www.stanford.edu/services/campuscard/cardoffice.html。

4. 校园设施与服务的使用

由于证件类别不同,持卡人使用上述身份证件所享有的权利也有所不同。本节对其中一些权利进行了详细介绍,仅供参考,不可使用这些说明去详细考察本校全部设施与服务或考察使用它们所需要达到的资格标准。资格标准如有变更,不另行通知,使用本校设施与服务可能随时会被拒绝。此外,若持卡人违反设施使用规定或是违反了由学校或设施管理部门制定的其他政策,设施管理部门可以决定限制或禁止该持卡人使用设施。

a. 运动、体育与娱乐部:斯坦福大学学生卡、博士后卡、教职员工卡、斯坦福线性加速器中心教职员工卡、临时员工卡、斯坦福线性加速器中心临时员工卡、学者卡、访问学者卡和礼宾卡持有者可以使用由运动、体育与娱乐部指定的部分设施或参加指定活动,如需要支付一定金额的费用时,须购买门票或缴纳使用费。斯坦福高尔夫球场仅对斯坦福教授会、在特定政策中心和学会保有学术职位的人员、学术人员、非附属机构临床医生/教师、正式员工、学生、博士后学者、斯坦福正式项目学者、退休人员、荣誉退休人员、校董以及那些其配偶及生活伴侣持礼宾卡的人员开放。无斯坦福身份证件人员,可以购买贵宾卡来使用运动、体育与娱乐部的相关设施。有关贵宾卡的信息可登录运动、体育与娱乐部的网页(http://www.stanford.edu/dept/pe)获得。

b. 图书馆:斯坦福大学图书馆和学术信息中心有关图书馆使用的书面规定。个人凭斯坦福身份证件及图书馆签发的证件进入图书馆及借阅图书。雷恩医学院图书馆、杰克逊商学院图书馆、胡佛研究所图书馆、罗伯特克朗法学院图书馆和斯坦福线性加速器中心图书馆(均为"合作图书馆")的使用权限由各图书馆确定。持有斯坦福大学身份证件可以帮助确定对以上图书馆的使用权限,但并不能保证可以进入和借阅。无斯坦福身份证件的个人,或者其斯坦福身份证件不能保证可以进入图书馆借阅时,为顺利完成与斯坦福相关的工作,该人可以在线查阅获取进入图书馆借阅权限的说明,详见 http://library.stanford.edu/how to/borrow get access/。

5. 其他卡类

斯坦福大学卡务处以及其他相关院系有权签发其他卡类证件。此类证件无斯坦福身份证件功能,不享有斯坦福身份证件的权利。部分卡类如下:

a. 会议身份证——一种纸质证件,由会议办公室发放给在一定时期内参加暑期会议和讲习会,但是并非注册学生的个人。

b. 继续教育学生证——一种纸质证件,每季度发放给继续教育课程的注册者,攻读文学硕士学位的学生除外(持学生卡)。

c. 家属证——一种纸质证件,每年度或在特定时期内发放给教职员工的子女。发放家属证件之前,运动、体育与娱乐部必须确认员工持有斯坦福大学教职员工卡。

d. 图书证——由斯坦福大学图书馆和学术信息中心(SULAIR)与合作图书馆发放,提供进入图书馆及借阅图书的权利。

e. 饭卡——发放给非学生持卡人,供其在学校就餐使用,例如访问学者的子女及参加暑期会议的个人。此类证件仅在餐厅就餐时有效。

f. 临时出入卡——不含照片的用于出入校园教学楼时的证件。

上述卡类签发及使用的相关政策与程序由发卡部门规定。

28.5 财产及责任保险

授权 本指南备忘录由负责商业事务兼财务总监的副校长批准。

概述 本指南备忘录描述本校财产和责任保险项目。其他保险项目相关信息,请参考:

- 公务旅行意外保险:指南备忘录 27.1 遗属抚恤金计划,详见 http://adminguide.stanford.edu/27_1.pdf。
- 大学、政府和个人车辆碰撞保险:指南备忘录 28.7 车辆使用,详见 http://adminguide.stanford.edu/28_7.pdf。
- 租借车辆碰撞保险:指南备忘录 36.7 出差费用,详见 http://adminguide.stanford.edu/36_7.pdf。

以下各条标题为:

1. 一般信息
2. 财产保险
3. 过境保险
4. 责任保险
5. 犯罪保险
6. 其他财产和责任保险

1. 一般信息

a. 保险管理——风险管理办公室负责投保、自我保险范围并处理所有索赔。

b. 保险付费——风险管理办公室向创收业务部门、常规院系、辅助设备部门和一般基金会收取累计年度保险费。

c. 特殊保险——任何院系、部门如果认为存在特殊风险需要另外投保,应该与风险管理办公室讨论此事宜。如果投保确实是应对该风险的最佳方式,风险管理办公室将与承保人进行政策沟通,为提出要求的院系、部门重新计算投保成本。

d. 事故应对措施——

(1)应急措施——采取一切必要步骤,立即实施医疗救助、抢救财产,或者降低进一步损失的程度。如果有人受伤,应急程序参见指南备忘录25.2紧急/意外事件处理程序,详见http://adminguide.stanford.edu/25_2.pdf,事故报告要求参见指南备忘录25.6意外事故与意外事件报告,详见http://adminguide.stanford.edu/25_6.pdf。根据加州法律规定,应立即上报伤情。

(2)保留保险索赔证据——如有可能,在事故区域得到勘察、拍照和情况记录之前不得破坏将来索赔的证据。搜集涉及人员和目击者等的姓名和地址。任何人在任何情况下不得宣称对事件负责。尽快记录意外事件的细节。事故报告应包括:日期,时间,地点,涉及的人或物,发生过程,涉及人员的姓名、地址和大概年龄,伤情、损失或破坏情况描述,为防止事故再次发生已经采取或将要采取的措施。所有索赔必须立刻向风险管理办公室报告。

2. 财产保险

a. 一般财产保险

(1)保险承保范围——斯坦福大学对各建筑物及其内部设施的保险和自我保险范围包括火灾、烟雾、风暴、爆炸、暴动、内乱、破坏他人财产、恶意伤害、坠落飞行物和盗窃。

(2)非保险承保范围——本校不为下列情形提供保险:

• 粗暴摩擦或撕裂、生锈、灰尘、机械故障、维修问题、破坏、划伤、污损和染色造成的损害

• 已被认定的库存丢失的物品

• 失败的实验,丢失或损害的研究成果

• 管理失误、财务决策,或收入和机会的损失

• 政府所有的财产

• 教职员工或学生的个人财产

• 地震或洪水等自然灾害造成的损失

• 恐怖主义或生物恐怖主义造成的损害,其中《恐怖主义风险保险法》定义的恐怖主义所造成的伤害能够得到保险

• 与任何美利坚合众国政府或其代理机构确认的非法贸易关系国家进行的贸易,将无法得到保险。此外,与其他国家的贸易有时也可能无法得到保险。目前的非法贸易国家列表,参见风险管理办公室网站(http://www.stanford.edu/dept/Risk-Management/)。

（3）免赔额——每项索赔由本校自我保险1000000美元。经受财产损失或损害的院系、部门为每项索赔支付1000美元。可能通过警察部门的斯坦福办公室保护项目得到1000美元免赔额的信息，参见指南备忘录28.6财产保护，http://adminguide.stanford.edu/28_6.pdf。

（4）索赔受理——风险管理办公室受理所有对遭受偷盗、破坏或损害的本校财产的重置费用和维修费用进行的索赔。取决于损失的规模和位置，采购部门、设备运行部门或资本规划与管理部门将直接参与相关维修或重建。编制规格和投标程序可能是必要的。风险管理办公室必须得到所有的合同副本、工作订单和采购申请。

如果索赔金额超过1000美元，保险或自我保险可支付修理或重置费用（以较低者为准）。"重置费用"指修理或替换产生的费用（非账面价值）。损失财产赔付确定的基础是修理或替换成同种同质财产所产生的费用。如果不计划对损失的财产进行重置（由于财产陈旧或不能继续使用该财产），保险理赔金将不会根据实际现金或折旧价值计算。

b. 锅炉、压力容器与重型机械保险

（1）保险承保范围——保险范围包括投保对象发生爆炸、燃烧、膨胀和开裂；机械和设备的保险范围还涵盖突然和意外发生的故障。

（2）免赔额——每次事件提供25000美元免赔额，医疗诊断设备免赔额为50000美元，免赔额全部由设备运行部门支付（如果所在部门为创收业务部门或辅助设备部门，则由该部门支付）。

c. 财产保险总费用预算

（1）财产保险总费用包括一般财产保险和锅炉、压力容器与重型机械保险。每个财政年度结束之后，风险管理办公室将确保对财产保险项目下的索赔进行精算研究。精算研究将为对未来保险费用预算提供两个关键数据依据：

（a）支持上财政年度末结束之前发生的但尚未解决/完成的索赔（及相关费用）所需要的自我保险储备金金额。（这可以是根据连续几年索赔清算净值进行的估计。）这一精算得出的准备金金额可能高于或低于财政年度末实际的储备金余额。

（b）通过精算预测自我保险需要的资金支持水平，即下一个财政年度可能发生的索赔费用。这将是每年增加至储备金余额中的用以承担次年发生的索赔费用的储备金金额。

（2）在预算周期范围内（不晚于2月1日），风险管理办公室应该告知预算办公室下一财政年度应该缴纳的财产保险计划累计年度保险费。同时，风险管理办公室还应该告知创收业务部门、常规院系和辅助设备部门下一年度应该缴纳的财产保险费额度。累计保险费由下列五部分组成：

（a）为下一个财政年度可能发生的索赔费用所应准备的自我保险资金支持水平的精算预测。

（b）未来灾难性事件准备金。

（c）风险管理办公室估算的预计下一财政年度因超额保险支付给外部保险公司的保险费用。

（d）风险管理办公室估算的与财产保险项目有关的其他直接费用金额（例如，精算研究费、诉讼费、经纪费、业务费）。

（e）上一财政年度结束时自我保险储备金与经计算预计所需要的储备金余额相比应保持在盈余或赤字的30%。之所以要求盈余或赤字的30%（而不是100%），是为了提供一种平滑效果，以避免总保险金由于年度之间的剧烈变化而带来严重后果。

（3）累计年度保险费将依据资产重置价值按比例分配给创收业务部门、常规院系、辅助设备部门和一般基金会。

3. 过境保险

a. 保险承保范围——在过境协议规定斯坦福大学承担风险的情况下，斯坦福大学过境保险覆盖所有运往斯坦福大学或由斯坦福大学运送的入境货物。当涉及大型（超过75磅）或复杂的货物，且需要对其进行包装和装箱时，推荐各院系、部门使用美国海外空运。

b. 非保险承保范围——本校不为下列情形提供保险：

（1）上述第2条a款（c）部门描述的情形。

（2）由运行于欧洲港口之间的滚装渡轮进行的水运（除非是内陆水运），以及沿海运输。

（3）向任何美利坚合众国政府或其代理机构确认的非法贸易关系国家进行的运输，将无法得到保险。此外，与其他国家的贸易有时也可能无法得到保险。目前的非法贸易国家列表，参见风险管理办公室网站（http://www.stanford.edu/dept/Risk-Management/）。

c. 免赔额——每项索赔由本校自保50000美元。经受财产损失或损害的院系、部门负责为每项索赔支付1000美元。

d. 索赔受理——额度超过1000美元的损失必须立刻通知风险管理办公室。风险管理办公室必须得到合同副本、购货单据、提单或任何过境协议，运输单据和/或发票。

4. 责任保险

a. 保险承保范围——责任保险覆盖所有涉及本校和政府所拥有车辆的场所和活动。（关于车辆，包括用于本校事务的私人车辆保险的信息，参见指南备忘录 28.7 车辆使用，http://adminguide.stanford.edu/28_7.pdf)。责任保险还包括非国有飞机、船舶、职业责任、雇主责任、产品责任等。

b. 非保险承保范围——斯坦福大学和保险商不为员工和其他个人的下列行为提供保险：
- 犯罪行为(包括攻击、殴打、谋杀、误杀等)
- 欺诈/不诚实行为(包括偷窃、剽窃、伪证等)
- 涉及利益冲突(包括获取个人利益)的行为
- 与斯坦福大学聘用或斯坦福大学活动无关或并非由此产生的行为(如获取个人利益等)
- 政府主管部门或法律对个人的罚款或处罚(包括交通罚款，被判入狱等)

c. 免赔额

(1) 公共责任——每项公共责任索赔由本校自保 1000000 美元。

(2) 与员工和/或学生相关的责任——每项涉及学生和/或员工的责任索赔由本校自保 1000000 美元。

d. 索赔受理——一旦意识到存在可能导致责任保险索赔的意外事件或接到责任保险索赔，相关院系、部门应该立刻通知风险管理办公室。

e. 责任保险费用预算

(1) 责任保险费用包括一般责任、教育者法律责任、车辆、非国有航空和犯罪保险。每个财政年度结束之后，风险管理办公室将确保对责任保险项目下的索赔进行精算研究。精算研究将为未来保险费用的预算提供两个关键数据依据：

(a) 支持上财政年度末之前发生的但尚未解决/完成的索赔(及相关费用)所需要的自我保险储备金金额。(这可以是根据连续几年索赔清算净值进行的估计。)这一精算得出的准备金金额可能高于或低于财政年度末实际的储备金余额。

(b) 通过精算预测自我保险需要的资金支持水平，即下一个财政年度可能发生的索赔费用。这将是每年增加至储备金余额中的用以承担次年发生的索赔费用的储备金金额。

(2) 在预算周期范围内(不晚于 2 月 1 日)，风险管理办公室应该告知预算办公室下一财政年度应该缴纳的责任保险项目累计年度保险费。同时，风险管理办公室还应该告知创收业务部门、常规院系和辅助设备部门下一年度应该缴纳的责任保险费额度。累计保险费由下列四部分组成：

(a) 精算预测的为下一个财政年度可能发生的索赔费用所应准备的自我保险资金支持水平。

(b) 风险管理办公室估算的预计下一财政年度因超额保险支付给外部保险公司的保险费用。

(c) 风险管理办公室估算的与责任保险项目有关的其他直接费用金额（例如，精算研究费、诉讼费、经纪费、业务费）。

(d) 上一财政年度结束时自我保险储备金与经计算预计所需要的储备金余额相比应保持在盈余或赤字的30%。之所以要求盈余或赤字的30%（而不是100%），是为了提供一种平滑效果，以避免总保险金由于年度之间的剧烈变化带来严重后果。

(3) 责任保险费用分摊——累计年度保险费中将划分出一部分，依据使用情况、出席情况、占用和面积尺寸分摊给某些创收业务部门、常规院系和辅助设备部门。划分出上述部门的累计年度保险费结余将根据上一年度的实际薪金和人员统计数据分摊给所有的创收业务部门、常规院系、辅助设备部门和一般基金会。

车辆保险费将以车辆为基础进行分摊，不计算在责任保险累计年度保险费中。

(4) 索赔解决费用分摊——每个财政年度结束之后，风险管理办公室均将对一年中为解决所有责任保险索赔（不管索赔是哪一年提出的）而支付的成本进行分析。如果某创收业务部门、常规院系或辅助设备部门的索赔解决成本超过其同期支付的责任保险费，则该单位应该负责未来三年内支付超出部分的80%用于补充自保储备金。如果该单位的索赔解决成本少于其同期支付的责任保险费，则盈余部分的50%将作为奖励在三年内返还该单位。如果解决索赔问题导致了储备金过剩，则盈余将用于降低全校的累计年度保险费，内容如上面预算部分所述。

5. 犯罪保险

a. 保险承保范围——犯罪保险覆盖因抢劫、入室盗窃、偷盗或员工不诚实行为导致的金钱和证券损失。

b. 非保险承保范围——一旦由于员工的不诚实行为导致的损失被查明，保险公司将拒绝对因该员工将来行为导致的损失进行赔偿。各院系、部门必须立刻提出索赔，并采取行动避免进一步损失。

c. 免赔额——每项索赔由本校自保1000000美元。

d. 索赔受理

(1) 报案证明——相关院系、部门必须立刻通知警察部门（参见指南备忘录28.6财产保护，http://adminguide.stanford.edu/28_6.pdf）。

(2) 内部审查报告——相关院系、部门必须立刻通知内部审查部门，该部门将对相关程序和政策进行审查，并针对如何强化内部管理以帮助避免损失再次发生提出建议。

（3）保险索赔——相关院系、部门必须联系风险管理办公室寻求关于索赔受理的帮助和指导。

e. 责任保险费用预算——包含在上述一般责任预算程序中。

6. 其他财产和责任保险

a. 债券——公证债券和其他各种债券均通过风险管理办公室协助购买。费用由提出购买的院系、部门支付。

b. 租赁或租借给斯坦福大学的财产——任何将会被作为租借或租赁物接受的财产都应通过采购部进行安排。拥有授权的官员签署协议非常重要。该协议必须阐明财产描述和价值、负责保险方、保险覆盖的危险因素、负责运输保险方（来往均包括在内）等。上述协议的副本必须送至风险管理办公室。

艺术品租借表格可在风险管理办公室网站（http://www.stanford.edu/dept/Risk-Management/docs/forms/loanartform.shtml）获得。

c. 飞机和船舶——如果本校因业务需要使用飞机（非定期航线）或船舶（大于或等于25马力且/或长度大于或等于26英尺），鉴于有必要为学校和教职员工的安全而安排特别保险，请致电风险管理办公室。

d. 医疗事故保险——更多信息请联系风险管理办公室。

28.6 财产保护

授权 本指南备忘录由负责商业事务兼财务总监的副校长批准。

概述 本指南备忘录概述各院系、部门保护本校财产的责任。

以下各条标题为：

1. 设施的保护
2. 针对盗窃和故意破坏的防护措施
3. 盗窃或故意破坏事件报告
4. 本校员工盗窃事件
5. 本校财产的使用

1. 设施的保护

a. 安排——各院系、部门均有责任进行一切必要安排，以对处于非使用状态的本校设施进行保护。

b. 针对员工的指示——应该指示所有员工，当他们离开某一无人值守的区域或结束正常工作时，应该锁闭所有门窗和储存设施。在常规时间以外工作的员工，进入和离开建筑物时均应该重新锁门。

2. 针对盗窃和故意破坏的防护措施

a. 钥匙——持有建筑物、办公室、实验室和储藏室钥匙的人数应尽可能降到最少。各院系、部门应该保存持有钥匙者名单。一旦工作终止,应该交回钥匙。应该经常更换门锁和钥匙。

b. 设备维护——各院系、部门均有责任保存和维护所有贵重设备。如果设备外借,应该保有所有借用情况记录。如有条件,便携式贵重仪器非使用时应该保存在带锁储藏库中。应该给予筛分或链接计算机、显微镜和类似设备的工作表面以特别关注。如需就如何通过斯坦福大学办公室保护项目保护财产进行咨询,请联系警察部门,电话 650/723-9633,网址 http://police.stanford.edu。利用该项目可以减少相关院系、部门的金钱损失,并可获得 1000 美元保险免赔额减免。

c. 有价文件和记录——应该做出特别安排以保护具有价值的、不可替代的秘密文件和记录。存有秘密或有价值的文件的桌子、文件柜和保险箱一旦无人看管,不管时间长短,均须锁闭。应该考虑对副本记录、磁盘、磁带或缩微胶片进行维护。宝贵的记录应该安排异地存储。这些记录的存储方式应为活期。

d. 保险箱——如有物品需要放入保险箱,应该以斯坦福大学的名义租借保险箱,斯坦福大学(而非个人)将承担费用。保险箱的放置地点的通知和授权签字应该送至风险管理办公室和财务办公室的会计官处。

e. 金钱和个人财产——应该定期提醒员工,不要将现金、钱包、笔记本或贵重个人物品放在容易接近的地点。个人车辆应该上锁。

f. 艺术品、贵金属和宝石——不管何时,如果总额巨大的艺术品、贵金属(如金、银、铂)和宝石(钻石、蛋白石、蓝宝石等)通过购买、捐献或借贷的方式由本校获得,相关院系、部门有责任制定适当的安全和责任追究制度。警察部门和风险管理办公室可以帮助建立贵重物品接收、清点、储存和问责的审计系统。相关院系、部门应该保存对相关程序的描述文件。接收上述财产作为借贷品或礼物的院系、部门应该递送一份存货单至风险管理办公室以备对其进行保险。

g. 破坏——针对盗窃行为的充分防护措施应该也能针对破坏行为起到相同的保护作用。如果某些体育措施未经授权便可接近,相关院系、部门应该向斯坦福警察署咨询对其进行充分保护的方法。

3. 盗窃或故意破坏事件报告

a. 立即向警察汇报——盗窃行为、试图行窃的证据,以及破坏行为,一经发现必须立刻向斯坦福大学警察署汇报。

b. 调查偷窃或破坏行为——只有警察有权对偷窃或破坏行为进行调

查。其他人都应该注意不破坏证据且未经调查官员允许不得对该事件擅自采取行动。

c. 保险——风险管理办公室受理所有针对本校被盗、被破坏或被损害财产的重置费或维修费的索赔。更多信息，参见指南备忘录28.5。

4. 本校员工盗窃事件

a. 职员——如果确定某位职员作为肇事者或同谋参与了盗窃本校财产或本校负责的财产，将被开除，并受到法律起诉。

b. 教员——学术委员会成员的行为将受到教师纪律说明的约束，该说明可在《教师手册》中找到。

5. 本校财产的使用

不得出于个人目的或为获得个人利益而使用本校财产。参见指南备忘录82.1 大学活动，http：//adminguide.stanford.edu/82_1.pdf，以及介绍因公共活动而使用本校财产的政策的《公共活动政策与实践手册》。

28.7 车辆使用

授权　本指南备忘录由负责商业事务兼财务总监的副校长批准。

适用　本政策适用于所有被允许驾驶本校自有车辆或出于本校官方事务目的使用个人车辆的教职员工、本校代表或其他人员。

本政策覆盖的所有群体均须遵守并做到《加州车辆法》及其他适用法规规定的所有要求。驾驶本校车辆的司机触犯法律所受到的罚金和处罚属司机的个人责任，本校将不承担任何责任。

注意：斯坦福线性加速器中心国家加速器实验室车辆为政府所有，不受本政策约束。斯坦福线性加速器中心员工在使用该中心的车辆时，适用单独的实验室政策。斯坦福线性加速器中心员工在使用本校自有车辆或出于本校与研究中心无关的官方事务使用个人车辆时，适用本指南备忘录的政策。

概述　本指南备忘录概述本校车辆的使用政策。

以下各条标题为：

1. 本校车辆的授权使用
2. 涉及本校车辆的意外事故
3. 出于本校公务目的的私人车辆使用

1. 本校车辆的授权使用

a. 政策——本校自有车辆仅可用于本校官方活动。本校车辆须由持有加州驾照的教职员工、学生或本校代表，或其他得到许可的人员驾驶。例外：持居留地发放的有效驾照的注册学生也可驾驶本校车辆。要求驾驶本校车辆的职位,需在职位描述中注明:1) 驾驶要求,及 2) 持有并保留有效驾照的必要性。

　　b. 授权使用本校车辆——拥有本校车辆的各院系、部门负责对其进行分配和使用,但是在未得到院系部门或行政单位领导或其委派人明确同意的情况下,不得将本校车辆驶回家过夜或者用于连夜行驶。

　　c. 使用本校车辆的程序——就本校车辆的使用,部门/行政单位必须备有书面程序(诸如追踪车辆使用和里程的进展记录)。在任何个人获批使用本校车辆前,该个人须书面承诺其将遵守部门的车辆使用程序及本政策,接受部门参加车辆管理局的问题通知计划。部门/行政单位每年将与车辆管理局核实驾驶员的驾照资格是否有效。

　　d. 汽油——本校车辆所需汽油应尽量取自本校服务站,该服务站位于波奈尔塞得路,设备运行部附近。如果本校车辆被用于长途公务旅行,则应由设备运行部部长授权签发汽油信用卡供使用。

　　e. 安全、维修和保养——获分配本校车辆的部门/行政单位有责任确保这些车辆的安全和去向,并确保其得到合理保养。本校车辆的钥匙应存放于一个安全、带锁的地方。本校车辆如需任何维修,应交付斯坦福大学设备运行部车库,除非车库主管同意相关部门使用其他服务机构。本校车辆将被安排进行定期预防性保养,各院系、部门将得到保养预约的书面通知。

　　f. 驾照遗失/状态变更上报——使用本校自有车辆的或出于本校公务经常使用个人车辆的员工,因驾照撤销、吊销或其驾驶权受限并且在此吊销、撤销或受限期内被禁止驾驶的,必须立即将情况上报其主管。非员工人员必须将驾照状态变更情况上报有授权驾驶车辆保管义务的部门/行政单位。没有将驾照状态变更情况上报的或是无有效驾照驾驶本校车辆的,将有可能受到包括解雇在内的纪律处分。若员工的工作职责要求该员工驾驶本校车辆,而员工因驾照被吊销或限制而无法履行该驾驶职责的,该员工可能会被解雇,学校没有义务将其转移至另一岗位。例外:为了照顾残疾人的需要,学校将尽量履行其义务。

　2. 涉及本校车辆的意外事故

　　a. 校内发生的意外事故——任何正在驾驶本校车辆的司机,如果在斯坦福大学校内发生意外事故,必须立刻向斯坦福大学警察局及该员工的主管报告。警官将搜集事故现场所有必要信息,如有必要,还将在事后搜集必要信息。

　　b. 校外发生的意外事故——任何正在驾驶本校车辆的司机,如果在斯坦福大学校外发生意外事故,必须立刻将事故报告给当地警察局、公路巡警、治安官或其他依法适当的司法机构以及该员工的主管。本校车辆司机不应该因承认过错或责任而威胁到本校在车辆保险中的地位,也不应得到任何赔偿。

　　c. 事故报告——若发生事故,司机应该记录下列信息并提交到斯坦福大学风险管理办公室：
　　(1) 事故对其他财产或车辆造成损害的性质和程度。
　　(2) 其他车辆的合法所有者和司机的姓名和地址。
　　(3) 其他车辆的车牌证号、型号和样式。
　　(4) 事故发生的时间、地点和日期。
　　(5) 任何伤者的姓名和地址,以及伤势。
　　(6) 任何目击者的姓名和地址。

　　d. 医疗费用——被批准因公使用本校车辆的教职员工有资格享受劳动补偿抚恤金,包括医疗、住院费用和针对误工时间的部分补助。(可参见指南备忘录 22.6 病假,http://adminguide.stanford.edu/22_6.pdf,以及 27.7 伤残及家事假期,http://adminguide.stanford.edu/27_7.pdf。)

　　e. 保险——斯坦福大学责任保险计划为所有被允许驾驶本校自有车辆或分配给本校的政府车辆的斯坦福大学员工和其他人员提供保障。斯坦福大学为碰撞、火灾、盗窃和责任事故进行自保;但是,各院系、部门必须承担 1000 美元首保费用。

　　f. 租借车辆——因本校公务活动而租借的车辆如发生意外事故,适用于本校车辆适用的程序,但是：
　　(1) 租赁机构保险应该先于斯坦福大学保险使用。(参见指南备忘录 36.7 旅行费用,http://adminguide.stanford.edu/36_7.pdf。)
　　(2) 各院系、部门不需要为租借车辆的丢失或损坏支付任何费用或承担任何赔偿责任。

　　3. 出于本校公务目的的私人车辆使用
　　a. 授权使用——如果需要为因公使用的私人车辆支付里程津贴,或者如果发生意外,将针对本校提供的保险提出公务旅行意外死亡保险和劳动补偿抚恤金索赔,则必须得到相关院系、部门或行政单位领导或其委派人的核准。院系、部门或行政单位领导或其委派人有责任确认授权驾驶车辆的司机持有有效驾照,并有个人汽车损害赔偿责任保险。

　　b. 意外事故——被授权因公使用私人车辆的个人,在发生意外时必须遵守适用于本校车辆司机的初步警方报告程序(见上述第 2 条内容)。司机必须搜集所有必要信息,并且尽快通知所在院系、部门领导或其委派人以及风险管理办公室。

　　c. 医疗费用——如果确认意外事故发生时,若司机受雇于本校公务活动,则该司机有资格获得劳动补偿抚恤金。(参见指南备忘录22.6病假,http://acminguide.stanford.edu/22_6.pdf,以及27.7伤残及家事假期,http://adminguide.stanford.edu/27_7.pdf。)

d. 保险——斯坦福大学责任保险政策为使用私人车辆为本校公务服务的员工提供超额责任保险保护,条件如下:

(1)员工个人保险是主要保险,它在本校保险生效或支付任何索赔之前就可使用。

(2)在任何情况下,员工个人保险均应包括至少每人100000美元人身伤害险,每次300000美元意外事故险,100000美元财产损失险或300000美元综合单一险。

斯坦福大学不为员工私人车辆起火、被盗、碰撞或其他损失或损害提供任何保险。员工所在的院系、部门应该为授权公用的私人车辆损害支付免赔额。员工经常因公使用私人车辆的,应该向其保险机构或保险经纪人咨询相关事宜。

28.8 高尔夫球车类型车辆的购置及使用

授权　本指南备忘录由负责商业事务兼财务总监的副校长和负责土地与建筑物的副教务长批准。

适用　本政策适用于所有因公务和/或残疾相关需求使用本政策特定车辆的斯坦福大学员工和学生。本政策适用于整个斯坦福大学校园和医疗中心。

欲了解授权访问者、校友或承包商适用的政策,参看《安全指南:授权访问者、校友或承包商使用租借或私人所有高尔夫球车类型车辆的运行》,http://www.stanford.edu/dept/EHS/prod/mainrencon/occhealth/golfcart/golfcart_safety.htm。

概述　本指南备忘录概述关于本校高尔夫球车类型车辆的运行政策。以下各条标题为:

1. 目的与定义

2. 授权使用

3. 许可区域和禁止区域

4. 购置

5. 安全

6. 车辆保养

7. 意外事故报告

8. 电动车辆

9. 政策执行

1. 目的与定义

　　a. 目的——本政策为在斯坦福大学校园购置高尔夫球车类型的车辆并对其进行有效公务使用提供指导。本政策制订了本校追踪高尔夫球车类型的车辆注册情况的方法，规定了有效公务用途，并说明了相关风险管理事宜。

　　b. 定义——本政策覆盖包括高尔夫球车和其他通过电力或内燃发动机驱动的3轮或4轮机动车在内的机动化车辆。本政策不适用于拖拉机或其他机械，也不适用于在斯坦福大学高尔夫球场内使用的高尔夫球车。

2. 授权使用

　　a. 政策——只有斯坦福大学内部各院系、部门和运行机构出于有效公务用途方可在斯坦福大学购置和使用高尔夫球车类型的车辆。

　　b. 有效公务用途——有效公务用途的含义如下：
- 因公务目的运送本校人员/设备/物品
- 运送暂时或永久残疾的员工/学生

　　禁止学生出于个人运输目的而非残疾相关需要或其他联会*护送服务需要而在校内使用高尔夫球车类型的车辆。

　　c. 员工/学生车辆操作者协议——各单位主管有责任确保车辆使用者持有有效驾照并且每年签订《高尔夫球车类型车辆部门操作者协议》。上述协议可从自环境卫生与安全部网站（http://www.stanford.edu/dept/EHS/prod/mainrencon/occhealth/golfcart/golfcart_agree.htm）获取。

　　相关记录应保存一年。

3. 许可区域和禁止区域

　　a. 校内许可区域——高尔夫球车类型车辆仅能在斯坦福大学校园内指定的街道和道路上行驶。许可路线参见本校服务与配送地图，网址 http://transportation.stanford.edu/pdf/pedzone-access-map.pdf。

　　b. 校内禁止区域——以下区域禁止任何车辆驶入，包括高尔夫球车类型车辆：
- 主方院建筑物群中的内部方院
- 所有有顶拱廊（例如主方院内部、格林图书馆、旧联盟楼内的拱廊）

　　例外：出于医疗需要或无法找到除此之外的配送方法时，可以允许在上述禁止区域内使用高尔夫球车类型车辆。

　　c. 校外禁止区域——如有必要在校外使用此类车辆，必须联系公共安

---

* 译者注：该组织是斯坦福大学内部一个致力于保护学生安全的学生组织。

全部了解相关法律规定。禁止在城市街道上驾驶斯坦福大学自有的高尔夫球车类型车辆,除非能够符合加州车辆法下列章节列明的规定第 345 条、第 4019 条、第 21716 条以及第 21115 条的规定。

　　d. 停泊——只能在硬质且有表面覆盖物（如沥青、水泥、砖）的区域停泊。禁止以下行为：
- 在软质表面,如景观表面、未铺筑表面或鞣制革覆盖的表面停泊
- 阻塞建筑物入口、楼梯、残疾人专道或主要街道
- 用锁链将车辆和树木拴在一起

4. 购置

　　a. 采购——高尔夫球车类型车辆的采购应该依照指南备忘录 57.2 学校车辆,详见 http://adminguide.stanford.edu/57_2.pdf。

　　b. 规格——在可行的情况下,斯坦福大学建议购买电动车辆而非内燃机车辆。

　　新购置车辆必须具备以下安全特征：
- 后视镜
- 车辆拐弯指示灯
- 备用呼叫器
- 前灯
- 刹车灯
- 喇叭

　　c. 注册——新购置高尔夫球车类型车辆必须交付斯坦福大学车库进行下列信息注册：
- 院系、部门/运行单位名称
- 车辆的型号和类别
- 车辆序列号
- 公务用途

　　d. 标志——所有斯坦福大学自有的高尔夫球车类型车辆必须标有本校官方标志,院系、部门名称必须在车辆上显著可见。本校油漆店负责为车辆刷上标志。

　　e. 保安——相关保安措施,参见指南备忘录 28.6 财产保护。相关保安措施可向公共安全部咨询。

5. 安全

　　a. 一般要求——车辆的驾驶不得危及乘客或其他人员,也不得损害斯坦福大学利益。

　　b. 限速——不得超过机动车行驶的限制速度。车辆在人行道和行人区

必须降低速度行驶。在拥挤的行人区，驾驶员应该停车或以缓慢步行的速度行驶。

  c. 载人和载货限制——不得超过车辆制造商规定的载人和载货限制。

  d. 乘客安全——乘客不得将头部、腿部和胳膊伸出车外。

  e. 执行——公共安全部可对违反规定的司机进行传讯。

6. 车辆保养

  主管应该确保车辆按照车辆制造商的推荐定期进行检修和保养，以确保其维持正常的工作状态。

  如果车辆发生故障并被遗留在非正常场所，司机应该在车辆上留下对问题的说明，以提醒公共安全部该车辆有人负责处理。

7. 意外事故报告

  所有车辆事故均应向公共安全部和车辆所属院系、部门主管报告。

  如有人受伤，拨打 9-911。

8. 电动车辆

  • 本校电气站和房屋维护站应与本校规划办公室协调，负责确定充电站的适当位置和安装事宜。新建设施应包含车辆充电站，应在规划书中标明充电站位置。

  • 电动车辆应在指定地点充电。

  • 禁止使用延长线将建筑物内部电源接至车辆。

9. 政策执行

  公共安全部有责任确保高尔夫球车类型车辆适当并安全地运行和停泊，并可以视情况开出罚单。

  停泊不当的车辆将被公共安全部拖走、"逐出"或通过其他方法禁用。

  此外，不遵守本政策可能导致纪律处分。

第三章　财务

34　有关大学资产的责任

授权　本指南备忘录由负责商业事务兼财务总监的副校长批准。

概述　本指南备忘录概括地罗列了学校的各个官员在学校资产管理中的角色和责任。

以下各条标题为：

1. 法律地位
2. 工作职责
3. 年度审计和年度报告

1. 法律地位

根据办学原则和与之相关的法规、法令，学校的董事以信托形式持有斯坦福大学的资产，用于学校的创立、资助、维护和收益。董事具有法人权利和权力；即，可以组建董事会并在其中任职，选拔官员，并制定章程。更多关于大学的组成以及董事会的信息，请参阅指南备忘录 11 大学组织机构，http://asminguide.standford.edu/11.pdf。

2. 工作职责

a. 校长——董事会赋予校长管理学校业务活动的职责。更多的信息，请参阅指南备忘录 11 大学组织机构，http://asminguide.standford.edu/11.pdf。

b. 大学主管人员——董事会授权独立的大学主管人员对其账户中的资金进行管理。更多信息，以及关于进一步授权的信息，请参阅指南备忘录 36 授权支出，http://asminguide.standford.edu/36.pdf。此外主管人员还应行使大学治理结构中有关财务管理决策的职责。有关信息请参阅指南备忘录 11 大学组织机构，http://asminguide.standford.edu/11.pdf，以及所附的组织结构图。

c. 院系——院系对开支的合理性和记录交易的准确性负责。所有的教职员工在获得开支签名的授权之前要强制接受开支政策的培训。有关信息请参阅指南备忘录 36 授权支出,http://asminguide.standford.edu/36.pdf。必须经过斯坦福在线权限管理器的授权才能批准交易或查看财务信息。在线获取财物报告需要签署保密声明。此声明在 http://financialgateway.stanford.edu/docs/confide_agreement.pdf 下载。详细的操作说明,请参阅快速进阶:授权使用甲骨文财务报表(http://financialgateway.stanford.edu/staff/finauthority/quick_steps/grant_auth_repting.html)。

d. 商业事务——由负责商业事务兼财务总监的副校长负责的商业事务,在确保董事完成他们对捐赠者、政府官员、雇员、学生以及大众的职责方面扮演着核心角色。更多关于商业事务组织结构和责任的信息,请参阅指南备忘录 12.1,http://adminguide.stanford.edu/12_1.pdf。

(1) 财务办公室——财务办公室的使命是通过向斯坦福社区提供财务会计服务,促进大学的学术健康。财务办公室通过维护内部控制系统和财务报表系统来履行法定的和受托的关于大学所获拨款的职责。办公室通过提供财务信息和咨询来支持决策。此外,该办公室还负责创建良好的运营环境,使各种资金提供者(例如政府机构、捐赠者、学生以及债券持有人)得以安心地为支持斯坦福学术使命提供资源。财务主管和特定的委托人是唯一被授权为了大学利益而在银行开设账户的个人。

(2) 研究管理

董事会已经授权研究管理办公室(Office of Research Administration,简称 ORA)承诺大学遵守关于拨款和合同协议的法定条款。更多信息请参阅《研究政策手册》,http://www.stanford.edu/dept/DoR/rph/。

除了管理赞助的项目外,研究管理办公室还帮助大学履行其对联邦政府在间接成本回收、额外福利、服务中心、资本设备、空间利用以及成本研究等领域的职责。有关信息请参阅 http://ora.stanford.edu/。研究管理办公室还承担了为了大学利益而协商间接成本和额外福利比例的职责。关于此比例的详细信息请参阅 http://ora.stanford.edu/rates/default.asp。

(3) 信息技术系统和服务——信息技术系统和服务中心的信息系统交付与支持部门为商业事务提供基本的商务信息系统支持。商业系统应用程序也支持院系发挥其管理职能。

(4) 内部审计——内部审计部门的任务是帮助大学的管理部门和斯坦福的董事会鉴别、规避风险及在必要的时候降低风险。此部门负责审查和评估以下两方面的充分性和有效性:① 内部控制系统以及与其相关的会计政策、财务政策和经营政策;② 财务方面和合规方面监控与报告的程序。有关机构合规的内容请参阅 http://institutionalcompliance.stanford.edu/。

（5）财务和债券持有人关系——由财务总监管理大学的债券投资组合，包括与学校董事会一起制定债务政策；设定债务存贮比例；监测大学的债务能力；管理债券、借据以及商业票据的发放和替换；与评估机构以及斯坦福债券的投资者沟通交流；与大学教务长、斯坦福管理公司、房地产部门、财务办公室、大学预算办公室以及教职员工住房中心等校园组织机构合作，协调大学债务的分配。

（6）风险管理办公室——风险管理办公室负责从第三方获得保险，制定适当的自我保险的责任范围层次，并处理所有的保险索赔。风险管理的总体目标是确保大学的资源都得到合理运用，使部门职责范围内的风险得到有效的管理，以及学校得到免受灾难性损失的保护。

e. 设备部——设备部的角色就是提供并保障校园的物质环境。

f. 发展规划办公室——发展规划办公室为大学征求并处理馈赠。更多信息请参见第四章馈赠，http://adminguide.stanford.edu/ch4contents.html。

g. 斯坦福管理公司——成立于1991年的斯坦福管理公司是一个独立的部门，负责管理金融和房地产投资资产。斯坦福管理公司管理捐助投资、备用基金联营投资，以及人寿收益信托投资。该公司还管理董事会指定用于获取收益的房地产（例如：斯坦福购物中心、斯坦福研究园、商业不动产、房屋开发以及房地产赠与）。

h. 法律总顾问办公室——法律总顾问办公室为董事会、大学及其官员提供关于学校在金融交易中的法律权利和义务方面的法律建议。

i. 采购部门——董事会委托采购部门为大学购买货物和服务。更多信息请参见指南备忘录51采购政策，http://adminguide.stanford.edu/51.pdf。

3. 年度审计和年度报告——在财政年度结束时，财务办公室完成当年的会计记录并准备就这一年的财政活动作报告。

a. 年度审计——为了保证大学的资产得到保护，各项交易和事件得以正确记录，由董事会选拔的独立审计师会根据会计审计标准审计年度财务报表。审计师的工作程序包括了解大学系统、程序和内部财务管理的情况，履行检查和其他审计议程，为财务报表中既不存在重大的误导也不包含实质性差错提供合理的保障。

b. 年度报告——大学宣传办公室以大学年度财务报告的形式发布审计报告、审计汇总表和附属的财务报表说明。各部门和个人可以从170楼的宣传办公室（电话：650/725-8396）获取报告。

c. 年度报告详情——财务办公室发布财务清单并以文件的形式分发给学校财务人员。该清单中包含已审计的财务报表。

34.1 大学基金

授权 本指南备忘录由负责商业事务兼财务总监的副校长批准。

概述 本指南备忘录描述了大学的基金和预算。

以下各条标题为：
1. 会计基础
2. 基金组合
3. 预算
4. 基金转换

1. 会计基础

a. 基金会计——大学的账目要和基金会计的准则保持一致。因为大学的资金来自于各种有着不同限制规定的资金源，所以要对单独的基金及其相关开支账目进行跟进。每一个基金都是一个有着自己的资产、负债和基金结余的单独会计实体。

b. 基金使用的限制条款——根据其来源，基金可以分为：

• 限定用途基金，由大学外部的资金源限制，例如资金来源于捐赠或赞助机构。基金也能够由接收者进行内部限制；无论怎样，限定用途的基金只能根据其提供者所制定的用途加以使用。

• 专项基金，由董事会指派用作特殊的用途。

• 非限定用途基金，可用于机构的任何用途。

c. 会计科目表——斯坦福的会计系统使用字母和数字相结合的代码，或者会计科目表。关于此结构的详细解释，请参阅 http://www.stanford.edu/services/oracle/coa/。

若财务办公室、各院系和个人被批准使用一个账户中的基金，三者须共同承担合理使用会计科目表的责任。财务办公室负责保持会计科目表的完整性、分配基金及开支账户数量的合理性。各院系有责任告知基金使用的所有限制规则，使财务办公室的员工能够正确地设立账户。关于各种类型的开支账户的信息请参阅指南备忘录 34.2 活动/账户，http://adminguide.stanford.edu/34_2.pdf。

2. 基金组合

出于计划和报告的目的，大学将具有相似特征的基金联合成基金组合。

a. 日常基金——日常基金组的基金可被用于大学当下的经营活动，也可用于储备余额为未来的支出做准备。基金来源包括：

(1) 合同和拨款——由赞助者提供的用于支付合同和拨款的直接成本的基金之使用是被限制的。奖励条款和可适用的规则规定了资金的使用办法。为申请合同和拨款,项目的主要研究者要通过赞助研究办公室(Office of Sponsored Research,简称 OSR)或其代表向赞助者提交建议,由赞助研究办公室与赞助者协商资助金额。更多的信息请参阅该办公室的网站(http://ora.stanford.edu/ora/osr/default.asp)。

(2) 学费和杂费——董事会设定学费和杂费标准。学生财务服务办公室每季度向注册的学生收取学费和杂费。学费和杂费收入的使用是不受限制的。

(3) 馈赠及过去的馈赠收入——捐赠者详细规定了馈赠的用途,以及本金是否被使用。没有被使用的馈赠本金成为学校资助或学生贷款基金的一部分。可用作消费的馈赠本金和通过捐赠投资取得的任何收入都受馈赠用途的限制。发展规划办公室为大学筹集并处理馈赠。更多信息请参阅第四章馈赠,http://adminguide.stanford.edu/ch4contents.html。斯坦福管理公司负责将能产生收益的资产所产出的货币形式的馈赠和收益用于投资,还负责在适当的时候将非货币形式的馈赠出售。

(4) 设备成本与管理成本(间接成本)的补偿——成本和管理分析办公室计算每一项合同或拨款承担诸如公用工程、建筑物维护和管理支持等成本的百分比水平。这些成本难以从每一个单独的项目中分离出来。联邦政府的监察机构批准这个比例。海军研究办公室(the Office of Naval Research,简称 ONR)是斯坦福的监察机构。间接成本补偿资金使用时不受限制。关于比例计算的信息请参阅 http://ora.stanford.edu/rates/rate_calc.asp。

(5) 设施成本(基础设施和公共事业费用)的补偿——不支付设施相关费用的限定用途和非限定用途基金要承担一定的费用,以补偿大学非限定用途基金支付的运行、维护和公共事业成本。应承担费用是按一定比例分摊以上几项支出。更多信息请参阅指南备忘录 37.3 基础设施费用,http://adminguide.stanford.edu/37_3.pdf。

(6) 辅助机构——辅助机构是独立的财政实体(参见指南备忘录 34.2,http://adminguide.stanford.edu/34_2.pdf),其收入用于支付自己的运营费用。

b. 储备基金——储备基金组的基金包括:

(1) 有效捐赠:遵从馈赠设备限制条款的馈赠需要永久保留,其本金用于投资,只有收入和增值部分可供使用。

(2) 用作储备的基金(或类似储备的基金):可供消费的基金(包括限定

用途的和非限定用途的)的投资方式与捐赠相似。投资的数额必须达到500000美元或更多。由于市场风险,该投资的基金会持续运作较长一段时间(五年或以上)。下列情况下投资的基金可以被再次用于消费:

• 提款超过5000000美元,需要董事会批准才能将其从捐赠当中转移出来。

• 提款在500000到5000000美元之间,需要经过学校财务官员、教务长和财务总监的批准才能将其从捐赠中转移出来。只有未缴余额被取出,才能从较小数额的账户中提款。关于额外的规定,各系应该联系财务办公室寻求指导。

为了保护储备基金的内在价值免受预期的通货膨胀的影响,董事会为储备基金收益设定了支出比例,这为储备基金的实质性增长提供了审慎的比例,同时也为大学当前提供了相对稳定的一部分基金支出。如果支出比例超过了收益,那么过去再投资的收益和/或积蓄赚得的收益会被转移到目前的基金当中来补充这些差额。

c. 学生贷款基金——学生贷款基金并不意味着将这笔钱花掉,而是作为财政援助计划的一部分借贷给学生。这些贷款偿还后,本金和累积的利息成为可给予其他学生的新的贷款。

注意:给学生的奖学金包含在日常基金组合当中。

d. 产业基金——产业基金是董事们获得或特定指派用于设备和债务回收的基金。产业基金也包括大学用于长期资本资产和相关负债的投资。

e. 代管基金——这组基金是其他人持有的基金,而斯坦福是其监管机构的监管人。这组基金体现了大学所持有的债务。

3. 预算

学校每年基于对收入与支出的估计制定一份综合预算。编制预算使得大学在处理支出时能核实基金的可用性。斯坦福大学使用海波龙(Hyperion)规划系统订立预算。

a. 责任——

(1) 教务长——作为大学的首席学术官员和首席预算官员,教务长对综合预算的制定和执行承担主要责任。

(2) 负责预算和辅助管理的副教务长——代表教务长指挥并管理综合预算执行的过程。

(3) 各院系的预算官员与教务长办公室下属的大学预算办公室和财务办公室协作,在他们各自的组织内协调所有的预算活动。

(4) 教务长办公室下属的大学预算办公室维护预算系统,批准所有院系提交的预算,并监督和报告它们与获批的预算中不一致的地方。

b. 年度预算进程/周期——预算进程由大学预算办公室控制。

（1）预测——预算官员每年春季准备好下一年度的收支预测。大学预算办公室使用这些预测制定大学综合预算，并呈交董事会批准。

（2）综合预算——董事会批准了斯坦福大学预算计划（综合预测）后，预算官员记录下预算编制系统中每一个账户对收入和支出（包括薪水和非薪水）的最终的详细的预算。在9月1日前形成官方的大学综合预算。

（3）差异报告——经过一年周期，根据大学管理层的决定，预算官员根据大学预算办公室提供的指导方针，对实际的收支（或预期的收支）与综合预算之间的差异做出分析和解释。大学预算办公室运用这些信息为董事会和大学管理层准备一份高级别的差异分析报告。

4. 基金转换

基金转换就是会计分录，它把一个基金的部分或者全部余额转移到另一个基金账户中。基金转换的适用性取决于转出基金和转入基金的具体特征，这包括基金的类型、限制条款、转出基金和转入基金是否具有相同的基础设施和备用基金集合资金（Expendable Funds Pool，简称EFP）待遇等。总的来说，当转出和转入基金账户的各项特征一致，并且基金并不排斥这种转换的话，基金转换就能得到许可。这些转换被用于：

- 专项基金之间或限定用途基金之间的转换（一般是限定用途基金之间的转换，专项基金要么不被允许要么与项目资助基金转换）
- 将货币转换为产业基金或在产业基金之间转换
- 增加或减少业务预算账户里预算的基金

大多数的基金转换由获得授权的中央办公室员工来完成。然而，一些分布式计算机系统用户也可被授权进行某些类型的基金转换，这些大多是作为网上预算（iBudget）进程中的一步。这些用户要接受网上预算/基金转换培训。

34.2 支出账户

授权　本指南备忘录由负责商业事务兼财务总监的副校长批准。

概述　本大学的财务软件系统包含会计上的两个核心应用：拨款会计和总账。拨款会计下的子分类详细记录支出交易，然后将其归纳到总账上。总账由五部分组成：项目（Project，P）、任务（Task，T）、拨款（Award，A）、支出类型（Expenditure type，E）和组织。项目是具有唯一目的的活动或事件。任务是项目的进一步细化，每个项目至少有一个任务。拨款是特定项目或任务的资金来源。有关学校会计科目表的详细信息可登录网址：http://ora.stanford.edu/cardinal/level_1/cost_policy/default.asp 查看成本政策和会计科目表分类。

本指南备忘录介绍了大学会计系统中的各类支出账户，即项目/任务/拨款账户（PTAs，即上述项目、任务和拨款的集合）。

以下各条标题为：

1. 业务经费预算账户
2. 拨款和合同账户
3. 成本分担账户
4. 馈赠账户
5. 专项基金及相关账户
6. 固定资产项目
7. 学生资助账户
8. 辅助账户
9. 服务中心账户
10. 费用分配账户
11. 应收账款账户
12. 账户维护

1. 业务经费预算账户

a. 目的——业务经费预算账户是本大学核心学术项目和辅助服务的基本账户。业务经费预算账户用于记录这些核心活动的会计记录。

b. 资金来源——在会计年度初期，业务经费预算账户仅从大学的非限定用途基金、某些部门专项基金和捐赠收入中获得资金（参阅指南备忘录34.1大学基金，http://adminguide.stanford.edu/34_1.pdf）。年内基金的变化将由获得授权的预算官员发布到网上。

c. 设立——财务办公室的基金会计部负责建立和维护以大学业务经费预算为资金来源的项目/任务/拨款账户。如需建立新的业务经费预算，持有新预算账户类型书面授权的人要将其账户申请表通过电子邮件发给财务办公室的基金账户管理人员。该表可在 http://financialgateway.stanford.edu/staff/acctstructure/forms.html 下载。详细操作指南，请参阅快速进阶：申请新的账户（http://financialgateway.stanford.edu/staff/acctstructure/quick_steps/request_newPTA.html）。

d. 会计年末——在会计年末（8月31日），业务预算账户中未使用的限定用途基金必须将余额退回到原始的基金来源处。如果开支超出了费用控制，必须用其他来源的基金来填补这个赤字。如果还有可用的预算基金，要和学校预算办公室共同确定如何处理这些基金。

e. 业务预算账户的结算——在任何时候，各系可以向财务办公室的基金会计部门递交一份备忘录，要求对业务预算账户的项目、任务/拨款费用进行结算。除非另有规定，项目、任务/拨款预算将在收到备忘录的下个月的第一天进行结算。

2. 拨款和合同账户

a. 目的——拨款或合同基金以及有关账户的开支要用于记录赞助项目的账户运行情况。《研究政策手册》3.2，http://www.stanford.edu/dept/DoR/rph/3-2.html，设定了给项目的外部赞助是否应被处理为赞助项目的评定标准。要注意的是，没有达到这些标准的外部赞助将被视为馈赠。

b. 基金的来源——拨款或合同基金从赞助研究、教学的机构或其他学校的赞助项目中获得。对拨款和合同的建议由赞助研究办公室或其代表处理。补充信息详见 http://ora.stanford.edu/ora/osr/proposal_development/default.asp。

c. 设立——当拨款和合同已经得到了资金，赞助研究办公室会为赞助项目分配一个基金号码，同时按要求建立相关的项目和任务。赞助研究办公室负责基金存续期间账户系统的维护。赞助研究办公室也直接从学院或者研究生财务资助办公室取得拨款用于学生资助。用于申请账户的表格请登录 http://ora.stanford.edu/ora/osr/award_initiation_pta_setup/pta.asp 获取。

d. 早期账目——为了让赞助项目更经济有效地实施，有时候，在收到批准的资金文件以前就已经产生费用了。这种情况下，各系应该请求赞助研究办公室建立一个早期账户或过渡账户。"早期账户申请表"可在 http://ora.stanford.edu/ora/osr/award_initiation_pta_setup/early_pta.asp 下载。当资金生效时，早期账户变成永久的账户号码，转换不需要费用。

有时候设立早期账户可能不可行，或者有未知的因素。当各系之后决定于赞助项目相关的费用要被记入系的账户时，成本可以按照指南备忘录38费用转移（详见 http://adminguide.stanford.edu/38.pdf）里的规定转换到新的赞助项目中。这只是处理拨款前成本的替代办法但非理想办法。

e. 持续的项目/任务/拨款账户管理

（1）准许开支——首席调查员对调查的准确性、正当性、相关性、适当性负责，并且要定时检查拨款或合同账户（或分摊账户的相关的成本），确保开支没有超过拨款授权的水平。参阅：

- 指南备忘录34.5支出政策，http://adminguide.stanford.edu/34_5.pdf。

- 指南备忘录36 授权支出，http://adminguide.stanford.edu/36.pdf。
- 指南备忘录38 费用转移，http://adminguide.stanford.edu/38.pdf。
- 指南备忘录38.1 分配和补偿，http://adminguide.stanford.edu/38_1.pdf。

（2）批准——拨款的条款和成本治理原则可能需要从事预算重审、差旅管理或购买固定设备的机构来批准。赞助研究办公室处理批准请求。

（3）检查——首席调查员或者其他赞助项目负责人必须每月检查账户，若有疑问须报告首席调查员以便决定需要采取的行动。检查指南和工具可在 http://ora.stanford.edu/expenditure/default.asp 上获取。该检查以每月开支报告中的签字为证。

（4）次分配——拨款或合同的次分配可能用于处理以下账目：
- 转包合同
- 工作的个别部分
- 资本设备的加工制造
- 与项目有关的会议

以上账目与适当的拨款账户相联系，通常通过在项目中设立额外的任务账户来完成。

f. 会计年末——在会计年末，拨款和合同账户的财务记录会由于报告而停止。决算期间整个预算和所有的开支将结转到新的会计年度的开支报告中。

g. 拨款或合同账户的决算

（1）定义——收尾是赞助者判定是否拨款或合同上涉及的所有技术和管理要求都已经完成的管理过程。赞助项目只有在赞助者收到并批准了拨款条款和条件中所要求的所有技术、财政、发明和财产报告，并将接受和签收意见正式通知斯坦福后才能决算。

（2）首席调查员的责任——在拨款和合同进行决算时，首席调查员负责确保费用记录是完整、正当、可分配，并且没有透支。更多的信息请参阅指南备忘录38 费用转移（http://adminguide.stanford.edu/38.pdf）和《研究政策手册》（http://www.stanford.edu/dept/DoR/RPH.html）。

（3）赞助研究办公室责任——赞助研究办公室准备最终的财务报告，并进行检查。最终财务报告一般应在资助结束90天内完成。

3. 成本分担账户

a. 用途——成本分担表明总的项目成本中的赞助协定部分由学校而不是赞助者承担。《研究政策手册》中规定了成本分担政策，详见 http://www.stanford.edu/dept/DoR/rph/3-5.html。必须建立单独的项目/任务/

拨款账户以追踪成本分担。这通常通过在项目中设定支撑赞助项目的成本分担任务账户，并将其与成本分担拨款账户建立联系来完成。

　　b. 基金来源——首席调查员必须鉴别并提供资源来为成本分担账户提供资金。除非有章程授权，来自于联邦拨款的资金不能作为成本分担的资源。资金一般来自于非限定用途基金、馈赠、捐赠收入，或者专项基金。

　　c. 设立——赞助研究办公室准备的拨款通知和签署的拨款文件能显示出这个项目是否涉及成本分担。赞助研究办公室不会开通赞助账户，除非相关的成本分担账户已经开通。当需要成本分担账户时，对资金拥有签字授权的人应该向赞助研究办公室递交一份成本分担预算和成本分担授权表要求开通项目/任务/拨款账户。通过该授权，成本分担账户将会得到注资和保证。成本分担授权表可在 http://ora.stanford.edu/supporting_files/osrform37.doc 下载。

　　d. 持续的项目/任务/拨款账户管理——成本分担项目/任务/拨款账户遵循与上文中拨款和合同的项目/任务/拨款账户相同的项目/任务/拨款账户管理规程。

　　e. 会计年末——在学校的会计年末，财政分担项目/任务/拨款账户必须被全部注资。和上文中拨款和合同的项目/任务/拨款账户相同，成本分担预算和开支延期至新的会计年度。

　　f. 成本分担项目/任务/拨款账户的结算——如上文所述，成本分担账户将会随着相关的拨款或合同账户的产生而被结算。

4. 馈赠账户

　　a. 用途——馈赠账户是用于记录按照馈赠目的使用馈赠而产生的支出。

　　资金的来源——馈赠账户的资金源自单独的馈赠或者具有普遍用途的多种馈赠，以及这个馈赠本身或与其相关的捐赠所带来的收入。

　　b. 设立——当获得馈赠的条款中需要开设单独的账户时，该系通过电子邮件向他们财务办公室的基金会计师递交基金账户申请表。他们也必须将捐赠者的证明材料和馈赠传送表传真给他们的基金会计师。限制馈赠用途的捐赠者应将原始函件和原始的馈赠传输与捐赠支票一起交给馈赠处理部门。不要拿着捐赠支票等待项目/任务/拨款账户开户。基金会计师应与学院协商，合理分配一个基金/拨款号码并设立相关的开支项目和任务。基金会计部门负责建立描述基金用途的基金授权文件。如果建立了新的捐赠基金，基金会计部门应设立一个相关的可消费的捐赠收入基金账户用于获取捐赠收入。申请新的馈赠项目/任务/拨款账户的表格可在 http://financialgateway.stanford.edu/staff/acctstructure/forms.html 下载。详细的操作指南,请参阅快速进阶:申请新的项目/任务/拨款账户。

c. 会计年末——在会计年末,馈赠基金的余额会自动转到新的会计年度。如果开支超过了馈赠基金或捐赠收入基金中可动用的资金,要从由该系管理的另一个适当的基金中转移资金来填补赤字。有关如何使用适当的基金,请咨询个人的基金会计师。

d. 馈赠账户的结算——

（1）捐赠——捐赠馈赠基金以及与其相关的捐赠收入基金很少被结算。在由捐赠收入基金注资的项目/任务/拨款账户要被结算的情况下,各系应该联系基金会计。账户将在下个月的第一天结算。

（2）可消费的馈赠项目/任务/拨款账户——在一年中的任何时候,各系可以向基金会计人员递交一份备忘录,要求对可消费的馈赠项目/任务/拨款账户进行结算。备忘录中应该注明结算的原因。除非有别的规定,项目/任务/拨款账户将在收到备忘录当月的下个月的第一天进行结算。

5. 专项基金及相关账户

a. 用途——专项基金包括了学校（而不是捐赠者或捐赠机构）已经决定用于特定目的的非限定用途基金。

b. 资金的来源——有两种专项基金:

（1）被转到各系用于特定目的的一般基金,例如各系研究资助。

（2）由各系获得并指定归各系使用的收入。例如在专业服务和研讨会中获得的收入。

c. 设立——要开设专项基金及相关的开支账户,各院系须向所在院系的基金会计部门发送电子邮件和项目/任务/拨款基金账户申请表。用于申请新的项目/任务/拨款账户的表格可在 http://financialgateway.stanford.edu/staff/acctstructure/forms.html 下载。基金会计人员与学院协商,根据基金的批准授权信息分配一个基金/拨款号码并设立相关的开支项目和任务。基金会计人员建立描述基金用途的基金授权文件。申请新的馈赠项目/任务/拨款账户的表格可在 http://financialgateway.stanford.edu/staff/acctstructure/forms.html 下载。详细的操作指南,请参阅快速进阶:申请新的项目/任务/拨款账户（http://financialgateway.stanford.edu/staff/acctstructure/quick_steps/request_newPTA.html）。

d. 基金余额的改变——

（1）通过一般基金转换的专项基金只能依靠从其他学校专项的或者非限定用途基金转换才能增加数额。也就是说,收入不能够存入这种基金中。

（2）持有收入的专项基金和现金收据一样,要从其他的学校专项的或非限定用途基金中存入或转换才能增加数额。

e. 会计年末——在会计年末,专项基金的余额会自动转入新的会计年度。如果开支超过了专项基金可用的资金范围,可从其他合适的基金中转换的资金必须足以填补这些赤字。有关如何使用适当的基金,请咨询个人的基金会计师。

f. 专项基金的项目/任务/拨款账户的结算——在一年中的任何时候,各系可以发送电子邮件给基金会计部门,要求对可消费给专项基金的项目/任务/拨款账户进行结算。备忘录中应该有项目/任务/拨款账户进行结算的原因。除非别有规定,项目/任务/拨款账户将在收到备忘录下个月的第一天进行结算。

6. 固定资产项目

a. 用途——固定资产项目关注那些需要资本化的项目设备或与计算机硬件软件系统相关的费用,其允许学校将开支归类为固定资产或资本费用,同时也要求学校在某种程度上节省开支,用以支持间接成本补偿、服务中心的加速发展和财务报告的编写。

b. 资金的来源——多种注资来源可以支持特定的固定资产项目。例如:馈赠、系级基金、学校非限定用途基金、学校设施储备、债务和斯坦福基础设施项目基金。

c. 设立——如果一个系计划设备建设或改造项目,其可以和房地产部合作共同制订发展计划。请参阅 http://cpm.stanford.edu/alternate.htm。当项目得到批准后,要将一份设备表格 I 和项目/任务/拨款账户建立表格提交给财务办公室的固定资产账户部门。固定资产财务对批准的必要性、资金来源的适当性和资金的可用性进行检查,待检查完毕后,方可设立项目/任务/拨款账户并发放包含适当的资产项目/任务/拨款账户、授权的预算和给项目的适当的资产编码等内容的授权备忘录,并通知相应的个人,以便他们按照需要认可项目/任务/拨款账户的签字授权。详细的操作指南,请参阅快速进阶:申请新的项目/任务/拨款账户(http://financialgateway.stanford.edu/staff/acctstructure/quick_steps/request_newPTA.html)。

d. 项目中途变更——如果需要变更资金的来源,各系应告知资金会计人员。一旦基金通过表格 I 拨付,各系不能撤回注资承诺。但是可以用另外的资金来源来替代。

e. 会计年末——在会计年末,项目的整个预算和开支转到新的会计年开支报表中。开支必须全部储备。各系必须全年和固定资产会计部门沟通合作,以便了解并填补项目进行中所产生的赤字。

f. 资产项目结算——项目经理告知资金会计部门项目已经结束。资金会计部门核查未偿的承诺,对项目和拨款账户进行结算,并将所有未使用的基金退还给资金源。

7. 学生资助账户

学生资助项目/任务/拨款账户是用于记录各系从日常基金中给予学生资助的开支的特殊项目/任务/拨款账户。学生资助项目/任务/拨款账户的设立和管理与业务预算、馈赠或指定的项目/任务/拨款账户办法一致,具体视资金来源而定。请参阅快速进阶:申请新的项目/任务/拨款账户(http://financialgateway.stanford.edu/staff/acctstructure/quick_steps/request_newPTA.html)。

注意:给学生员工的薪水、研究生助研和助教费用津贴不属于学生资助。

8. 辅助账户

a. 用途——辅助企业是支持学校教学和科研任务的自负盈亏的实体。他们主要服务教职员工、学生和斯坦福社区。大学辅助服务主要包括房屋和用餐服务、斯坦福大学出版社和体育运动部门。

b. 资金的来源——辅助账户的资金来源是辅助附加活动的收入。会计年度内的预算数额是基于对该年预期收入和花费的预测。

c. 设立——要设立一个新的辅助账户,各系须将带有恰当信息的备忘录提交给基金会计部门。申请项目/任务/拨款资金账户表在 http://financialgateway.stanford.edu/staff/acctstructure/forms.html 下载。

d. 项目/任务/拨款账户管理——辅助机构的管理和商业企业类似。除了收入和支出活动外,它们可能有资产、负债和存储(基金)项目/任务/拨款账户。

e. 会计年末——任何盈余或赤字在年末都要转入辅助账户的留存收益账户中。

f. 进行结算辅助机构的项目、任务和/或拨款账户的结算——在一年的任何时候,辅助机构可以向资金会计部门发送备忘录,申请对用于辅助机构的项目、任务和/或拨款账户进行结算。备忘录中应该包括对账户进行结算的原因。除非有别的规定,项目/任务/拨款账户将在收到备忘录的下个月的第一天进行结算。

9. 服务中心账户

a. 用途——服务中心是主要在学校内为顾客提供特定服务、团体服务或产品的组织单位。大型服务中心包括信息技术服务中心、设备运行部和医学院的兽医服务中心。在院系中能找到代表性的小型服务中心。关于服务中心的详细信息请登录网站 http://ora.stanford.edu/service_centers/default.asp。

b. 批准——新服务中心的申请必须由系主任或院长，或者非学术领域的同等职位的人批准。研究管理政策和执行办公室(The Office of Research Administration Policy and Compliance，简称 RAPC)负责制定服务中心政策，检查每年提交的应该包括服务数量预测的预算，确保费用与联邦和学校的规章一致。请参阅《服务中心手册》(http://ora.stanford.edu/service_centers/manual.asp)以获得更多信息。

c. 年度收支平衡——除非海军研究办公室准许例外，所有的服务中心必须保持年度收支平衡。12 个月的运行费用应该通过 12 个月的分配账目分摊给用户。如果在年末，包括上一年度的余额在内，管理服务中心的资金空缺超过 5% 的，或者学术服务中心超过 15% 的，则由用户填补此空缺，或者由服务中心的部门填补所有的损失。如果年末的资金结余超过 5% 或者 15% 的限额，那么必须向所有的服务中心用户退款。完整的收支平衡计算解释请登录 http://ora.stanford.edu/supporting_files/svc_ctr_exhibitB.pdf。

d. 资金的来源——服务中心的服务和产品的收费都应该根据实际的使用水平，按照统一的标准收取。除非联邦政府特别规定的标准以外，服务中心的收费标准应该刚好等于估算的一年的服务或产品的总成本。

e. 设立——当一个新的服务中心通过并得到了研究管理政策和执行办公室的检查与批准后，该办公室将会开一个新的项目/任务/拨款账户。申请开设新的服务中的信息包括成立服务中心的目的、预期、预计的校内外用户列表、估计的初始预算、服务中心运行需要的固定资产列表和有效的担保项目/任务/拨款账户。所有的学术服务中心必须有担保账户，该账户可以是业务预算、院长的行政基金，或者由院系可支配的未限定用途的馈赠项目/任务/拨款账户基金。请参阅"申请建立新的服务中心"项目/任务/拨款账户设立文件(http://ora.stanford.edu/supporting_files/svc_ctr_exhibitA.xls)。

f. 中途变更——当使用以前的收费标准，管理服务中心年末无法在正负 5% 的范围内取得收支平衡，学术服务中心年末无法在正负 15% 的范围内取得收支平衡，则需申请变更服务中心的价格标准。在新的标准实施之前，须将申请递交给适当的服务中心分析师，并得到其检查和批准。服务中心分析师的名单可在在线培训中获得，见 http://presentation.stanford.edu/svcctrmod1/? slide=18。

g. 会计年末——在会计年末，管理服务中心包括前一年余额在内的余额必须在其年度开支的正负 5% 以内，学术服务中心包括前一年余额在内的余额必须在其年度开支的正负 15% 之内。当资金结余超过收支平衡百分比时,所有多余的款项必须以公正合理的方式退还给所有的用户。当资金空缺超过了适用的百分比,所有赤字由服务中心担保项目/任务/拨款账户,或者将年末的所有损失基于使用比例分摊给所有的用户。在特殊长期收支平衡下或与政府的定价协议下运行的服务中心在年末不必计算收支。

h. 服务中心项目/任务/拨款账户结算——在研究管理政策和执行办公室对服务中心项目/任务/拨款账户进行结算前,该系要清空所有留存的余额。

10. 费用分配账户

a. 用途——费用分配账户是指在费用产生时,还不知道其最终分配给谁的情况下,为保证和加快会计交易的正常进行,用以累积特殊费用的一个部门开支项目/任务/拨款账户。费用每月积累并分配给特定的用户或费用使用者(请参阅指南备忘录 38.1)。人工和物料费不能合计在相同的支出结算项目/任务/拨款账户中。如果必须合计,该系应该建立一个服务中心项目/任务/拨款账户(请参阅第 9 条)。

b. 批准——费用分配项目/任务/拨款账户必须有申请的部门的管理服务主管和具有担保项目/任务/拨款账户财务授权的个人的批准。

c. 资金的来源——申请的部门必须鉴别并提供担保结算项目/任务/拨款账户的资源。从赞助奖金中资金不能用于担保。担保一般来源于非限定用途基金、馈赠、捐赠收入或专项基金。资金来源会被用于担保会计年末任何未清偿的费用。

d. 设立——当各系需要一个新的计算项目/任务/拨款账户,他们要向研究管理政策和执行办公室提交费用分配项目/任务/拨款账户申请(以前是结算账户/活动申请)(详见 http://ora.stanford.edu/supporting_files/expallocsetup.doc 或 http://ora.stanford.edu/supporting_files/Exp_Alloc_PTA_Rqst.pdf)。研究管理政策和执行办公室将检查账户管理者所使用的分配办法和维持记录来支持该项目/任务/拨款账户的建立。

11. 应收账款账户

管理诸如研讨会或专业杂志等由校外的组织赞助的项目的部门,对于发生在校外的费用必须使用应收账款账户。运营预算、专项基金和限定用途基金不能用于这样的活动。若要开设应收账款账户,则应联系财务办公室的应收账款财务部门。

12. 账户维护

在账户建立之时收集的某些信息可能会随时间发生变化。此类信息包括账户所有人、管理人和社会团体的项目/任务/拨款账户。此类信息对财务活动的报告和分析起着关键作用,并有可能影响授权和批准。若因人员调整或业务重组导致信息发生变化的，有关部门必须请求负责维护项目/任务/拨款账户的中央办公室按要求更新信息，详见：http://fingate.stanford.edu/staff/moyrendclose/quick_steps/request_update_attributes.html。

34.4 财务记录的保留

授权 本指南备忘录由负责商业事务兼财务总监的副校长批准。

概述 本指南备忘录包括保留财务记录的时间要求和处理旧记录的安全要求。

以下各条标题为：
1. 保留记录的目的
2. 职责
3. 保留的时间
4. 旧文件的处理

1. 保留记录的目的

保留记录有两个目的。从短期来看，它为负责账户管理的部门提供了监控交易的依据和解决问题的手段。从长期来看，它使本大学遵守《联邦采购条例》、美国国内税务局法规，以及其他联邦、州和地方法规中有关审计和保留记录的规定。

2. 职责

a. 在线交易——当记录交易的源文件为电子文件时，由负责进行在线申请的主要行政办公室负责保留在线交易记录。

b. 书面文件——当记录交易的源文件为纸质时，收到源文件的办公室负责保留交易记录。在大多数情况下，主要行政办公室（如负责工资或支出的办公室）负责保留记录。在应付账款中所有的发票应以电子的形式被接受，并且所有的发票都应作为支持应付账款过程的文件记录。收到的任何付款的文件一旦已经被成功地显示和处理，即会被销毁。在传送和退回（T&R）部门，所有的备份文件均应以电子的方式接受，并作为支持退回的文件记录。文件的来源部门负责保证收到收据正本之前向传送和退回部门（Travel and Reimbursement，简称 T&R）提交电子的请求和备份。文件的来源部门负责销毁任何传送和退回部门已成功处理退回请求的备份文件。每月的补助和合同支出报表是例外，须由首席调查员签署。这些报表须保留在首席调查员所在的学院或部门。

3. 保留的时间

a. 法律和审计要求——当长期保留的记录需要被覆盖时，负责的办公室应当最长期限地保留记录，以满足法律和审计要求。一般的规则是至少达到以下要求的时间：

合同和补助的直接费用：主办研究办公室（OSR）在执行结束之日起接下来的三年时间。（如果情况需要，比如审计和诉讼需要，那么可以更长）。详细资料可参阅 http://ora.stanford.edu/cardinal/level_1/reg_environ/project/record_retention.asp。

包含间接成本率的账户：联邦政府最终签署年度起接下来的3年。根据研究管理办公室（ORA）下属的成本和管理分析办公室（CMA）以确定"剩余"的间接费用。请参阅 http://ora.stanford.edu/ora/cma/default.asp。

商务交易记录（与合同和补助无关的）：4年

员工薪金信息：退休或工作终止之日起6年。

应纳税的收入（现金收据信息和账单，以及所有与商业收入无关的活动的文件，见指南备忘录15.3与商业无关的活动，http://adminguide.stanford.edu/15_3.pdf）：会计年度结束后接下来的4年。

适用于长期保留的某些文件由中央办公室负责保留。对某一特定文件或某一种类文件的信息资料，负责这类交易的办公室应征询财务办公室会计主任的意见。

b. 管理信息——当一个中央办公室承担保留记录的责任时，则当支持交易的副本文件不再用于管理的目的时，发起交易的部门可丢弃该文件。例如，经过审查的完成的交易和包含交易的支出报表。此时各部门可酌情确定保留文件副本的时间。

4. 旧文件的处理

为了保护个人的隐私，包含工资信息的文件必须被粉碎、销毁，或者以其他安全的方式加以处理。有关部门可从记录销毁服务供应商处得到服务。

34.5 支出政策

授权　本指南备忘录由负责商业事务兼财务总监的副校长批准。

概述　本指南备忘录简述了联邦政府关于偿还费用的一般政策，并讨论了分配正确的项目、任务和拨款账户，以及有关开支和信贷的费用类型的重要性。关于允许和不被允许的大学经费的适当安排的更多详细信息，可参阅财务活动网站（http://fingate.stanford.edu/staff/fundsmgmt/res_jobaid/coding_allowable_exp.html）。

以下各条标题为：

1. 背景介绍

2. 定义
3. 一般规则
4. 不被允许的支出

1. 背景介绍

大学用于日常支出的基金有三分之一来自联邦政府,这些基金大部分直接来自于项目的赞助费,但还有相当一部分是通过报销联邦政府赞助的各种基金和合同的间接费用而获得的。斯坦福大学对大学活动是否属于可报销的款项进行跟踪调查,这些可报销的款项用来支付项目、任务和拨款账户产生的支出,并且通过用来记录交易费用类型来对可允许和不被允许的支出项目进行跟踪调查。

只有通过一项涵盖费用政策和账目图表测试的雇员才能被授予在甲骨文财务系统中签名的权力。教师主导式和网络课程均可获得,更多相关信息请参阅 http://ora/cardinal/level_1/cost_policy/default.asp。

2. 定义

直接支出是指为特别赞助项目,或其他有直接花费的成本,比如辅助性的活动所支出的费用,以及可以直接分配给与活动有直接关系且相对比较容易辨认而产生的费用。比如:直接用于项目建设的材料费用。

间接支出是指那些为综合性目的而产生的费用,并因此不便于直接计入某特定赞助项目的直接花费。间接费用通常被称为设施和行政性费用(Facility and Administration,简称 F&A)或营业间接开支。比如:建筑物或者公共设施的费用

3. 一般规则

有关可允许的规则规定在政府文件《OMB 第 A-21 号通告》(详见 http://www.whitehouse.gov/omb/circulars/a021/a21_2004.html)和《联邦条例》之中。在许多情况下,一个特别支出是否属于可允许的支出是一个复杂的问题,当有疑问时,你应咨询你所在地方的财务主管或研究主管,或研究管理办公室(http://www.stanford.edu/dept/ORA/)。所有不被允许的活动和对象均须如此安排。一般说来,联邦政府支付的费用仅当其为:

合理的——一个谨慎的人可能会购买这一物品,并付出这样的价格。

可分配的——基于收益驱动、因果关系或其他等同的关系,这些支出能够分配到政府活动中。

一致对待——支出的处理方式应当与同期的环境相对应。

可允许的——政府法律对可允许和不可允许进行具体化。

如果一项开支无法满足以上标准,那么它就没有资格得到一项联邦批准的基金或合同,不论它具有什么目的。

注：赞助基金与合同的机构使用可允许的条款，意味着被当作在一个特定的基金或合同条款下的直接开支而得到许可。一般允许用于联邦偿还的开支，可能不一定必然得到一个特定基金或合同条款下的许可。

4. 不被允许的支出

不被接受作为一项直接或间接费用的联邦报销的开支，仍可能是被本大学接受的合理的和必需的事务性开支。如在行政管理指南中描述的一样。各部门可以有这些开支，但这些开支必须被列为不被允许的费用，以便能被轻易辨认，并被排除在间接费用流通之外。费用政策和会计科目表的辅导课堂提供一个具体的而且特定化的不被允许的活动（任务）和指令（费用类型），详见 http://cardinal-curriculum/cost_policy/1regulations.html。

35 大学薪金

授权 本指南备忘录由财务主管批准。

概述 本指南备忘录包括了关于大学薪金的一般政策。斯坦福线性加速器中心国家加速器实验室最近应用的政策包含在内。关于斯坦福线性加速器中心的规程应该咨询该中心的商务服务部门。
以下各条标题为：
1. 劳资关系
2. 聘用类型
3. 符合劳工法规定
4. 薪金核算
5. 薪水和工资税
6. 薪金扣除
7. 支票的寄送和银行储蓄通知
8. 薪水和工资计算
9. 特殊情况

1. 劳资关系

重要的实践和法律后果视该个人是大学的员工还是独立承包人而定。

a. 通则——联邦税务条例这样界定员工：员工是遵照雇主在应该提供什么服务和怎样提供服务两方面的指示而提供服务的个人。如果学校在法律上有权控制某人服务的方法和结果，此个人即为员工，则该个人需要遵循所得税的扣缴规定。

关于个人是大学员工还是独立承包人的问题应该由人力资源部门或者

斯坦福采购部门判断。请参阅下文 b 款。

b. 获得帮助——不确定个人的身份时，请联系人力资源部门或采购/特殊合同部门。请参阅"雇用承包人和顾问"部分（http://fingate.stanford.edu/staff/buypaying/hire_contractor_consultant.html）。

2. 聘用类型

根据聘用时间的长度、工作时间占全职工作时间的百分比和他们的职位，员工在工资管理系统中被分为不同的类型。这些类型会对大多数员工的福利资格产生影响。

a. 聘用时间的长度

（1）长期的——长期性员工的聘用时间不得少于 6 个月或更长（谈判单位员工要求连续四个月或更长的时间）。

（2）临时的——临时性员工的聘用时间不得多于 6 个月（谈判单位员工要少于四个月的时间）。任职时间少于 50% 的斯坦福学生可能会被任命为整个学年的临时员工。临时员工不享受就业福利。

b. 聘用的范围——员工的全时工作当量会影响其任职资格和福利水平。在连续聘用期间，关于承认"正式员工"身份及其获得大多数福利计划和项目资格所需要的全时工作当量可参阅指南备忘录 23.1 定义，http://adminguide.stanford.edu/23_1.pdf。

c. 职位类型——工作的类别取决于该职位是否是：

（1）底薪制或时薪制——

- 除非提交了例外情况（例如授权的加班费或减薪）报告，底薪制员工在工资结算期内得到他们该期间的薪水（减去授权扣除的数额）。除例外的情况，不管这段时间内的工作天数，薪水的总量在每个结算期都不变。

- 时薪制员工按照工资结算期上交的考勤卡上记录的实际工作时间来付工资（减去授权扣除的数额）。

（2）豁免或非豁免——详见指南备忘录 23.1 定义，http://adminguide.stanford.edu/23_1.pdf。《公平劳动标准法》规定，豁免的员工没有加班费。

3. 符合劳工法规定

a. 聘用资格证明——

（1）完成 I-9 表格——各系必须在聘用新的和重新聘用员工（包括学生）的三个工作日内递交美国公民身份证和移民服务局（USCIS）I-9 表格，即聘用资格证明。员工必须向各系提交能在美国工作的资格证明。不遵守这些要求的申请者将无聘用资格，并/或要立即终止聘用。

（2）更新 I-9 表格——在美国的工作资格对一些临时访问者来说可能会过期。在工作资格过期前必须提交延期材料。不遵守这些要求的申请者将会导致无聘用资格，并/或要立即终止聘用。

（3）重新核实 I-9 表格——在聘用中断之后要填写一份新的或重新核实的 I-9 表格。继续受雇的学生，除了在学校正常的假期外，无须遵照重新核实的要求。

b. 税务要求——

（1）代扣税信息——新员工在他们受雇的时候必须填写代扣税声明。如果在员工第一次工资结算期的截止日期前未收到扣税声明，薪金系统将会将员工视为按 W-4 和 DE-4 所要求的没有免税的"单身"身份扣税。

（2）税务条约——一些非美国公民，可以基于美国和他们的定居的国家之间的税务条约享有全部或部分免税资格。大多数条约的文本（英语和其他国家的语言）可以在大学图书馆的政府文档部查阅。员工可从薪金与记录部门获得协助，更多信息可参阅 http://fingate.stanford.edu/students/taxinfo/quick_steps/claim_taxTreaty_salary.html。

要获得免税资格，有资格的员工必须填写美国国税局 8233 表格，即《非定居外国人免除扣缴独立个人劳务补偿金表格》，以及相应国家附属表格（CO 8233 系列表格）。表格和附件可在贝克特尔国际学生服务中心和薪金与记录部门获得。填写好的表格必须交给薪金与记录部。

（3）社会保险号码——在员工的社会保险号码输入仁科人力资源软件系统前，不能支付工资或薪水。如果员工已经向社会保险管理部门提交了社会保险号码的申请，薪金与记录部门可接受此申请的复印件以便支付薪水。

4. 薪金核算

a. 半月薪——学校的员工每半月获得一次工资。1 到 15 号为一个结算期，16 号到每月最后一天为第二个结算期。

b. 薪水批准——部门领导或其他大学授权的官员根据预算、补偿金政策和劳资双方的谈判协定批准从他们的项目/任务/拨款账户中支付薪水和工资。除了部门领导，一些办公室有责任对一些特殊类型的员工的薪水和工资进行检查。薪水变化、补偿金的增补、离开期间的薪水和薪水的终止需要同样的授权和检查。主管（即在员工离开时，对员工的工作时间拥有第一手资料的指定人）负责审定员工的考勤卡。

• 教员和学术人员——教员和学术人员的薪水由主管的院长和教务长办公室检查和核准。

• 底薪制的职员——职员的薪水由主管的院长、总监或层级相当的学校官员设定、检查和核准。有时候也须由人力资源部门检查。

• 时薪制职员——由人力资源部门检查和核准时薪制职员的工资。

• 学生——本科生工资等级,详见 http://www.stanford.edu/dept/finaid/wagescale.html;指南备忘录 24.2 研究生助教职位,详见 http://adminguide.stanford.edu/24_2.pdf;增补研究生助教奖学金,详见 http://www.stanford.edu/dept/DoR/TAL_tables/。

c. 项目/任务/拨款账户支出——财务办公室将薪水和工资的开支记入部门指定的项目/任务/拨款账户当中。费用在每月的开支或细节报告中报告。各部门的员工通过甲骨文财务劳动分配模块中的"劳工明细表"提供费用的说明。员工要参加培训并签署保密声明,详见 http://fingate.stanford.edu/docs/confide_agreement.pdf。

(1) 多种活动/账户——如果一个员工从多于一个的项目/任务/拨款账户中获得工资,薪水或工资中获得授权的部分要分摊到适当的项目/任务/拨款账户中。给员工的薪水支票或银行储蓄通知将把所有的薪水合并到一张支票上。

(2) 工资担保活动/账户——每个部门指定一个未受限制的项目/任务/拨款账户作为组织的临时账户。一旦薪水的资金源用完并没有及时得到替代基金的补充时,该部门员工的薪水可以从此账户中支出。应定时检查被计入 51610 开支类型的组织的临时账户,以便决定是否需要转移。请参阅指南备忘录 38 费用转移,http://adminguide.stanford.edu/38.pdf。

5. 薪水和工资税

a. 应纳税收入——学校从付给员工的所有应纳税收入中扣除联邦、州和其他适用的税款。应纳税收入包括了常规工资、加班费、补贴和任何为学校工作而收到的额外工资和杂费。

在每一个纳税年(1 月 1 日至 12 月 31 日)末,学校将为每一员工制定和发放薪水和收入税扣税声明 W-2 表格。作为默认选择,W-2 表格将会寄至员工在仁科人力资源数据库中登记的地址。员工也可在网站 http://axess.stanford.edu 上选择以电子形式获取 W-2 表格,下载到税务筹划软件计划中存取。

学校亦会向联邦和州政府寄送 W-2 表格。

b. 免税——由于兑换额度都是由内部利润服务中心或税收委员会批准的,所以员工不能索取更多的扣缴的免税额。如果员工希望增加预扣税的额度,免税额部分可以增加,或更少的税将被扣除。关于填写美国国税局 W-4 表格和加州税务局用于详述免税额度的 DE-4 表格的更多信息,请登录 http://fingate.stanford.edu/staff/payemployee/quick_steps/declare_withholding_allowance.htm。

c. 学生员工——学生在求学期间担任学校的工作会通过学校工资获得

报酬。斯坦福学生员工不缴纳社会保险税或残疾保险。

d. 奖学金和学术奖金——奖学金和学术奖金不是基于完成的工作而发的报酬。而奖学金和学术奖金的接受者并不因为接受来自大学的钱而被纳入与大学的劳资关系之中。

e. 研究和教学助理——研究助教奖学金和教学助教奖学金是可纳税的,税款从每半月的支票中扣取。

f. 非加州居民——出于为加州收税的目的,所有在加州工作的员工都被视为加州居民。

g. 非美国居民的税务规定——外国人的薪水和工资的发放按照美国和加州的税法为依据。关于外国人的税收法律、条例、协定和决定的特殊规定由美国国税局和加州税务局处理。薪金与记录办公室可以协助外国人填写学校要求的表格,并提供联邦和州政府出版的税务信息。

6. 薪金扣除

a. 为福利而扣除——有资格获得福利的员工(例如:正式职员、教员)的薪金中可以支付员工的一些保险项目,从而减少支付他们的薪水,也就是以福利替代薪水。请参阅 http://benefits.stanford.edu。

b. 其他授权扣费——学校已经授权自愿扣除薪金作为给某些组织的费用(例如斯坦福员工俱乐部)。每种情况下均须向员工发出通知方能实施。计划使用这种程序的任何员工应该直接与授权扣费的组织约定。相关组织会将授权寄送给薪金与记录部门。

c. 报告扣费——工资清单中详细罗列了每一笔薪水的扣费情况。扣除的数额会被送往指定的组织。

d. 停止扣除——

(1)福利——因福利而扣除薪金的在无薪休假时应停止扣费。若扣费停止,员工将获得大学休假管理人员的通知,就员工应如何支付由其分担的适用的保险计划作出安排。

若员工身份转变为不享受福利待遇的资格(参阅指南备忘录23.1定义,http://adminguide.stanford.edu/23_1.pdf)或聘用关系终止时,应停止因福利而扣除的薪金。此种情况下,聘用终止的员工可致电斯坦福大学福利处咨询何时可以从他们的退休基金账户中获得退休金,电话(650)736-2985(按选择键3)。

(2)其他批准的扣费——斯坦福以外的机构可以安排对员工工资扣费,不受雇用身份变化的影响。这种扣费在无薪休假、聘用关系终止或者退休时停止。

7. 支票的寄送和银行储蓄通知

a. 薪水支票直接储蓄——鼓励员工将他们的薪水支票直接储蓄在他们的银行账户里面。员工可以使用任何银行或者使用作为自动票据交换所成员的且能接受电子转账的储蓄所或信用合作社。直接储蓄登记操作指南参见 http://fingate.stanford.edu/staff/payemployee/quick_steps/enroll_direct_deposit.shtml/。

b. 半月薪和通知的寄送——所有的员工都能在 https://axess.stanford.edu 获得电子的工资清单。薪金与记录办公室通过内部的邮件向谈判单位员工发放现实的薪水支票和纸质的工资清单。其他希望得到纸质工资单的员工必须在 https://axess.stanford.edu 中选择该选项。

c. 未送达的支票——如果缺勤不超过一个工资周期,给缺勤员工的工资会保留在各系直至该员工回来。应员工要求,各系可以邮寄支票。邮局退回的任何支票应该转送至薪金与记录办公室处理。有错误的工资单必须归还薪金与记录部门取消,并从员工的 W-2 表格中撤销。

d. 过期支票——薪水支票在发出后六个月内可以转让。过期的支票应该退还给薪金与记录部门重新签发。支票中的资金在签发日起一年以内没有兑现的必须寄回加州无人申索财产局。

e. 最终薪水支票的发放——个人的最终薪水支票必须包括离职日结算的所有薪金。这包含了所有应得款项。这些款项包括累积的、未使用的假期,个人调休和浮动假期,较少授权的扣费。如果有问题,各系应该提前联系员工和劳动关系处。

(1)如果由学校提出解约,或者如果是由员工提出解约并至少提前 72 小时给予解约通知,最终的薪水必须在解约日发给员工。

(2)如果员工提出解约但是没有提前 72 小时给予解约通知,那么最终薪水应该在解约后 72 小时之内发给员工。

各系要负责确保在法律规定的时间限制之内给予员工最终薪水。必须向薪金与记录部门提交一份完整的解约事务报告以便处理最终的薪水。更多信息请参阅 https://www.stanford.edu/dept/dms/hrdata/documents/TerminationJobAid_000.doc。

8. 薪水和工资计算

a. 假期工资和假期借款——解约时,假期挣得但还未支付的工资应基于解约时员工每小时报酬比率支付。对于领薪水的全时工作当量 100% 的员工,每小时的工资比例是年工资除以 2080(每年的工作小时数)。如果一个员工解约或者转换了部门,从 2003 年 9 月 1 日起累积的假期将通过在线费用传递给以同样方式计算的中央假期应计账户。(请参阅指南备忘录 22.

5休假,http://adminguide.stanford.edu/22_5.pdf,以及政策说明:假期平衡资金财政支持,http://fingate.stanford.edu/staff/payadmin/policy_notes/vac_balance_funding.html。)关于假期的累计和使用的更多信息,联系财务办公室的财务信息与汇报系统(Financial Information & Reporting Systems,简称FIRS)。若员工解约或转换工作时,可以用假期累计模板计算假期,详见 http://fingate.stanford.edu/staff/payadmin/forms.html。

b. 部分薪水周期工资计算——给新员工或解约底薪制员工支付不到一个薪水结算周期的工资要通过将年工资除以2080(全年的工作时间),并乘以雇员在薪水结算周期中实际工作的天数,包括临近的假期,再乘以8(假定全职豁免员工每天工作8小时)。若员工在假期的前一天或后一天工作或带薪离开(包括假期)时,假日被算作工作日。

9. 特殊情况

a. 预付工资——在下列的一些情况下,薪水可以预付给不属于谈判单位的正式员工。(关于给谈判单位成员的预付工资信息可以在适用的协议中找到。)

(1)假期预付工资——预计度假离开连续10个工作日,并且不在旧金山湾区的员工可以要求提前支付该期间应支付的常规工资。

(2)紧急预付工资——只有在紧急情况下,并经过其所在部门的同意,正式员工可以在薪水结算周期的付薪水日之前提前拿到那个结算周期的常规工资。在一年内,同一员工不可获得两次以上的紧急预付工资。

b. 教员解约——完成聘用责任,但是在其协议中指定的雇用结束期前离开的教员,可以通过特殊的处理程序获得余下的工资。如果运用这种可选办法,这个教员在学校的员工身份和相应所有福利在解约日结束。解约日不得晚于最后的工资发放的时间。

36 授权支出

授权 本指南备忘录由负责商业事务兼财务总监的副校长批准。

概述 备忘录列出用于大学科研项目、工作任务以及拨款的基金的管理责任。

以下各条标题为:

1. 大学基金的责任
2. 批准程序
3. 审查和纠错

4. 限定用途基金的支出

5. 更多信息来源

1. 大学基金的责任

a. 大学人员的责任——董事会已将用于项目/任务/拨款的基金的管理责任下放给各学院院长、各部门负责人、首席调查员和其他学校领导（参见指南备忘录 11 大学组织机构，http://adminguide.stanford.edu/11.pdf，及相应的组织结构图）。这些人员有权使用这些基金来完成其指定的职责，并负责确保用于项目/任务/拨款的支出是：

- 合理的和必要的。
- 符合既定的大学政策和实际使用用途，适用于大学的工作，包括教学、研究和公共服务。
- 符合赞助或捐赠的支出限制。

欲了解更多有关支出政策的信息，参见指南备忘录 34.5 支出政策，http://adminguide.stanford.edu/34_5.pdf。

b. 授权——购买涉及项目/任务/拨款的服务和材料时，签署支出文件的权利可以下放，并且学校领导可授权代表签字。但是，学校领导保留管理项目/任务/拨款账户的责任，在授予签字权利时可以限制支出额度和类型。

欲了解更多信息，请参阅财务工作网站上关于财务管理部分的内容，http://financialgateway/staff/finauthority/index.html。

2. 批准程序

a. 培训——网络上 24 小时提供支出政策和财务课程（获得签字权利的必修课）图解，一般每季度有一次课堂教学。无论参加何种课程，必须 100% 通过在线测试才能获得许可。另外，在线培训很容易进行，在线课程和参加课堂教学的注册信息可参阅网址：http://ora/cardinal/level_1/cost_policy/default.asp。

b. 授予签字权利——

（1）学校领导——学校领导必须向财务办公室发函，说明他们负责的部门及其所授权的管理者，财务办公室将此函存档。

（2）授予签字权利——无论是电子或书面形式的交易，部门负责人或项目/任务/拨款账户负责人授权时必须通过权限管理器。

c. 电子签名——校园财务系统的用户需要确定自己获准使用这些系统，并需明确安全验证方法。指南备忘录 64 识别和认证系统，http://adminguide.stanford.edu/64.pdf，有这些方法的详细说明。除了独立于系统的验证方法，财务系统可能有其特定的身份验证方法（例如，使用某一特定系统的用户名和密码）。不论身份验证方法如何，任何认可的电子验证方法都相当于雇员的手写签名,可作为"电子签名"应用。

d. 签名安全——只有授权代表可以批准手写或电子形式的交易。如果某人被发现欺诈性地以他人名义签字、使用他人的身份验证信息,或将其个人身份验证信息泄露给他人,都将对其采取处罚措施。处罚措施将依事实和每个案件的情况而定,其中包括解雇或取消学籍。用户如何使用身份验证信息详见指南备忘录64,http://adminguide.stanford.edu/64.pdf。

e. 签字权利的限制——

(1) 费用报销——任何人无权批准自己的费用报销。费用报销需要两个签名,一个是个人签名,另一个是项目/任务/拨款账户负责人或其合适的授权代表的签名。在紧急情况下,如果有签字权利的人不在学校,报销申请可递交给负责学校和部门管理的助理财务主管。

(2) 薪金——任何人不得签署可影响到其个人薪金的工资单,或者直接或间接影响个人的工资的报告。

(3) 利益冲突——任何人不得批准付款给有利益冲突的个人或企业(参见指南备忘录15.2有关义务和利益冲突的员工政策,http://adminguide.stanford.edu/15_2.pdf)。

f. 撤销签字权利——如果有签字权利的人调到其他部门或离开大学,当时授权的学校领导(或者现在当职的领导)负责撤销调离人员的签字权利。有关更多信息,参见简要步骤:授予、改变或者撤销财务权利,详见 http://financialgateway/staff/finauthority/quick_steps/grant_revoke_auth.html。

3. 审查和纠错

a. 部门审查——学院院长、部门负责人,首席调查员和其他有基金分配权的学校领导,负责审查其交易费用和每月开支报告,以确保:

- 所有支出都是必要的,并符合大学的目标。
- 费用是合理的。
- 费用可用于项目/任务/拨款支出。
- 费用正确编码为允许或不被允许列入大学的间接费用率计算。
- 费用确实用于项目/任务/拨款支出。
- 费用分配是合理和公平的。
- 有合适的费用记录,并以一致的方式记录在各部门账户中。

b. 审查证据——交易审查后应在表格恰当位置有手写或电子签名。

c. 纠错责任——该部门负责纠正错误。纠错时限说明在指南备忘录38费用转移,http://adminguide.stanford.edu/38.pdf。偶尔发现的错误不在规定的纠错时限内。无论错误何时被发现,其项目/任务/拨款账户利用了学校物品或服务的大学官员必须为该物品或服务支付费用,要么从同一项项目/任务/拨款账户中补偿,要么从其他合适的项目/任务/拨款账户中补偿。

d. 中央办公室审查——作为学校领导基本审查责任的补充(而不是替代),财务办公室或赞助科研办公室负责审查尚未验证或核实的学校交易费用。一部分交易以抽样的方式审查。如果发现不合理或不合适的费用,审核办公室指导支出负责人纠正错误。如有必要,审核办公室可以更正部门的错误,并为该部门提供账目的副本。

4. 限定用途基金的支出

a. 遵守外部限制——限制基金的支出,如组织研究或馈赠基金,不论是否来自联邦政府,必须符合协议或馈赠文件中规定的所有限制条件或排除条款。联邦赞助项目的支出资金需满足适用性、实用性、符合合理标准的管理和预算办公室文件 A-21 规定的合理标准、教育机构的支出原则,以及大学和联邦政府达成的协议。

费用分担任务必须和他们支持的赞助项目遵守相同的标准。

b. 费用的月度审查——对赞助项目及与其相关的费用分担任务和支出报表必须每月审查,详见指南备忘录34.2支出账户,详见http://adminguide.stanford.edu/34_2.pdf。审查的范围应该包括月度审查指导和月度核对工具所涉及的内容,详见 http://ora.stanford.edu/expenditure/default.asp。审查后需在每月支出报告上签字。当月支出报告的审查必须在支出后的两个月内完成(例如,10月的支出必须在12月31日前完成审查)。

c. 费用的季度认证——下述直接费用的认证已经印在赞助项目和费用分担任务每个月的支出报表上:

"尽我所知,该项目的薪金和工资支出,与工作表现是相符的。尽我所知,该项目的其他费用支出是适当的。如有必要,已经(或将会)根据财务制度进行修正。

首席调查员的签名＿＿＿＿＿＿＿＿＿日期＿＿＿＿＿＿"

这份认证声明必须由首席调查员签名,但审查可由其他经验丰富的人进行。只有最后的学术季度的支出报表必须由首席调查员签名。季度认证必须在一个学术季度结束之后两个月内完成。详见《研究政策手册》文件3.1,http://www.stanford.edu/dept/DoR/rph/3-1.html。

签名意味着首席调查员或指定审查员已经审查过该项目的所有直接费用,支出报表中的费用记录是合理的和准确的,该部门已经有专人开始根据财务账目更正分歧。审查和更正分歧必须在规定期限内完成,具体说明详见指南备忘录38费用转移,http://adminguide.stanford.edu/38.pdf。

d. 记录保存——认证过的支出报告必须在该部门存档,为将来接受政府和大学审计人员的审查做准备,此支出报告要求与赞助项目在学校的留存记录保持一致(见指南备忘录34.4 财务记录的保留,http://adminguide.stanford.edu/34_4.pdf)。

5. 更多信息来源

a. 管理办公室——财务办公室或赞助研究办公室可回答有关支出授权的问题。相关信息参见 http://fingate.stanford.edu/staff/fundsmgmt/res_jobaid/helpmatrix.html 或 http://fingate.stanford.edu/contact/faculty-staff.html。

36.3 预付开支

授权 本指南备忘录由负责商业事务兼财务总监的副校长批准。

概述 本指南备忘录罗列了关于大学活动的预付基金的政策。

以下各条标题为:
1. 业务开支的预付资金
2. 请求预付开支

1. 业务开支的预付资金

a. 预付开支的目的——预付开支为出差之前的垫付费用,诸如飞机票、酒店订金和人工费(参阅人文学科工作协助,http://www.stanford.edu/services/oracle/reimbursements/training.html)。所有用于出差的预付金都必须出示诸如飞机票发票这样的能证明开支的票据。除了以上列举的类型外,其他任何预支要求都被视为是例外,需要提前获得负责支出的助理财务主管(或指定人)的批准。不得因个人原因而预支学校基金。预支金不能用于注册费。请参阅指南备忘录36.7 出差费用(http://adminguide.stanford.edu/36_7.pdf)第 10 条。更多信息,请参阅 http://fingate.stanford.edu/staff/reimburse/quick_steps.html 上的进阶:用借据预支出差费和快速进阶:归还未使用的预付资金。

作为预付开支以外的首选方案,学校还设有出差卡项目。详见指南备忘录 36.7 出差费用(http://adminguide.stanford.edu/36_7.pdf)第 2 节。

b. 授权资金和分发资金——预付开支由各系授权并分发给需要这些开支的个人。在支出通过甲骨文财务报销单入账前,大学基金的责任仍由个人承担。

c. 预付开支数额——预支的数额不能超过预期活动所需要的数额。

d. 资金的承诺——批准预支的时候,并没有把资金从账户中实际扣除,只是在部门指定的特定账户中形成了暂付款。只有当费用被记录,冲销暂付款时,才会把钱从账户中实际扣除。

e. 报销清单——需要及时提交完整的记录预付款花费的报销清单。根据美国国税局指南,除特殊情况外,出差结束 60 天以后才提请报销费用的,报销所得将被视为个人的额外收入上报。

f. 未动用资金的归还——如果业务不再需要预付金,那么预付资金必须马上归还。未动用的资金必须归还给出差和报销部门。

没有在合理的时间内结算的预付款将会在随后的报销中扣除,直到预付款全部结清。如果扣除报销的钱不足以抵冲预付款,且并未得以结清,那么该预付款将视为申请或以其名义申请之人的个人收入上报。根据美国国税局指南,除特殊情况外,120 天内未完成结算的预付款,将被视为个人的课税收入上报。

作为个人收入上报的预付款将从专门的保证账户中支出。若该专门的账户是为限定用途基金开设的,负责该限定用途基金账户的部门也要负责将这笔花费转入非限定用途基金账户中。

不能彻底结清预付款会使预付款的接收者今后失去获得任何预付款的资格。

2. 请求预付开支

a. 发起请求——各部门使用借据申请在线发起预支请求。请参阅甲骨文财务学习中心的名为"获取并结算预付款"的工作协助文档,http://www.stanford.edu/services/oracle/learningcenter/resources_1.html。

b. 申请时间——预付开支至少须在需要资金的 10 个工作日前到达出差和报销部门。如果需要紧急预支,或者如果请求在预定待取窗口领取资金,则需收取准备和处理这种特殊过程相关的额外费用(参阅下文的 2.c.)。

c. 支票送达——预付的支票可以通过部门之间的邮件发放给申请的部门,通过美国邮政直接存入收款人的银行账户,或者在塞拉街 632 号莫德大厦的预定待取窗口领取(此项需要收取特殊处理费用)。如果所需支票需要快件邮寄,也需收取特殊处理费用。

36.4 费用报销

授权　本指南备忘录由负责商业事务兼财务总监的副校长批准。
适用　该政策适用于在开展学校官方活动时需要费用的所有个人。
概述　本指南备忘录罗列了对个人因为大学产生的花费进行报销的政策。
　　　以下各条标题为:

1. 报销政策
2. 费用报告

1. 报销政策

a. 可报销的费用——学校批准报销个人在开展与学校业务相关的活动时所产生的合理而必要的费用。产生费用的和批准报销费用的个人都有责任确保提交的所有报销单都与学校的业务有关,具有报销资格,并且这些费用(的产生)是合理和必须的。为了确保经济性采购,个人的支出须与学校在相似的情况下支出的费用进行比较。如果个人支出超过了学校类似情形的支出,则只能报销未超出的数额。

以下是可报销的费用:

(1)采购零售的必需品、书籍和其他低成本物品。上述物品均属斯坦福大学财产,所有可报销的采购物同属学校财产(关于小额现金报销,请参阅指南备忘录 36.6 小额现金,http://adminguide.stanford.edu/36_6.pdf)。

(2)在大学、特定赞助项目或机构规章订立的政策和限制范围内可以予以批准的出差费用和与专业会议有关的费用。大学的出差政策见指南备忘录 36.7 出差费用,http://adminguide.stanford.edu/36_7.pdf。

(3)在以下情况下业务宴会可以报销:

- 出于正当且重要的业务目的,
- 宴请的人积极地参与到了斯坦福的事务中,
- 具有适当并得到许可的资金来源,
- 费用有合适的证明材料(时间、地点、人物、事件、原因),支付的费用亦反映了良好的判断力,
- 根据报销政策,费用依照当地的水平得到了恰当的批准。

业务宴会的证明必须包括:

- 在超过 75 美元时要有关于费用数额的收款证明,
- 消费日期以及饭店的名字和地址,
- 业务目的,
- 参与者的名字、头衔或者其他能证明其与大学的业务关系的信息。

关于业务宴会的费用规定请参阅 http://fingate.stanford.edu/docs/bus_meal_exp_guide.pdf。

(4)如果支出与学校的功能和目的有直接关系,无论是学校员工还是非学校员工,产生的费用可以从学校的基金中支付。

(5)出于学校官方目的而发生在斯坦福教员俱乐部中并由俱乐部成员支付的费用可以报销,但须遵从符合规定的报告和批准要求。

(6) 为改善工作条件、劳资关系和员工绩效的适度开支是合理的。这种类型开支的例子包括发行内部刊物以及诸如假期聚会、夏季野餐、周年庆典或退休聚会等鼓舞员工士气的活动。在甲骨文财务报销申请单中标明劳资关系开支的目的和参与的个人与团体是非常必要的。

(7) 由学生为部门采购资料（资料将属于斯坦福大学所有，而非学生所有），学生可报销采购费用。为帮助研究生或博士后学生支付教育相关的费用（非出差费用）而支付的款项通常视为学生资助，不属于大学的业务费用。因此，此类花费应作为助学金由研究生财政支持系统处理。助学金包括购买由学生使用和保留的书籍或其他资料所需的款项。详细资料可参考《研究生学术政策和程序文件》7.2 奖学金和其他助学金资助，见链接：http://gap.stanford.edu/7-2.html。

b. 费用的资金来源——费用可以由个人支付并由大学报销，或者先将费用记账然后递交付费发票。大多数小额花费应该视为小额现金进行报销（参阅指南备忘录36.6 小额现金，http://adminguide.stanford.edu/36_6.pdf）。有时候，特殊交易需要接受预付资金（参阅指南备忘录36.3 预付开支，http://adminguide.stanford.edu/36_3.pdf）。

c. 不能报销的费用——下列费用学校不允许报销：娱乐活动、社交活动或宴请的费用[例外情形参阅上文第1条a款(4)到(6)]，斯坦福教员俱乐部对个别成员的会费，社交或出差俱乐部的会费，大学给员工和学生发放停车许可证所产生的费用，个人或学校车辆的交通罚单，个人服务或个人购物的费用，逾期付款的利息费用，或者院系政策所不允许的任何特别的花销。

d. 资本设备采购——无论是否将设备计入政府拨款/合同、馈赠基金或者一般基金，对资本设备的采购和采购记录都有很多特别的要求。为了确保这些要求得到满足，资本设备必须使用请购单来采购（参阅指南备忘录54 采购程序，链接：http://adminguide.stanford.edu/54.pdf）。员工或非员工对资本设备的采购均不能得到报销。对资本设备的采购包括购买能够制备资本设备的个别零件。唯一的例外是使用小额现金购买组合零件，并在小额现金收据和报销申请表中列明制备数量（参阅指南备忘录36.6 小额现金，http://adminguide.stanford.edu/36_6.pdf）。任何这项政策的例外情况都必须提前经过负责开支的助理财务主管（或其指定人员）批准。

2. 费用报告

指南备忘录的36.7 差旅费用，http://adminguide.stanford.edu/36_7.pdf，其中第14节列出了费用报告相关的基本政策。虽然指南备忘录的36.7中是以出差和出差者的角度来规定的，但是这些政策也同样适用于其他的费用以及那些导致费用的情况。产生的费用须及时上报。根据国税局规定,无特殊情况的,在费用产生后 60 天内没有提交报销的,该费用将作为个人的额外收入报告。

36.5 非雇员薪水支付

授权 本指南备忘录由负责商业事务兼财务总监的副校长批准。

概述 本指南备忘录描述或涉及授权向那些非学校员工,但以个人身份为大学提供服务的人支付薪水的程序。本指南包括斯坦福线性加速器中心最近提交的具有可行性的政策。线性加速器中心部门应该就该中心的程序中与下文规定的不同之处向斯坦福线性加速器中心商业服务部展开咨询。

更多关于教职员工薪水的信息,请参阅《教师手册》(http://facultyhandbook/ch5.html)。

以下各条标题为:

1. 执行工作的分类
2. 税务申报
3. 薪水支付办法
4. 临时辅助机构
5. 给非居民的外国人的薪水
6. 给非加利福尼亚居民的薪水
7. 给访问学者的研究补助

1. 执行工作的分类

个人是员工还是独立的承包人视情况而异。关于大学如何界定员工还是独立承包人,请参阅指南备忘录 35 大学薪金(http://adminguide.stanford.edu/35.pdf)。

2. 税务申报

斯坦福根据法律的要求将所有的薪水向税务当局汇报。给独立承包人的薪水每年在国税局 1099-Misc 表格(1 月寄发,用于申报上一年度的薪水)或者在国税局 1042S 表格(3 月 15 日寄发,用于为非本国居民的外国人申报上一年度的薪水)中向美国国税局申报。另外,这些薪水状况会每两周向加利福尼亚就业发展局(Employment Development Department,简称 EDD)报告,而对于非加州居民,每年通过加州税务局 592B 表格(1 月寄发,用于申报上一年度的薪水)向加州税务局申报。

3. 薪水支付办法

a. 一般规定:

- 给公司、独立承包人,或者全程服务的个人的报酬超过 2500 美元的,应使用甲骨文财务网上采购（Oracle Financials iProcurement）中的标准申请表。

• 给全程服务的个人的报酬少于2500美元的，使用甲骨文财务网上采购的快速采购单（Rapid Purchase Order）。

• 给演讲者或研讨会参与者的酬金，使用甲骨文财务借据系统（Oracle Financials iOU）中的其他支票。酬金被视为"象征"薪水，这和给予独立承包人的服务薪水一样也要服从同样的税务申报要求（参阅第2条）。

• 给宴会筹办者的薪水，使用甲骨文财务借据中的其他支票或者采购卡。采购卡有2500美元的限制。给宴会筹办者的薪水要与服务一样服从同样的税务申报要求（参阅第2条）。

注意：服务的报酬可能不会通过使用小额现金的办法来处理。

b. 请购单的使用——请购单用于建立服务提供方与学校的关系。更多信息请参阅指南备忘录54采购程序，http://adminguide.stanford.edu/54.pdf。

（1）请求的时间——请购单应该在服务提供之前处理。

（2）必需的信息——下列信息必须包含其中：

• 收款人的姓名和地址
• 时间段
• 付款数额
• 开展的工作的说明
• 开展工作的地点
• 付款计划
• 完整填写了了以下信息的W-9表格：

① 社会保险号码或者营业税识别码

② 公民身份

③ 加州居民身份

4. 临时辅助机构

如果个人在学校工作的补偿金是由临时辅助机构发放的，此人就视为被这家机构聘用，并不会被列入学校的薪酬薄中。学校向该机构付款，这家机构负责扣税、购买社会保险和职工赔偿保险。

a. 认可的机构——采购部门每两年在临时辅助机构中开展竞投，并与挑选出的机构签订合约，这些机构将被放入许可名单中。只有在这个名单中的机构才能被使用。

5. 给非居民的外国人的薪水

详细信息请参阅邀请并向外国访问者支付工资的步骤（http://fingate.

stanford. edu/staff/travel/arrange_foreignV. html)。

a. 签证要求——所有给外国访问者的报销邀请、出差报酬或者酬金都应该视这个访问者进入美国所持的签证所允许获得的薪水而定（参阅指南备忘录28.1外国国民的签证及就业）。

（1）酬金——持J-1签证的访问者可以获得酬金,但是持非斯坦福担保的签证必须从他们的担保者那里获得准许才能获得报酬。在下列情况下,持B-1、B-2、WB或WT签证的个人可以得到报酬：

- 活动持续时间不超过9天,且
- 服务直接使斯坦福受益,且
- 该访问者在过去的6个月里面没有从多于5家机构中获得报酬。

（2）出差费用——来自与美国有免签协议国家的访问者（持WB和WT签证）,以及持有J-1、H-1、B-1/B-2,或A-1/A-2签证的访问者可以报销业务出差的费用。持有B-2签证或有WT身份的访问者必须符合遵照上文（1）中列出的限制规定。

b. 税务信息——

（1）所有的访问者——对于用非工资支付给持有有效签证的外国访问者,该部门必须提交税务情况申报单（斯坦福LA-6表、护照副本、签证以及带有甲骨文财务报销清单的I-94卡）。请参阅邀请并向外国访问者支付工资的步骤中的"请求支付"一栏（http://fingate. stanford. edu/staff/travel/arrange_foreignV. html）。

（2）来自协约国的访问者——如果访问者居住的国家与美国签订了协约,根据提议支付的薪水类型,可能需要下列表格：

- 美国国税局8233表格,详见 http://www. irs. gov/pub/irs-pdf/f8233. pdf,为非居民外国人的个人酬金或服务扣缴的劳动报酬免税。
- 如果合适的话,需要加州居住证。请注意,税务条约只适用于联邦税收,并不免除个人在加利福尼亚州的预扣税款。

财务活动网站的差旅一栏（http://fingate. stanford. edu/staff/travel/forms. html）包含了大多数这些表格的可印刷版本的链接。

c. 税号——如果薪水以酬金方式支付,而且访问者提交恰当的免税表格［参阅上文第5条b款(2)］要求税务协约的话,则需要出示个人的税号（Individual Tax Identification Number,简称ITIN）或者社会保险号码。

d. 扣缴——如果没有社会保险号码或者个人税号,支付的酬金中将会有30%的税被扣除。如果没有税务协约,支付的酬金中将会有30%的税被扣除［参阅上文第5条b款(2)］。

6. 给非加利福尼亚居民的薪水

a. 加州从源扣税——给非加利福尼亚居民的员工的薪水要缴纳加州从源扣税。如果非加州居民的非员工个人在一年内通过向个人提供劳务而获得薪水超过了1500美元,并且这些劳务在加州提供,那么加州的法律要求斯坦福从他们获得的费用中扣除7%的税。

b. 加州居民身份——一般来说,没有加州地址、机动车管理局的驾驶执照,或者其他加州居民的充足证据的,服务期限在9个月以上的非员工、非企业个人会被认定为非加州居民,除非他们提交加州居住证(参见下文)。

c. 加州居住证——如果个人以他或她是加州居民为由要求免除加州从源扣税,那么在完成以下程序后加州从源扣税将不会从他的薪水中扣除:

- 声称定居的个人必须填写加州590表格(加州居住证)。
- 表格原件必须与发票一起提交。

590表格一年有效,随后一年必须填写新表。

d. 强制交流——各部门的管理者必须提前以书面形式将本节中的要求提醒州外的访问者。

7. 给访问学者的研究补助

a. 界定——研究补助是各系给予非斯坦福员工用于支持研究的费用。这种费用必须满足下列标准:

- 费用的目的是协助个人为了自己的目的完成研究。
- 学校在研究中没有直接的利益(除非它的整体利益有利于各个领域的知识进步)。
- 这一费用不得用于补偿过去、现在或将来该个人向学校提供的服务。

b. 税收状况——出于纳税的目的,研究补助均作为学术奖金发放。发放给非学位攻读者的奖金需要纳税。

c. 程序——给访问学者的研究补助费用由薪酬办公室(电话:725-5351)授权批准。

注意:给予斯坦福教职员工的研究补助必须处理为补助薪水。请参阅快速进阶:定期付款请求(http://financialgateway.stanford.edu/staff/pay-admin/quick_steps/request_recurring_pay.html)。

36.6 小额现金基金

授权 本指南备忘录由负责商业事务兼首席财务总监的副校长批准。

概述 本指南备忘录罗列了关于设立和管理小额现金基金的政策。

以下各条标题为:

1. 小额现金的使用

2. 设立小额现金基金
3. 保管人的责任
4. 维持小额现金基金

1. 小额现金的使用

a. 小额现金基金的用途——小额现金基金方便各部门用现金支付小额的业务开支。学校鼓励部门和个人使用采购卡作为小额现金报销的替代。

b. 小额现金使用的时间——每笔交易不高于150美元的采购和开支可获准用小额现金报销。使用小额现金报销下列采购的行为适用特殊规则：

• 酒精饮料——不管是直接计入合同或拨款账户中，还是间接通过间接成本比例计算，采购酒精饮料都不能从联邦政府报销。当业务宴会中需要酒精饮料时，餐馆发票必须注明收取的酒精饮料费用。在报销凭证中要单列酒精饮料数量以及相关的营业税和小费，将费用记入相应的禁止开支类型中。

• 制备资本设备——若采购物品被用于制备资本设备，报销凭证当中必须出现制备数量。（关于制备资本设备的更多信息，参阅《斯坦福财产管理指南》第三章制备设备，http://ora.stanford.edu/ora/pmo/manual/chapter_03/Default.asp。）

c. 会计核算的准确性——小额现金报销数目须为实际开支。不允许把超过150美元的一项交易分拆为几个部分报销，或者要求报销小于全额开支的费用。

d. 小额现金不能使用的情况——小额现金不能用于支付下列费用：

• 为员工或非员工支付劳务费用
• 预付资金
• 馈赠
• 个人贷款或兑换个人支票
• 购买危险物料
• 斯坦福教员俱乐部的会费
• 社交或旅行俱乐部的会费
• 学校停车许可证费用（个人开支）
• 交通罚单
• 个人费用
• 与学生有关的交易
• 利息费用
• 数额高于150美元的情况。除非部门要求，负责院系运作的助理财务主管批准对该部门的小额现金设立更高的上限。

关于其他禁止性开支，参照指南备忘录 36.4 费用报销（http://adminguide.stanford.edu/36_4.pdf）和 54.4 快速采购订单（http://adminguide.stanford.edu/54_4.pdf）。

2. 设立小额现金基金

a. 每个部门设立一个小额现金基金——除非该部门规模庞大或者地理位置分散，每个部门设立一个小额现金基金账户足以满足业务需求。用小额现金基金报销的账可以被归入包括赞助项目在内的任何类型的账户。若需要设立多个小额现金基金账户，可联系财务办公室的现金管理小组（地址：塞拉街 632 号 160 室，邮编 6036），并提供下文 d 款中列出的信息。

b. 小额现金基金的额度——小额现金基金的额度需满足每个月不少于两次、不多于三次资金补给。

c. 小额现金保管人——部门领导须为该部门的小额现金基金指派一位保管人。该保管人要完成小额现金培训并通过相关的资格考试。详细的操作指南请参阅快速进阶：获得小额现金保管人资格一栏（http://fingate.stanford.edu/staff/pettycash/quick_steps/get_certified.html）。

d. 设立或变更小额现金基金——部门领导可以通过向现金管理小组发送备忘录以便申请一个新的小额现金基金或申请增加/减少现有基金。该备忘应该包括申请原因、申请数目、小额现金的保管人、地址、小额现金基金的数目（提出申请增加或减少之时），以及在小额现金收取表上签字批准的个人的身份。要减少小额现金基金时，不需要的现金将退回出纳办公室储存。相应的账户信息可联系现金管理小组。

注意——更多信息请参阅设立部门小额现金基金一栏（http://fingate.stanford.edu/staff/pettycash/establish_dept_fund.html）。

3. 保管人的责任

a. 分配小额现金基金给保管人——成功完成小额现金培训获得资格证书后，财务办公室会发出小额现金基金的支票。和支票一同送达的一封信指定了一个小额现金基金识别码。保管人在所有影响基金的交易中都必须使用该码。在他人被官方任命为新的保管人或基金结算前，该保管人对小额现金基金负责。更多信息，请参阅管理小额现金基金一栏（http://fingate.stanford.edu/staff/pettycash/administer_fund.html）。

b. 小额现金的保管——为了防止除保管人以外的任何人接触，保管人不在场时，应将小额现金锁于桌子或带锁存款箱中。只有保管人能持有钥匙。遭遇小偷或失窃时，应及时向斯坦福警方报案，当需要报销时，需提交小额现金的发票和警方的报告。

c. 保管人离开的情况——

（1）短期离开——保管人在缺席或休假期间，可将小额现金基金转交给临时保管人。临时保管人在承担对基金的责任前必须完成小额现金的培训。临时保管人和保管人必须清点小额现金存款箱，并列出现金、发票和报销单清单。所得总额构成小额现金基金价值。临时保管人签署一份清单作为收据。自资金个人责任发生转移起，由保管人保留这份收据。当保管人返回时，也必须进行同样的程序并将收据交还临时保管人保存。

（2）在基金需要补充时离开——在临时保管人掌管小额现金期间，如果需要补充基金，部门领导必须递交一份能鉴别临时保管人身份的备忘录给开支部门的客户扩展小组。无此通知单情况下，补充基金的支票会自动生成为保管人的名字，临时保管人不能将其兑现。

注意：更多的信息，请参阅快速进阶：改变小额现金基金（在有计划离开期间指派临时保管人）一栏。

d. 更换保管人——部门领导可以通过提交斯坦福大学帮助申请表（HelpSU）、致电 1-650-725-9100 帮助热线，或者向开支部门的小额资金管理人（地址：波特道 3145 号，邮编 8440）递交备忘录等方式，将小额现金转移给新的保管人。在斯坦福大学帮助申请表（http：//helpsu.stanford.edu）中，设置"申请类别"为"中心办公室重要议题"，设置"申请类型"为"顾客扩展支出"。在"申请说明"一栏登记小额现金数目和期望的变更。

新的保管人在承担对基金的责任前必须完成小额现金培训并通过相关的资格考试。详细的操作指南请参阅快速进阶：获得小额现金保管人资格一栏（http：//fingate.stanford.edu/staff/pettycash/quick_steps/get_certified.html）。

基金在转交前必须点清并核对。除了在 c 款中描述的临时性情况外，保管人不能将资金转移给另一个保管人。在新的保管人接手前，小额现金基金必须保持收支平衡。

e. 小额现金基金结算——如果小额现金基金不再有存在的必要，保管人必须对基金进行结算并将余款返还出纳办公室。不要通过个人收取的邮件寄送现金。应联系现金管理小组获取信贷与存款的相应账户。出纳办公室会准备一份现金收据，副件交保管人和现金管理小组留存。结余的费用将会通过 iOU 小额现金模块（iOU Petty Cash module）在线报告。备注栏中应该声明该账户即将进行结算，不再签发支票，结余的现金将会纳入出纳办公室。若保管人没有对账户进行结算即离开，且没有收据和记录时，这些未加说明的现金将被计入保管人所在部门的自由运作预算中，并作为保管人的收入向美国国税局报告，还可能报告给内部审计部门或警方展开调查。详细的操作指南，请参阅网页 http://fingate.stanford.edu/staff/pettycash/

quick_steps/close_fund.html 中的快速进阶:小额现金基金结算一栏。

f. 小额现金基金的确认——小额现金基金每月必须至少两次在小额现金核查表上进行核查。部门领导或主管(非保管人)需要在表上签字确认。部门领导或主管也可以通过书面委托保管人以外的另一人确认核对。签名确认核对的个人必须见证现金和发票的清点。此外,现金管理小组每年需确认所有小额现金基金收支平衡。在这种情况下,须由部门领导或主管签字确认,不可由其委托人代签。

每年都会选择部分基金核查其现金和票据的实际数额,以核实其收支平衡。详细的核对操作指南请参阅快速进阶:核查小额现金基金一栏。

g. 小额现金基金的误操作——无法正确保障、核查和管理小额现金基金的行为可能受到最高包括终止聘用的纪律处分。后果亦可能包括撤销部门的小额现金基金。

4. 维持小额现金基金

a. 小额现金交易的处理——对小额现金做出合理处理要求保管人只能支出批准的费用,获取发票和记录开支。需要注意的是,小额现金收取表上的每一笔支出都必须附有销售发票、收银机小票或者其他票据。唯一例外的是,报销按里程计算的交通费时,包含了里程数、日期、目的地和业务目的的交通记录可以代替发票。没有发票时,应该填写并提交发票遗失表格。这份表格可以从财务活动门户网页(http://fingate.stanford.edu/staff/pettycash/forms.html)上的小额现金管理栏中下载。

b. 小额现金收取表或者附带的收据必须经报销人签署,并由签字授权开展该活动/账户的人批准。批准人可以是小额现金基金的保管人,但保管人无权批准自己的费用,也不能批准其直接或间接上司的费用。

c. 小额现金基金的平衡——若保管人的报销行为使现金数量大幅减少,则发票应被加总到开支的账户中以维持小额现金基金的收支平衡。任何情况下,所有的库存现金加上全部的发票以及正在处理的报销单应该等于小额现金基金最初的数额。如果基金收支不平衡,应该与财务办公室开支部门的客户扩展小组联系。在要求补充小额现金前,该基金应该始终保持平衡。详细的操作指南,请参阅快速进阶:核查小额现金基金一栏(http://fingate.stanford.edu/staff/pettycash/quick_steps/reconcile_fund.html)。

d. 补充小额现金基金——

(1) 批准——iOU 小额现金报销申请单必须经过在线签字授权部门活动/账户的人的检查与批准。(参阅指南备忘录 36 授权支出)。该批准人可以是部门领导,但一定不能是保管人或者保管人的下属。批准人不能批准自己的费用,也不能批准其直接或间接上司的费用。

(2) 支票打印——给小额现金保管人的支票通常在开支部门打印。然后根据申请的情况派发给保管人。如果要求特殊的操作或者"预定待取窗口"服务,则需要收取特殊手续费。

(3) 补充支票的兑现——大多数银行会为小额现金保管人兑现支票。根据和斯坦福联邦信用社达成的协议,只要收款人具有斯坦福身份证,他们就能兑现补充支票。如果将小额现金银行补给表传真给信用社或者银行提前预约现金,补充支票也可以加速兑现。该政策方便金融机构提供对方要求的货币面额。表格可以从财务活动门户网页(http://fingate.stanford.edu/docs/pettycash_bank_replenish.xls)中下载。

e. 小额现金开支报告——小额现金开支要在每月的开支声明中就活动/账号以及费用类别事宜向部门汇报。

36.7 出差费用

授权 本指南备忘录由负责商业事务兼财务总监的副校长批准。

适用 本政策适用于因授权的学校事务而出差的员工和非员工,也适用于由学校报销的所有出差费用,不论基金的来源。虽然政策适用于包括斯坦福线性加速器中心在内的整个学校,但此处列举的一些特殊的程序不适用于斯坦福线性加速器中心。该中心的出差者应该联系斯坦福线性加速器中心出差办公室获取程序信息。

概述 本指南备忘录罗列了关于为大学事务而出差的政策。

以下各条标题为:

1. 一般政策
2. 学校提供的出差卡
3. 商务飞机出行
4. 伙食与住宿
5. 私人汽车
6. 租用汽车
7. 其他运输工具
8. 因公和因私出差结合的情况
9. 配偶或他人的出差费用
10. 出差杂费
11. 学生出差及税收事务
12. 外国访问者出差

13. 特殊出差
14. 记录和报销程序
15. 帮助来源

1. 一般政策

a. 出差费用政策——学校的政策用于报销员工和经批准的非员工在处理学校认可的事务时产生的必需且合理的出差费用。政策的目的是令报销对于出差者和大学都是公平公正的，并且符合联邦的法律规定。因公出差的个人有责任遵守本指南备忘录中规定的大学出差政策，并且应该像私人旅行一样，对出差时的花费给予重视。费用应该及时地提交。在旅行结束60天以后才提交的费用，将按照美国国税局的规定报告为个人的额外收入。

b. 批准授权——批准员工和学校的客人出差的职权和责任归于负责掌管着项目/任务/拨款账户的人。费用从该账户中支出。出差费用只有在其产生前获得了批准，包括获得了政府机构或其他项目赞助者的批准，才能报销。在公休假期间，为了合理且必需的学校事务而产生的并已经预先得到部门主管的书面批准的费用可以报销。员工不能批准他们自己或者他们的直接或间接上司的出差或费用报销。

c. 经济的交通工具——为了让学校全额报销，出差者必须使用符合出差目的的最经济的交通工具。这包括选择交通工具的费用不应属于最便捷常见的，除了实际的交通工具成本外还要计算维持最低生活标准和耽误工作时间所带来的成本。如果出差者自己支付允许的成本之外增加的差额，那么可以选用更昂贵的交通工具。

准则：通常汽车最适合于不超过200英里的旅程，商务飞机出行对长途旅行来说是最经济和实用的。对于陆路交通工具而言，只有当其他交通工具不可用、费用更高、不实用或者节约时间对学校事务的开展有好处时，才可以使用租用的或私家的汽车和出租汽车。

d. 团体出差的限制——不鼓励员工搭乘同一班飞机、汽车或其他形式的交通工具团体出差，因为如果发生意外将严重影响学校活动的开展。学校出差保险的最大保险范围也设定了最多5名员工一同出差的限定。

e. 收取赞助项目的费用——若出差的费用归入赞助项目时，合适的拨款账户条款应该优先适用。有的拨款账户可能要求赞助者预先审批每一次出差费用，或者要求赞助者审批来往于美国以外的目的地的出差费用。

f. 院系的准则——因为预算或控制的原因，在其自主权范围内，学院、各系、实验室和机构可能施加更严厉的限制方针。这些方针可能不会比本政策中规定的准则宽松。

g. 首选旅行社和在线的预定工具——学校有"首选"旅行社及议定的合

同以便为斯坦福的员工及其家庭，以及学生和学校的客人服务。出差者因斯坦福的业务出差而在学校"首选"旅行社产生的服务费可以由学校报销。出差成本超出了学校"首选"旅行社提供的类似出差费用或议定的合同中规定的费用的，学校不予报销。更多信息请参阅财政活动门户网站（http://fingate.stanford.edu/staff/travel/res_jobaid/travel_agencies.html）。

2. 学校提供的出差卡

目的——学校有出差卡项目，以便支付因斯坦福业务而产生的出差相关费用（例如：飞机票、住宿、租车、出差用餐等）。这个项目适用于正式教职员工和博士后。该项目包括个人卡和部门卡。更多信息请参阅财政活动门户网站（http://fingate.stanford.edu/staff/travel/res_jobaid/payment_methods.html）。

3. 商务飞机出行

a. 最低票价的机票——所有的斯坦福教职员工、学生和访问者在因公出差时都理应购买最低价的飞机票，并达到在学校"首选"旅行社能买到的斯坦福商定的票价。联邦政府的规章要求只有最低票价的机票才能够直接或间接地从政府赞助的项目中支付。判定可购买的最低票价的机票的标准是：

- 在出差者想要离开或到达的时间前后一小时离开或到达
- 允许出差者选择航班出行方式
- 如果出差者要求，可以是直达的航班
- 不包括包机（参见第 7 条 b 款）
- 除非出差者要求，不能要求星期六晚上在飞机上过夜
- 需要中途停留时不能绕路
- 机舱等级对于出差者的医疗需求是适当合理的

b. 斯坦福大学报销——斯坦福大学最高可为以下机票报销：

- 国内航班以及总航程少于 8 小时的国际航班的经济舱机票。
- 总航程不少于 8 小时的国际航班的商务舱机票。此航程包括连接国内航段，但前提是中途不得滞留。

c. 高于最低票价机票的说明——若出差者引起了高于最低票价机票（见上文 a 款）的费用，该费用与斯坦福大学认可报销的最高票价机票的费用（见上文 b 款）之间的差额应计入未获批开支类型中，并计入非政府赞助账户/活动。若无法获得有关商务舱最低票价机票的文件材料，部门将开支的三分之一计入获批开支类型中，剩下的三分之二则计入未获批开支类型中并计入无限定账户/活动。（更多关于获批的信息，参见指南备忘录 34.5 支出政策，http://adminguide.stanford.edu/34_5.pdf。）

d. 超过认可的机票价格的费用——若出差者选择比报销认可的等级更高的舱位，必须自付增加的差额。

e. 改签损失——如果要改签机票并带来损失，出差者可以要求斯坦福为损失报销。赞助项目也允许这种损失费用。若必须取消行程，鼓励出差者重新预定其后任何时间的出差机票。出差者可以在 iOU 申请中提交预付款要求报销随后使用的机票。请参阅快速进阶：在 iOU 中请求出差预付款（http://fingate.stanford.edu/staff/travel/quick_steps/request_advance_iOU.html）。

f. 未使用的航空机票——鼓励出差者在其后任何时间重新预定未使用的机票（参阅 d 款）。如果不能通过重新预定来使用机票，可以利用合适的证据来报销。未使用机票的书面陈述应填写好并和报销单一起提交。副本可以从网址：http://fingate.stanford.edu/docs/unused_ticket_affidavit.pdf 获得。未使用的机票费用应该记入无限制账户中。

g. 美国政府赞助——若飞机出行的费用由联邦赞助项目支付，通常要求使用美国的航空公司（《美国飞行法》）。个别情况下，在每次出差或国外出差前，需要赞助者事先书面批准。更多关于《美国飞行法》的信息，请在 http://fingate.stanford.edu/staff/travel/policy_notes/fly_america_act.html 参阅有关美国航空运输要求的政策说明。

4. 伙食与住宿

a. 住宿选择——大学公务出差者应选择合理而必要的住宿。最低标准的房间价格一般能通过以下方式确定：

- 会议的清单
- 斯坦福商定的学术等级
- 首选旅行社的价格

b. 报销选择——出差者可以从四种方式中选择一种来请求报销超过一天的大学官方出差的费用。选择的方法必须适用于整个出差期间：

- 实际费用——出差者可以报销合理而必需的伙食、住宿及消费的实际费用。请参阅业务用餐的费用指南，http://fingate.stanford.edu/docs/bus_meal_exp_guide.pdf。用餐的小费不能超过餐费的 20%。任何超额的小费都不能报销。不过夜出差的用餐只有与学校的业务目的有明确关系时才能够报销（参阅 c 款本地出差）。在任何情况下，酒精饮料的费用及相关的税收和小费都不可以记入政府赞助的（项目/任务/拨款）账户中。

- 实际的住宿费加出差伙食津贴——出差者可以报销实际的住宿费加合理的"伙食"出差津贴费用。这个费用根据出差的地理位置不同而变化。可参阅国内外出差津贴费用（http://fingate.stanford.edu/staff/reimburse/

res_jobaid/per_diem_rates.html)。

• 出差住宿津贴加实际的用餐花费——出差者可以报销合理的出差住宿津贴加实际的用餐花费。出差住宿津贴根据出差的地理位置不同而变化。可参阅国内外出差津贴费用（http://fingate.stanford.edu/staff/reimburse/res_jobaid/per_diem_rates.html）。

• 出差住宿和伙食津贴——出差者可以基于出差住宿和伙食津贴报销住宿、用餐和意外的费用。请参阅出差费用（http://fingate.stanford.edu/staff/reimburse/res_jobaid/per_diem_rates.html）。

c. 本地出差——一般情况下，距离斯坦福或者出差者的住处 50 英里以内的旅程，均被认为是本地出差。除非有例外的业务原因，本地出差不具备过夜资格，也不会对个人餐费进行报销。若行程超出本地出差的限度，但出差者选择不过夜的，其个人餐费可以获得报销。出差津贴也不适用于本地出差。但是，实际的业务宴会一般可以报销[参阅第 10 条 b 款(6)]。

d. 部门自由裁量权——为反映实际费用，部门在支付按日给予的出差津贴时，可以选择按少于实际逗留日子的时间计算，也可以选择降低出差津贴的数额。

e. 出差津贴应用——斯坦福遵守美国政府总务管理局规定的出差费用。现有的出差津贴费用请参阅 http://fingate.stanford.edu/staff/reimburse/res_jobaid/per_diem_rates.html。

（1）离开和回来日的出差津贴——出差的第一天和最后一天的出差津贴按照与到访城市相宜的水平报销 75% 的餐费和偶然花费。第一天晚上居住的地点决定了离开日的费用水平。回来日的出差津贴按照斯坦福适用的基本水平计算。

（2）多处停留——如果行程要求在一处以上的地方停留，并且所处城市有不同的出差津贴水平，那么每一天（从凌晨 00:01 计算）的出差津贴由当晚住宿的地点决定。

（3）扣除注册费中包含的餐费——若餐费已经作为注册费支付过了，或已包含在酒店费中，则出差津贴中必须将其扣除。扣除的数额基于到达的城市的费用水平而改变。这方面的信息也可在美国总务管理局的网站（http://fingate.stanford.edu/staff/reimburse/res_jobaid/per_diem_rates.html）中选择"餐费和偶然费用分析"标签查阅。

（4）30 天以上的出差——若在同一地点出差时间预计持续 30 天以上的，或者当出差者预计将会产生与长期访问者住宿或使用非商业设施相当的费用时，出差者既可以选择实报实销，也可以选择按照所在地的出差津贴标准水平的 55% 按日领取津贴。费用自出差第一日起开始计算。

(5) 延长出差——在出差过程当中,由于工作的需要,出差者获准延长最初估计的出差时间。并且,在某一地点停留时间超过30天的,从第一天到第30天的出差津贴按照常规的水平计算。如果选择出差津贴的报销办法,第30天以后按照长期出差的标准计算。

f. 休假日——只要在因公出差期间,周末、假期和其他必要的待命时间都算作工作日。若这些日子是在出差者业务活动结束后且出差者因为非业务原因逗留在出差地的,那么这些额外日期产生的费用不能报销。若出差者在周末或假期逗留可使出差总成本降低,经部门批准,可以作出例外的报销。旅行者必须记录总体节约的费用以保证休假日的报销。这必须在实际航班预定的时候记录,并将实际航班与工作日的机票费用进行对比。报销清单中必须包括斯坦福预订工具(http://fingate/staff/travel/res_jobaid/travel_agencies.html)中的打印材料。如果提交出差日之后的日期的机票价作为参考,财务部门将查询其处理该业务时的在线参考价,并报销两个参考价中的较低价。

g. 境外出差——境外出差的报销办法和境内出差一致。美国以外出差地的出差津贴费用,请参阅 http://fingate.stanford.edu/staff/reimburse/res_jobaid/per_diem_rates.html。

h. 公休假的住宿——只有教员同时产生了两笔生活费用,且在公休假期间的费用是为了斯坦福的业务而产生的,公休假的住宿费才可以报销。教员如果将自己的主要住房出租,则不能报销远离斯坦福的地点的住宿费用。

5. 私人汽车

a. 许可的费用——学校会在实际行驶距离基础上,按照最短直线距离[不超过地图查询网(http://www.mapquest.com/)上列举里程数的105%],对使用私人汽车出公差支付每英里的标准费用(参阅出差费用部分内容)。

(1) 标准里程津贴——标准里程津贴代替所有实际的汽车费用(例如:燃料和润滑油费、拖车费用、交通工具的耗损、维修、更换、老化、折旧、保险费用等)。

(2) 汽车相关费用——除了标准里程津贴外,下列有关汽车的合理而必需的费用可得到报销:通行费、渡船费、停车费、车库费、隧道费和债务及在国外或夏威夷行驶的物理损坏保险费[参阅第6条e款(2)]。交通罚单和违规停车罚单必须由个人支付,大学不予报销。

b. 本地出差——

(1) 常见的目的地——学校和下列常见的目的地之间的单程距离如下:

旧金山国际机场	25 英里
旧金山	40 英里
艾斯洛玛	95 英里
伯克利	42 英里
圣何塞机场	20 英里
太平洋丛林镇	90 英里

（2）计算出发点——若在周末、假期或正常的工作时间（通常是早8点到下午5点）以外的时间出差时，里程数的计算可以以出差者的住所为起点。只要差旅活动不在斯坦福停留，且从住所的距离计算比从斯坦福的距离近，那么在任何情况下里程数必须从住所开始计算。

c. 班车代替机场接送——出差者应该使用最经济的方式去机场，停泊车费用亦包括在内。机场班车是最经济的方式。

d. 汽车代替商务飞行——若按照指南备忘录28.7车辆使用的规定得到授权在出差中使用私人汽车，且在通常应选择飞机作为最合适的交通工具的差旅中该私人汽车得以使用时，此时报销不可超过在每英里的标准费用下汽车行驶的实际里程数，也不可超过乘飞机出差可能产生的成本。为计算出相应的机票价以便代替更昂贵的里程费用，其票价应是经济舱的价钱加上陆路运输费的总和。相应的机票价格是提前7天购买的经济舱的价钱。报销清单中必须包括斯坦福在线预订工具（http://fingate/staff/travel/res_jobaid/travel_agencies.html）中的打印材料。为了准确证明相应的机票价格，打印材料上的日期必须比实际出差的日期早7天。如果提交出差日之后的日期的机票价作为参考，报销部门将会计算其处理该业务时的在线参考价，并报销两个参考价中的较低价。如果两个或以上的人因公一同乘汽车出差，相应的机票价格是出差者的机票价加陆路交通费的总和。

e. 一天以上的行程——如果汽车是可以选用的出差交通工具中最经济的方式，学校将支付以里程计算的差旅费、餐费、住宿和与汽车相关的费用。否则，学校将支付最便宜的可选交通工具产生的费用。学校将基于最短路线中每天400英里的平均行驶里程，或者基于实际花费的天数来计算相关费用，视较小者而定。每个要求报销餐费和住宿费的旅客必须准备单独的iOU报销单。

f. 两人或两人以上同行——鉴于对私人汽车的支付的费用是为报销车主的私车公用使用，因此里程以及相关的费用只对乘坐同一汽车出差的几个人中的一个支付。

g. 校外临时任务——如果在校外有临时的任务，校园和任务所在地之间的里程，或者家与任务所在地之间的里程（视较小者而定）均将被报销。

h. 保险和事故——请参阅指南备忘录 28.7 车辆使用，http://adminguide.stanford.edu/28_7.pdf。

i. 通勤费——学校不报销员工来往家和校园的通勤费。参看下文第 13 条 d 款远程员工政策。

6. 租用汽车

a. 最经济的选择——如果租用汽车是最经济的交通方式，学校将为出差者报销租用小型/标准大小的汽车的费用以及与汽车有关的费用。在租用汽车之前，尤其是当选用机场和住地之间的交通工具时，出差者应该考虑班车和出租车。

b. 租用协定中的校名——员工和非员工在为学校公务租赁汽车的租用协定中，出于保险的原因只要有可能就应以"斯坦福大学"为名。员工可使用学校提供的出差卡。

c. 驾驶员和地理位置限制——对于在租赁机构的基本保险覆盖范围内的出差者，租用的汽车只能由租用者来驾驶，在未经该机构批准的情况下不能离开租用时所在的州。

d. 意外通知——如果租用的汽车发生意外，应及时通知斯坦福风险管理主管。详情请参阅指南备忘录 28.7 车辆使用，http://adminguide.stanford.edu/28_7.pdf。

e. 需要购买额外保险吗？

（1）在美国本土：不需要——由于大学的保险政策的覆盖范围超出了美国的租赁机构，因此出差者不应购买汽车租赁机构所提供的额外保险，出差者亦不会因额外保险获得报销。不建议来学校访问的人购买额外保险。

（2）在夏威夷：需要——计划在夏威夷驾驶租用汽车的出差者必须购买租赁机构的保险。这种保险的费用可以报销。

（3）在美国之外：需要——计划在国外任何地方驾驶租用汽车的出差者必须购买租赁机构的保险。这种保险的费用可以报销。

7. 其他运输工具

a. 驾驶私人飞机——下列学校官员或者其委托人，在教职员工向风险管理办公室提交（1）至（4）中的证明材料备案后，可以批准其为了学校公务驾驶飞机出差。

- 七个学院的院长
- 负责科研的副教务长兼院长
- 负责研究生教育的副教务长
- 负责本科教育的副教务长
- 斯坦福线性加速器中心主任

- 胡佛研究所所长
- 行政副校长

（1）下列年度信息：每年的飞机鉴定、品牌和型号，过去12个月的飞行时间，以及飞行执照的类型，请到 http://www.stanford.edu/dept/Risk-Management/docs/forms/planeuse.fft 查阅填写在线表格。

（2）署名的免责协定，可在 http://www.stanford.edu/dept/Risk-Management/docs/forms/pilotwaiver.shtml 下载。

（3）通用的证明飞机责任承保范围的保险保证书。该范围包括5000000美元单一限额的最低责任限制，没有身体受伤责任的进一步限制和乘客责任的进一步限制。保险证明书还必须包括以下内容：

- 小利兰·斯坦福大学董事会及其附属单位应署名为额外的受保人
- 来自航空承保人的有利于学校的并标明首要承保的代位求偿权弃权书
- 若取消承保或承保范围发生重大变化，大学应至少提前30天得到通知

（4）报销将以实际的运行费用、飞机租赁费用或者私人飞机按里程计算的运费率（参阅出差费用部分）为基准，最高数额不超过同样旅程的商务机票的报销数额。相应的机票价格是提前7天购买的经济舱的价钱。报销清单中必须包括斯坦福在线预订工具（http://fingate/staff/travel/res_jobaid/travel_agencies.html）中的打印材料。为了准确证明相应的机票价格，打印材料上的日期必须比实际出差的日期早7天。如果提交出差日之后的日期的机票价作为参考，财务部门将查询其处理该业务时的在线参考价，并报销两个参考价中的较低价。

没有实际产生的陆路交通费将不予考虑。但是实际产生的陆路交通费仍然可以报销。任何额外的飞行费用，例如牵制费，将不被报销，因为它们是飞机报销费用的一部分，并且包含于最高机票价格计算之中。使用私人飞机的报销单中必须包含飞机的型号和飞行时间。当同一架飞机中搭乘了一个以上因公出差的人时，只能报销飞行员的费用。

b. 包租的飞机——使用包租飞机服务的斯坦福公务旅程要通过提交产品和服务申请，由采购部来支付。在使用包租飞机服务之前，其协定必须经过斯坦福采购部门的检查与审核。

c. 铁路、非本地大巴、商船——学校将支付旅程中最低价格的头等舱食宿的费用。支付数额不得超过同样旅程的相应商务机票的价格。相应的机票价格是提前7天购买的经济舱的价钱。报销清单中必须包括斯坦福在线预订工具（http://fingate/staff/travel/res_jobaid/travel_agencies.html）中

的打印材料。为了准确证明相应的机票价格,打印材料上的日期必须比实际出差的日期早7天。如果提交出差日之后的日期的机票价作为参考,财务部门将查询其处理该业务时的在线参考价,并报销两个参考价中较低的价。

(1)火车或巴士——对于夜晚需要在铁路或巴士中住宿的,将从出差津贴费用中扣除与住宿津贴相等的数额。

(2)船——出差时乘船的这段时间不享有出差津贴,因为该阶段生活费用已经包含在船票和包厢费中。

8. 因公和因私出差结合的情况

a. 可由他人支付的费用——鼓励出差者将大学公务旅程与其他公务结合起来,这样出差的费用就能够和其他组织分担,并由他们报销应付的费用。如果出差者的旅程应由学校和其他机构联合支付,那么学校将分担因为学校公务而必需的实际费用。高于经济舱(头等舱、商务舱等)的费用不能作为差旅费用分担的基础。如果外部的机构支付了住宿和餐费,出差者不能向斯坦福要求出差补贴。无论什么情况下出差者都不能通过任何渠道报销超出总费用的部分。

b. 非公务费用——学校不会支付官方公差以外的旅行费用。

c. 迂回路线——因学校公务之外的原因,出差者选择了迂回路线或中断了最近路线,报销的机票价钱要么是实际的费用,要么是以最经济的方式选择最近路线可能产生的费用,视较小数额者而定。预订实际航班时,最近路线可能产生的费用和斯坦福在线预订工具(http://fingate/staff/travel/res_jobaid/travel_agencies.html)上的打印材料必须作为证明材料,打印材料也必须包含在报销清单中。

d. 租赁汽车

(1)报销——在请求报销前,租赁汽车时私人部分的费用必须从总的租赁费用中扣除。私人部分是通过因私使用和因公使用的天数比例来计算的。

(2)保险——如果出差者为了私人使用汽车时也享有保险而接受了对国内租车的额外保险,那么在整个租赁期间的所有保险费用都属于私人支出,不能报销。但是,如果租赁发生在国外或夏威夷地区,那么费用可按比例分配。

9. 配偶或他人的出差费用

a. 非因公费用——配偶、家庭成员或其他陪同出公差者的费用一般不能报销。如果陪同人员在学校中有职位,并且在出差过程中为学校的公务作出了突出的贡献,其费用可以报销。

b. 例外——该政策按照法律规定制定,理应没有例外。特殊情况确实需要例外的,必须在出差前经过教务长的批准。

c. 酒店费用——如果出差者使用了双人房,而另外一个入住的人如与公务无关,学校将支付单人房的费用。在报销清单或者备份文件当中的备注栏必须填写单人房和双人房的对比价格。如果无法获得/没有提供单人房价格,则只报销双人房价格的85%。任何情况下,只有合理且必需的住宿费用才能报销(参阅第4条a款)。

10. 出差杂费

a. 注册费——注册费可以在注册时通过使用请求"其他支票"的报销或通过报销个人支付的注册费来请求支付。对于要求出差的会议和活动,费用可记入大学的出差卡。如果是为学生注册,请参阅第11条的额外要求。

b. 杂费——因授权的差旅的目的而产生的必不可少的杂费,必须和其他的旅行费用在同一张报销清单上提交。

(1) 会议费用——(没有提前预付的)注册费、报告费用、印刷会议记录、租用会议室的费用以及其他实际发生的与专业会议、商谈和研讨会有联系的费用可以报销。

(2) 电话、传真和电脑网络费用——合理且必需的公务电话、传真和电脑网络费用允许报销。一次通话费用在75美元及以上的通话必须列出其商业目的和通话者姓名,即使该次通话是打给斯坦福的号码也必须照此执行。

(3) 超重行李费用——只有在出差者运输学校的材料,或者是因延长出差需要而增加额外的个人行李时,行李超重的费用才能报销。在后一种情况下,出差者必须提前获得负责管理(项目/任务/拨款)账户的个人授权认可由学校报销的最大数额。授权认可的副本必须和报销清单一同提交。

(4) 境外出差费——实际产生的办理护照、签证、旅游护照、必要照片、出生证明、必需的疫苗接种、免疫注射、健康卡以及外币兑换的费用可以报销。

(5) 保险费——人寿保险、航空保险、个人汽车保险、汽车租赁保险[第6条e款(2)和(3)中注明的去外国和夏威夷的情况除外]、行李保险的费用等不能报销。请参阅指南备忘录27.1遗属抚恤金计划,http://adminguide.stanford.edu/27_1.pdf 和 28.7 车辆使用,http://adminguide.stanford.edu/28_7.pdf。

(6) 因他人产生的费用——因他人产生的正常而必要的花费,包括食物、饮料、点心和社交或娱乐活动在内的其他花费,可得到报销。个人娱乐的费用不能报销。

• 必需的业务目的——要被视为免税。美国国税局要求业务目的和被款待人的姓名须出现在报销清单中。如果涉及一个群体,且该群体可以被视为一个单独的机构,那么个人的名字无需出现在其中。

• 未允许开支类型——业务宴请和酒精饮料必须记入为未允许开支所设的相应开支类型中。

• 出差津贴和宴请或业务用餐——若报销了全额出差津贴的出差者作为宴请或是在商务谈判当中为他人用餐买单,出差者必须按比例分摊餐费,并只能为客人寻求额外的餐费报销。请在 http://fingate.stanford.edu/docs/bus_meal_exp_guide.pdf 参阅业务宴请消费指南。

如果在一次差旅中出现了多种业务或宴请用餐,或者这种用餐是在 4 天或更短时间的差旅过程当中发生的,则用出差津贴报销用餐是不恰当的。在旅途全程中均要求实际用餐支付的费用带有相应的发票。

在差旅过程中发生的,记入政府拨款或合同的宴请/筹款用餐不能报销,除非实际餐费的报销办法被选择用于整个旅程。在这种情况下,正确的开支数额能被记入未受限的(项目/任务/拨款)账户和未允许的开支类型中。

c. 个人费用——因为私人用途或者为了方便出差者而产生的费用,如果不与学校公差直接相关或者不是公差必需的费用不能报销。除了特殊的情况以外,不超过 6 天的旅程的洗衣费不能报销。

11. 学生出差及税收事务

不符合学校出差标准(参阅下文 a 款),包括不符合必需的证明材料的任何本科生或研究生报销,将需要报税。研究生将由研究生财务服务办公室(Graduate Financial Services,简称 GSF),本科生将由财政援助办公室提交并支付。

a. 本科生及研究生——无论学生是不是学校员工,是否为了与学位相关教育而出差,如参加研讨会或拜访某研究点或实验室,都可以视为业务出差报销。在大多数情况下,这种报销不会作为学生的收入向美国国税局报告,但前提是学生所提供的证明材料可以表明这次是公务出差:

• 直接支持了一位教员的项目或研究,或者
• 与出席一次研讨会有关系(要求能表明出差者是会议发言者/参与者的照片副本),或者
• 是学生学位研究的主要部分(需要院系证明),或者
• 与学生受雇于学校直接相关,或者
• 是学校的官方事务

若不符合学校出差标准(参阅下文 b 款),包括不符合必需的证明材料的博士后报销,将需要报税。费用将作为学术奖金,由研究生财务服务办公室支付。

b. 博士后学生

（1）参加研讨会、考察或校外实验室

证明材料：除相应的发票外，各系应该向出差和报销部门出具一份签字声明，证明出差活动直接支持教员的研究或学术项目，或者是代表斯坦福官方参加活动。

（2）演说/展示论文、海报或参与委员会工作

证明材料：除相应的发票外，各系应该向出差和报销部门出具一份表明出差者是研讨会演讲者/参与者的照片副本。无须出具证书。

12. 外国访问者出差

a. 必需的证明材料——只有在访问者持适当的签证（请参阅指南备忘录28.1外国国民的签证及就业）进入美国的情况下，才能为外国访问者或以其名义（直接给酒店的费用等）付费。除了为整个出差报销的必需的证明材料外，非居民外国人的报销清单必须包括一份签署的 LA-6 表格（税务申报单）、出差者护照的影印本、签证、I-94 卡，J-visa 持有者需要有一份 DS-2019 表格［反映交流访问者（J-1）身份的资格证书］的副本。

b. 预付款——停留两周以上的外国访问者可以申请机票金额的预付款。申请中必须包括必需的证明材料（航空公司发票/行程，以及第 12 条 a 款中列举的证明材料）。如果费用需要扣缴税款，预付款中必须扣除这些税款，除非附有适当的免税表格（国税局 8233 表格或 W8-BEN 表格）。

c. 结算——注意如果旅程开始或结束于国外，所有的费用都编入国外出差费用类型。旅程开始于美国以外的地方，在美国国内用餐和住宿的，也包括在这种情况内。

d. 更多信息——关于外国访问者的出差安排的更多信息，请参阅：

• 邀请外国访问者并为之支付费用，http://fingate.stanford.edu/staff/travel/arrange_foreignV.html；

• 指南备忘录 28.1 外国国民的签证及就业，http://adminguide.stanford.edu/28_1.pdf；

• 贝克特尔国际中心网页，http://www.stanford.edu/dept/icenter/。

13. 特殊出差

a. 出差面试——当需要为学校聘用关键人员时，与聘用面试有关的出差费用可得到批准。只要不超出限制，并且与指南备忘录当中的政策和程序一致，出差费用可以在对潜在员工的正式书面邀请中得到批准。潜在员工的配偶陪同前往的费用也可以在这个邀请的授权范围之内。特定赞助项目的要求和限制亦适用。

b. 博士后聘用费用——博士后的聘用面试和征募属于公务费用。如果

博士后的职位要求39周或以上的常规100%全日制工作,则其搬迁和再分配费用也能够作为公务费用报销。

c. 搬迁和再分配费用——参阅指南备忘录36.8教职员工搬迁,http://adminguide.stanford.edu/36_8.pdf。

d. 远程工作人员——斯坦福可能会聘请远程工作的员工。这些员工无须固定在斯坦福办公室工作,而是可以在各自住所或其他主要业务场所工作。若员工属于全日制远程工作,因部门会议、特殊项目、工作高峰所致的偶尔到校的路程花费可由主管决定由部门报销。此类支出一般不视为通勤开支,因此不属于员工的课税收入。由于每类全日制远程工作的情况都有所不同,主管和员工应就工作计划、远程访问协议和实地探访的需要,以及任何相应支付等问题达成协议。

更多信息和指南,请参阅 http://elr.stanford.edu/flex.html。

14. 记录和报销程序

a. 发票——费用达到75美元及以上的标有日期的原始收据或发票必须提供给负责人,他将以电子版作为合理完整的报销清单的备份提交给出差和报销部门。根据美国国税局的条例,备份文件必须能表明交易的成本费用和商业性质,在报销时必须能展示出费用的证据。信用卡结算单可以作为支付的证据,但是不被认定为收据详单,一般也不足以单独作为证明材料。如果需要支票付款的证明,一份已付支票或银行声明就足够了。

附带在报销单上的电子影像可用作该文件的记录。一旦出差和报销部门处理完毕并支付了报销的费用,负责人应该销毁原始的纸版收据。

• 用餐——信用卡持卡人在收费发生时得到的一份收费表格可以作为用餐的凭证。酒精饮料和相关税费和消费不能被计入政府赞助的(项目/任务/拨款)账户,而必须算作未允许的开支类型。如果用餐证明没有被详细列出,那么信用卡持卡人必须要么记录"无酒精饮料",要么声明由自己购买所有酒精饮料的费用。

• 交通票据——须有乘客所持的航空、铁路、船运、直升机和长途巴士票的副本。如果是电子票,除了支付凭证(例如被消费的卡)以外,须提供能表明起飞时间、航班号、舱位等级、票价基础、票号或查询号码的详细发票和行程(这有可能被航空公司作为收据)。不包含此类信息的证明材料不能被视为收据。

• 租车——能证明支付的原始的车辆租赁协议或发票。

• 住宿——须有住宿清单,旅程已获得每日津贴的例外。快速退房详细收据也可被接受。该快速退房收据必须显示被记账的信用卡。当选择出差餐费津贴时,餐费报销不能记入住宿账单。

- 其他费用——报销75美元以下的费用可以不用收据。但是上报的数额必须是正确无误的。受赞助项目可能对收据证明有更多限制性要求。接受赞助的部门有责任遵循这种限制规定。

b. 外汇兑换率——使用外国货币购买时，收据中必须注明其折算的美元。可以在 http://www.oanda.com/converter/classic 获取学校核准的货币转换工具。如果收据中包含了一份出差者的信用卡声明，那么该声明中项目的数额将得到报销。

c. 遗失原始收据——出差者必须从结算机构获取遗失的原始收据的复印件。提交报销清单时，要包含证明支付的复印收据和完整填写的电子版收据遗失证明，该证明可以在 http://fingate.stanford.edu/docs/lost_missing_receipt_form.pdf 下载，或者包含由费用的支出者和批准者签署的记录或声明。声明内容应包括：

- 找不到原始收据
- 费用是因学校利益而产生的
- 费用的项目和数量是准确的
- 费用并未亦不会通过任何渠道申请其他报销

如果出差者和批准者是在线签名，那么该声明可以包括在报销清单的备注栏内。在极少数情况下，若所有获取可接受收据的尝试都失败时，出差者主管的合理解释也必须包含在他们的在线批准当中。

d. 报销清单——学校要求准备一份报销清单以便对记入学校（项目/任务/拨款）账户的出差费用提供依据。出差者必须在出差回来后妥当填写并及时提交经核准的报销清单。根据美国国税局指南，除特殊情况外，出差结束60天以后才提请报销费用的，将被视为个人的额外收入上报。如果所有费用不能在同一张报销清单中提交，随后的单据必须参考最初的报销清单。

（1）目的——报销清单里必须包括一份关于出差目的的声明，表明出差与学校官方职能活动有直接关系。任何中途停留的路线，其目的也须是同一出差目的才能报销。如果会议费用要记入受赞助项目，这次会议必须直接支持该赞助项目目的研究。会议议程或程序的电子版必须包含在提交的备份证明材料中。

（2）日期——报销清单中必须包括从起程到返回的每一天，其中出于私人目的的日程也必须列出来。

（3）费用——交通、用餐、住宿和杂费必须在报销清单中列举出日期和地点。

（4）批准——清单必须通过能将费用计入（项目/任务/拨款）账户的人的在线授权批准。该批准费用的人不能是自己或自己的直接或间接上司。

另外,为确保报销清单符合学校报销政策(参阅指南备忘录36.4第1条a款)的规定,鼓励产生费用的人通过电子方式批准报销清单。尽管是电子审批确认,但通过提出的报销清单,产生该费用的个人须证明该费用涉及大学公务,并符合指南备忘录36.4费用报销中的政策规定。

(5)未正确填写的表格——出差者有责任保证报销清单的正确性和完整性,并以电子方式提交备用收据。如果报销清单没有正确填写的,将被在线退回。在处理报销之前,出差和报销部门需要收到所有必需的证明材料。

e. 对出差费用和安排必需的解释——提交的报销清单中必须有对下列内容的书面解释:

(1)从其他途径报销——如果旅程中任何部分的费用从或者将从学校以外的任何途径报销,那么出差者必须报告所有有关的细节。即使斯坦福只报销归学校支付的部分,但是其他报销渠道的名称、地址和数额也必须包含在报销清单中。

(2)没有明确认定的费用——指南备忘录中没有明确认定的费用必须作出充分解释,以便支持报销。

(3)非常规出差安排——如果要求公务舱或者头等舱,使用私人或租用交通工具,或者驾驶私人的汽车出差,要求在报销清单中对此作出解释。是否批准全额报销要视其是否满足本指南备忘录中的指导方针、预先核准的要求和限制措施而定。

(4)其他人的费用——如果报告的费用包括了用于其他人的娱乐、餐饮、住宿或交通费用,那么必须满足第10条b款(6)段中的要求,涉及其他报销清单的请求必须与旅程相关。

(5)预先核准——每当出差政策规定必须有预先的书面核准时,书面核准的副本必须以电子方式连同报销清单提交。这一点同样适用于任何获批的非本指南备忘录的情况。

(6)非常规费用——任何被视为超支的非常规大数额的费用,或者任何非常规费用,都应该给予解释。

f. 作为收入的旅行费用——

(1)搬迁费用——学校要求将与入职或离职相关的搬迁补贴和差旅费用的报销作为个人的额外收入报告。参阅指南备忘录36.8教职员工搬迁,http://adminguide.stanford.edu/36_8.pdf。

(2)未经证实的支出——根据美国国税局的规定,学校会把没有相应收据清单或者适当解释证明的支出作为额外收入报告。

(3)不及时提交报销——根据美国国税局指南,除特殊情况外,在出差结束60天以后才提请报销费用的,将被视为个人的额外收入上报。

g. 报销——报销的费用可以通过下列交付方式获取：
- 直接汇入工资账户
- 支票
- 通过电报交付
- 国外汇票

因准备并处理紧急支付而引起额外费用的，将收取一定费用。关于支付类型和处理支付时间的更多信息，详见 http://fingate.stanford.edu/staff/bulletins/reimburse/payment_processing_time.php。

15. 帮助来源

a. 大学——关于出差政策和规程的问题可以联系购买和支付支援中心。

b. 斯坦福线性加速器中心——有疑问的斯坦福线性加速器中心的出差者应该联络该中心的差旅主管。

c. 在线信息——下列网站有补充信息：

- 出差资源、程序与政策，详见 http://fingate.stanford.edu/staff/travel/res_jobaid.html；
- 外币兑换，详见 http://www.oanda.com/converter/classic；
- 邀请外国访问者并为之付费，详见 http://fingate.stanford.edu/staff/travel/arrange_foreignV.html；
- 斯坦福大学帮助申请，详见 http://remedyweb.stanford.edu/help-su/helpsu。

36.8 教职员工搬迁

授权　本指南备忘录由负责商业事务兼财务总监的副校长批准。

适用　本政策适用于非集体劳资协议约束范围内的斯坦福新任和现任教职员工。适用于集体劳资协议约束范围内的员工的政策，参考如下适用协议：http://elr.stanford.edu/documents.html。
虽然政策声明适用于整个大学，包括斯坦福线性加速器中心，但是包含在指南备忘录中的一些政策说明在该中心可能有所不同。关于斯坦福线性加速器中心的搬迁政策说明，员工应联络该中心的出差办公室。

概述　本指南备忘录详细解释了方便斯坦福的新任和现任员工搬迁和重新分配工作的政策，员工的这些活动是完全符合斯坦福的利益的。本政策在确保符合联邦和州的规章的情况下，给予各院系和其他组织单位最大的弹性。只有当发出了聘用邀请时该政策才有效。招聘期间的津贴在副校长或者副教务长做出聘用决定的职权范围内有自由裁量权(参阅指南备忘录36.7出差费用,第13条)。

以下各条标题为：

1. 所涉税务问题
2. 一般政策
3. 符合条件的情况
4. 找房子的费用
5. 在途/出差费用
6. 临时生活费
7. 家庭和个人财物搬迁
8. 实验室搬迁
9. 汽车装运
10. 回过去住处的费用
11. 有限任务的费用
12. 工作再分配费用
13. 预付费用
14. 返还规定
15. 报销程序

1. 所涉税务问题

a. 作为额外收入报告的报销——运用搬迁政策时,各系应注意,美国国税局要求学校对任何与搬迁有联系的、超出了国税局准则的报销和预付款作为员工的额外补偿金的收入作出报告,并收取工资税。

b. 作为额外收入但不用报税的报销——报销和预付"合格的搬迁费用"不作为额外收入报税。这些报销只作为信息报告。美国国税局的准则为"合格的搬迁费用"订出了下列标准：

(1) 工作是：
- 对搬迁的人来说是新工作
- 全职的
- 对新员工来说应该持续至少9个月,或者对于现有的员工重新调整的工作至少应持续12个月
- 新工作离旧住所比旧工作离旧住所远至少50英里

(2) 费用中包括下列合理的开支：
- 搬迁家庭用品和个人财物
- 途中的路程(现行的搬迁合理里程费用,请参阅http://fingate.stan-

ford. edu/staff/reimburse/res_jobaid/mileage_reimb_rates. html 中的里程报销费用）
- 途中的住宿（不包括用餐）
- 30 天内的家庭用品储藏

（3）有资格享受的人是：
- 转换到其能胜任的工作的新员工或现有的员工
- 员工的家庭成员（美国国税局不把员工的同性家庭伴侣视为员工的家庭成员）

c. 需报税的报销——获斯坦福搬迁政策许可并作为员工的额外收入加以报告的额外报销和预付款可以包括但不仅仅限于：
- 找房子的费用
- 临时生活费
- 同性家庭伴侣的搬迁费
- 途中的餐费
- 在美国国税局批准的搬迁里程费用外的学校交通补贴（参阅 http://fingate. stanford. edu/staff/reimburse/res_jobaid/mileage_reimb_rates. html 中的里程报销费用）
- 额外 30 天的家庭物品储藏
- 员工回过去住所的费用

d. 更多信息——关于税收实务的指导可以从财务办公室获得。关于搬迁费用报税的进一步信息可以从美国国税局的网站（http://www. irs. gov）的 521 号出版物中获得。

2. 一般政策

a. 管理政策的责任——该政策由相应的副校长、副教务长、院长或指定人管理。关于政策说明和程序事务的指导可以从负责人力资源的副校长和斯坦福线性加速器中心的差旅办公室获得。

b. 搬迁费用的责任——批准搬迁的单位承担所有费用

（1）记入赞助项目——若费用记入赞助项目，适用的赞助项目拨款的条款具有优先权。

（2）超出搬迁津贴——相应的副校长、副教务长、院长或指定人可以授权报销超出政策规定的搬迁津贴的实际搬迁费用。

c. 报销授权——当发出支付搬迁费用的邀请时，给新员工发出录用通知时也必须附上一封授权信。发出报销申请表的部门负责确保其遵循授权信中的要求。授权信必须详细叙述：
- 报销费用以及学校会支付的最高实际费用

- 会超出实际费用的一次付清的款额
- 符合报税和扣款规定的费用

d. 首选运输工具——要搬迁的部门或个人可以登录 http://fingate.stanford.edu/staff/buypaying/hire_contractor_consultant.html 获取信息。

3. 符合条件的情况

只有当学校认为支付部分或全部的搬迁费用会成为吸引潜在的员工来斯坦福工作，或者能成为吸引员工接受临时重新分配的工作的重要因素时，才应该发放搬迁津贴。有资格获得搬迁津贴并不表示已经被批准给予津贴。是否给予符合条件的人搬迁津贴由聘用单位自行裁量。

a. 斯坦福员工——有资格不用搬迁报销报税，或者可以通过美国国税局的准则预付款（参阅第1条）的员工包括：

- 在斯坦福的新工作地点，与其以前住处的距离，比他们的旧工作与过去住处的距离远至少50英里的新全职员工。
- 临时被指派去50英里或更远距离工作的现任员工。如果指派持续不到一年，那么它属于斯坦福的公务开支并不用报税。此种情况适用出差政策，可参阅指南备忘录36.7出差费用。然而，如果迁居一年或以上，适用本指南备忘录的搬迁政策。

相应的副校长、副教务长、院长或指定人可以批准本资格标准的例外。

税务注意：不符合美国国税局准则的例外情况（例如：不符合全职员工或50英里的距离的规定）要为员工报税。

b. 配偶/同性家庭伴侣和家属——配偶/同性家庭伴侣和家属的搬迁费用按本指南备忘录规定的报销范围报销。

税务注意：家庭伴侣的费用报销是要报税的。

c. 非员工和特别的访问者——给非员工和特别的访问者的出差报销在本指南备忘录的第11条中表述。

税务注意：给兼职人员的任何搬迁费用报销是要报税的。

4. 找房子的费用

a. 政策——可以为未来的员工报销所有或部分为了找房子居住而到斯坦福出差的相关费用。除了不能使用出差津贴办法以外，这些一般包括了学校员工出差时可报销的费用（请参阅指南备忘录36.7出差费用）。http://fingate.stanford.edu/staff/reimburse/res_jobaid/per_diem_rates.html 中的报销津贴费用可以被视作鉴别合理费用的准则。

另外，副校长、副教务长、院长或指定人有权批准下列费用：

- 与携带配偶/同性家庭伴侣相关的费用
- 小孩看护必需的费用

• 与专业搬迁服务相关的费用

为找房子报销费用并不适用于除配偶/同性家庭伴侣外的家属。

b. 程序——在由学校报销找房子差旅费用时,主管的大学官员应该给予未来的员工详细的书面说明,告知其包括可报销的最高数额的费用在内的报销条款和条件。发出报销申请表的部门有责任确保其遵循授权信中的要求。费用的收据必须按照指南备忘录36.7出差费用,http://admin-guide.stanford.edu/36_7.pdf 中第14条的要求提交。

税务注意:所有找房子相关的费用都要报税。

5. 在途/出差费用

a. 政策——新员工出差以获得与斯坦福职位有关的所有或部分实际费用可以报销。该政策的对象也包括配偶/同性家庭伴侣和在家居住的受抚养子女。费用包括了合理的交通工具费(请参阅指南备忘录36.7出差费用)和实际且合理的住宿费、餐费和小费。里程报销按照斯坦福现行的标准执行(请在 http://fingate.stanford.edu/staff/reimburse/res_jobaid/mileage_reimb_rates.html 参阅里程报销率)。

b. 程序——请参阅上文中第4条规定的找房子的费用。

c. 准则——由主管的副校长、副教务长、院长或指定人确定合理的费用。如果需要进一步的指导准则,下列准则可以提供建议:

• 交通费用——飞机票可以报销。如果驾驶汽车,预期一般私人汽车的最小行程是每天350到400英里。

• 住宿费、餐费和小费——虽然出差津贴的方法不能用于报销标准,但是 http://fingate.stanford.edu/staff/reimburse/res_jobaid/per_diem_rates.html 中的报销津贴费用可以被视为鉴别合理费用的准则。

税务注意:在途/出差费用中需要报税的项目包括:

• 所有家庭伴侣的费用

• 餐费和小费

• 美国国税局批准的搬迁里程费用外的汽车里程津贴(请在 http://fingate.stanford.edu/staff/reimburse/res_jobaid/mileage_reimb_rates.html 参阅里程报销率)

6. 临时生活费

a. 政策——搬迁过程中,与在学校附近的临时生活安排有关的合理的实际或增加费用(按照主管的副校长、副教务长、院长或者指定人的规定)可以报销。

b. 程序——参阅上文第4条找房子的费用

税务注意:除了从以前住处出发那一天和到达新住处那一天,所有的临时生活费都要报税。

7. 家庭和个人财物搬迁

a. 政策——新员工搬迁家庭和个人财物时所发生的合理的全部或部分费用可以报销。该政策的对象也包括配偶/同性家庭伴侣和在家居住的受抚养子女。如果主要的居所是可移动的房屋，学校将为员工报销与房屋的拆卸、轮子租赁、交通运输和在新址重建有关的费用。

b. 程序——除了在上文中第4条（找房子的费用）罗列的程序以外，主管的官员应该在授权信中详细说明各项细节。除非有特殊情况，合适的补贴搬迁物品是15000磅。

（1）可报销的费用——搬迁津贴包括：
- 打包、装箱、运输、拆包和拆箱家庭财物的实际费用
- 从储藏处搬进和搬出物品的费用
- 储藏费用（限制在60天内）

税务注意：30天后需要报税。
- 拆装家用设备的费用
- "综合险"重置成本保险（这应该由货运代理商或运输者来安排）
- 家养宠物

（2）不能报销的费用——搬迁津贴不包括以下项目：
- 动物（家养宠物除外）
- 游艇
- 飞机
- 假期拖车
- 野营旅游车
- 灌装、冰冻的巨型食物
- 建筑用品
- 植物
- 仓库
- 农场设备
- 木柴

8. 实验室搬迁

a. 政策——实验室用品和设备的搬迁是斯坦福的公务费用，无须向美国国税局报税。

b. 程序——授权信应该指示搬家公司将打包、装箱、运输、拆包和拆箱实验室财物的费用与搬迁家庭财物的费用分开记录。

9. 汽车装运

副校长、副教务长、院长或者其指定人可以批准搬运每户人家两辆汽车所产生的全部或部分实际合理的费用。汽车可以车运或船运。

10. 回过去住处的费用

a. 政策——当新员工必须回其以前的住处帮助搬迁，或者新员工与其家人分隔一个月以上的情况下，主管的官员可以批准员工报销最多两次回以前住所所产生的相关费用。

b. 程序——任何报销应该只包括交通费用，并且应该在事前以书面形式确认。收据是必须提供的（参阅指南备忘录36.7出差费用）。

税务注意：回家旅程的所有费用都要报税。

11. 有限任务的费用

政策——学校支付的费用可以批准给有着特殊有限任务的教员和正式员工，以及从事教学、研究及其他相关服务的非员工和特别的访问者。有限任务持续时间在一年以内，并以不改变永久定居点或者与其他组织的最初的联系为前提假设。学校的所有差旅政策（指南备忘录36.7出差费用）均适用于有限任务，但下面几点需要澄清：

a. 只有在正式的授权信（邀请函）认可范围内的费用才能报销。家属的交通费可由副校长、副教务长、院长或其指定人自由定夺，但对于少于30天的任务不适用。

税务注意：有限任务费用是要报税的，但以下情况发生时除外：

• 从事有限任务的人有重复费用（家庭住所费用和有限任务所在地住宿费）。

• 其家庭成员继续居住在定居的家里。

• 该人与原机构保持着最初的联系（也就是，为在别的地方承担有限任务的员工而与斯坦福保持联系，或为来斯坦福的访问者与他们的其他雇主保持联系）。

税务注意：承担有限任务的人的家属的费用是要报税的。

b. 尽可能使用学校的汽车和公共交通工具，使在当地的交通费用应该限于最低的水平，但是在授权信认可的范围内，合理而必需的租车和打的费用是可以报销的。

c. 报销——只有授权信中有特别详细说明的费用，学校才能报销。由其他途径报销的费用不必出现在报销申请表中。

d. 住宿——当员工寻找长期合适的住所时，学校可以支付实际而合理的短期住所的费用或出差津贴。要求与本指南备忘录中的第5条（在途/出差费用）一致。找到合适的房屋后，如果需要可以批准住宿津贴。如果员工的实际费用高于其在主要住所产生的费用,就需要住宿津贴。在临时任务期间租赁主要住所的任何收入都必须在计算住宿费报销时加以考虑。

12. 工作再分配费用

出于学校的官方目的而重新分配教职员工的工作时需要搬迁的,经过主管的副校长、副教务长、院长和指定人的提前书面批准,学校可以支付实际而合理必需的开支。与公休假(除非斯坦福同意保留工资)和缺席有联系的费用不能报销。

13. 预付费用

预付费用——必要时,学校可以选择给搬迁的员工预支一定数量的费用以应付预期的开支。这种预付款仅限于员工支付能报销的费用,并且必须按照指南备忘录36.3预付开支中的要求支付。

14. 返还规定

在接受斯坦福的职位时得到了搬迁援助的教职员工,如果在受聘日起12个月内因为任何原因自愿离开学校,要返还学校给予的这些援助。返还的费用将会根据该员工在斯坦福工作的月份数按比例计算。(例如:6个月后离开的员工要归还一半的搬迁津贴。)这个返还规定必须在录用通知中注明。

税务注意:不归还搬迁津贴可能会有税务牵连。

15. 报销程序

a. 甲骨文财务报销申请表——要求报销搬迁费的个人应该在网上向财务办公室的差旅和报销部门提交甲骨文财务报销申请表。请参阅http://fingate.stanford.edu/staff/reimburse/get_reimbursed.html 概述:获得报销。关于收据和其他证明材料的要求,请参阅指南备忘录36.7出差费用第14条。

b. 记账——搬迁费用要编入迁移费用开支类型。大多数这样的费用被归为获资助类型。但是如果员工在受聘12个月内主动辞职,那么该搬迁的净成本(没有预付的部分)必须转为未获资助的迁移费用开支类型。

c. 扣税——对于报销时需要扣除所得税和社会保险的,出差和报销部门会与薪酬办公室商定在支付工资的过程中处理该费用。

37.3 基础设施费用

授权 本指南备忘录由教务长和负责商业事务兼财务总监的副校长批准。

适用 本政策适用于2005年9月1日生效的限定用途基金和专项基金。

概述 斯坦福董事会在2004年批准了一项修订的基础设施政策。这一在2005年9月1日生效的修订政策使所有新旧基金的基础设施费用由6%上涨到8%。对专项基金而言,基础设施的费用将会在其从所有外部收入来源获得资金时应用。对于限定用途基金而言(包含0% F&A率的可消费馈赠基金、捐赠收入基金、赞助项目基金),基础设施费用将会在基金花费或转换时应用。

给予土建工程的捐赠可以从基础设施费用中免除。

从非学历教育学校拥有的基金中获得的基础设施费用将会有75%记入大学中央项目/基金/目标代码/组织代码中(由预算办公室管理),25%记入由预算单位拥有的与交易有关的中央项目/基金/目标代码/组织代码中。从学历教育学校和辅助设备所有的基金中获取的基础设施费用将直接计入属于学校或辅助设备的中央项目/基金/目标代码/组织代码中。

本政策的任何例外情况很少发生,若有例外需要得到教务长和财务总监的共同批准。

以下各条标题为:

1. 目的
2. 指定收入的评估
3. 限定用途的备用基金评估(馈赠)
4. 限定用途的捐赠基金的评估
5. 赞助项目的评估
6. 政策例外情形
7. 基础设施费用执行指南
8. 额外的信息来源

1. 目的

斯坦福如果要保持长期的财政稳定,学校基础设施费用,就必须依靠限制用途的和专项的基金。因为限制用途基金和专项基金支持的活动在学校总体活动中占据很大比例。一般的基金,很难独自承担支持这些活动所需的基础设施和管理费用。本政策的目的是为了分配此部分费用的比例。

2. 指定收入的评估

基础设施费用在获得外部特定经费时已从收入中收取,一旦经费存入基金账户中,以后从基金里支出和做基金转移都不用再交基础设施费用。

3. 限定用途的备用基金评估(馈赠)

基础设施费用会在基金支出或转换时收取。所有的开支类型都要受限于该费用。

4. 限定用途的捐赠基金的评估

基础设施费用会在基金支出或转换时收取。该基金用途受到捐赠者限定，只能用作终身职位（教授职位）的工资、本科生和研究生财政资助，或者本科生研究机会的捐赠基金，该捐赠基金不支付基础设施费用。不专限于以上用途，但部分用于支持以上活动的限定用途捐赠基金则需支付基础设施费用。

5. 赞助项目的评估

带有 0%F&A 率（直接成本比率）的赞助项目拨款账户受限于下列基础设施费用规定：

a. 2005 年 9 月 1 日之前开始的赞助项目拨款账户受限于先前的基础设施政策和 6% 的比率。9 月 1 日以后开始的赞助项目拨款账户受限于修订的政策，除非它们符合下文中第 5 条 d 款（2）中的例外。

b. 根据提交的建议而建立的，使用先前的基础设施政策和 6% 比率的赞助项目拨款账户会受限于先前的政策和比率，直到失去竞争力为止。新的有竞争力的部分将会遵从修订的基础设施政策。

c. 2005 年 9 月 1 日当天或之后提交的建议，受限于修订的基础设施政策。

d. 修订的基础设施政策应用于下列的赞助项目：

（1）如果受赞助的项目已经支付了间接费用，那么该项目就不用交纳基础设施费用。如果项目拨款账户所支付的间接费用不足 8%，则该项目也不用交纳基础设施费用，但要按恰当的间接费用率收取一定的费用。

（2）基础设施费用只对非政府赞助项目拨款账户和由外国政府赞助的拨款账户进行征收。美国政府（联邦、州立和地方政府机关）资助的拨款账户免收基础设施费用。

（3）基础设施费用在某些情况下是被自动免除的，但是对于赞助者有书面声明表示不支付间接费用，以及赞助者/项目在赞助研究办公室预先核准的间接费用弃权声明列表中的所有非政府和外国政府拨款并不免除（首席调查员/部门必须提供一个替代的项目/任务/拨款账户用于支付基础设施费用）。不需要递交申请，以使拨款账户免除基础设施费用。

对于其他不用支付间接费用的赞助者，在官方机构批准将项目申请书提交到基金累积机构以前，必须提交一份基础设施费用免责表，并由教务长和财务总监批准。

e. 所有分摊的成本都被免于分摊基础设施费用。

f. 给联邦政府赞助项目的机构津贴是被免于分摊基础设施费用的。

6. 政策例外情形

本政策的任何例外情况很少发生，若有例外则需要得到教务长和财务总监的共同批准。如果捐助者/赞助者不允许基础设施费用被应用于受限制基金，那么要么馈赠/拨款必定被回绝，要么教务长和财务总监准许给予免除。如果免除被准许，那么获得基金的单位必须找出替代的资金源去支付基础设施费用。要请求免除，请根据"请求免除基础设施费用"表格上的指南填写表格。该表格可在 http://ora.stanford.edu/supporting_files/EXEMPTION_REQ.doc.下载。

7. 基础设施费用执行指南

基础设施费用执行指南提供了关于协定的基础设施费用政策执行的额外细节。该指南可在 http://ora.stanford.edu/rates/infraRev_05.asp 获取。

8. 额外的信息来源

服从于基础设施的开支类型的列表能在间接开支类型一览表（https://orasecurestanford.stanford.edu/supporting_files/burdenmap.xls）中找到。

对于受限于先前的基础设施政策的赞助项目拨款，先前的执行指南能在 http://ora.stanford.edu/rates/infraRev_4.asp 中找到。

关于政策的说明请联系预算办公室、财务办公室基金会计部或赞助科研办公室的相应负责人，详见 http://ora.stanford.edu/rates/infraRev_05.asp。

37.4 备用基金投资、支付和缓冲政策

授权 本指南备忘录由负责商业事务兼财务总监的副校长批准。

概述 本指南备忘录代替了原指南备忘录37.4（备用基金投资、支付缓冲政策）。本政策自2009年9月1日起（2010财政年度）生效。

以下各条标题为：

1. 背景
2. 备用基金的投资政策
3. 备用基金的支付政策
4. 一般基金的支付政策
5. 缓冲政策
6. 董事会年度审核

1. 背景

备用基金囊括学校的所有非捐赠基金。它们是学校投资资金很重要的组成部分，其平均总余额在2008财政年度达到了22亿美元。备用基金包括

有大约 15000 种不同的基金,基金类型包括:
- 捐赠收入基金——来自纯捐赠基金和捐赠用基金(funds functioning as endowment,简称 FFE)的未花费支出。
- 债务周转集合资金——内部筹集和储备待用的债务本金。
- 保险和福利计划储备——运用于自我保险索赔的储备。
- 学生贷款基金——用于学生贷款的基金。
- 厂房设备基金——尚未支用的,指定用于设施建设的捐赠。
- 代管基金——学校代表第三方(例如:斯坦福医院和诊所、露西尔·帕卡儿童医院)持有的基金。
- 待指定用途的赠与——获得的未指派用途的和未投资在合并联营资金(Merged Pool,MP)的赠与基金。
- 限定用途基金——尚未支用的捐赠或者其他受限制的备用基金。
- 专项基金——尚未支用的,指定用于特定学院、系、教员和目的的基金。
- 非限定用途基金——学校、学院、系、附属机构或教员用于储备或待定开支的基金。

2. 备用基金的投资政策

a. 捐赠收入基金——从纯捐赠基金(非是从捐赠用基金)获得支出的捐赠收入基金将被投资于货币市场集合资金(Money-Market Pool)中。此集合资金中的所有资产都由斯坦福管理公司投资于货币市场票据或货币市场共同基金中。

b. 备用基金集合资金——其他所有备用基金将被投资于一个单独、合并的投资集合资金中,亦即投资于备用基金集合资金(Expendable Funds Pool,简称 EFP)中。70%至90%的备用基金集合资金将会交叉投资于合并联营资金中,而余款将会投资于货币市场集合资金中。在此范围内的集合资金的具体分配将由大学校长自行决定。

3. 备用基金的支出政策

a. 捐赠收入基金——纯捐赠里的每一个捐赠收入基金持有的未花费的支付额度每年将获得相当于货币市场集合资金实际收益的支付额。

b. 货币市场账户——下列类型的备用基金将被视为货币市场账户,且每年将获得相当于货币市场集合资金实际收益的支付。
- 债务周转集合资金
- 保险和福利计划储备
- 学生贷款基金
- 厂房设备基金,仅限于在赠与基金超过100万美元时适用

- 代管基金
- 待指定用途的赠与,不高于 10 万美元的概括赠与基金和捐助基金除外
- 限定用途基金,仅限于捐助要求规定时适用

c. 零利息账户——所有其他备用基金将被视为零利息账户,各基金将不会获得支付。

4. 一般基金的支付政策

教务长的一般基金、医学院院长的非限定用途基金和商学院研究生院(Graduate School of Business,简称 GSB)院长的非限定用途基金各自将获得与零利息账户余额相关的支付。

- 医学院院长得到非限定用途基金时将获得与零利息账户余额相关的支付,该零利息账户余额受医学院院长办公室、部门和全体教员支配。
- 商学院研究生院院长的非限定用途基金将获得与零利息账户余额相关的支付,该零利息账户余额由商学院研究生院院长办公室、部门和全体教员支配。
- 教务长的一般基金将获得与所有其他零利息账户余额相关的支付。

该支付应在上一财政年度的零利息账户月平均余额的 0%~5.5% 之间浮动。

- 若上一年度备用基金集合资金的收益小于或等于 0%,支付应为上一财政年度的零利息账户月平均余额的 0%。
- 若上一年度备用基金集合资金的收益大于或等于 5.5%,支付应为上一财政年度的零利息账户月平均余额的 5.5%。
- 若上一年度备用基金集合资金的实际收益大于 0% 且小于 5.5%,支付应等于该年度备用基金集合资金的收益。

若按零利息账户余额计算的支付在任一年度均小于 5.5%,教务长和学院院长可以自行决定通过从该年的一般基金和院长基金向资本设备基金(Capital Facilities Fund,简称 CFF)减少同等数量的供款,以抵消支付差额。

5. 缓冲政策

货币市场账户总支付、一般基金和院长基金与备用基金集合资金的投资收益有所不同。这些差别将通过"第一缓冲层"和"第二缓冲层"得到缓解。

- 第一缓冲层是一组无限制捐赠用基金组合。此类基金被全额投资到货币市场集合资金中并获得用于支持教务长的一般基金的定期的货币市场集合资金支出。
- 第二缓冲层是单一的无限制用途捐赠用基金。此基金也是全额投资

于货币市场集合资金中并获得由校长自行分配（校长基金）的定期的货币市场集合资金支付。此外，校长有权每年撤回最高 3000 万美元的本金以便其支配。

若备用基金集合资金与规定的支付有关的投资收益出现差额，将自第一缓冲层和第二缓冲层撤回本金以填补下列所述的差额：

- 首先，从第一缓冲层撤回，最高不超过第一缓冲层在任何财政年度的年终价值的 20%。
- 其次，从第二缓冲层撤回，直到全部耗尽。
- 第三，从第一缓冲层的剩余部分撤回。

若备用基金集合资金与规定的支付有关的投资收益出现盈余，超出的收益将按如下规定增加至第一缓冲层和第二缓冲层：

- 首先，从第一缓冲层撤回，直到第一缓冲层的价值在总额上相当于 35% 的备用基金集合资金的总价值（给定门槛值）。
- 其次，从第二缓冲层撤回。

6. 董事会年度审核

每年度董事会的财务委员会均会对备用基金集合资金的状态（包括基金余额、资产分配、投资收益、支出和缓冲余额等）进行一次审核。

38 费用转移

授权　本指南备忘录由负责商业事务兼财务总监的副校长批准。

适用　本政策适用于斯坦福大学所有负责财务事务的员工。

概述　本指南备忘录为已经发生的费用从一个项目/任务/拨款账户转移到另一个账户设立政策和程序。费用转移也可称为转移支出。

以下各条标题为：

1. 费用转移政策
2. 费用转移程序

1. 费用转移政策

费用转移是与交易有关的事后再分配，该交易从一个项目/任务/拨款账户到另一个项目/任务/拨款账户。尽管通常应将费用支付给适合的项目/任务/拨款账户，但有时候费用转移是必需的。为了获得许可，费用转移必须及时、符合文件格式、符合本大学和赞助者允许的标准（即符合赞助合同的规定），并拥有适当授权的签名。参见指南备忘录 36 授权支出，http://

adminguide.stanford.edu/36.pdf。

　　a. 错误校正——所有的项目/任务/拨款账户均要求错误校正。错误可能包括书面的错误（比如在项目/任务/拨款账户和支出类型中的印刷错误或数据调换），亦包括可能在月度支出报告审查中发现的其他错误。这些错误可能是由于员工工作日程表没有更新、个人工作成果被更改而造成的，或者一项采购被记入项目/任务/拨款账户中，而非记入利用该购买项目最终获利的项目中而产生的。一旦被发现，所有的错误均应纠正。

　　b. 活动的赞助项目的项目/任务/拨款账户——赞助项目的费用转移政策参见《研究政策手册》3.13，http://rph.stanford.edu/3-13.html。除列出转移费用截止日期外，对以下内容也有说明：

- 文件材料
- 赞助人要求
- 先行赠与的费用
- 使多个项目受益的费用
- 透支

　　c. 文件材料——在线费用转移文件材料必须清楚表明：

- 该费用直接使接受的项目/任务/拨款账户受益
- 该费用得到接受的项目/任务/拨款账户的允许
- 该费用得不到第一个项目/任务/拨款账户正确支付的原因
- 可能导致该问题重复出现的一切原因已经被指出
- 在及时处理转移过程中任何延误的原因

　　d. 费用转移的截止日期——一旦确认出有转移的必要时，应尽快准备和提交费用转移请求，并应在费用交付后的 6 个月内完成费用转移。

　　在截止日期以后提交的转移必须包括导致延迟的正当理由，此时费用一般不允许转移至赞助项目中。若转移被延迟时，则可能无法及时修正登记的原始信息（例如，对劳动时间的更新）。因此，应采取措施确保后续费用不但对最初的项目/任务/拨款账户是恰当的，而且也是可转移的。

　　2. 费用转移程序

　　a. 入门指南——提交的费用转移所使用的是本大学的在线甲骨文财务系统——网上账目（iJournals）和劳动分配（Labor Distribution）模块。有关访问和使用甲骨文财务系统的网上账目和劳动分配模块的信息均可从财务活动网站的"月底/年底结账"一栏获得，网址：

　　http://fingate.stanford.edu/staff/moyrendclose/index.html。

- 新的网上账目系统是用来转移在 2003 年 9 月 1 日及以后的、除工资和学生援助费用以外的所有费用。

● 历史网上账目系统是用来转移在 2003 年 9 月 1 日以前的一切费用（包括工资和学生救助费用）。

● 工资网上账目系统用来转移发生在（通过费用项目日期来确定）2003年 9 月 1 日至 2005 年 4 月之间的工资开支。

● 劳动分配调整系统是用来转移发生在 2005 年 3 月 31 日以后的工资费用。

● 分配网上账目模块根据一个项目的比例收益来分配费用。当很难事先确定每个项目/任务/拨款账户应为一个共用的供给或服务支付的费用时，则可使用分配模块。分配模块通常被用来分配来自服务中心、辅助设施，或者费用分配项目/任务/拨款账户的费用。通常分配模块是可重复的或者需要重复地进行。

b. 识别需要——所有使用本大学网络财务系统的用户必须有一个斯坦福大学的网络用户名及密码。同意者还必须：

(1) 被授权进入"斯坦福权限管理器"班（教程可在以下网址中获得:http://www.stanford.edu/dept/itss/services/authority/tutorial/introduction.html），并且

(2) 100% 通过费用政策和账目图表课程的在线测试（可在以下网址中获得:http://ora/cardinal/level_1/cost_policy/default.asp）。

可在指南备忘录 36 授权支出（网址为 http://adminguide.stanford.edu/36.pdf）中获得更多信息。

劳动分配调整模块的用户也必须获准进入"斯坦福权限管理器"班，完成培训并签订保密协议。参见甲骨文财务系统的劳动分配模块的入门，网址为 http://fingate.stanford.edu/staff/payadmin/res_jobaid/access_laborDist.html。

c. 签名——对于大部分网上账目类型来说，负责记入借方项目/任务/拨款账户的人员的电子签名是必需的。对于分配网上账目来说，记入贷方项目/任务/拨款账户的签名是必需的。启动转移的部门应确保所有负责受影响项目/任务/拨款账户的个人获得该项目的通知。

38.1 分配和补偿

授权 本指南备忘录由负责商业事务兼财务总监的副校长批准。

适用 本政策适用于斯坦福大学所有负责财务业务的员工。

概述 本指南备忘录为费用分配和工资分发补偿——二者均为费用转移的一种形式——设定政策和程序。

以下各条标题为：

1. 费用分配政策
2. 工资分发补偿政策
3. 分配和补偿程序

1. 费用分配政策

费用分配是一种方法，这种方法可以将某一笔或多笔花销分门别类地划分到相应的项目/任务/拨款账户中。当事先难以确定每个项目/任务/拨款账户应为一个共用的供给或服务支付多少费用时，就需要分配。它们主要为接收产品或服务利益的项目/任务/拨款账户分配费用。分配通常也被用来分发来自费用分配项目/任务/拨款账户（以前称为"结算账户"）或服务中心的费用。当原本由一个项目/任务/拨款账户支付的购入发生，而另外一个或多个项目/任务/拨款账户均从该购入中获益时，费用分配政策也可以用来指导几个共同受益的项目/任务/拨款账户分摊费用。分配也被用来分发从独立系统［比如"供给者"（Feeder）］到财务系统的费用。分配通常是重复性的，或者需要定期进行。

　　a. 费用分配项目/任务/拨款账户的定义——正如本指南备忘录 34.2 (http://adminguide.stanford.edu/34_2.pdf) 所描述的那样，费用分配项目/任务/拨款账户是一个专门的账户，这个账户收集累积的材料、供应、服务和工资费用，然后按月将其分配到对应的接收产品和服务利益的项目/任务/拨款账户中。在同一个费用分配项目/任务/拨款账户中，工资和材料费用不能合并。如果工资和材料费用必须合并，则必须使用一个服务中心。赞助项目项目/任务/拨款账户不得被用作费用分配项目/任务/拨款账户。

　　b. 分配的根据——分配（例如，人工量投入、办公场地面积、职工人数）必须在逻辑上与将要被分配费用的对象的类型相关。分配方法必须产生一个允许的、可分配的、合理的和一致的结果。供给者系统就是典型的按照特定比率、根据提供的使用量或服务而进行收费的系统。

　　在赞助协议中，不得分配行政性费用。除服务中心核定的费率外，各部门不得使用任何共用分配方式向联邦政府赞助协议收费。《研究政策手册》3.6 对此有叙述，详见 http://www.stanford.edu/dept/DoR/rph/3-6.html。

　　c. 文件——在线费用分配文件必须清楚地表明被分配费用的性质。日志的记录者必须记录在线文件分配根据的意见，并按照政府和本大学记录保留的要求，保留有关分配方法和计算结果的文件。供给者系统对费用进行跟踪并将文件保留在它们自己的系统中。

　　d. 批准——在一项日志或供应者分配被提交到财务系统以前，处理该日志或供应者的部门必须从经授权的个人那里获得批准，而此人负责每一项目/任务/拨款账户费用的支付。特定的供给者交易,如公用事业费用,作为年度预算计划的一部分,是另一种默示的批准。其他分配和供给者的批准可以是"一揽子"的批准方式,该批准方式是为以一致方式而定期进行的费用分配而准备的。批准可以记载在备忘、申请表(例如,SU-13 或类似的形式)中或通过电子手段来实现。记录该日志或供给者的部门必须保留书面形式批准的文件。分配日志时,对将被支付的项目/任务/拨款账户有签名权的个人必须拥有该书面的批准文件,而在将被贷入的项目/任务/拨款账户或项目—基金—目标时需要在线批准。当创造分配日志时,日志的记录者须证实下列事项:

- 该分配的处理符合政策要求。
- 对分担费用项目/任务/拨款账户的费用是适当的。
- 项目/任务/拨款账户事实上从产品和服务的费用中获得了收益。
- 根据政策该交易有交易记录。

供给者系统交易无须按照在线批准方式进行,记录者也无须在财务系统里进行上述证实。作为供给者系统那样有权进入财务系统的权限是由财务办公室赋予的,该办公室知道交易应遵守大学政策。供给者系统的所有权人必须签署一个年度认证,表明其理解并接受他们的职责,遵守了大学的政策,同时还须通过费用政策培训。该培训在本指南备忘录34.5 的费用政策和36 的授权支出中有叙述,见 http://adminguide.stanford.edu/ch3contents.html。

e. 截止日期——应在宣布费用当月的下个月以前准备并提交分配日志。

例如:当三月份的费用分配项目/任务/拨款账户产生了费用,则费用或运营报表应在四月份的最后一个工作日分发到从该项服务中获益的项目/任务/拨款账户。若在截止日期以后提交分配日志,则必须附上分配延迟的正当理由。

2. 工资分发补偿政策

联邦政府和一些非政府赞助者要求大学向有收入的赞助项目支付工资和薪水。然而许多任命期只有9 个月、10 个月或11 个月的大学教学人员选择一年12 个月递减的工资支付方式。为在这种情况下,正确支付这些赞助项目的项目/任务/拨款账户或有关费用分担的项目/任务/拨款账户,部门可以使用劳动分配模块方法或工资分配补偿方法。首选劳动分配模块,因为它只需较少的财务交易就可以完成该任务。在员工甲骨文劳动分配模块中,赞助的或成本分担项目/任务/拨款账户应支付大学教学人员在校期间9 个月工资(取决于调整的幅度)的适当比例。12 个月工资剩余的部分应由营业收支预算或其他无限制的项目/任务/拨款账户负担。帮助计算的模板可参见大学教员劳动分配目录模板（Faculty Labor Distribution Entry Templates），网址为 http://fingate.stanford.edu/staff/payadmin/res_jobaid/faculty_laborDist.html.。当使用工资分配补偿方法时（最初产生在2005年3月31日以前的工资费用，当使用现有的劳动分配调整系统而产生在2005年4月1日以后的工资费用则应使用工资账目系统），各部门必须：

• 确保营业收支预算项目/任务/拨款账户支付大学教学人员全部工资中的非研究部分。[更多有关薪金处理的信息可参见本指南备忘录35，大学薪金（http://adminguide.stanford.edu/35.pdf）以及《大学教员特殊薪金管理办法》（http://fingate.stanford.edu/staff/payadmin/payadmin_faculty.html）。]

• 根据对该项目的贡献程度，记录向赞助项目项目/任务/拨款账户转移的收入工资的分配总量。

已经支付给大学教学人员的工资将会在营业收支预算项目/任务/拨款账户的每日费用报告中以支出的形式显示出来。已发放的工资将会在赞助项目费用的每日报告中以支出的形式显示出来，并且在营业收支预算每日报告中以存款的形式显示出来。

a. 批准——负责记入借方项目/任务/拨款账户人员的在线签名是必须的。而负责记入贷方项目/任务/拨款账户人员的签名不是必须的。

b. 截止日期——应在获得收入的那个月准备并提交工资分配补偿转移。

比如：在四月份获得的工资应在当月记录。

在截止日期以后提交工资分配补偿转移的，必须包含一项延迟的正当理由。

3. 分配和补偿程序

a. 入门指南——包括供给者系统在内的分配和补偿须使用本大学在线财务系统的网上账目系统或劳动分配调整系统进行提交。本大学在线财务系统的使用指南，包括运用分配和工资日志的程序、上载、模板，以及劳动分配调整系统均可从财务活动网站的"月底/年底结账"一栏获得，具体见网址：http://fingate.stanford.edu/staff/moyrendclose/index.html。

b. 非工资费用——来自费用分配项目/任务/拨款账户、服务中心以及其他项目/任务/拨款账户的分配均可通过以下方式进行：

• 分配账目用来提交一个新的分配、包含重复性转移的交易，在这种转移中费用是事先确认的。使用这种形式的账目交易仅限于非工资费用类型或学生补助费用类型。

- 可建立分配模板以在处理每个月重复性分配中节约时间。
- 上载分配系统和供给者账目系统可用来上载其他系统建立的分配。

　　c. 工资费用——通过使用一个劳动分配调整系统或一个工资账目处理来自费用分配项目/任务/拨款账户或补偿的分配。参见本指南备忘录38费用转移，http://adminguide.stanford.edu/38.pdf。

　　d. 识别需要——本大学在线财务系统的所有用户必须拥有一个斯坦福大学网络用户名及密码。同意者必须同时被授权进入"斯坦福权限管理器"班（教程可在以下网址中获得：http://www.stanford.edu/dept/itss/services/authority/tutorial/introduction.html），并且100％通过费用政策和账目图表课程的在线测试（可在以下网址中获得 http://ora/cardinal/level_1/cost_policy/default.asp）。（参见指南备忘录36 授权支出，http://adminguide.stanford.edu/36.pdf。）

　　e. 审查——为了确保本指南备忘录的贯彻执行，赞助研究项目办公室将定期抽查和审查有关单据。为获得更多指导，可联系赞助科研项目办公室，http://ora.stanford.edu/staff_directory.asp。

39　收入确认

　　授权　本指南备忘录由负责商业事务兼财务总监的副校长批准。
　　适用　本政策适用于辅助性机构、服务中心和赞助的研究项目。
　　概述　本指南备忘录描述收入确认政策。
　　　　　以下各条标题为：
　　　　　1. 收入确认
　　　　　2. 更多信息来源

1. 收入确认

收入政策应在权责发生制的基础上遵循一般公认会计准则。当有收入时，应确认收入，而当发生费用时，应确认支出。收入被认为是获得，当本大学已实质性地履行了其职责，就应获得代表收入的收益。当获得收入时，收入应被记录下来，而不论现金到账的时间。当一个项目在规定了执行的措施的情况下完成了执行的措施时，可视为收入已经获得。存款（不论退还或不予退还），提早支付和按进度支付均不应当被确认为收入，除非产生收入的条件实现。

2. 更多信息来源

在财务活动网站可获得更多有关辅助性机构、服务中心和赞助的研究项目的收入确认的信息：

收入确认——辅助性机构、服务中心

详见 http://fingate.stanford.edu/staff/fundsmgmt/policy_notes/rev_recog_aux_serv_ctr.html。

收入确认——赞助的研究项目

详见 http://fingate.stanford.edu/staff/fundsmgmt/policy_notes/rev_recog_sponsor_research.html。

第四章　馈赠

41　大学所收馈赠

授权　本指南备忘录由负责发展规划的副校长批准。

概述　斯坦福大学很大一部分运行经费来自校友、学生家长、朋友、公司、社团、基金会的馈赠。此指南备忘录包括馈赠的获得、分类、管理和使用。

以下各条标题为：

1. 定义
2. 总说明
3. 职责
4. 附属组织
5. 有关获得馈赠的政策
6. 税收考虑
7. 获取帮助

1. 定义

馈赠是指捐赠者献给学校的任何有价值的东西，捐赠者不需要任何物质回报，除了获得荣誉（譬如，被列入荣誉榜，或者以捐赠者的名义命名建筑物、基金、教授称号。）

a. "答谢物"情况——如果大学已经给予某物作为对馈赠的回报，那么捐赠者的税收减免额需减去所收物品的公平市价。所有"答谢物"馈赠或者馈赠筹措必须报告发展规划办公室，并得到发展规划办公室的批准。更多信息请联系发展规划办公室下属的馈赠处理部，电话：(650)725-4360，或者计划捐赠办公室，电话：(650)725-4358。

b. 非馈赠

（1）赞助项目——见《研究政策手册》（http://www.stanford.edu/

dept/DoR/rph/)区分馈赠和赞助项目。

（2）收入——出售货物和服务所得的收入必须作为收入提交。见指南备忘录15.3无关商业行为,http://adminguide.stanford.edu/15_3.pdf。

（3）对指定学生的非馈赠财政援助——即以资助特定学生的学费或其他教育花费为目的,来自个人或机构的援助。这是给特定个体而非给大学的馈赠。斯坦福大学以学生财政援助的形式发放。对于这种援助,大学没有将其分配给其他学生的权利。支付应付费用的支票和所有附带文件需送到财政援助办公室。

2. 总说明

a. 斯坦福所收馈赠的命名——所有馈赠,不论其价值、形式或者指定用途,应该交付给斯坦福大学或者斯坦福大学董事会,或者把它的所有权转移到斯坦福大学名下。但是,有价证券的捐赠者在将有价证券捐赠给学校之前,可以不对其重新登记,以便简化学校处理程序。

b. 馈赠的记录——所有现金、有价证券、不动产及固定设施需由发展规划办公室馈赠处理部门和/或财务办公室以馈赠接受时的市场价格进行登记。(参看指南备忘录42.1馈赠确认,http://adminguide.stanford.edu/42_1.pdf,或者42.2捐赠设备记录,http://admingude.stanford.edu/42_2.pdf。)有形个人资产(不同于指南备忘录42.2中的资本设备)不需要记录,但是任何馈赠的销售净收益将被作为馈赠记录下来。

c. 馈赠相关信息——关于馈赠的给予、转让、确认、记录、限制的方式等问题,或馈赠的目的问题,应向发展规划办公室查询。法律文件、税收优惠、或馈赠的要求等问题应向计划捐赠办公室、发展规划办公室的工作人员咨询。地址:加尔韦斯街326号,电话:(650)725-4358。

3. 职责

a. 董事会——董事会是一个法人实体,它确保所有赠送给大学的馈赠能得到正确的接受(或拒绝)、处理、确认,并根据馈赠的条件和限制,依据地方、州、联邦法律的规定使用。

b. 大学校长和教务长——校长和教务长具有最终的行政职责,决定受限制和不受限制的馈赠如何使用,确定馈赠筹款的优先次序,以及与董事会磋商审查和制定与馈赠相关的政策。

c. 负责发展规划的副校长——副校长对大学所收馈赠的获得和处理负有责任,需要协调所有学校和机构的筹款行动,以及执行董事会、教务长和校长制定的政策。

4. 附属组织

某些斯坦福大学的附属组织为大学筹集资金,如果馈赠是通过大学处理,可以对捐赠者减免税收。我们鼓励这些组织与计划捐赠办公室工作人员进行接触和协商,以确保在进行任何筹款的努力或活动之前,遵守地方、州和联邦法律以及大学政策。电话:(650)725-4358。

a. 斯坦福协会——这是一个斯坦福大学校友和友人于1935年成立的组织,鼓励校友对大学进行财政支持,并表彰这些捐助者在金钱或时间方面对大学作出的重大贡献。更多信息请联系斯坦福协会,地址:加尔韦斯街326号,电话:(650)725-4340。

b. 学生组织——学生组织必须在寻求潜在捐助者之前联系斯坦福大学(学生联盟的)学生活动办公室以及发展规划办公室,与发展规划办公室一起计划和实施筹款工作。已在学生活动办公室注册的学生组织收到馈赠后,应联系斯坦福大学学生联盟管理员通过大学的馈赠处理系统来处理这些馈赠。

5. 有关获得馈赠的政策

a. 馈赠分类

(1) 现金和支票(最好支付给斯坦福大学)

(2) 非现金馈赠——除了现金和支票,斯坦福大学接受的非现金馈赠如下所述。捐助者应该认识到,税法区分某些类型的馈赠,目的是确定慈善捐款的减免额(见第5条)。

- 可销售财产:很容易销售出去的馈赠,如证券(如股票和债券)、房地产,和可销售的个人财产。
- 实物馈赠——以其本来的形式使用的馈赠,如艺术品、书籍、设备等。
- 权利和保险——给予大学权利去接收付款(如特许权使用费或许可费)或知识产权、商标权的收益等归大学所有,以及保险单指定大学为受益人。

b. 捐助者指定馈赠的使用

(1) 消耗品和捐赠基金——捐赠者可将馈赠指定为消耗品(如即时用于当前目的),或作为捐赠基金(如进行持续投资,只将投资收益用于支持大学建设)。捐助者的意图通常是明确的,但某些类型的馈赠,如遗赠,可能需要更多的研究。除非有特殊说明,馈赠将被记录为消耗品。消耗品将放在消耗品基金库里进行投资;见指南备忘录37.4备用基金投资、支付和缓冲政策,http://adminguide.stanford.edu/37_4.pdf,以获取更多信息。捐赠基金类馈赠,根据捐助者的要求,将放在大学的一个合并联营资金库中进行投资;联系基金会计部(650)723-3013以获取更多信息。如需进一步咨询有关捐赠者将馈赠指定为消耗品和捐赠基金的问题,请联系发展规划办公室下属的计划捐赠办公室(650)725-4358。

（2）目的——如果捐赠者没有明确捐赠目的，馈赠均被记录为支持大学办学目标的无限制备用基金。如果捐助者指定一个具体馈赠的使用目的（如作为奖学金、用于学生的住房、用于特定的部门等），那么馈赠被视为具有限制目的，大学必须确保它按照限制目的使用。除非(i)捐助者放弃限制要求或(ii)法院批准改变或原来限制要求被视为无效。以上述方法寻求馈赠资金使用目的变化的，只能由教务长批准；请联系计划捐赠办公室获取具体操作指导。

（3）建立基金——该部门负责监督馈赠处理过程中是否将馈赠记入现有的基金（在这种情况下，基金数目必须提供），或是否应当成立一个新的基金。具有不同限制条件的馈赠，不得混合在一个共同的基金里。如果捐赠者指定一个具体使用目的或指定需要命名基金，该部门应当将馈赠和所有有关的原始文件，转交馈赠处理办公室。馈赠处理办公室将配合财务办公室下属的基金会计部，建立基金和记录限制要求。有关建立特定基金的问题可联系基金会计部。

6. 税收考虑

涉及捐赠的现金和非现金馈赠作慈善用途时的税收减免，美国国税局有几个要求。

a. 收据——斯坦福大学的政策规定所有馈赠必须出具收据（见指南备忘录42.1馈赠确认, http://adminguide.stanford.edu/42_1.pdf）。美国国税局要求收据来证明大多数的慈善捐款的税收减免额。捐助者应保留收据，上交报税表时不需要附加收据。

b. 减税——斯坦福大学接收的馈赠通常可以得到州政府和联邦政府的税收减免，这种税收减免是基于馈赠接收时的市场价值。但一个例外是，当大学打算转售以有形个人财产形式存在的馈赠时，捐赠者所享受的所得税减免额少于该馈赠的市场价值或捐赠者的成本。联系计划捐赠办公室，(650)725-4358以获取更多信息。慈善捐赠税收管理方面的法规复杂，大学鼓励捐赠者在税收问题上寻求专业的意见。

c. 非现金慈善捐赠（国税局8283表格）——

（1）超过500美元的非现金捐赠——如果捐赠者申请500美元或以上的非现金慈善捐赠的所得税减免，那么捐助者必须在上交联邦所得税报税表时填写美国国税局8283表格（非现金慈善捐款）。8283表格可以向计划捐赠办公室索取。

（2）超过5000美元的非现金捐赠——此外，如果捐赠者希望在任何纳税年度内申请总额超过5000美元的慈善捐赠所得税减免，而该捐赠不是现金或公开交易证券，那么捐赠者需要获得财产捐赠的资格评估。斯坦福大学必须确认通过签署美国国税局的 8283 表格而得到的收据。捐赠者需要在该表格上填写其联邦收入税额。斯坦福通常不会因捐赠者的这种税收目的而提供评估或支付的评估费用,也不会尝试估计任何不动产或者个人财产馈赠的实际公平市场价值。

8283 表格的处理或者通过财产管理办公室(简称 PMO,针对的是资本设备馈赠)或发展规划办公室(针对的是所有其他非现金馈赠),并由财务办公室的会计官签署。个人接收馈赠时应当确保 8283 表格上填有捐助者的姓名和社会保险号码,而且会计官需要知道捐赠者的地址。捐赠者有责任通知大学他们需要斯坦福确认 8283 表格。

(3) 证券馈赠——

· 非公开交易的证券——如果非公开交易证券的总价值不超过 1 万美元,那么需要资格评估证明和经斯坦福大学确认的美国国税局 8283 表格的收据。

· 公开交易的证券——公开交易的证券馈赠不需要附加文件(不论其价值如何)。

d. 受赠人信息表(美国国税局 8282 表格)——在下述的某些情况,如果斯坦福大学出售、转让、交换或以其他方式处理捐赠两年之内的财产,斯坦福必须填写 8282 表格(受赠者信息反馈)向美国美国国税局报告此类行为。部门如果意识到这种处理应立即通知财产管理处(针对的是资本设备),或通知在财务办公室的会计官(针对的是其他任何财产)。所需要的所有信息包括捐赠者的名字、地址、税收号码或社会保险号码,以及处理的数额。如果转让是为了使受赠者(即另一非营利性实体)成为捐赠继承人,那么必须提供该受赠人的有关信息。8282 表格必须在做出捐赠处理的 125 天内提交给美国国税局,并复印一份给捐赠者[除了下文第 6 条 d 款(3)段指出的情况]。会计官负责准备表格 8282 及送到美国国税局和捐赠者手中。这个规定只适用于下列项目的捐赠财产或设备:

(1) 斯坦福大学根据捐赠者提交的美国国税局 8283 表格,已经完成了确认受赠人环节的财产[见上文第 6 条 c 款(2)]。

(2) 根据国内税收代码第 170(e)项(4),被视为限制捐赠的财产。这包括,斯坦福大学已使用了该捐赠设备以用于完成在美国进行物理或生物科学的研究、试验或培训研究的 80%。

(3) 斯坦福大学没有完成确认赠者提交的美国国税局 8283 表格的环节,但后来大学意识到确实应该给予证实的财产,例如,如果这些财产在捐赠时候的公平市场价值在 5000 美元以上,而捐助者未向斯坦福提交 8283 表格而未获得确认。在这种情况下,8282 表格必须在大学察觉到遗漏的 60 天内提交。

7. 获取帮助

有关馈赠税收减免问题、美国国税局8282表格和8283表格的问题以及其他税务问题可咨询计划捐赠办公室、发展规划办公室的工作人员,地址:加尔韦斯街326号,电话:(650)725-4358。

42 接收和处理馈赠

授权 本指南备忘录由负责发展的副校长批准。

概述 本指南备忘录描述了斯坦福大学所接受的不同类型的馈赠以及处理它们的程序。

以下各条标题为:

1. 一般程序
2. 馈赠类型
3. 年终馈赠

1. 一般程序

a. 即时运送馈赠——所有馈赠运达或移交给大学任何部门时,应在同一天将馈赠送至发展规划办公室的馈赠处理部门,加尔韦斯街326号,邮编5018;或设在学校商业学院、地球科学院、教育学院、工程学院、人文科学学院、法学院、胡佛研究所和运动部的发展规划办公室。给医学院的馈赠应该直接发送至医学发展规划办公室的馈赠处理部门。馈赠不得交给财务办公室、基金会计部或出纳办公室。

关于设备馈赠的信息,参见指南备忘录42.2捐赠设备记录,http://adminguide.stanford.edu/42_2.pdf。

b. 所需文件——任何情况下,该大学部门收到的馈赠,必须附加:

• 一份大学所收馈赠运送表格,应完整填写适当的签名。表格的副本可通过联系馈赠处理部门而获得,电话:650/725-4360或电邮:gp-coordinator@lists.stanford.edu。

• 所有与馈赠相关的原始函件。如果希望保持纪录,由办公室转送的馈赠均应留有副本。

• 交付以邮寄方式接受的馈赠的信封邮戳,以确保馈赠处理部门对馈赠接收的正确日期的核实和记录。

• 在24小时之内无法获得转交馈赠所要求的签名情况下,馈赠仍应送交馈赠处理部门,并在附表上填写尽可能详细的相关转交信息,以表明经由签字的原始转交馈赠的存在。当转交馈赠有合适的签名时,则应将其送至馈赠处理部门,并附带所有备份资料和说明,表明馈赠曾寄出。

c. 捐赠者的档案资料——发展规划办公室保持捐赠者的完整资料记录,包括所有大学校友和社会人士,以及公司和基金会对大学的支持。所有与馈赠相关的捐赠者的大学函件的原始函件和复印件应送至发展规划办公室的馈赠处理部门,发展规划办公室将以适当的方式把馈赠文件转交给控制中心部门的基金会计部。

2. 馈赠类型

a. 现金——不要通过跨部门或其他邮件服务邮寄现金。致电馈赠处理部门(650/725-4360)索要说明。

b. 支票——即时存款支票应立即转交馈赠处理部门(加尔韦斯街326号,邮政编码:5018)。如果持有支票导致大学失去利息收益或者现金在有效期馈赠内无法兑现,那么最终可能导致支票无效。

c. 证券——由学校或部门收到的即时处理股票凭证应立即转交馈赠处理部门。如果股票凭证是通过邮件收到的,则必须包括信件邮戳,这样馈赠处理部门才能确定正确的日期来评估其价值和馈赠接收日期。如果股票凭证是通过私人快递(例如,美国 UPS 公司、联邦快递公司、DHL 公司)收到的,则部门必须附上一份备忘录注明收件信封。几乎在所有情况下,大学收到证券时就将通过它的经纪公司出售证券。

(1) 交付证券——转让证券给斯坦福可以通过以下几个方式完成:

(i) 经纪人与经纪人之间的转移:捐赠者应向其经纪人说明向斯坦福大学转让证券的意图,并与斯坦福管理公司(650/926-0244,传真 650/854-9267)的馈赠与发行主管取得联系,然后与经纪人说明处理及过程问题。任何馈赠转交信函或者其他相关的副本均应该立即送交给该主管。

(ii) 邮件转让:作为受让方,可以将以斯坦福大学(或者利兰·斯坦福大学董事会)命名的认可凭证以普通邮件方式(建议以挂号信方式)寄送给发展规划办公室,地址:美国加利福尼亚,斯坦福市,斯坦福大学,加尔韦斯街326 号;邮编:94305-6105。

(iii) 亲自转让:作为受让方,可以将以斯坦福大学(或者利兰·斯坦福大学董事会)命名的认可凭证亲手交予以下部门:

加利福尼亚,斯坦福市,斯坦福大学,加尔韦斯街326 号,弗朗西斯校友中心,发展规划办公室,邮编 94305-6105

加利福尼亚,门洛帕克市,沙山路 2770,馈赠及分发管理部,斯坦福管理公司,邮编:94025

(2) 超过捐赠数量的证券凭证——如果捐赠者的股票凭证的价值大大

超过其计划捐赠给学校的数量,那么凭证可以被授权交予斯坦福大学,说明保有一定数量的股票价值作为馈赠,并将签发一个新的凭证(上面记录剩余的份额)给捐赠者。捐赠者或者大学办公室转交凭证时均应在这方面包含有清楚的说明。

d. 信用卡——捐赠者可能会通过他们的万事达卡、Visa 卡或美国运通信用卡来支付捐赠款,以书面形式说明捐赠的数额、他们的信用卡号码、到期日期,并亲自签名(信用卡上的名字)。这一书面资料应转交给加尔韦斯街 326 号,馈赠处理部门,邮编:94305-6105,传真 650/723-0020,或者电邮至:gpcoordinator@lists.stanford.edu。直到馈赠处理部门通过其系统清晰地确认这一馈赠时,馈赠基金会把这笔资金计入斯坦福大学账户。

e. 电子转账——捐赠者可以通过以下三种电子转账方式馈赠斯坦福大学:

(1)电汇——愿意通过个人电子转账方式向斯坦福大学提供账户馈赠的捐赠者必须和馈赠处理部门取得联系以获得当前的说明,从而确保给予大学中的适当人员以有关这项交易的提醒。

(2)扣减工资——斯坦福大学的员工可授权从其工资里面扣除一定的金额馈赠给斯坦福大学。将安排扣减工资作为馈赠的斯坦福员工应与馈赠处理部门取得联系,馈赠处理部门将与薪酬办公室联系并做出安排。员工希望改变、延长或取消扣减工资时应当向馈赠处理部门发出书面请求。

(3)电子转账或直接存款——捐赠者可授权自动从他们的股票或者存款账户里自动转出一定的金额作为馈赠送给斯坦福。将通过电子转账的捐赠者应与馈赠处理部门取得联系。

f. 纪念和庆祝性馈赠——一般情况下,该大学使用纪念性的馈赠(即捐款纪念某个逝世的人)购买和维护图书馆系统的书籍;庆祝性的馈赠是为了向一些特殊事件或者活着的人表示敬意,它采用同样的处理方式。如果倾向于一种特殊的目的,发展规划办公室可能会建立一个单独的纪念性基金或命名基金。

g. 不动产或个人财产馈赠——如果不动产或一个项目的个人财产将馈赠给斯坦福大学,由大学的专门部门或者办公室来决定斯坦福大学是否接受。对这种类型馈赠的决定,应按照已经建立的大学政策和指导方针作出。

(1)房地产馈赠——斯坦福管理公司的计划捐赠部门的律师(650/725-4358)和房地产馈赠主管应当了解捐赠者的意图以确定这项捐赠对于这个大学来说是否是合适的馈赠。房地产馈赠主管必须首先检查财产和确定这项财产可以被斯坦福大学接受。然后律师将获得必要的董事会批准,一切必要的文件草案,为所有权转移到大学以及馈赠是否被处理作出安排,并向捐赠者提供国税局 8283 表格。律师对捐赠者的税收和其他相关问题的处理负有法律责任。

(2) 实物馈赠(有形个人财产)——

(i) 分类——

· 设备:见指南备忘录 42.2 捐赠设备记录,http://adminguide.stanford.edu/42_2.pdf。

· 文物、标本和历史文物部门特别收藏:见指南备忘录 42.3 部门的特别收藏品,http://adminguide.stanford.edu/42_3.pdf。

· 个人财产转售馈赠——个人财产馈赠的转售是不允许的,除非确定该财产的转售对于斯坦福大学来说是适当的。例如馈赠是为艺术珍品市场委员会而做或为了使一个特殊的部门或项目在捐赠品义卖中受益。有关销售不是为特别的销售活动而指定的问题,可提交给剩余财产销售办公室:http://ora.stanford.edu/ora/pmo/surplus_sales/default.asp。

(ii) 事先协商——在接受馈赠前,应联系计划捐赠办公室的律师,以确保捐赠者已了解减税和美国国税局的证明要求,并协助起草与捐赠者相关的馈赠协议。然后必须通知馈赠处理部门,以便捐赠者获得捐赠收据,除非先前的单位(如大学图书馆、珍品市场)已经完成这个环节的程序,否则应开具本单位的收据。

(iii) 执行安排——斯坦福大学计划继续拥有和使用的实物馈赠通常直接送达到有关学校、部门、实验室、图书馆或博物馆,它以前均已经核准了该项目的验收,并且为该物品提供了安置。初始的安排还可能包括包装和运输费用的协议,这通常是捐赠者的责任。

(iv) 记录——除了资本设备捐赠,实物馈赠通常既不在捐赠者的记录之中,也不在斯坦福大学的财务系统之中;如需有关实物馈赠例外的捐赠者的记录,请联系计划捐赠办公室 650/725-4358。

h. 特殊类型的馈赠

(1) 生活收入馈赠——捐赠者可安排向斯坦福捐赠支付他们和/或指定受益人的生活收入,在最后受益人去世或任期届满后,由大学所使用的剩余馈赠将由捐赠者所指定的受益人使用。与计划捐赠办公室联系以取得与捐赠者及其顾问进一步的资料和/或协商安排。

(2) 平价出售——在某些情况下,对于不动产和个人财产捐赠低于市场价值的情况,斯坦福大学可能会提供一些现金对价给捐赠者。以大幅度折扣价优惠销售艺术品、设备、证券、房地产等给斯坦福大学的交易事项应该提交给计划捐赠办公室的律师,馈赠处理部门关于捐赠数量的公平价值和折扣价格的记录将会不同。

(3) 人寿保险——捐赠者可以使用多种方式进行寿险捐赠：(i) 以斯坦福大学命名作为受益人的保单；(ii) 将保费已付足的人寿保险单转让给斯坦福大学；(iii) 将所有权转让给斯坦福大学的保单，定期支付捐赠给大学的所有权部分的保险费用。斯坦福大学不会把用于此目的的保险费的支付的来源取自其他地方。人寿保险捐赠的税收影响是复杂的，这个问题应提交给计划捐赠办公室的律师处理。

(4) 遗赠——斯坦福基金会自成立以来就显示出它的重要性，并得到来自遗赠者的持续支持。在确定斯坦福大学的捐赠者的姓名包括在他们的遗嘱或者委托过程中，附带任何捐赠细节的遗嘱和委托都将提交给计划捐赠办公室。计划捐赠办公室负责管理格兰特基金协会，它认可和尊重那些将生活收入加以馈赠的人，或那些已经表明在其房地产计划中包含本大学的人。计划捐赠办公室的律师将在起草遗赠给斯坦福大学的事项上提供咨询给捐赠者和他们的顾问。任何与遗赠捐赠相关的信息和问题，都应该立即提交给计划捐赠办公室的委托与遗赠部主管(650/725-4358)。

(5) 企业对等捐赠——捐赠者或其配偶可能在一个公司工作或服务于该公司董事会，或者即将从该公司退休，该公司将提供对等捐赠给斯坦福大学。捐赠者应遵循其公司的程序，这些程序通常包括填写捐赠表格并将它和捐赠一起发送给斯坦福大学。部门或其他单位收到任何企业对等捐赠表格时，都必须把这些表格提交给加尔韦斯街326号的发展规划办公室的馈赠处理部门，邮政编码5018，而不应该自己签署这些表格或者将其交回给公司。只有馈赠处理部门有权核实一个公司对等基金的捐赠资格。

3. 年终馈赠

a. 纳税年度末期——需要处理的捐赠量在12月份将急剧增长。部门或其他单位在这个一年中最忙的时间中收到捐赠时，应该加速将馈赠移交给馈赠处理部门，也应该采取措施（见下文）确认捐赠日期，以便馈赠处理部门签发收据给捐赠者，该收据将能反映出捐赠者打算交税的合适日期。即使当捐赠在1月份才进行处理时，捐赠收据也将在12月份开立，除非馈赠处理部门在12月31时或者之前能收到捐赠，否则用下列方法核实日期：

(1) 专人递送——为了使捐赠在税收年度内得到处理，馈赠可在12月31日或者之前交付斯坦福大学的任何代表。斯坦福大学代表应提供一份签字并有日期的备忘录给捐赠者，以证明收到证券或现金，并将其副本送交给加尔韦斯街326号的馈赠处理部门，邮政编码5018。此外，斯坦福大学代表应该签署或者初步签署一个日期标注，是直接交付捐赠的支票的日期，或汇款的日期或任何捐赠所附的信函的日期。

(2) 邮戳——通过邮递收到的馈赠的收据日期是信封上显示的邮戳日

期。因此，在12月和1月初，当馈赠提交给馈赠处理部门时，和馈赠附带在一起的带邮戳的信封尤其重要。

（3）转移——经纪中介转让证券及电汇现金必须完成，并且转移的财产必须在12月31日前到达斯坦福大学账户，作为下一个纳税年度的捐赠。

b. 财务年度末期——斯坦福大学财年年度截止于8月31日。为了在斯坦福大学某一财务年度中得到体现，捐赠必须在财务年度的最后一个工作日的下午两点之前送交至馈赠处理部门。馈赠处理以后，即使在8月31日之前，仍作为斯坦福大学下一个财务年度的记录。在财务年度末期以后，要求更正的馈赠记录由馈赠处理部门（电邮：gp-coordinator@lists.stanford.edu)处理，该部门将会与基金会计部协调必要的账目记录。

42.1 馈赠确认

授权 该指南备忘录由负责发展规划的副校长批准。

概述 本指南备忘录规定了斯坦福大学所收馈赠确认的责任和程序。

以下各条标题为：
1. 斯坦福大学的确认
2. 校长办公室的确认
3. 学院和部门的确认

1. 斯坦福大学的确认

所有给斯坦福大学的现金、支票、证券以及大多数其他类型的馈赠由斯坦福大学的发展规划办公室进行官方确认。发展规划办公室的目标是：在馈赠处理部门接到通知和收到馈赠的相关文件后，10个工作日之内须向捐赠者开立收据。由馈赠处理部门签发的收据必须符合政府规定的相关格式要求，包括一份声明以表明捐赠者是否收到任何有价值的馈赠反馈，必要情况下，包括斯坦福大学对限定基金收费的参考书（见指南备忘录37.3基础设施费用，http://adminguide.stanford.edu/37_3.pdf）。按照美国联邦法律，捐赠者必须持有符合馈赠收据以要求慈善捐款减税。

a. 金融馈赠——收据确定馈赠的美元价值。

b. 证券馈赠——收据描述证券捐赠的数量和类型，并且出于对捐赠者的礼貌，收据一般还显示出归属于捐赠者馈赠记录的所有公开市场证券交易的价值。捐赠者出于税收目的而要求的价值是捐赠者自己的责任。

c. 其他非货币馈赠——收据描述馈赠所在合理的特定的组，包括所捐赠的财产的数量和类型，但是不包括估价。捐赠者出于税收目的而要求的价值是捐赠者自己的责任。关于设备馈赠，见指南备忘录42.2捐赠设备记录，http://adminguide.stanford.edu/42_2.pdf。房地产捐赠的收据由发规划办公室和斯坦福管理公司房地产部协调签发。

　　d."答谢物"馈赠——按照美国联邦法律,由于斯坦福大学曾经给予捐赠者某些有价值的东西,捐赠者为了回报斯坦福大学而进行捐赠的收据必须描述出斯坦福大学接收到馈赠的事实以及捐赠者曾经受益于斯坦福大学的事实。捐赠者税收减免的数额即依据此收据上的数额。这些规定并不适用于某些狭义上的补偿捐赠物品。(馈赠处理部门联系方式:650/725-4360;或捐赠计划办公室:650/725-4358,供参考)。

　　e.生活收入馈赠——发展规划办公室的计划捐赠办公室负责编制和发出生活收入馈赠收据。

2. 校长办公室的确认

　　除了斯坦福大学的官方馈赠收据外,某些馈赠确认由斯坦福大学校长和/或发展规划办公室的副校长签署信函。发展规划办公室的指导部门负责起草。请求校长或者副校长的确认应随同任何与捐赠者和馈赠相关的信息一起直接交给管理部门。

3. 学院和部门的确认

　　请联系各个学院的发展规划办公室以获取相关指导方针或者要求,除斯坦福大学官方收据外的,来自相应的院长和/或部门主管的确认。在院长或者主管缺席的情况下,临时确认可由助理发出。发展规划办公室的管理部门将对这些信件的起草提供有效的援助。所有来自于学院和部门的确认的副本应该送至加尔韦斯街326号,发展规划办公室,管理部;邮政编码:5018。

42.2　捐赠设备记录

授权　本指南备忘录由负责发展规划的副校长和负责商业事务兼财务总监的副校长批准。

概述　本指南备忘录涵盖设备捐赠的记录和处理政策。详细程序可在《斯坦福大学财产管理手册》中找到;该手册可从财产管理办公室或从 http://ora.stanford.edu/ora/pmo/manual/default.asp 获得。

　　以下各条标题为:

　　1. 目的
　　2. 适用
　　3. 记录政策
　　4. 定义
　　5. 责任

6．捐赠设备的处理
　　7．获取帮助
1．目的
　　这项政策的目的是要确保斯坦福大学有关的设备捐赠记录符合所有的合同和法律所规定的义务。
2．适用
　　此项政策适用于所有与设备捐赠及其相关材料有关的斯坦福大学教职员工和工作人员。
3．记录政策
　　a．用于大学的馈赠——捐赠的资本设备，如计算机、实验室设备、车辆、机器或工具。这些馈赠用于大学时，必须作为捐赠记录在财务办公室的大学财务系统和大学的向日葵资产系统（Sunflower Assets System，SFA）以及甲骨文固定资产系统（Oracle Fixed Assets，OFA）中。这些物品以在捐赠日的公平市场价值进行记录。
　　b．用于转售的馈赠——斯坦福大学计划转售的设备捐赠不能进入斯坦福大学的财务系统和向日葵资产系统。但是所有出售收入应以馈赠现金形式由财务办公室记录，并把馈赠记录结果呈报给发展规划办公室。如果出售行为没有在收到捐赠物品的60天内进行，则这一捐赠项目必须记入向日葵资产系统和甲骨文固定资产系统中。
4．定义
　　a．资本设备——资本设备是指在捐赠日最低市场价值在5000美元及以上或者使用年限超过一年的设备。
　　b．公平市场价值的各种情形
　　（1）教育折扣——如果教育折扣通常是提供给斯坦福大学购买的设备，那么它的账面价值应该是所适用的教育折扣之后的净价值，即设备的公平市场价值是捐赠者出售给斯坦福大学的价格。
　　（2）来自于私人的新设备——为了满足捐赠者的意图而购买的机器设备的价值以捐赠者的发票价格计量，捐赠必须在购买之后的60天之内进行。
　　（3）二手设备——公平价值通过在捐赠时证明设备价值的备份文件或者评估（需捐助者负担费用）来获得。在斯坦福大学财产管理办公室确定接收基金（学院或者部门）的代价时，可能需要一个独立的评估或者二次评估。
　　（4）额外费用——斯坦福大学部门为了使捐赠设备达到指定的使用目的，而支付给任何第三方安装或修理费用以及附件、配件或辅助器具的费用不包括在这项设备的价值之内。但是，当这个项目进入向日葵资产系统和甲骨文固定资产系统时，它们将列入购置成本。

5. 责任

a. 捐助者负责：

- 如果是出于捐助者税收减免目的而需的评估，评估费用需捐赠者自己承担（见指南备忘录41大学所收馈赠，http://adminguide.stanford.edu/41.pdf）。

b. 接受捐赠或者受益于捐赠的学院或者部门负责：

- 如果需要确定斯坦福大学的公平市场价值记录，承担独立评估或二次评估费用。
- 承担其他任何由捐赠而发生的费用。

c. 收到捐赠已经接受的通知的学院职员或者部门负责：

- 通知部门财产管理人。
- 提供所收到的印刷清楚的所有资料的副本给部门财产管理人。
- 通知斯坦福大学财产管理办公室，当其知道捐赠设备的评估或者估计价值超过可以接受的价值之时。
- 确保设备是用于捐赠目的的用途。

d. 部门财产管理人负责：

- 收集所有原始单据。
- 在甲骨文网上采购系统（the Oracle iProcurement system）中建立一个无成本快速采购订单。
- 在向日葵资产系统中建立一个记录。
- 提供所有文件的清晰副本给财产管理办公室。

e. 大学财产管理办公室负责：

- 核实该捐赠，并记录到相应的向日葵资产系统和甲骨文固定资产系统之中。
- 按次序核实所有文件。
- 提供相应的应付账款文件以便将其纳入财务系统中的捐赠设备价值的账目之中。
- 由会计官处理所需要的国税局表格。8283和8282表格必须在会计官签署之前经由财产管理办公室审核。

f. 应付账款处负责：

- 提供纳入财务系统中的捐赠设备价值的日志。

g. 会计官（财务办公室）负责：

- 国税局签署8283号表格、非现金慈善捐款和国税局8282号表格，受赠信息回馈（见指南备忘录41大学所收馈赠，http://adminguide.stanford.edu/41.pdf）。会计官（或授权指定人）是斯坦福大学授权这样做的唯一个人。

  h. 基金会计部（财务办公室）负责：
- 在斯坦福大学财务系统中记录捐赠价值。

  i. 发展规划办公室负责：
- 确保非现金形式的慈善捐助表格（国税局8283号表格）和收到的来自于捐赠者关于资本设备捐赠馈赠的任何其他文件被送至财产管理办公室。
- 告知财产管理办公室潜在的捐赠，通知大学财产管理办公室已经确认的捐赠。

  6. 捐赠设备的处理

  a. 财产管理办公室参与——在设备处理之前，处理要求必须由财产管理办公室完全通过。

  b. 美国国税局申报规定——见指南备忘录41大学所收馈赠，http://adminguide.stanford.edu/41.pdf，该规定适用于任何情况下需要递交的国税局8282号表格。

  c. 作为减税的设备出售

  （1）无限制捐赠——自收到之日起两年内，转售无限制捐赠的设备或拆用该设备配件可能会减少捐赠者的税收减免，因此必须在斯坦福大学和捐赠者已经订立书面协议的情况下才能进行。

  （2）限制捐赠——捐赠给斯坦福大学的并要求依据《国内税收法》170（e）（4）（限制在美国的物理或者生物科学领域使用的研究实验和研究培训）作为一项减免税额的设备必须从收到之日起至少被斯坦福大学持有两年。之后的处置必须由财产管理办公室完全批准，受限制的捐赠不得出售。

  d. 继承受赠——如果在馈赠被收到的两年之内财产被转移到斯坦福大学外部的另一个组织，继承受赠发生。国税局8282号表格必须存档。请联系大学财产管理办公室以获取更多信息。

  e. 销售所得——所有出售无限制捐赠设备所得的收入应记入捐赠者所阐明或捐赠协议所界定的条款之中。如果没有指定条件的，所有收入应记入初始馈赠记录基金之中。

  f. 更多信息——剩余财产的出售政策可以参见：指南备忘录56剩余资产销售，http://adminguide.stanford.edu/56.pdf。详细处理程序资料可以从来自于财产管理办公室的《斯坦福大学财产管理手册》中获得。

  7. 获取帮助

  解决有关设备及材料捐赠问题的更多资料或帮助，可从财产管理办公室网页 http://www.stanford.edu/dept/ORA/upai/ 中获得。

42.3 部门的特别收藏品

授权 本指南备忘录由负责发展规划的副校长批准。

概述 数年来,斯坦福大学的许多部门均获得了手工艺品、标本和历史文物等珍贵的特别收藏品。这些部门获得的物品反映了某一大学教学人员的兴趣爱好,与一个具体的研究项目或部门的活动有关,或从某种意义上讲,可增强一个学科的学术追求。然而,这些藏品亦赋予其义务。本指南备忘录提供行政指导方针以协助部门管理者员处理其收藏品。

以下各条标题为:

1. 计划政策
2. 维护政策

1. 计划政策

a. 考虑成本—收益——当决定是否获得或出售收藏品时,该部门应考虑该物短期或长期的研究、教学、历史重要性的收益与保存该藏品的短期或长期的成本之间的关系。捐赠者的义务必须加以考虑,在做出出售决定时,捐赠者对其捐赠的收藏品设定的任何书面限制也必须得到尊重。

与部门优先考虑的教学和研究以及现有的和潜在的资金供应情况有关的人员、空间、安全和环境方面的需要、保存、保险、藏品使用(用于展出、贷款、研究或教具)的费用应得到评估。这些应考虑评估的资金包括:

- 可使用的人员和设施(不考虑已经增加的费用)、管理和保护这些藏品的现有可获得的资金
- 支付目前的评估费用的额外需要款项
- 规划改变产生的将来费用
- 未来内部资金来源
- 外部支持的来源(赠款、馈赠)

b. 行政结构——为了向正在实施中的管理提供便利,各部门应该:

- 建立定期审查藏品收益和成本的程序
- 明确决定出售藏品的授权方
- 建立从出售藏品获得资金的再利用政策

2. 维护政策

a. 职责——当某一学院或部门作出决定接受作为馈赠或贷款或以其他方式开发或得到的文物或其他材料等收藏品时,它有责任提供基金、房屋、管理、维护,并在适当时处置这些物品。在与意向捐赠者签订书面协议前,特别是对该藏品的使用、护理或处置附有限制时,该学院或部门不妨征

求发展规划部的规划捐赠办公室和/或斯坦福博物馆、图书馆和档案馆。

b. 目录和管理

（1）保存纪录——有关部门应该建立一个现有的、新进的收藏品与正在进行的纪录保存时间的详细目录系统，以管理其使用和保护。可参见指南备忘录42.2捐赠设备记录，http://adminguide.stanford.edu/42_2.pdf，获得有关资本设备馈赠记录的政策。

（2）编订目录——为了方便部门收藏品的使用，各部门可能需要编订目录，形式不限，手动（如卡片目录）和电脑化（如数据库文件）均可。

（3）安全——指南备忘录28.6财产保护，http://adminguide.stanford.edu/28_6.pdf，规定了保护珍贵和价值重大物品安全的部门的责任。

（4）使用资格/便利性的管理——有关部门应制定使用和出借政策（在合适的时候），藏品的可用性和展示的信息，以及随着时间的推移跟踪该藏品的系统——这将有助于增加并方便该藏品的使用，同时为藏品提供适当的保护以确保安全。各部门有权限制其藏品的使用，但所有此种限制应当公开声明。

c. 藏品的护理

（1）保存——所有藏品应以最大限度减小损失、盗窃和破坏风险的方式进行储存、使用、出借、展示（见指南备忘录28.6财产保护，http://adminguide.stanford.edu/28_6.pdf）。制定的所有保存的政策应最大限度地提高这些收藏品在目前和今后的使用。为在斯坦福大学博物馆、图书馆和档案馆保存藏品而制定的政策可作为发展部门政策的有用参考模式。

（2）空间分配和使用——用于存储和展示收藏品的空间在环境上应是适当和安全的。

（3）员工——部门的藏品必须由经授权的人监督。当需要管理者的意见时，各部门应利用格林图书馆、胡佛档案馆和博物馆管理员的专业知识。

（4）预算——为有关人事的和护理、展示、使用藏品的其他费用提供资金是部门的职责。

d. 处置出售的藏品

（1）考虑——出售的收藏品必须以尊重捐助者的意愿且没有减少机构资产的方式加以处置。如果存在有关捐赠的书面限制，则该书面限制必须得到遵守，除非捐赠者将其取消。

（2）咨询——如果有必要，有关部门应寻求法律建议，包括发展规划办公室的工作人员法律顾问以及独立专家的意见。如果可能的话，就被提议的行动他们还应该告知捐助者和/或其继承人。如果收藏品是一项捐赠，应告知发展规划办公室该部的计划。

（3）处理方式——有关部门应制订有关以适当手段处理藏品的政策，如出售、转让给另一家机构或销毁。为在斯坦福大学博物馆、图书馆和档案馆出售藏品而制定的政策可作为有用的参考模式。

（4）更多信息——考虑出售收藏品的部门应参考指南备忘录56剩余资产销售，http://adminguide.stanford.edu/56.pdf。

42.4 命名设施和地貌

授权 本指南备忘录由大学校长批准。

概述 本指南备忘录涉及斯坦福大学设施和地貌的批准程序和政策。

以下各条标题为：

1. 批准程序
2. 命名政策
3. 名称记录

1. 批准程序

a. 新设施和土地名称——被提议的斯坦福大学设施和地貌的名称在提交校长批准前，须经过发展规划办公室和大学建筑师/规划办公室就可能发生的冲突和其他大学范围内的影响进行审查。

受到这一要求约束的设施和地貌包括：建筑物及其组成部分（教室、实验室、礼堂、会议室和研讨室）、装饰结构、街道、喷泉、庭院、广场、花园等。

b. 设施和地貌的重新命名——在重新命名时，主管该设施或地貌所在区域的最高主管官员具有教务长的职责，按照上文第1条a款规定的批准程序提交名称变更建议。

c. 饰板、树木和其他纪念物——设立纪念物的请求可能来自任何来源，需经发展规划办公室批准，在批准前需征求大学建筑师/规划办公室有关适当的位置、审美的影响并与校园景观的关系的建议。批准的标准包括但不仅限于以下内容：

- 与斯坦福大学的关系
- 对斯坦福大学学术使命的公认价值

有关位置、风景特点、饰板和纪念碑的详细指南可从大学建筑师/规划办公室或发展规划办公室获得。

2. 命名政策

a. 教职员工的姓名——以教职员工姓名赋予给斯坦福大学设施和地貌的名称应从已名誉退休的或已退休至少十年的个人中选择。

b. 街道——街道名称应当对校园具有历史或地理上重要意义。街道的名称可用现存的个人的姓名来命名，但应尽量减少使用个人姓名。

c. 捐赠者姓名——

（1）建筑物——对被提议以捐赠者姓名命名的建筑物及其组成部分名称，应进行个案审查，冠名的捐赠通常应达到项目费用总额的35%到70%。

（2）其他建筑——对被提议以捐助者姓名命名的喷泉、园林建筑、风景以及类似建筑的，通常要求该捐赠能支付该项目的全部费用并设立维修基金。

3. 名称记录

斯坦福大学档案馆接收和保存所有斯坦福大学名称的正式记录。此外，应将该记录信息和长期保存事项告知设施部和/或其他适当的斯坦福大学部门或辅助组织。

43 发展政策

授权　本指南备忘录由大学校长批准。

适用　本政策适用于本大学及其学院和组成单位的一切馈赠收取事务。指南备忘录41大学所收馈赠，界定了"馈赠"的含义，见 http://adminguide.stanford.edu/41.pdf。

概述　负责发展规划的副校长受托全面管理斯坦福大学的筹款计划，以最大限度地利用来自校友、家长、各界朋友、企业、团体和基金会的馈赠支持。本指南备忘录概述了一系列原则、政策及程序，以确保本大学资源得以合理调配、书面交流的一致，并协调志愿者和规划前景。

以下各条标题为：

1. 背景介绍
2. 操作方针

1. 背景介绍

五十多年以来，发展规划办公室代表斯坦福大学向校友、家长、各界朋友和社会团体传递整个大学的需要和愿望。特别是我们的志愿者完全受到为大学热情工作而鼓舞，尽管他们可能个别与一个或更多学院或其他单位有交往和支持关系。这种合作关系使得斯坦福大学有别于大部分兄弟院校。

在20世纪90年代，我们鼓励各学院和各单位实施增强筹款的计划，许多学院和单位开展了单独的筹款活动。这些特殊的主动筹款活动在本科教育筹款活动中达到了顶峰，这个特地为本科教育筹款的活动曾经是最大的筹款活动。鉴于这些单独努力相当成功地开发了新的和更加坚定的捐赠者，因此我们必须继续推进致力于广泛了解斯坦福大学的活动。

由于学校大部分慷慨的捐赠者有着多种兴趣，单位层次的筹款活动会对这些潜在人群带来更大压力。因此我们需要一直加强合作精神，而这种精神正是五十多年来斯坦福发展规划活动的一大特点。这种合作是基于学院/单位和学校发展规划办公室之间，以及学院/单位之间的公开、定期的交流。

确保大学获得新的赠与的根本责任由大学董事会承担。董事会通过大学校长将这些责任授予给发展规划办公室。负责发展规划的副校长受托全面管理斯坦福大学的筹款计划。虽然许多筹款活动可在各学院和其他单位层次上进行授予和实施，但是主要的发展规划活动、决定以及筹资显然最终需要负责发展规划的副校长办公室来管理和协调。

2. 操作方针

a. 就前景规划进行多方联系——一切与斯坦福大学前景相关的多方联系活动必须与所有的相关各方进行协调。特别是在所有较大额度（250000美元及以上）的前景规划上，更应如此。所有在这个级别及以上额度的前景规划应得到全体主要工作人员的配合。关于此前景的任何和全部的筹资活动必须通过与全体主要职员进行协调。

b. 额度为1000000美元及以上的前景规划——一切额度在1000000美元及以上的前景规划被定义为大学层级前景规划。一切这样的前景规划的筹措——即使少于1000000美元的筹资——必须得到负责发展规划的副校长办公室的专门批准。

c. 负责发展规划的副校长的职权——如果不能在多重利益或"大学层级"上前景规划的分配或洽谈上取得一致意见，那么负责发展规划的副校长通过考虑由校长和教务长确定的事情优先次序来决定前景规划的任务和方式。各院和其他单位的院长或主任可就副校长的决定向教务长上诉。

d. 信息的共享和储存——一切有关主要馈赠前景的活动的信息有必要通过发展计划而获得。特别是额度在100万美元及以上的前景规划，更应如此。本大学负责发展规划的工作人员和各学院及其他单位负责发展规划的官员均有责任使他方获知前景规划活动，通过正式的方式（即更新前景规划追踪系统和向毕业生系统发送书面的通信）和非正式的方式（即定期的交流）。这些更新应及时录入，以确保前景规划信息的实时性。

e. 志愿者——各学院和单位在得到负责发展规划的副校长批准的情况下，可组建志愿者组织支持主要的筹款活动。支持主要筹款活动志愿者组织的主席要求通过董事会中负责发展规划的委员会来协调他们的活动，并与本大学范围内的其他志愿者组织一同工作。志愿者的招募活动，不论是为了筹款还是为董事会提供咨询，必须通过负责发展规划的副校长办公室进行协调。

　　f. 书面交流——为了确保不同筹款努力的一致性和协调性，描述主要筹款活动的书面交流的最终草案必须与负责发展规划的副校长或其授权人共享。此外，计划捐赠办公室在提交捐赠人和/或在大学接受以前，必须审查一切10万美元及以上的协议（并且依据这些协议建立新的捐赠基金）。

　　g. 安置职工——各学院和单位为筹款活动而安置职工和编制预算的计划必须经过教务长的审查和批准。各学院的院长或主任以及负责发展规划的副校长决定有关发展规划职工的分类和补偿的决定，他们共同负责确保本大学的公平。

　　h. 确定事务优先次序的程序——根据指南备忘录44筹款审批及优先次序，确立有关发展规划事务的优先顺序，见 http://adminguide.stanford.edu/44.pdf。

　　i. 年度捐赠——斯坦福大学的年度捐赠按照下列政策处理：

　　（1）斯坦福大学基金——斯坦福大学基金的存在为校长和教务长提供了支持本科教育和本科学生生活的持续而自由的捐赠。一切学位的持有者，包括那些拥有斯坦福大学的研究生学位、专业学院学位，或者正在为这些学位修学分的人员均是本基金筹集捐助的对象。正在修斯坦福大学研究生学位学分的无学位持有者、在读本科生父母以及曾拥有捐助本基金经历的非校友（即"社会各界朋友"）也是斯坦福基金筹集捐赠的对象。

　　（2）学院基金——学院基金可向其毕业生或专门学位持有者，包括那些拥有斯坦福大学学士学位的人筹集捐赠。学院也可向正在修斯坦福大学研究生学位或专门学位学分的无学位持有者筹集捐赠。各部门和项目不得向其毕业生筹集捐赠。其他可筹集捐赠的群体包括曾拥有捐赠本基金经历的非校友（即"社会各界朋友"）和拥有专门学位或研究生学位人员的家长。

　　（3）体育运动的基金——体育部可从任何目前或曾经的体育捐赠者、前学生运动员以及斯坦福大学体育赛事季票持有者筹集捐赠。

　　（4）医疗基金——遵从法律的适当限制，只有那些属于斯坦福大学医疗中心病人的校友才能列为医疗发展的捐赠对象。

44　筹款审批及优先次序

　　授权　本指南备忘录由校长批准。

适用　本政策适用于本大学及其学院和组成单位的一切馈赠收取事务。指南备忘录41大学所收馈赠，界定了"馈赠"的含义，见http://adminguide.stanford.edu/41.pdf。

概述　本指南备忘录展示了本大学筹款的政策，概述了要求筹款批准和优先次序的程序，并描述了对筹款请求进行学术价值审查、筹款潜力评估以及批准后的筹款比例分配的程序。本指南备忘录的目标是建立一个系统的和有序的获得私人资金来源的方法，最大限度地从它们那里得到支持，并且保证该支持直接用于本大学的优先事务。

以下各条标题为：

1. 政策
2. 应用程序
3. 应用和审查程序

1. 政策

依据本指南备忘录展示的程序审查和批准筹集资金的请求。获得请求向特定的潜在捐赠者接洽和筹集捐赠的程序在指南备忘录43发展政策中有展示，见http://adminguide.stanford.edu/43.pdf。

2. 应用程序

a. 应用——本指南备忘录详述的程序应用于所有向个人、基金会、社会团体和企业筹集资金以支持某个项目的批准。项目被宽泛地定义为包括大学和其学院或组成单位的所有计划或活动。馈赠定义见指南备忘录41，链接http://adminguide.stanford.edu/41.pdf。这些程序不适用于下列事项：

(1) 某些小项目——从始至终全部筹款要求低于100万美元的项目，并且该项目的所有筹款将由学院或单位内的发展规划人员处理而无须寻求学校发展规划办公室的帮助，则该项目仅需得到学院或主任的批准即可。然而，每个特定前景规划的获得请求仍需要遵守指南备忘录43发展政策，http://adminguide.stanford.edu/43.pdf。

(2) 设备——请求批准为设备项目筹款应列入教务长资金计划进行处理。批准一项设备项目（包括新的建设和整修项目）时，需要对潜在资金来源进行慎重考虑。在向发展规划办公室咨询那些资金来源以后，教务长将分配设备项目的筹款优先次序。获得每个特定前景规划的批准仍需要遵照指南备忘录43发展政策，http://adminguide.stanford.edu/43.pdf。

(3) 赞助项目——与赞助项目请求的准备、审查和提交相关的政策和程序展示在《研究政策手册》10.1中，见http://www.stanford.edu/dept/DoR/rph/10-1.html。查阅《研究政策手册》3.2了解赠与和赞助项目的区别。

（4）工业附属计划——建立和操作工业附属的和有关的支持会员计划的原则、指南和程序展示在《研究政策手册》10.5 中，见 http://www.stanford.edu/dept/DoR/rph/10-5.html。

b. 某些活动的特别要求——涉及人体试验、动物实验、辐射危害、生物传染物质或 DNA 重组技术的捐赠活动，同时需要受到赞助项目办公室的复核，以使其符合大学的政策和外部需求。

3. 应用和审查程序

a. 请求——请求者通过完成在线的请求筹款批准和优先领域表格(http://fundraisingrequest.stanford.edu)来启动这个程序。一旦请求者完成该表格，它将自动传递给负责发展规划的官员。

b. 负责发展规划官员的审查——在请求者提供信息的基础上，负责发展规划的官员完成该表格的后续部分，包括一份筹款可行性的评估报告和一份有关筹款优先次序的建议。当负责发展规划的官员完成该表格，它将自动传递给负责发展规划的副校长办公室。

c. 负责发展规划的副校长办公室的审查——在请求者和负责发展规划官员提供信息的基础上，负责发展规划的副校长（或其指定人）完成该表格的后续部分，包括其自己对筹款可行性的评估和筹款优先次序的建议。当负责发展规划的副校长办公室完成该表格，它将自动传递给学院院长或有关管理成员。

d. 学院院长或管理办公室人员的审查——在请求者、负责发展规划官员和负责发展规划的副校长办公室提供信息的基础上，学院院长或管理官员完成该表格的后续部分。在这种情况下，学院院长或有关管理官员可：（1）批准该请求并提供有关筹款优先次序的建议，或(2)将请求发回并要求提供更多信息，或者(3)拒绝该请求。如果该请求被批准，该表格将自动传递给教务长办公室。如果该请求被拒绝或为要求补充信息而被发回，则该表格将自动传回到请求者。

e. 教务长的审查——一项请求被学院院长或有关管理官员批准并传递给教务长办公室后，教务长或其指定者在咨询其委派的个人和/或委员会后，按照下列标准审查该请求：

（1）学术正当性——该项目与各部门、学院和大学的学术计划的相关紧密程度。

（2）预算影响——通过赠与的方式对该项目提供资金能否抵消对一般基金预算的现有需要。该项目是否需要一般基金支持、成本分担或其他紧急的财务责任。一旦赠与或赞助基金终止，该项目是否会对本大学的未来财务责任造成影响。

（3）筹款潜力——该项目存在多少潜在捐赠者，以及该项目在多大程度上与其他有关的项目争夺这样的捐赠者。

f. 教务长决定——在对这些因素进行权衡以后，教务长或教务长指定的人可：(1) 批准该请求并指定优先次序，或(2) 将请求发回并要求提供更多信息，或(3) 拒绝该请求。指定优先领域决定了期待发展规划人员的努力程度。该优先次序指定也将保证捐赠者参与本大学最重大的项目。

（1）以高优先级批准——无论是学院和组成单位的发展规划人员，还是中心发展规划办公室，均积极寻求得到被授予这样优先级的项目基金。发展规划办公室将与学院和组成单位共同工作，在考虑有关其他项目前景后，确认高优先级项目前景并为其筹集捐助，在需要支持的情况下招募志愿者和人力。根据指南备忘录43发展政策，获得特定前景的批准是必需的。见http://adminguide.stanford.edu/43.pdf。

（2）以标准优先级批准——以这种优先级筹款的项目必须以一种向特别是潜在捐赠者发出的特定建议的形式，或必须在一个非竞争性的"机会目标"的基础上。筹款（包括确定前景并为其筹集捐助），将主要在学院或其他组成单位内进行，遵照指南备忘录43发展政策，进行得到前景规划的批准，见http://adminguide.stanford.edu/43.pdf。在负责发展规划的副校长的自由裁量权下，中心发展规划办公室可开展进一步的活动并为确定更多潜在的捐赠者提供帮助。

（3）以最小优先级批准——以这种优先级筹款的项目不得与其他项目产生筹款竞争。在大多数情况下，这意味着这些筹款活动的对象将限于对项目有兴趣的企业和基金会，在许多情况下不得包括校友、家长和社会各界朋友。筹得的资金必须由学院或其他单位专门处理，不得接受中心发展规划办公室的任何帮助。通常，指南备忘录43发展政策要求特定的前景规划获得批准。

（4）拒绝——当项目的筹款被拒绝时，不得为该项目恳求任何赠与。请求人可以考虑其他资金来源。其他资金来源在指南备忘录45赞助新项目中有概述，见http://adminguide.stanford.edu/45.pdf。

g. 发展规划行动——当一个项目得到批准并指定优先次序后，教务长将描述该项目的筹款批准和优先领域请求表格交给负责发展规划的副校长办公室，并将其分发给筹款人员。负责发展规划的副校长通过自由裁量来任命一个为该项目筹款的协调者。发展规划办公室将定期地审查其批准的项目，以便根据筹款结果向教务长建议适当的调整。

45 赞助新项目

授权 本指南备忘录由大学校长批准。

适用 本政策适用于大学及其学院和组成单位的一切要求内部或外部资金的新项目、规划或活动。

概述 新项目、规划或活动的建议应考虑获得必需资金的可行性,以及该建议可能对本大学的预算或其他事务的影响。本指南备忘录旨在提供一个清单,以供本校教职员工及从事此类业务的个人参考。

以下各条标题为:
1. 赞助要求
2. 对预算和机构的影响

1. 赞助要求

根据被提议的新项目、规划或活动的性质,可供考虑的赞助来源和策略是多种多样的。

a. 外部赞助——外部赞助来源包括赠与、赞助项目和附属项目。在寻求外部赞助前,应获得所有必需的批准。

(1) 来自个人、基金会、协会或公司的赠与——在任何赠与提案之前,要求按照指南备忘录 44 筹款审批及优先次序(http://adminguide.stanford.edu/44.pdf)进行批准。

(2) 赞助项目——在任何赞助项目建议提案之前,要求根据《研究政策手册》10.1《赞助项目的准备、审查和提交的建议》(http://www.stanford.edu/dept/DoR/rph/10-1.html)进行批准。

(3) 附属项目——在任何赞助项目提案以前,需要根据《研究政策手册》10.5《工业附属的和有关的赞助会员计划》(http://www.stanford.edu/dept/DoR/rph/10-5.html)进行批准。

b. 内部赞助——根据赞助来源需要的要求和程序,内部赞助也是可行的。

(1) 各部门、学院或大学资源——赞助来源必须恰当,赞助要求得到满足。

(2) 现有赠与基金——在建议将现有赠与基金用于支持一个规划、项目或活动时,斯坦福大学必须遵守与捐赠者之间适当的赠与协议的规定和条件。参见指南备忘录 41 大学所收馈赠(http://adminguide.stanford.edu/

41.pdf)第 5 条 b 款(2)。有问题可以写信寄至赠与规划办公室律师,地址：加尔韦斯街 326 号,发展规划办公室,电话：650/725-4358。

2. 对预算和机构的影响

建议不仅要考虑该项目自身的预算要求,还要考虑其对斯坦福大学的机构影响。由于预算固定、一般使用许可证(General Use Permit,GUP)以及其他限制,只有预先考虑到上述影响并得到批准,斯坦福大学才能承诺支持该项目。

a. 增加教员职位——只有得到校长或教务长办公室授权,才能创设和建立新的教员职位。

b. 增加职员职位——只有得到学院院长、主管或副校长或其指定人的授权,才能创设和建立新的职员职位。

c. 增加研究生和博士后学生——只有得到行政内阁成员的授权,才能招收更多的研究生及博士后学生。

d. 空间和设施的需要——在斯坦福大学,请求新的办公场所或现有空间的重新分配必须填写资金规划办公室的空间请求和理由表格并提交。若现有部门或者实验室的空间不能满足项目需要,则必须按照《研究政策手册》10.1 的规定寻求和获得利用其他现有空间的批准,详见 http://www.stanford.edu/dept/DoR/rph/10-1.html。若该项目需要新的结构(包括临时性的结构),进行建筑或毁坏内部空间,翻修建筑物以及按土地和建筑部以及资本规划办公室设施项目启动政策(表一 http://lbre.stanford.edu/cap_plan/)中所描述的内容进行其他基础设施项目,必需遵照该政策以寻求和获得批准。

e. 其他影响——下列事项需要得到批准：
- 图书馆资源
- 信息技术资源
- 操作和维护成本
- 专门设备或启动资金

第五章　采购

51　采购政策

授权　本指南备忘录由教务长批准。

概述　本指南备忘录可视为第5章的介绍。它包括斯坦福大学大型和小型建筑、设备、用品和服务采购的一般政策。本章节的政策不适用于斯坦福线性加速器中心（SLAC）。

以下各条标题为：

1. 调拨大学资金的权力
2. 竞争
3. 利益和道德冲突
4. 货物和服务的校内来源
5. 政府拨款和政府合同的采购
6. 政府要求的许可证和通行证
7. 生物材料和有害物质的运输

1. 调拨大学资金的权力

斯坦福大学的董事会对大学所有的资金——包括通过拨款与合同而接受的资金及来源于外部资源的资金——负有职责，它已经授权若干大学官员和行政官员负责采购和处理财产以及大学资金的开支（参见指南备忘录36授权支出，http://adminguide.stanford.edu/36.pdf）。

a. 部门管理者——学院和部门的管理者有权批准特定用途资金的调拨和开支，并有权拒绝对已经授权给行政官员的事项作出解释（参见指南备忘录36，http://adminguide.stanford.edu/36.pdf）。为实现本指南备忘录的目的，这样的行为通常采取采购申请的形式。

b. 采购与合同办公室——采购与合同办公室经授权执行合同，以及根据收到的采购申请下达商品和服务的订单。除了一些特殊的授权外，采购与合同办公室是本大学此项权力的唯一拥有者。

c. 大学部门的采购——对于交易总价值低于 2500 美元的商品或服务的采购，采购与合同办公室已经授权各部门直接与供应商联系处理。参见指南备忘录 54.4 快速采购订单（http://adminguide.stanford.edu/54_4.pdf）和指南备忘录 54.5 采购卡（http://adminguide.stanford.edu/54_5.pdf）。

d. 未经授权的采购——未经斯坦福大学书面授权的人员不得调拨斯坦福大学的资金来采购商品和服务。如果未经授权的人试图调拨斯坦福大学的资金，学校会将此购买行为视作无效，而且会拒付那些可能已开具发票的交易。斯坦福大学官员，包括财务总监、首席采购官，以及那些经首席采购官授权的人，包括业务经理、监管人员和买家，有权拒绝批准这些交易。在这种情况下，供应商可让下订单的个人付款或偿还。

e. 个人消费——禁止以非为大学利益作出的或者非为大学使用而进行的个人开支和采购行为。这些行为可被视为欺诈交易。采购必须以大学的用途和利益为目的，而不论其是否有偿还斯坦福大学的打算。如果任何与采购相关的斯坦福大学用户进行故意欺诈或在正确使用申购和采购程序上有其他不适当行为，其行为将被视为严重的滥用职权，并会导致纪律处分。

2. 竞争

本大学的政策是，通过潜在的供应商之间的竞争来采购产品或服务，以最大限度地符合对质量、价格和性能的要求。当一个部门需要通过一个单一的或唯一来源来采购费用在 5000 美元或以上的产品或服务时，则需要提交一份书面的来源理由。（"单一来源"是指有其他来源，但申购选择只使用其中一个特定的来源。"唯一来源"是指除了推荐来源外没有其他来源。）该来源理由应包括以下信息：

• 一份符合要求的用品或服务的具体说明，以及一份选用的能满足这些要求的服务或物品的独特品质的事实陈述。

• 一份寻找其他供应来源所作工作的说明。

• 显示预计费用是公平且合理的文件。若该物品是普遍可获得的，文件可采取价格比较形式，若该物品是专门制造的，则要求分析制造商的成本。

• 任何其他支持使用充分且公开竞争以外来源的资料。

3. 利益和道德冲突

a. 政策——所有采购活动必须符合《大学行为准则》（见指南备忘录 1，http://adminguide.stanford.edu/1.pdf）、有关义务和利益冲突的员工政策（见指南备忘录 15.2，http://adminguide.stanford.edu/15_2.pdf）、有关义

务和利益冲突的教员政策(见《研究政策手册》4.1，http://www.stanford.edu/dept/DoR/rph/4-1.html)。根据上述政策的要求，有关雇员及供应商的任何已知的或明显的违反上述政策的行为，均必须立即报告。

b. 个人采购——采购与合同办公室不得为斯坦福大学的教学人员、职工和学生安排个人采购。采购方对上述人员的帮助只限于告诉来访者已知的供应商姓名，不得花费时间去寻找供应商或获得报价。同样，任何部门均不得为个别雇员或学生下单采购，并允许此人在其后偿还该部门。

4. 货物和服务的校内来源

斯坦福大学在校内提供的许多商品和服务比个人在校外订购便宜很多。若某部门需要的产品或服务是由斯坦福大学来源提供的，则该部门应向提供该产品或服务的斯坦福大学组织订购。如果采购与合同办公室收到部门采购申请，对可在斯坦福校内获得的物品，采购方可以将此申请转交给适当的组织，或要求该部门下达无需采购方协助处理的订单。

5. 政府拨款和政府合同的采购

斯坦福大学收到许多用于学术研究的政府拨款和合同。在实施其赞助项目时，斯坦福大学履行来自赞助项目协议或来自法规、规章和政策声明的规定。

a. 条款及限制性规定——拨款或合同往往要求斯坦福大学在该资金签发的采购订单或分包合同中包括某些合同条款。采购与合同办公室确定哪些条款在不同的合同中为适当的合同条款。

斯坦福大学的采购政策和法律规定要求在采购文件中包括这些条款，是部门自身不得与供应商订立订单的原因之一，除非得到本指南备忘录中指定的授权。

b. 事先批准——如果一项政府赞助的项目协议是资金来源之一，在采购方下订单前，政府代表可能需要批准一项资本设备或复杂商品或服务的采购提议。有关获得预先批准程序的信息，参见《财产管理手册》，http://ora.stanford.edu/ora/pmo/manual/default.asp。

(1)办公室需要的文件——请求部门负责进行批准文件的记录。如有需要，采购部门或应付账款处可要求这类文件的副本。

(2)分包合同——如果采购有需要政府批准分包合同的规定，采购方将需获得必要的批准并将其保存在采购与合同办公室的文件中。

c. 预采购审查——美国政府管理与预算办公室文件 A-110 和其他政府规章、规定中涉及与联邦政府机构相关的协议的管理。它要求斯坦福大学在订购资本设备之前审查现有存货清单的资本设备的可用性，以避免采购"不必要的或重复的项目"。

(1) 审查标准——决定采购的部门在采购以前必须审查设备费用符合部门的标准,即在 5000 美元至 24999 美元之间;或符合大学标准,在 2.5 万美元或以上;当设备的花费不到 5000 美元时不必审查。

(2) 借用和转移——政府的政策鼓励从其他政府项目借用或转让设备。

(3) 获得帮助——有关审查程序的信息,参见《财产管理手册》,http://ora.stanford.edu/ora/pmo/manual/default.asp。

6. 政府要求的许可证和执照

某些交易需要从联邦政府处获得许可证或执照。斯坦福大学的从事外部物流服务的报关行和首选供应商在必要时可提供咨询和援助。采购与合同办公室可应当前供应商的请求提供联系信息。在常见交易中,需要的许可证或执照有:

a. 农业许可证——农业部对某些有机物和生物媒介的进口发放许可证。提出请求的部门负责取得每批货物或一组相关货物的许可证。美国农业部所要求的申请表格是 VS16-3。

b. 进口或出口许可证——商务部或美国国务院对设备或技术数据的进出口发放许可证。提出请求的部门负责获取和/或签署必要的许可证。

c. 科学设备的免税入境——美国商务部可豁免科学设备缴纳进口税。要求此种豁免的部门负责填写相应的文件材料。所需的申请表格是 ITA-338P。

d. 放射性材料——在采购部门处理订单以前,放射性材料的采购申请必须包含一个控制辐射授权(Controlled Radiation Authorization,CRA)号码(该号码可从保健物理学部门获取)。

7. 生物材料和有害物质的运输

运输是一项服务,可以通过斯坦福大学资金采购,并遵守本指导备忘录的政策;在生物材料和有害物资采购的情况下,还需遵守随后的培训和认证的要求。美国运输部和联邦航空管理局执行严格和详细的规定,以确保飞机和以其他运输方式运输的危险材料或"危险货物"的安全。危险货物包括但不限于那些可燃的、易燃的、腐蚀性的、易起化学反应的、易氧化的、有毒的、放射性的、传染的、温度提高的、高磁场的物质或压缩气体。气雾罐和干冰也需规范。违规行为可能会导致罚款。

a. 培训——包装材料和/或签署货运票据的人必须经过有关运送危险品的培训和认证。两次培训和认证的时间间隔不得超过两年。

b. 获得帮助——环境、健康与安全部门提供培训,并在职员中培训经认证的托运人。环境、健康与安全部门的人员应随时准备为筹备任何危险品的运输提供帮助。网页信息请参见 http://hazardousmaterialshipping.stanford.edu。

52 采购关系

授权 本指南备忘录由教务长批准。

概述 本指南备忘录描述采购部门的组织结构及其与其他斯坦福大学内部和外部行政部门的关系。

以下各条标题为：
1. 采购组织
2. 其他中心办公室
3. 部门管理
4. 美国政府

1. 采购组织

采购部门向负责预算管理和辅助管理的副教务长报告。其团体成员的介绍如下。

a. 中央采购组——中央采购组负责购置各种各样的产品和服务。该集团分为四个小组：一般购买、实验室购买、计算机购买以及校园内协议。采购买家的职责包括保留并发展潜在的和经批准的供应商名单，筹资或建议，就采购的价格、条款和条件展开谈判，选择供应商并发出采购订单。采购助理与采购者一起工作，并执行各种采购行政职能。

b. 合同办公室——合同办公室负责谈判、起草和执行书面合同。合同专家负责谈判和撰写咨询协议、赞助项目的分包合同、修复和设计协议，建筑、工程及其他服务协议和服务订单协议。采购助理与合同专家一起工作，并执行各种行政辅助职能。

c. 采购制度——大学已采用甲骨文财务（Oracle Financials）系统来管理其财务交易。所有的采购交易，包括采购申请、偿还请求、采购订单、发票和付款，都必须输入到甲骨文财务系统中。该系统在本指南备忘录或其他地方均简称为"甲骨文财务"系统。

2. 其他中心办公室

a. 财务办公室——财务办公室负责确保支付程序得到遵守以及供应商的产品或服务得到支付。财务办公室还负责制定有关销售和使用税的政策，并确保销售和使用税的收集和汇付。

b. 内部审计办公室——内部审计办公室根据需要对采购组织进行定期审查及为外部审计的工作提供便利。这两个办公室的工作人员共同努力贯彻内部审计的建议。如果审计涉及采购部门的某一职能，采购部门可以参加其他部门的审计。

c. 赞助研究办公室（Office of Sponsored Research，简称 OSR）——赞助研究办公室主要负责谈判和管理斯坦福大学与包括联邦政府在内的外部赞助机构之间的合同与拨款。OSR 的职责包括代表大学签署各种联邦或州政府机构所要求的认证，包括来自供应商或卖方处的遵守认证表单。采购部门和 OSR 授予的拨款文件条款不仅影响订约过程、私人或联邦基本合同的分包，还影响大学遵守联邦法规，如《公法》第 95 至 507 条或其他社会经济法律规定。

d. 财产管理办公室——财产管理办公室负责制订、实施和维护设备清单系统。财产管理办公室审查资本设备采购和销售的剩余财产的请求是否符合大学财产程序。

剩余财产销售部门向斯坦福部门、员工、学生和一般公众出售剩余的设备和材料。更多信息参见指南备忘录 56，http://adminguide.stanford.edu/56.pdf。

e. 资本规划与管理部（Capital Planning and Management，简称 CP&M）——资本规划与管理部（CP&M）负责重大工程项目管理和项目执行。采购部门负责 CP&M 的商业方面的合同谈判、合同执行和合同管理。

f. 设施运营办公室（Facilities Operations，简称 FO）——合同采购组织为设施运营办公室的服务订购协议进行谈判。服务订购协议能够使 FO 直接与承包者处理有关斯坦福大学结构、系统和地面的修理、保养以及小型建设的事宜。

g. 多元开放办公室——多元开放办公室和采购部门共同努力负责有关平等机会、扶持行动、利用小型的、少数族裔拥有的和妇女拥有的企业以及残疾人拥有的企业等联邦数据的收集和提供。

h. 风险管理办公室——风险管理办公室协助各部门索赔超过 1000 美元的损坏或丢失的货物。

3. 部门管理

a. 规划——为了方便与供应商在价格协议上的谈判，在制定年度预算过程中，采购部门鼓励学院和行政领域的部门向采购主任提供一个预计采购的长期预测。

b. 订单管理——拟定订单的大学部门负责下列事项：

- 及时确认收到或接收的商品或服务，包括在 Oracle 财务系统中录入接收信息。

- 当在纠纷案件中可能需要从供应商处扣留支付款时，及时通知应付账款处。

- 监测各部门和供应商的行为是否符合合同的规定或订单。
- 通知采购部供应商的不足之处或不履行合同的行为。

c. 许可证和执照——部门在支持产品采购中主要负责签署或获得必要的许可证或执照,例如,进口许可证,即美国农业部许可有生物危害的产品进口的证件(见指南备忘录51,http://adminguide.stanford.edu/51.pdf)。

d. 物流——

(1) 包装和校外运输——部门负责运输物品的包装。负责包装和/或在货运票据上签署任何"危险货物"(包括干冰)的人员必须经过培训和认证。两次培训和认证的时间间隔不得超过两年。更多信息和帮助,请参见 http://hazardousmaterialshipping.stanford.edu。

(2) 损失或损害索赔——部门负责提出任何货物损坏或丢失的索赔。(采购部门和风险管理办公室门可予以协助;见指南备忘录28.5,http://adminguide.stanford.edu/28_5.pdf,以及指南备忘录54,http://adminguide.stanford.edu/54.pdf。)

4. 美国政府

a. 美国海军研究办公室(Office of Naval Research,简称ONR)——海军研究办公室对大多数国防部和美国国家航空和宇航局与斯坦福大学的合同有审理权。采购部门与美国海军研究办公室密切合作,以便获得对政府分包合同的必要批准。美国海军研究办公室对斯坦福大学的采购系统进行定期审查,采购部门和美国海军研究办公室合作以落实美国海军研究办公室提出的建议。

b. 国防合同稽核局(Defense Contract Audit Agency,简称DCAA)——国防合同稽核局对斯坦福大学的采购系统进行定期审计。与海军研究办公室的年度审计一样,采购部门与国防合同稽核局合作以落实所有国防合同稽核局的建议。

c. 小企业管理局(Small Business Administration,简称SBA)负责审查斯坦福大学遵守政府规章与小企业和其他受关注群体之间的交易行为(见指南备忘录58外部扶持行动,http://adminguide.stanford.edu/58.pdf)。小企业管理局定期访问斯坦福大学并检查供应商选择和分包合同授予的做法,特别是对斯坦福已提交分包计划的政府合同的检查。

53 融资采购

授权 本指南备忘录由负责商业事务兼财务总监的副校长批准。

概述 本指南备忘录描述了大学对部门提供贷款以支持其购买设备或设施，以及部门在一段时间内偿还该贷款的安排。

以下各条标题为：

1. 定义
2. 债务融资采购条件
3. 批准
4. 内部贷款条款
5. 分期偿还日程表
6. 资产类别和资产寿命
7. 资本设备融资程序

1. 定义

a. "大学融资"是一个内部机制，在此机制下大学向学院或部门提供无担保贷款（"内部贷款"）以资助其资本设备的采购或设施的建设，并在资产使用期限内，通过系统生成的日记账分录，从部门认定的一个或多个"项目/任务/拨款"账户中收回贷款本金和利息。对于经董事会批准的项目，借款授权将记录在资助协议里，对于其他项目，则记录在表单1（Form 1）中。尽管资产为学校所有，但学院/部门保留一切所有权责任，包括在设备采购被同意且设备投入使用后，将此采购信息录入向日葵资产管理系统。

b. "分期偿还"是指在内部贷款期限内对本金和/或利息的偿还。对服务中心来说，债务的分期偿还是以资产的折旧费来计算的。根据上一阶段的期末本金余额计算利息并分期偿还本金余额。

c. "宗教用途"是指出于宗教仪式、会议和其他活动的目的由宗教团体/组织实施的或为宗教团体/组织实施的对校内设施的使用。

d. "私人用途"一般指由借方、借方有501(c)(3)身份*的附属机构，或是州/地方政府实体以外的任何个人或实体在交易和业务中使用债券融资财产，或由借方[或其他501(c)(3)组织]在"无关的交易和业务"中使用债券融资财产。视为私人用途的行为不一定产生无关的业务收入。

e. "基本完工"是指资产"投入运行"之时。满足下列任一条件（按可用性和重要性排序）的，视为资产投入运行：

（1）发放占用临时证书（Temporary Certificate of Occupancy，简称TCO）

（2）签字许可，或

---

* 译者注：501(c)(3)身份是由美国国税局发出的对教育、研究、慈善和宗教组织非营利性身份的认可。

（3）由项目主管发出的证明

2．债务融资采购条件

对于学术资本项目、资本设备采购、服务中心资本项目与资本设备采购、辅助项目与资本设备采购、对抵押和应收账款的过渡融资，以及诸如教职员工住房方案的其他大学项目，学院和部门可获得大学的内部贷款。

内部贷款一经批准，由出纳办公室和资本会计部确定该项目是否符合课税、免税或者混合（课税加免税）债务融资条件。如果资助协议或者表单 1 显示某个资本项目是为学术目的且该项目是通过免税债务融资的，那么该资本项目只能用于学术目的。若其用于宗教和/或私人用途，就有可能导致罚款。任何时候若计划将该免税融资设施用于宗教和/或私人用途，则应通知出纳办公室或财务办公室下的税务主管或其下资本会计部的债券/税务合规分析员以确定使用是否被允许。

3．批准

a. 大学批准——由教务长办公室、土地/建筑/房地产事务办公室和财务办公室代表组成的小组就融资分配问题向财务总监或其指定人提供咨询服务。某些融资的分配可能视资产运作办公室实施的债务支付能力分析而定，并须经财务总监批准。所有资本项目的融资须备有经授权的表单 1 或须得到董事会的批准并备有已生效的资助协议。（有关表单 1 批准程序的信息，参见土地/建筑/房地产事务办公室的资产规划网站 http://lbre.stanford.edu/cap_plan/。有关资本项目的信息可参见指南备忘录 83。）

对于董事会级别的项目（新建大楼、1000 万美元以上的开支、重要的外部整修或增加总体使用许可的建筑面积），项目预算成本的增加须经董事会的复核和批准。

对资本项目赠与抵押的过渡融资须得到教务长的预先批准并记录在资助协议中。资助协议涉及建设期间及其后的财务责任。有关偿还过渡融资赠与抵押的内部贷款的信息，参见下文第 4 条 e 款。

财务办公室的资本会计部负责处理所有资本项目和资本设备贷款的批准。

b. 资本设备批准——学院可以要求部门在对某项资本设备采购进行融资之前先获得学院院长办公室的批准。

4．内部贷款条款

董事会批准学校债券的发行，并授权财务总监负责在资本市场发行债券以及向学院和部门进行内部贷款。负责偿还内部贷款的机构（支付机构）以及资金来源必须在批准之时得到确认并记录在表单 1 或者资助协议中。支付机构有责任在融资资产的剩余使用期限内每月对内部贷款进行分期偿还(利息和本金)。财务总监办公室则负责清偿外部债务。

　　a. 预算利率(Budgeted Interest Rate,简称 BIR)——用于资助支持大学学术使命的资本项目和计划而发行的票据和债券将产生利息费用和债券发行费用("利息"),大学通过项目将所有利息聚集到一个单一基金(单一利息基金)中。预算利率是对在同一个会计期(通常为学校的财政年度)内学校可用于项目贷款的计划未偿债务的所有利息相关开支(包括行政费用在内)的加权平均率。预算利率针对未偿待摊内部贷款本金余额收取。旨在资助与大学学术、非营利性使命无关的活动或旨在资助某一专用性资产的票据和债券,将被排除在预算利率的计算之外。

　　b. 课税债务溢价——若因管理决定,项目资金结构在本来能够获得免税贷款的情况下要求通过课税贷款融资,则需要征收1.5%的利息溢价。溢价将以内部贷款本金结余为基准计算,并直接从(自施工始使用的)营业账户中收取,直至完全清偿课税债务时为止。1.5%的溢价在内部分期偿还期内可作变更,并且不能被资本化。

　　c. 预期利率的例外——预期利率不对工程在建的项目征收。在工程在建期间直至基本完工之前,内部贷款的利息会被加到贷款本金结余中并转化为资本。在工程在建期间,收受的利率是由资产会计部计算的有效每月加权平均利率。本政策的目的在于将资本化的利息费用计入施工费用当中,准确形成建筑总成本,其后用于为财务申报计算折旧费。

　　d. 预算利率的计算——每年12月,或在需要进行综合资金预测时,由资产运作办公室与资本会计组合作为下一财政年度预算制定一个预算利率的预测。

　　在财政年度内,资本会计部会对实际预算利率和批准预算利率作出比较。由财务总监决定是否对实际预算利率和批准预算利率间的偏差作出临时调整。如果发生年中调整,之前月份的利息费用无须重新计算。

　　e. 内部贷款分期偿还——在资本项目基本完工、资本设备安装基本完成或是拨出项目的内部贷款后的次月里,由资本会计部确定针对内部贷款本金余额的预算利率,并收取本金分期偿还款项。贷款分期偿还的实收款项将存入循环共同资金中,用于某些内部贷款。

　　• 作为学术设施和辅助计划资产的项目将在资产或计划的资产的剩余使用期限内每月等额分期偿还贷款(还本增加,利息减少)。预算利率发生变化的,每月付款亦将据此作出调整。

　　• 服务中心固定资产和资本设备的采购将在资产剩余使用期限内按固定的本金偿还时间表分期偿还贷款(直线分期偿还)。预算利率发生变化的,每月付款亦将据此作出调整。

• 内部贷款对赠与抵押的过渡融资将针对未偿余额每月收取利息,余额将随赠与的接收而减少。预算利率发生变化的,所付利息亦将据此作出调整。如果在项目基本完工后,赠与尚未得到确认的,未有已签字的抵押协议的或是赠与不被接受的,由财务总监决定该对内部贷款负有财政责任的学院或部门是否必须执行下列操作:

(1) 立即偿还资金,或

(2) 仅仅支付该项目基本完工后头 12 个月的利息,而从第 13 个月开始,内部贷款本金结余将在 24 个月内等额分期偿还。

如果在项目基本完工后的 36 个月后确定抵押不被接受的,则内部贷款本金余额要立刻付清。

5. 分期偿还日程表

a. 分期付款——债务的分期付款自项目基本完工后的次月开始。例如,如果一个项目在 5 月份完工,则该债务的分期付款从 6 月开始。在 5 月该项目将根据 4 月的期末余额支付资本化的利息。在 6 月,该项目则根据 5 月的期末余额开始分期偿还债务。对于采购的(不包括在资本项目里的)设备,债务的分期付款自为该设备付款的次月开始。

b. 利息——预算利率将被用来计算分期付款债务的利息部分。该利率可能在财政年度内发生变化。之前月份的利息费用无须重新计算。本大学保留在必要时对预算利率作出追溯调整的权利。

c. 时间表——有两个分期付款时间表:等额付款和固定本金。

• 等额付款——学术和辅助资本项目将在融资资产的使用期内按每月等额偿还时间表分期偿还。预算利率发生变化的,分期付款亦将据此作出调整。支付的本金部分将随着时间增加,而利息部分相应减少。

• 固定本金——服务中心资本项目和所有的资本设备采购将在资产的寿命期内按固定的本金偿还时间表分期偿还。预算利率发生变化的,分期付款亦将据此作出调整。虽然利息部分将随预算利率发生波动,但是本金部分在资产的使用期内不会改变,而只按直线法收取。

6. 资产类别和资产寿命

内部贷款的分期偿还基于资本类别预计使用期限或是资产实际使用期限(比如:资产的处理或销售)的较小数者。下面是按资产类别列出的分期偿还年限(分期偿还期):

资产类别(1)	资产寿命
计算机设备	3 年
车辆	4 年
数据处理设备	5 年
科学/技术设备	5 年
标准电信设备	5 年
IT（信息技术）系统	7 年
通用设备	10 年
复杂通信设备	10 年
家具	10 年
模块化家具	10 年
工厂机器和工具	10 年
专用特殊用途建设用地	15 年
水电控制系统	15 年
雨水渠	15 年
建筑物整修，包括部件更换	20 年
公用蒸汽和冷却水分配系统	22 年
家庭用水和卫生下水道管道	30 年
新建筑物	30 年
停车场建筑和场地	30 年
公用蒸汽和冷却水生产设备	30 年
电力与信号管道	40 年
主要建筑物（水坝和水库）	40 年

这些分期偿还的期限反映了特定资产的预期使用寿命，一般亦符合大学财务报表上的应折旧年限。对于间接成本回收和财务报表来说，学术建筑物和土地的改善因其组成部分导致贬值，但对内部贷款分期偿还来说，则使用资产综合使用年限。

对于未显示的资产类别或是资产寿命与上表不符的，请联系资本会计部。

7. 资本设备融资程序

a. 项目/任务/拨款账户——部门联系资本会计部以获取最初支付采购费用的融资项目/任务/拨款账户。

b. 采购标准申请（简称 STD）——该部门完成一项采购申请。

c. 还款——内部融资本金余额按等额进行分期偿还，并加上余额的利息。自采购的发票被支付后的该月起，该笔贷款的利息开始计算。本金的分期偿还自设备采购后的次月起开始。偿债付款，包括本金和利息，将自动每月从部门（在申请中）指定的项目/任务/拨款账户中收取。

d. 报告——利息和本金的费用显示在适用项目/任务/拨款账户的支出结算单中。

e. 贷款结束——当内部贷款付清时,对部门项目/任务/拨款账户停止收费。

54 采购程序

授权 本指南备忘录由教务长批准。

概述 本指南备忘录概述了采购过程。学校鼓励大学各部门在采购过程中及早联系采购与合同办公室。采购与合同办公室的采购人可以帮助制定技术规范并提供产品说明、成本或价格预算和供应商名单。

以下各条标题为:
1. 采购系统
2. 采购安排
3. 供应商选择
4. 订购单和合同
5. 交付和接收

1. 采购系统

本大学使用甲骨文财务系统来管理其财务交易。所有的采购交易,包括采购申请、偿还请求、采购订单、发票和付款必须录入甲骨文财务系统。行政管理者通常使用甲骨文网上采购(Oracle iProcurement)系统进行申请录入和查询,使用 Reportmart 系统进行一般财务报告。该系统在本指南备忘录或其他地方简称为"甲骨文财务"。

a. 准备交易——网上交易必须由一个拥有 SUNet ID(斯坦福大学网络身份)并且有权进入在线系统的人员来准备。具有行政能力的斯坦福大学教员、职员和学生均能进入在线采购系统。

b. 批准——每项采购均以电子化的方式存储在电脑系统中并传递给指定人员,此人经授权批准产品或服务采购的账户支付。

c. 交易处理——商业交易通过甲骨文财务系统电子化处理,其中包括:向拥有签名权的人员转发或退回采购申请,以电子形式获得授权批准,向用户发送适当的通知、印刷产品和服务的文件与付款的印刷文件。

d. 个人开支:禁止以非大学利益或者非大学用途而作出的个人开支和采购。这些行为可被视为欺诈交易。采购必须以大学的用途和利益为目的,不论其是否有偿还斯坦福大学的打算。如果任何与采购相关的斯坦福大学用户进行故意欺诈或在正确使用申购和采购流程上有其他不适当行为,将被视为严重的滥用职权,并会导致纪律处分。

　　e. 入门——为帮助员工熟悉该系统,学校为员工定期提供培训。员工也可参加在线辅导。

2. 采购安排

　　a. 批准——除了部门的批准外,学院可要求院长办公室批准采购。如果需要其他部门的批准,采购申请也将自动传送到该部门。例如,资本财务批准融资采购(见指南备忘录 53 融资采购,http://adminguide.stanford.edu/53.pdf)。采购申请获得所有必需的批准后会自动地发送到采购与合同办公室。

　　b. 附件——采购申请的附件通常以电子方式附在甲骨文网上采购申请上或通过编号邮寄或传真、投递转交至波奈尔塞得路(Bonair Siding Road) 340 号的采购与合同办公室。各部门应登记附件上的请求单号,以便附件与采购申请相匹配。

3. 供应商选择

　　a. 信息来源——各部门通过在甲骨文网上采购系统查找,或联系采购与合同办公室,获取有关厂商的信息。

　　b. 征集供应商——当在线申请可在采购与合同办公室获得时,指定的采购人应与请求部门共同考虑潜在的供应商。如果书面投标、报价或建议是适当的,采购人应做好准备并向潜在的供应商询价。采购人和相关部门应根据斯坦福大学的政策来选择供应商。

　　c. 外部扶持行动——当小企业和其他目标群体可以提供满足大学需要的产品或服务时,大学应与其开展业务往来(参见指南备忘录 58 外部扶持行动,http://adminguide.stanford.edu/58.pdf)。

4. 订购单和合同

　　采购与合同办公室被授权分配正式合同的合同编号和口头与书面订单的采购订单编号。除非另有董事会授权或首席采购官授权,其他大学部门不得分配产品或服务采购合同或订单的编号。

　　订单编号充当大学记录和供应商记录之间的共同身份证明,它们在处理有关其他文件和档案时可发挥帮助作用。

　　a. 采购订单——当采购人为一项采购向特定的供应商发送了一个单一的订单时,该交易是一个订购交易。如果需要书面订单,则由采购与合同办公室准备一份并将其发送给供应商。

　　b. 合同——在下列情况中书面合同可适当地代替采购订单:

- 要求双方的工作和义务性质得到详细和特别阐述。
- 付款条款复杂,需要特殊处理。
- 正在采购的设备是不寻常的、独特的或特殊的。例子包括可能会给交易带来危险的设计、工程、测试或其他特殊因素的情形。
- 用于咨询服务。
- 用于研究。
- 可能使斯坦福大学对第三方承担责任的建造或固定装置安装。
- 用于总括订单(见指南备忘录 54.2 总括订购单,http://adminguide.stanford.edu/54_2.pdf)。
- 用于许可协议、出租和租赁(见指南备忘录 54.3 设备和房地产租赁,http://adminguide.stanford.edu/54_3.pdf)。

c. 变更——当采购的产品、服务或条款必须改变以满足学校的需要时,该部门负责发起一个在线申请以授权作出变更。大学部门应迅速处理采购变更或更改,否则可能会导致产品或服务的无法交付或供应商的拒付。

5. 交付和接收

a. 交货地点——

(1) 一般货物——大多数校园货物由供应商或托运人直接交付给订货部门。如果对交付有疑问或有特殊要求,采购与合同办公室的采购人可以建议将有关交付的适当方式、地点和条件列入订单当中。

(2) 放射性货物——放射性物质可能无法直接交付给任何部门。所有含有放射性物质的货物将运送至位于夸里路(Quarry Road)820 号的保健物理学检查站,由保健物理学检查站检查,并查对控制辐射授权号码。保健物理学检查站检查以后,进行交付或由请求的部门接收材料。

(3) 生化危害的货物——生化危害的材料可直接交付给大学的部门;但是,各部门负责确保部门代表有能力接收货物并确保在交货时能安全地处理这些货物。

b. 收到或接收证明——货物或服务的接收应录入在线系统。应付账款处使用接受交易以确定准备付款的特定发票是否合适。特殊情况下可能需要更复杂的程序。请求者应与知情的采购人、应付账款处代表一起工作以应对任何特殊的需求。

c. 加速——当收到部门或供应商通知订单需要特别注意时,比如未如期交付等,采购与合同办公室可以加速完成订单。

d. 索赔——大学部门主要负责管理装运索赔。如果采购与合同办公室参与了交易,则采购人可以根据请求,协助各部门处理索赔、退回或修理有缺陷的产品,和/或退回转运错误的产品。当损失或损害超过 1000 美元时,可联系风险管理办公室以寻求帮助。

e. 美国海关——采购人协助各部门服从美国海关填写、签署和递交免税入境的科学仪器的申请和进口有机物和生物媒介的许可证。注意：关于物流服务，采购与合同办公室使用斯坦福大学专用的报关行和首选供应商，并鼓励各大学部门也同样做。可联系采购与合同办公室获取更多信息。

54.1 付款政策

授权 本指南备忘录由教务长批准。

概述 本指南备忘录规定了斯坦福大学有关订购材料或服务而向供应商付款的政策。

以下各条标题为：
1. 运费单
2. 产品或服务的付款
3. 批准确认和收到的订单

1. 运费单

a. 要求立即付款——联邦和州的法律要求斯坦福大学在收到货物的7天内支付所有的运费账单。因此，各部门在收到货物时必须尽快将运费单发送到应付账款处。

b. 标准条款——采购部门将尽量议定目的地离岸价格（Free on Board，简称 FOB）的标准条款。这意味着，货物在斯坦福大学或其他指定目的地交付后，货物的所有权和损失风险将转移给斯坦福大学。如果这些条件不被供应商接受，采购部门应与供应商议定使供应商预付运输费用，并将其作为一个单独的费用添加在发票上。但是，如果运费不清楚且未列入发出的采购订单中，则供应商可预付运费并为运费开具单独的发票。

（1）订购单项下的运费支付——如果部门收到货物的运费发票，且该货物须用签出的订购单提取，则该部门的代表应在发票上注明订购单的号码，并将其迅速发送至应付账款处以付款。

（2）无订购单的运费支付——如果部门收到运费发票但没有发出任何订购单，则该部门应准备一个适合运费单数额的在线快速定购单或标准申请，并将该发票发送至应付账款处以付款。

2. 产品或服务的付款

应付账款处根据采购部门议定或确定的付款条款支付发票。应付账款处可酌情在支付任何发票前核实产品或服务的接收或接收产品情况。

a. 采购订单——当甲骨文财务系统标记收到货物时，应向应付账款处表明可以支付该发票。

(1) 需要核实接受和接收的货物——只有当货物的评估已经完成或货物已经被接收时,应付账款处方可对发票进行支付。(见指南备忘录 54 采购程序,http://adminguide.stanford.edu/54.pdf。)

注意:货物被接收前,部门不得在甲骨文财务系统上将该物标注为已接收货物。

(2) 资本设备和高附加值的非资本设备采购——对于价值 5000 美元或以上的资本设备和非资本设备的采购,应付账款处在支付发票前须通过甲骨文财务系统的批准。

(3) 低价值的非资本设备采购——对于超过 2500 美元的非资本设备采购,应付账款处须得到部门的批准。该批准可通过在发票上签字、通过甲骨文财务系统接收或通过电子邮件答复应付账款处的保留通知书的形式作出。

b. 总括订购单——

(1) 核查——应付账款处在收到一个列有总括订单号码的发票后,即启动对交易的支付过程。

(2) 无效交易——应付账款处将不支付任何超过总括订单总额的发票。

c. 发票和采购订单的价格差——由于某些原因,已开具发票的总额可能不同于经过批准的采购订单或服务合同的总金额。如果发票总额超过了采购文件的总金额,则应付账款处操作人员在下列情况下有权支付没有书面订单的发票金额:

- 快速采购订单下的价格差不超过 10%,并且最高支付额,包括税收但不包括运费,不得超过 2500 美元。
- 标准采购订单下的价格差不超过采购订单总金额的 10%,并且价格差总额不超过 250 美元。

d. 定期付款订单——

(1) 目的——定期付款订单授权应付账款处在某一特定时期内以固定间隔进行固定付款。这种方法对设备租赁或维护很实用,除非发生突发事件,否则其收费保持不变。

(2) 时间表——定期付款时间表由采购部门在征求请求部门和供应商意见后建立。根据定期付款订单,请求部门的责任包括:

- 核查应付账款处支付的仅为该部门收到服务或服务的有效费用。
- 出于审计目的的保留记录。

3. 批准确认和收到的订单

指南备忘录 51 规定,只有采购部门才有权为斯坦福大学进行价值 1500 美元或以上的采购。在 2006 年 1 月 15 日生效后,这一数额提高到 2500 美元。斯坦福大学和采购部门可以拒绝批准未经授权人员的采购。

只有当一项申请已经得到采购部门的处理,或者一项快速采购订单已经得到使用,此项交易才是经斯坦福大学授权的订购,才会得到一个订单号码。如果应付账款处收到没有订单号码的发票,该部门将返回此未支付的发票给发件人。

如果采购部门没有批准该交易,则采购部门应将该文件返回给部门。如果供应商就未支付发票一事联系采购部门或应付账款处,则该供应商应被告知此项交易是未经授权的业务,并且大学不负责支付。

a. 采购资本设备——未经授权而购买资本设备或构造物的部件是特别不明智的,因为存在被政府审计师否决的风险。如果某部门未经财产管理部(Department Property Administration,简称 DPA)和采购部门同意而定购了资本设备,负责人必须向财产管理部提交以下资料:

- 一份网上申请,需要正确填写并在说明或备注区域显著地标明"确认并已收到"。
- 原始发票及其一份副本。
- 一份记载价格和选择供应商的理由备忘录。
- 任何其他相关的可能会影响批准该交易的资料。

如果财产管理部批准了采购,该部门应将该文件递交给采购部门。采购部门审查该文件并确定是否处理该申请和批准交易。

b. 非资本设备采购——为请求批准一项确认并已收到的服务、货物或用品采购,部门应准备与资本采购相同的文件并将它直接提交给采购部门。

54.2 总括订购单

授权 本指南备忘录由教务长批准。

概述 本指南备忘录包含有关总括订购单的政策。

以下各条标题为:

1. 总括订购单的目的
2. 部门的总括订购单
3. 学校范围的采购合同

1. 总括订购单的目的

如果某个部门经常性地需要同一个供应商的产品或服务,采购部门可建立一个总括订购单。总括订购单建立在不同的时期,并允许该部门直接从供应商处订购。总括订购单包含订购和结算指示、价格协议及可以订购的商品或服务的说明。

2. 部门的总括订购单

a. 查账索引——订购部门负责维持一个完整的总括订购单下交易的查账索引。这包括管理和记录签发订单的主管人员及保持交易记录。

b. 让渡证书——在总括订购单下的个别让渡证书不能录入甲骨文财务系统。订购部门负责跟踪独立于在线系统的让渡证书。所有的让渡证书均须拥有总括订购单号码,且所有开具的发票还须包含总括订购单号码。

3. 学校范围的采购合同

为了生产商的利益,采购部门可决定合并商业活动。如果多个部门使用一个供应商,则采购部门可与该供应商建立一个学校范围的采购合同。

a. 让渡证书——对学校范围采购合同外的每一笔交易,不论是标准的或是快速采购订单,大学各部门应录入申请。如果申请发起人或请求人已经向供应商传达了订购单,则申请发起人应在该申请中作出标注。

b. 临时服务代理协议是在学校范围的基础之上每隔两年建立起来的。有关获批准的代理机构的消息,请联系采购部门。要获得获批准名单上的代理机构的临时服务,该部门需在线提交一个适当的申请,并提供该代理机构由此产生的采购订单号码。该代理机构应在其发票上引用该采购订单号码。发票和一份临时雇员的考勤表(在该雇员工作结束时,经该部门代表的事前批准并签署)应发送至应付账款处以便要求付款。

54.3 设备和房地产租赁

授权 本指南备忘录由教务长和负责商业事务兼财务总监的副校长批准。

概述 本指南备忘录描述的政策适用于设备和房地产租赁。资本和经营性租赁责任利用的是大学的借债能力。所有借款的使用必须遵守大学的债务政策,并须得到事先批准。经授权执行文件使斯坦福大学承担租赁义务的主体仅有:负责设备租赁的采购部主任和财务总监;负责土地、建筑物和房地产的副校长;负责房地产租赁的房地产的常务董事及教务长。相关政策参见行政指南备忘录 51 采购政策(http://adminguide.stanford.edu/51.pdf)第 1 条,托付大学资金的权力。批准、申请程序和报告要求已包括在内。

以下各条标题为:

1. 定义和术语
2. 设备租赁
3. 房地产租赁

1. 定义和术语

a. 租赁——租赁是一种合同,规定承租人在某一特定的时期内为使用一项财产(无论是设备或不动产)而承诺支付约定的现金。为实现本备忘录的目的,租赁被视为承诺为使用时间超过一年的资产支付租金,且在租期内约定的现金总额为5 000美元或更高。

资本和经营性租赁被认为是大学的长期财务责任。因此,所有新的租赁和租赁的延期,无论是设备的或房地产的,均视为利用了大学的借债能力。

b. 租费——不符合上述条件的承诺应视为无须遵守本政策的租费。

c. 融资租赁——在单个合同的基础上,如果合同租期内的所有可预见的现金支付款项,但不包括任何运输费用,大于或等于20万美元,此项设备租赁可转化为资本,但须至少满足以下标准之一:

- 在租期结束时,租赁财产的所有权转移给斯坦福大学
- 租约包含一项斯坦福大学有理由期待行使的廉价优先购置权条款
- 租期大致与租赁财产的估计使用年限相等(75%以上)
- 在租赁初期,最低租赁付款额的价值达到租赁财产公允价值的90%或更多。

融资租赁作为一项资产和一项负债,在斯坦福大学的财务报表上显示为利息和折旧费用。

d. 经营性租赁——经营性租约不符合上述第1条c款的融资租赁的定义。经营性租赁的款项在产生时支付。

2. 设备租赁

a. 审批和门槛——在租期内的总预计应付的现金款在20万美元及以上的设备租赁合同必须经财务总监批准。在租期内的总预计应付的现金款在20万美元以下的设备租赁合同可经管理者批准,但该管理者须有必要的涉及总应付现金款的支出权力。

b. 审批表格——设备租赁审批表可从财务活动的门户网站下载,参见 http://fingate.stanford.edu/staff/capitalequip/forms.html。

c. 董事会批准——总预计应付现金款在500万美元及以上的设备租赁合同,须经董事会批准。

d. 申请——预算批准后,对于租赁期内应付现金款总额,各部门必须使用斯坦福大学租赁目录在甲骨文财务系统上向采购部门提交一个在线申请。

e. 租约条款——采购部门负责设备租赁条款的谈判。设备租赁合约须经采购部主任或财务总监签署并执行。

f. 报告要求——部门的财产管理员负责在向日葵资产管理系统（Sunflower Asset Management System）上建立和维持租赁设备的财产记录。根据财产管理办公室的政策，租赁设备必须加标签并能被追踪。参见 http://ora.stanford.edu/menu_property/default.asp。

各部门在每年的 9 月 30 日必须向财务办公室提供一份所有设备租约债务的证书和清单，以协助准备大学的财务报表和财产免税申请。设备租约债务的报告表格，可从财务活动门户网站下载，参见 http://fingate.stanford.edu/staff/capitalequip/forms.html。

g. 设备归还——若部门无意购买该设备，那么给采购部门发送备忘录可视为在租约结束时归还该设备。采购部门负责通知出租方。

h. 在协议结束时的设备采购——在一项租约结束时购买设备，部门必须提交一份新的在线申请，使用标准资本设备类别并参照原有的租赁订单号码。

i. 接收设备——该部门必须检查、核实和记录租赁设备在接收时的状况。租用的设备须通过甲骨文财务系统在线接收。在收到设备的 30 天内，每项资产的记录必须录入向日葵资产管理系统。

j. 保险——斯坦福大学严格的可抵扣保险范围使得大学的保险公司不太可能支付任何损失或损害的赔偿。因此，出租人对设备的保险应包括各个方面的损害和伤害。更多信息请联系风险管理主任。

k. 更改条款——各部门必须遵守租约开始和结束的日期。在协议期限以外使用设备会产生重大的合同影响，并可能导致斯坦福大学承担额外的租金、提前终止费及其他责任。出租人的保险可能仅在指定时间内有效。要提前终止设备租赁合同，该部门必须联系采购部门指定的采购人。

i. 续签和延长——各部门必须向采购部门提交一个在线申请以延长期间或更新租约的条款。

3. 房地产租赁

a. 批准程序和门槛——所有房地产租赁合同必须作为一项资本要求包括在资本规划程序中。资本规划程序由负责土地、建筑物及房地产的副校长管理，在大学年度预算编制过程中产生。部门需要向负责土地、建筑物及房地产的副校长提交其资本计划和债务请求以获得批准。

发生在资本规划过程以外的房地产租赁合同的调查和/或谈判均须由负责土地、建筑物及房地产的副校长批准。

任何不包括在受托人批准的资本预算中的房地产租赁合同，需要单独得到下列人员批准：(1) 租期内预计应付现金款总额低于 100 万美元时，由负责土地、建筑物及房地产的副校长批准；或 (2) 预计应付现金款总额在

100万美元及以上时，由教务长批准。

b. 审批表格——房地产租赁审批表可从土地、建筑物及房地产网站下载，参见 http://lbre.stanford.edu/。

c. 董事会批准——房地产租赁合同的支付现金款总额在500万美元及以上时，须获董事会批准。

d. 申请——在预算批准后、租约条款谈判前，各部门必须向负责土地、建筑物及房地产的副校长提交一份校外租赁申请单。该申请单可从 http://lbre.stanford.edu/下载。副校长会将该申请单递至房地产部门的常务董事，以了解房地产在斯坦福大学研究园或韦尔奇道走廊（the Welch Road corridor）内的目标位置。副校长会对搜索提供建议，或指示请求者向经认可的房地产顾问了解其他目标位置。

e. 租约条款——负责土地、建筑物及房地产的副校长和/或房地产部门的常务董事将协助各部门进行租约条款的谈判。房地产租赁合同必须由负责土地、建筑物及房地产的副校长或房地产部门的常务董事执行。

标准条款外的材料必须经过法律总顾问办公室的审查和核准。

当执行租约时，各部门必须为租期内应支付现金款总额向采购部门申请一个的订购单或BU号码，以确保交易得到记录并能得到支付。

f. 报告要求——各部门在每年的9月30日必须向财务办公室和土地、建筑物及房地产部门提供一份所有房地产租约债务的证书和清单，以协助准备大学的财务报表和财产免税申请。房地产租约债务的报告表格，可从财务活动门户网站下载，参见 http://fingate.stanford.edu/staff/capitalequip/forms.html。

g. 保险——出租人对房地产租赁的保险应包括对建筑物和房屋的损害进行保险和发生在建筑物共用领域的伤害进行保险。更多信息请联系风险管理主任。

h. 更改条款——各部门必须遵守租约开始和结束的日期。在协议期限以外占用房地产会产生重大的合同影响，并有可能导致斯坦福大学承担额外的租金、提前终止费及其他负债。出租人的保险可能仅在指定时间内有效。要提前终止设备租赁合同，该部门必须联系负责土地、建筑物及房地产的副校长。

i. 续签和延长——各部门必须遵守批准的程序以延长原来合同的时间，行使包括在原始合同中的期权，或更新房地产租赁合同。

54.4 快速采购订单

授权 本指南备忘录由教务长和负责商业事务兼财务总监的副校长

批准。

概述 本指南备忘录概括了部门使用快速采购订单（Rapid Purchase Order,简称 RPO)直接购买产品或服务的政策。

以下各条标题为：

1. 采购权
2. 快速采购订单的替代性使用
3. 使用的标准
4. 利益和道德冲突
5. 外部扶持行动

1. 采购权

a. 授权——根据本指南备忘录陈述的限制，当采购总成本不足 2500 美元时，本指南备忘录授予大学部门直接从供应商处订购用品和服务（下文第 3 条 f 款注明的交易除外）的签名权。根据指南备忘录 36 授权支出，各部门可将此种权力授予那些有权批准部门开支的人（http://adminguide.stanford.edu/36.pdf),或授予给该组织选定的分部。

b. 部门职责——随着授权而来的是，部门有责任遵守所有与采购相关的大学政策和程序，并遵守所有适用于通过快速采购订单进行的商业交易的政府（州政府和联邦政府）法律和条例。各部门应了解本指南备忘录中所有与采购有关的材料。此外，作为参考的《采购手册》的副本可在采购与合同办公室获得。

c. 审计——斯坦福大学的所有交易，包括那些使用本程序的交易，均须经过内部和外部的审计员就是否有遵守良好的商业操作、制度性政策和程序以及任何适用的法律和法规等事项进行审查。

d. 采购协助——采购与合同办公室向各部门提供有关使用快速采购订单程序的咨询。如需协助，请致电购买订购商品的采购人或拨打采购信息热线，采购按 5 号键。

e. 采购体系——大学已采用甲骨文财务系统来管理其财务交易。所有的采购交易，包括采购申请、偿还请求、采购订单、发票和付款必须录入甲骨文财务系统。该系统在各指南备忘录中简称为"甲骨文财务"。

2. 快速采购订单的替代性使用

a. 校内协议（Campus Wide Agreement,简称 CWA)——部门可直接从与斯坦福大学有校内协议的供应商处订购。许多普通供应产品可使用甲骨文财务系统的目录在线订购。

b. 采购卡——部门可使用斯坦福大学采购卡来购买产品。该卡允许斯坦福大学员工从大多数能接受万事达信用卡付款的供应商处采购。更多信息,参见指南备忘录 54.5 采购卡,http://adminguide.stanford.edu/54_5.pdf。

c. 标准采购申请——部门可以选择向采购与合同办公室提交一份标准采购申请,而无须使用快速采购订单。

d. 内部来源——从斯坦福大学服务部门获得的商品或服务可提供比其他外部供应商更具优势的价格和运送。

3. 使用的标准

a. 基本准则——当订单总额(包括税收但不包括运费)少于 2500 美元时,部门可直接向供应商发一个产品或服务的快速采购订单。

b. 总括订购单——采购部门不建议各部门续签总括订购单或维持每年总额在 2500 美元以下的协议,建议用快速采购订单来代替。如果某个部门打算每年从同一供应商处进行多次采购,则该部门应咨询采购与合同办公室有关与该供应商建立一个总括订购单的可行性(参见指南备忘录 54.2 总括订购单,http://adminguide.stanford.edu/54_2.pdf)。

c. 构造物组成部分——一个包括构造物数量的快速采购订单可以用于采购 2500 美元以下的构造物组成部分。

d. 化学药品——化学药品和压缩气体可通过使用快速采购订单来采购,但该采购的化学药品在快速采购订单上应是完全认可的。从甲骨文财务系统获得的化学药品使用数据用于政府机构要求的报告。

e. 不可行的使用——尽管指南备忘录的目的并非是要对快速采购订单的使用施加过度限制,但在某些领域它的使用是不可行的,并且有些供应商也不接受直接部门的订单。这些领域包括:

- 使用校内协议能直接向供应商发订单的情况。
- 订单是大型项目的一部分,其中的价格和库存数量复杂且需要特殊处理。对于这些采购,使用在线标准申请。

f. 不被允许的使用——由于某些材料和服务的特殊性质,快速采购程序并不适用于以下情况:

- 与房地产或建筑有关的合同、租约和交易。
- 生物危害、有毒气体(包括供研究的毒气瓶)、枪支、爆炸物以及放射性物质。
- 受控物质,包括麻醉药、毒品和酒精。
- 与斯坦福大学有关的、出于商业目的的可偿的及个人的开支,包括差旅费、注册费,以及其他付现的费用;参见指南备忘录 36.4 费用报销(http://adminguide.stanford.edu/36_4.pdf)和指南备忘录 36.7 出差费用(http://adminguide.stanford.edu/36_7.pdf)。

• 若一项交易作为一个整体超过2500美元(不包括运费)时,部分交易不适用快速采购程序。

  g. 个人开支:禁止以非大学利益作出的或者非大学用途而作出的个人开支和采购。这些行为可视为欺诈性交易。采购必须以大学的用途和利益为目的,不论其是否有偿还斯坦福大学的打算。任何与采购相关的斯坦福采购卡的使用者在正确使用采购卡和采购过程中进行故意欺诈或有其他不适当的行为,将被视为严重的滥用职权并会导致纪律处分。

  4. 利益和道德冲突

  所有的采购活动必须符合《大学行为准则》(参见指南备忘录1,http://adminguide.stanford.edu/1.pdf)、有关义务和利益冲突的员工政策(指南备忘录15.2,http://adminguide.stanford.edu/15_2.pdf)和有关义务和利益冲突的教员政策(《研究政策手册》4.1,http://www.stanford.edu/dept/DoR/rph/4-1.html)。有关雇员及供应商的任何已知的或明显违反这些政策的行为,均须按照这些政策的要求立即报告。

  5. 外部扶持行动

  a. 部门责任——大学可致力于与小企业和其他目标群体间的业务往来。各部门应寻求并利用那些能提供它们需要的小企业,不论是否由政府提供资金来源。

  b. 根据《公法》第95—507条规定——如果一个部门在联邦政府赞助的合同下发出一个50万美元以上的订单,则该交易适用《公法》第95—507条(第一章,1958年小型企业法案修正案)。此种斯坦福大学与政府间的合同通常包含分包计划,该计划使大学有责任向小型和少数族裔拥有的企业发订单、向政府报告所有采购的供应商的规模,保持某些记录,并在审计的时候与小企业管理局合作。

  欲了解更多信息,参见指南备忘录58外部扶持行动(http://adminguide.stanford.edu/58.pdf),或致电采购求助热线,采购按5号键。

  c. 报告——采购与合同办公室就分包计划合同的开支向政府提交定期报告。由于采购不处理快速采购订单,各部门负责记录搜索的工作以及保持有关交易的所有记录。

54.5 采购卡

  授权 本指南备忘录由教务长和负责商业事务兼财务总监的副校长批准。

  概述 本指南备忘录包含部门使用采购卡直接购买商品或服务的政策。采购卡是个人代表斯坦福大学的利益进行采购的一种工具,这是斯坦福大学的财务责任。采购卡分为两种:个人采购卡和部门采购卡。个人采购卡发给特定的人。部门采购卡发给部门并指定一个保管人。对这两种类型的采购卡的政策是相同的,有特别注明的除外。

以下各条标题为:

1. 采购权
2. 使用的标准
3. 责任
4. 采购卡的替代性使用

1. 采购权

a. 授权——根据本指南备忘录陈述的限制,当采购的总成本不足2500美元时,首席采购官员授予大学各部门直接使用采购卡从供应商处订购用品和服务(下文2.b.标明的交易除外)的签名权。根据指南备忘录36授权支出,各部门可将这种权力授予那些有权批准部门开支的人(http://admin-guide.stanford.edu/36.pdf),或授予该组织选定的分部。

b. 部门职责——随着授权而来的是,部门有责任遵守所有与采购相关的大学政策和程序,并遵守所有适用于通过采购卡进行的商业交易的(州和联邦)政府法律和条例。各部门也有责任保留所有收据,并在要求的时候能够提供采购卡交易的收据。

c. 审计——所有斯坦福大学的交易,包括那些使用本程序的交易,均需经过财务办公室,以及内部和外部审计员就是否有遵守良好的商业操作、制度性政策和程序以及任何适用的法律和法规等事项进行审查。

d. 协助——部门可就申请程序、培训和采购卡的使用等问题咨询采购卡管理员。更多信息,可拨打电话723-9772联系采购卡管理员或访问采购卡网站http://fingate.stanford.edu/staff/buypaying/about_PCard.html。

2. 使用的标准

a. 基本准则——斯坦福大学教学人员、职工和学生雇员均有资格获得采购卡或部门采购卡,条件是他们:

- 获得其上司和部门财务或预算官员的支持和批准
- 经过简短的培训
- 遵守采购卡计划的政策和程序(见采购卡网站http://fingate.stanford.edu/staff/buypaying/about_PCard.html)
- 遵守其学院或本部门的业务部门规定和支持的其他指导方针。

b. 不被允许的使用——由于税收报告、库存和监管要求,简单来说,采购卡不能用于下列情况:

- 个人开支：禁止以非大学利益或者以非大学用途作出的个人开支和采购。这些行为可视为欺诈性交易。购买必须以大学的用途和利益为目的，不论是否有偿还斯坦福大学的打算。任何与采购相关的斯坦福采购卡的使用者，在正确使用采购卡和采购过程中进行故意欺诈或其他不适当的行为，将被视为严重的滥用职权，并会导致纪律处分。
- 构造物：构造物是一个独特的项目，不能通过现货供应来采购，具有超过一年的使用寿命、由不同部分组合而成，其累计成本在 5000 美元或以上。上报为构造物的物品，其组成部分不应通过采购卡采购。

注意：组建一个计算机系统不符合一个构造物的定义，因为计算机系统不是独特的。

- 危险材料：根据联邦、州和大学条例的界定，危险材料包括化学品、压缩气体、放射性材料、核苷酸，多肽、生长介质、受控物质、限制酶及生物有机体。
- 旅游：旅游费用包括旅游时的机票、酒店费用、汽车租金、饮食、电话费。这些费用仍然可以使用旅行卡支付。更多信息，可参见指南备忘录 36.7 出差费用。
- 学生会议注册
- 现金垫款
- 动物实验：欲了解更多信息，拨打 3-3876 联系比较医学部门。
- 所有价值 2500 美元以上的采购，除非经学院和部门的助理财务主管的特别授权。

3. 责任

a. 采购卡持有人的责任——采购卡持卡人作为斯坦福大学的采购代理人，由其部门向其发放采购卡。持卡人不应出借或共用他们的采购卡。他们必须保证采购卡的安全和保密。有关持卡人责任的详细介绍可参看 http://fingate.stanford.edu/staff/buypaying/about_PCard.html。

b. 核查员的责任——采购卡的核查员有责任审查每笔交易，包括一个完整的和准确的商业目的、一个适当的付款的账户，完成所有需要核查的领域，并及时地递交给适当的审批者。持卡人可以核查自己的交易，但必须将交易递交给审批者。审批者管理付款账户，不直接或间接向持卡人报告，并且不是交易受益人。有关核查员责任的详细介绍可参看 http://fingate.stanford.edu/staff/buypaying/about_PCard.html。

c. 保管人责任——部门采购卡发给每一个部门并指定一个保管人。在采购卡申请上必须标明保管人。保管人负责将采购卡分配到指定的个人、跟踪卡的使用和位置，并必须确保该卡的存放安全。保管人可以不是审批者,但必须向对付款账户有财务决定权的人递交所有的交易,保管人不向进行采购的或代表别人利益进行采购的个人(受益人)报告。有关保管人责任的详细介绍可参看 http://fingate.stanford.edu/staff/buypaying/about_PCard.html。

d. 审批者责任——采购卡审批者有责任审查交易以确保费用适当并符合大学政策和采购卡政策,他应当及时批准交易。审批者可以是核查员以外的人,且不能向作出购买的人或从购买/交易中获益的人报告。注意——审批者不应是其批准的商务餐的出席者。有关审批者责任的详细介绍可参看 http://fingate.stanford.edu/staff/buypaying/quick_steps/approve_pcard_verifi.html。

e. 学院和部门管理者的责任——管理者负责批准谁可以成为持卡人、核查员和/或保管人。此外,管理者还负责宣传当地的商业规则并监督采购卡交易,以确保遵守采购卡项目政策和本部门的商业规则。其他有关学院和部门管理者对采购卡交易监测的责任、手段的信息可参看 http://fingate.stanford.edu/staff/buypaying/about_PCard.html。

f. 财务办公室的责任——为了补充(而不是取代)大学管理者的基本审查责任,财务办公室以抽样的方式审查采购卡和部门采购卡的交易。如果发现不正确或不当的费用,财务办公室须指示对该费用负责的人纠正错误。如有必要,财务办公室可纠正部门的错误,并向该部门提供财务分录的副本。如果发生重大或重复性错误,则可以要求额外培训或撤销采购卡。

4. 采购卡的替代性使用

有多种物品采购的方式。为了选择最有效和最合算的采购方式,请参考决策图表:http://fingate.stanford.edu/staff/buypaying/determine_purchase.html。

54.6 向斯坦福大学出借设备

授权 本指南备忘录由教务长和负责商业事务兼财务总监的副校长批准。

概述 本备忘录描述了适用于设备借用的政策。只有采购部门和财务总监有权执行使斯坦福大学承担借用义务的文件。

以下各条标题为:

1. 定义和术语
2. 申请
3. 接收和记录
4. 保险责任范围

5. 条款变更

6. 归还设备

1. 定义和术语

a. 设备借用——当斯坦福大学免费使用设备时,借用就会发生。例如:制造商会向斯坦福大学提供需要在正常条件下进行测试的实验或标准设备。即使不涉及支付问题,但其他责任问题,如保险责任范围和修理费用,均需要囊括在由采购部门协商、签署并执行的借用协议当中。

b. 赞助商提供的财产——赞助商提供的财产是一项来自赞助商的财产出借,在现有的赞助协议或托管协议的条款和条件下进行管理。资产管理部门与赞助研究项目办公室负责保证协议的条款和条件得到遵守。更多有关赞助商提供的财产之信息可登录 http://www.stanford.edu/dept/ORA/upai/toc.html 参看第二章:采购、向斯坦福大学出借财产。

c. 租赁——关于设备租赁的政策,参见指南备忘录 54.3 设备与房地产租赁,http://adminguide.stanford.edu/54_3.pdf。

2. 申请

a. 启动借用——根据部门的批准,各部门必须在甲骨文财务系统中使用标准资本设备种类,提交在线的采购请求。提交所有的协议表格和文件给采购部门。

b. 协议完成后的设备采购——为了在借用结束时购买设备,部门必须提交一份新的在线请求,使用标准资本设备种类并提交初始订单号码。

3. 接收和记录

在收到设备时,部门必须进行检查、核实和记录借用设备的条件。和采购的设备一样,借用的设备也需要通过甲骨文财务系统进行在线接收。

资产管理部门负责建立和维护向日葵资产管理系统中的设备借用的财产记录。借用的设备必须在收到的 30 天之内依据财产管理办公室的政策(http://www.stanford.edu/dept/ORA/upai/toc.html)贴上标签以便追踪。

4. 保险责任范围

斯坦福大学的目标是让出借人的保险覆盖与出借设备相关的各方面损害和伤害。如果有任何关于斯坦福大学承担借用责任或关于所提供的保险项目方面的问题,可联系风险管理办公室主任或采购部主任。

如果出借者不提供保险,须在申请中注明。

5. 条款变更

各部门必须注意到借用的起始日和结束日。在协议期限外使用物品将产生重大的合同影响,并有可能使斯坦福大学负担租赁费用、提前终止费用以及其他责任。贷款人的保险可能仅在指定的时期内有效。

6. 归还设备

在借用结束时,若部门无意购买该设备,那么发给采购部门指定采购人的备忘录或者邮件可视为归还设备。采购部会通知出借人。

如果要提前终止借用设备,该部门必须联系采购部的指定采购人。如果要延长期限或者更新借用条款,则需向采购部门进行在线申请。

56 剩余资产销售

授权 本指南备忘录由负责科研管理的副校长助理批准。

概述 本指南备忘录包括大学剩余财产的出售。

以下各条标题为:

1. 销售权
2. 营业税
3. 基本销售政策
4. 需要特别注意的销售

1. 销售权

a. 剩余资产销售办公室——剩余资产销售办公室(Surplus Property Sales Office,简称 SPS)在尽可能在以最优惠的价格销售大学资产的同时,确保负责处理多余的资产并促进全校的可持续发展计划。董事会仅授权剩余资产销售办公室执行这项职责(1983年9月13日第3号决议)。因此,唯一有权向非斯坦福大学实体出售个人有形资产(以下简称为"资产")的单位是剩余资产销售办公室。

本文件的财产是指资本和非资本资产,包括但不限于设备及其配件、家具、车辆或用品。

b. 大学部门——部门可将财产转让给其他部门,可以以免费的方式或以该部门账户贷款的方式。可在"再利用"网站 http://reuse.stanford.edu 上方便浏览和发布跨部门间的物品转移。

转移和接收部门必须将给物品转移一事通知资产管理部门(Department Property Administration,简称 DPA)和财产服务代表(Property Service Representative,简称 PSR)。转移程序参见《财产手册》(http://ora.stanford.edu/ora/pmo/manual/default.asp)。

各部门不得随意向包括斯坦福大学员工和学生在内的个人,或者向包括非营利实体在内的非斯坦福大学实体给予、出售或捐赠资产。如果某个部门安排采购者去采购资产,则销售金额必须得到剩余资产销售办公室的批准和确定,并且这项交易也必须经由剩余资产销售办公室进行。采购人的支票必须能够支付斯坦福大学的剩余资产销售额,包括营业税,并必须交付给剩余资产销售办公室作为押金。欲获取更多有关大学财产捐赠的相关政策,请联系财产管理办公室,http://ora.stanford.edu/ora/pmo/default.asp。

2. 营业税

• 大学部门间的转移——由于物品所有权仍然属于斯坦福大学,所以大学部门间的资产转移无需缴纳销售税。

• 出售或转移给相关组织——当大学把财产转让给一个附属组织时,需要注意的是,该附属组织并不是大学的组成部分,因此须缴纳销售税。

• 销售给个人和外部组织——须缴纳销售税。

3. 基本销售政策

a. 申请表格和程序——

(1) 资本设备——各部门须把剩余资产通知其资产管理部门。资产管理部门通过在向日葵数据库中录入剩余财产请求来启动销售。

(2) 非资本财产——各部门须把剩余资产通知其资产管理部门。资产管理部门通过在向日葵数据库中录入非条码的剩余财产请求来启动销售。下面其他的程序对资本财产和非资本财产是相同的。《财产手册》包含了详细的信息,详见 http://ora.stanford.edu/ora/pmo/manual/default.asp。向日葵资产管理系统的用户指南参见 http://ora.stanford.edu/ora/pmo/dpa_resources/sunflower_guide.asp。

b. 销售佣金——出于抵消管理费用的目的,剩余资产销售办公室在剩余资产销售办公室费用结构的基础上将保留一定比例的销售费用。作为斯坦福大学预算过程的一部分,剩余资产销售办公室的费用结构每年必须经过审查和批准。更多细节参见 http://surplus.stanford.edu。

c. 销售费用——和项目销售相关的所有费用必须在销售收入中扣除,若销售没有发生,则由部门承担。销售费用,可能包括但不限于:广告费用、佣金或拍卖费、检查费用、登记费用、车辆燃油费和修理费以及运输和处置费用。

d. 评估——任何评估费用将从出售所得中扣除,若没有发生销售,则由该部门支付。

e. 收益——大学财产(包括馈赠给大学部门的个人财产、剩余物品、废料和抢救出的财物)的销售收益均归属于大学。销售收益净额通常计入资产管理部门在剩余财产申请中提供的财务账户中。

f. 财产提取——剩余资产销售办公室提供免费的提取物品,但该物品须由两个劳动力在半小时内完成装载。当收到剩余财产申请时，财产提取会自动进行安排。部门不需要采取进一步行动。对于大件物品和大体积物品，部门应安排将这些物品交付给剩余资产销售办公室。各部门可以通过访问 http://facilities.stanford.edu/work.html(其内部资源或外部供应商)来选择使用设在设施运营部门的劳动商店(the Labor Shop in Facilities Operations)。所有交付给剩余资产销售办公室仓库的物品必须事先与剩余资产销售办公室的员工协调并且必须附有已经完成了的剩余财产请求。

　　g. 交付——买方负责拆除和运送他们所购买的物品。

　　h. 销售记录——在财产被出售以后，剩余资产销售办公室出具一份卖据给购买者并由剩余资产销售办公室保留一份副本。直到款项已经支付并且在卖据发出后，买方才能拥有设备。剩余资产销售办公室保留所有的销售交易记录，并向科研管理办公室提供简要报告。

　　i. 设备清单更新——剩余资产销售办公室保留所有已被出售、报废或退回该部门的财产的所有记录。销售交易将被记录并呈报给财产管理办公室。

　　j. 被拒绝的财产——若剩余资产销售办公室认定在目前的状况下财产不适合在市场上销售并且整修工作也是不可取的，则剩余资产销售办公室可拒绝这项设备，请求部门必须依据《财产手册》中描述的处理方法处置这项财产。

　　k. 无销路的财产——如果物品在无法销售的情况下被剩余资产销售办公室接受，那么收取的运输费用以及处置费用可要求该部门支付。

　　4. 需要特别注意的销售

　　a. 用政府基金或者其他赞助金购买的财产——在处理任何剩余财产的申请之前，资产管理部门必须核准有形动产和构造物的所有权及处置说明。关于财产所有权的进一步信息，参见《财产手册》，http://ora.stanford.edu/ora/pmo/manual/default.asp。

　　(1) 政府资助，以斯坦福大学命名的资本设备——如果该设备已不再为原来项目所需要，在某些情况下，它可能被借用或转移到另一个工程项目中。进一步的指导和文件说明请联络各自的财产服务代表，参见 http://ora.stanford.edu/ora/pmo/psr/default.asp。

　　(2) 政府或其他赞助者所拥有的设备——在处置或出售设备之前需要得到赞助者授权。在所有的赞助者拥有设备的出售交易中，资产管理部门需要和财产管理办公室合作。进一步的指示请联络各自的物业服务代表取得。参见 http://ora.stanford.edu/ora/pmo/psr/default.asp。

　　b. 捐赠的设备——美国国税局的要求可能限制或禁止捐赠设备的销

售。参见指南备忘录 42.2 捐赠设备记录，http://adminguide.stanford.edu/42_2.pdf,以获取更多信息。

  c. 危险设备——

  （1）污染风险——对于可能受到污染的财产，该部门在提交向日葵剩余财产申请之前，必须联系环境健康与安全部门（Department of Environmental Health & Safety,简称 EH&S),它可以在清洗设备的问题上提供帮助和建议。必须要消毒的项目清单参见 http://www.stanford.edu/dept/EHS/prod/。

  在提交或者转交给剩余资产销售办公室之前，需要消毒的物品必须附带一份给受让单位的确认消毒的信函。

  （2）潜在伤害——若在浏览剩余资产销售办公室的存货清单时发现某项财产可能对人造成伤害，则该部门必须在剩余财产申请中进行陈述，并在设备上贴上警示说明。剩余资产销售办公室应和该部门讨论该项设备是否应在该部门中继续保留，因此只有熟悉这项设备的人才能处理它。

  （3）政府的安全标准——如果一台设备不符合相应的政府安全标准，该部门必须在剩余财产申请中注明。

  d. 软件和敏感数据——在设备送往剩余资产销售办公室待售之前，销售部门必须采取措施永久移除计算机内或计算机外部设备中的大学授权软件或斯坦福大学的专有信息。数据销毁资料可联系财产管理办公室获取，完整的有关数据危害的大学政策的说明，可访问 http://www.stanford.edu/group/security/securecomputing/data_destruction_guidelines.html 获取。应特别注意已经许可的应用软件，以确保涉及该项销售或转让的许可协议得到遵守。

57 特有交易

57.1 书籍、期刊和会费

  授权 本指南备忘录由教务长批准。

  概述 本指南描述了从斯坦福大学书店或直接从出版商采购的政策。

    以下各条标题为：

    1. 斯坦福大学书店的采购

    2. 书籍、报刊订阅和会费的直接订单

    3. 现金采购的退款

1. 斯坦福大学书店的采购

a. 斯坦福大学书店——各部门用采购卡、快速采购或者标准采购订单从书店订购图书和商品。

b. 非书店库存图书——当图书没有现货时,书店将从图书批发商或出版商处预订。图书将直接从批发商或出版商处运送到有关部门。

c. 用经费或合同基金采购——当经费或合同基金用于购买图书时,购买部门有责任确保所要求的采购由该资金来源授权。在某些情况下,低成本的物品,如计算器在经费或合同基金中通常作为一般用途的设备,未经资金来源提供者的事先批准不得进行采购。欲了解更多信息请联系赞助研究项目办公室。

2. 书籍、报刊订阅和会费的直接订单

书籍、报刊订阅费和会费的直接订单应通过使用甲骨文财务系统,依据会费和订阅分类标准进行处理。

3. 现金采购的退款

a. 要求报销——如果当前物品受到零用美元现金的限制,则私人的书籍、订阅或与订阅有关的会费的支出可通过零用现金进行报销。所有其他的报销要求必须使用甲骨文财务系统中相应的补偿分类进行。

b. 所需的收据——个人负责提供原始收据,以提供付款报销要求的证明。如果供应商没有提供收据,则银行交易后的个人支票的副本可作为收据。

57.2 学校车辆

授权 本指南备忘录由负责商业事务兼财务总监的副校长和负责土地、建筑和房地产的副校长批准。

概述 下列机动车辆的采购和所有权的行政程序应得到遵守,以符合董事会的适用政策。

以下各条标题为:

1. 学校车队的使用
2. 行政职能
3. 采购的方式
4. 车辆的编号和登记
5. 保险
6. 更换现有车队的车辆
7. 车辆的添加
8. 采购职责

9. 库存职责

1. 学校车队的使用

本大学拥有的机动车辆、船只、高尔夫球车类的车辆以及拖车均是大学车队财产的一部分。大学车辆供大学员工的公务使用。禁止私人使用大学的机动车辆、船只和拖车。更多信息可参见指南备忘录 28.7 车辆使用,http://adminguide.stanford.edu/28_7.pdf。有关高尔夫球车类车辆的信息,可参见指南备忘录 28.8 高尔夫球车类型车辆的购置及使用,http://adminguide.stanford.edu/28_8.pdf。

2. 行政职能

a. 部门责任——使用车辆的部门负责以下方面的车队管理事务:
- 确保机动车正常运行、维修和养护。
- 维持向日葵资产系统的库存记录。
- 向设施运营处提供机动车当前信息,以便设施运营处在其维护管理记录保持系统中跟进该信息(见下文第 2 条 b 款)。

b. 车队车库处——车队车库处的监管人员负责以下方面的车队管理事务:
- 协助制定车辆采购申请的规范(见下文第 8 条)。
- 协助处理车辆程序(见下文第 6 条 c 款)。
- 如果需要车辆,则应办理机动车部门车辆登记证明。
- 监督车辆的维修,可在车队车库处或在其他服务供应商处进行(若服务不在车队车库处进行,则该部门须获得车队车库处监管人员的批准)。

设施运营处利用其维护管理纪录保持系统保持大学车队的准确记录,以便:
- 维修及保养调度和结算
- 收取燃料、维修、保险和机动车驾驶管理处费用
- 维护检修计划

c. 采购部门——在收到一个部门的申请书时,采购部门就车辆的采购订单和采购问题展开协商。

d. 风险管理办公室门——风险管理主任负责处理一切保险调查事宜。

3. 采购的方式

本大学的任何一个部门可通过下列方式来采购新车辆或二手车辆。

a. 用大学资金采购——可使用定期预算一般资金来购买车辆,与购买任何固定设备一样。如果通过大学资金进行购买,大学政策要求在该车辆的使用期内分期偿还购买该项车辆的价款。财务办公室的资金预算和财务部门能提供融资的信息。参见指南备忘录 53 融资采购,http://adminguide.stanford.edu/53.pdf。本指南备忘录第 8 条描述了车辆常规购买方式。

b. 用政府资金采购——通常,如果通过美国政府的合同或拨款提供的资金来购买车辆,则要适用第 8 条的程序。通常以政府机构的名义提供的资金,由董事会负责处理。但是,斯坦福线性加速器中心国家加速器实验室运营的车辆,遵守独立的美国能源部的条例。

c. 通过赠与获得——有时候机动车会被捐赠给本校。同样需要制作记录和报告,并适用本指南备忘录的规定。

d. 通过剩余财产销售市场采购——也可以通过剩余财产销售市场来采购车辆,替换或增添车辆的程序应该遵照下面第 6 条和第 7 条的规定。如果一个部门计划通过剩余财产销售市场购买大学车辆,则该部门应注意其准备购买而其他部门没有考虑到的车辆是否值得购买。该部门应该向车队车库处的监管人员和先前具有所有权的部门咨询车辆的状况信息。在通过剩余财产销售市场购买车辆前,该部门应该取得车队车库处的监管人员的同意。

e. 转移——部门之间或之内的转移由相关的部门自行处理。与转移其他类型的设备一样,该相关部门必须告知大学财产管理处,并遵守《财产管理手册》设定的程序(http://www.stanford.edu/dept/ORA/upai/toc.html)。此外,在转移以前,应书面通知车队车库处监管人员以确定适当的价格(账目)。若最初是通过贷款购买的车辆,则必须向财务办公室的资金预算和财务部告知该车辆所有权的变更。它们将进行必要变更以确保相应部门承担余下贷款还款。

4. 车辆的编号和登记

无论选用哪种采购方式,每一辆大学车辆均将得到一个车队的编号,并以斯坦福大学董事会的名义进行登记。若车辆从一个部门转移到另一部门,则该编号不变。若该车被出售,则其编号撤销。若部门通过剩余财产销售市场购买车辆,则应将该车辆送回车队车库处附上本大学的徽记并重新粘贴旧的车辆编号。

5. 保险

本大学为所有车队车辆购买公共责任险,包括那些以政府机构命名的车辆,由董事会负责(参见指南备忘录 28.7 车辆使用,http://adminguide.stanford.edu/28_7.pdf)。本大学拥有的全部车辆均在财政年度始期(9 月 1 日)投保,相关部门负担保险费用。

6. 更换现有车队的车辆

a. 更换日程安排——作为一般性指南,当一辆机动车的使用达到 5 年或行驶达60000英里时,应考虑更换。包括卡车和货车在内的低里程车辆应保留一个较长的使用期限。

b. 更换申请的批准——当一个部门申请更换车辆时,该购买申请须经相应的院长、部门领导或其他经授权的签名人签署批准(参见指南备忘录36授权支出,http://adminguide.stanford.edu/36.pdf)。

c. 被更换车辆的处理——当更换的车辆被接受时,车辆使用部门必须将退役车辆移送到车队车库处。有关部门通过向日葵资产系统启动必要处理请求并获得处理该车辆的恰当批准,提交一份向日葵多余资产请求复印件,然后将车辆送至设施运营处以便去掉大学标记。设施运营处将来自大学车队的车辆回收并将其送到剩余财产销售市场进行出售。出售收益相当于回收的资金,将记入本校用于采购的账户中。从该销售获得的任何收入应记入新购买车辆的购买价款之中,没有更换该车辆时则应记入该部门的账户中。若该车最初是通过贷款购买的,则必须向财务办公室的资金预算和财务部告知该车辆所有权的变更。它们将进行必要变更以确保剩余贷款得到适当偿还。

7. 车辆的添加

一个部门可以依据其职权增加其需要的车辆。在更换车辆时,购买申请必须经相应的院长、部门领导或其他经授权的签名人签署。

8. 采购职责

采购请求部门、车队车库处的监管人员、财务办公室和采购部门均参加机动车的采购,包括高尔夫手推车类型的车辆。采购的程序是:

a. 车队车库处的监管人员——提供有关机械规格的建议并通过使用大学价格谈判清单提供成本估价。在车辆交付过程中,监管人员应检查车辆以确保其符合规格,并应分配一个斯坦福大学车队的编号以及指挥油漆车间在该车上喷涂斯坦福大学的标记。

b. 采购请求部门——审查资本设备的存货清单,准备一份在线申请书并向采购部门提出规格和估价(参见上述a款)。车队车库处的监管人员应列为供参考的人员写在采购申请的电子传阅名单上。

c. 财务办公室——管理大学财务。

d. 采购部门——提供供应商名单,对价格、条款和交付进行谈判,以及在车队车库处的监管人员审查规格后购买车辆。

9. 库存职责

任何部门采购的每一部车辆在使用前均须交付车队车库处制作库存目录并分配斯坦福大学车辆编号。车队车库处的监管人员负责在每辆车上标记一个代表斯坦福大学财产的标注。该部门负责将必要的资料输入向日葵资产系统中。

58 外部扶持行动

授权 本指南备忘录由教务长批准。

概述 本政策声明支持以增加少数族裔、妇女和残疾人以及他们拥有的企业参与到本大学商业活动带来的经济机遇中的机会为目的的计划。

以下各条标题为：
1. 斯坦福大学政策
2. 联邦合同
3. 商业信息资源

1. 斯坦福大学政策

斯坦福大学有责任显著增加少数族裔、妇女和残疾人参与到本大学商业活动之中的机会。

a. 目的——本政策声明支持加强斯坦福外部反歧视行动的长期计划。该计划旨在通过明智利用大学的财政和其他资源为小企业和关注对象（少数族裔、妇女和残疾人）拥有的企业参与到大学商业活动带来的经济机遇中提供更多机会，以促进大学的多样性。

b. 范围——正如联邦政府界定的一样，本政策所涵盖的阶层包括亚洲人、黑人、拉美裔或西班牙裔美国人、印第安人、所有种族/族裔背景下的妇女、伤残或身体有残疾的人、退伍老兵以及其他需要关注的目标人群。

c. 实施——校长和教务长负责该政策的宣传，但其执行的责任则在各副校长、学院院长、主要机构和中心的领导、斯坦福管理公司的首席执行官以及上述组织以外的其他组织的领导。

2. 联邦合同

《公法》第 95—507 条及《行政命令》第 12138 条均鼓励从联邦机构获得合同的机构与小企业及其他关注对象（不论规模大小）进行商业活动。根据这些法律，本大学的责任在文件《小企业、由在社会和经济处境不利的个人拥有或控制的小企业，以及妇女拥有的企业的利用》中有详细的规定，该文件刊登在《采购手册》中。特定情况实施的具体问题应联系赞助项目研究办公室。

a. 定义——
- "在社会上处于不利地位的人是指那些因其作为一个社会群体一员

的身份(不论其个人素质如何)而受到种族或民族偏见或文化偏见的人。个人的社会弱势必须源于他们无法控制的情况。"参见 13 CFR 124.1-1(c)(3)(i)。

- "在经济上处于不利地位的人是指那些与处于同一业务和竞争市场的其他竞争相比,由于缺少资本和信贷机会而削弱了参与自由企业制度的竞争能力的社会处境不利的人。"参见 13 CFR 124.1-1(c)(4)(i)。

小企业管理局(Small Business Administration,简称 SBA)界定了这些团体的成员。更新的列表可在网上获得:http://www.sba.gov/library/cfrs/13cfr124.pdf。

- 分包合同:"联邦政府作为总承包商或分包商缔结的有关履行原合同或分包合同所需的供应或服务的任何协议(涉及雇主与雇员之间关系的协议除外)。"——联邦政府采购政策办公室第 80-2 条款。

根据这一定义,分包是指每一个分包订单和协议,以及诸如旅行费等的其他费用。

b. 受影响的合同——

(1) 价值在 25000 美元和 499999 美元之间的合同——价值在 2.5 万美元以上的政府合同要求大学有项目能确保小企业和为少数族裔所有的企业拥有商业机会。斯坦福大学的外部扶持行动计划符合这一要求。

(2) 价值在 50 万美元及以上的合同——价值在 50 万美元及以上的合同,必须制定和实施一项具体的计划。中小企业联络官(斯坦福大学指定的大学官员)监督该计划的运作。本大学负责建立分包企业的比率目标(表示为一个总分包金额的比例),以奖励小供应商和处于不利地位的供应商。有关特定机构要求的比率目标的帮助或信息,请联系研究管理办公室(Office of Research Administration,简称 ORA)。

c. 程序——

(1) 准备分包计划——当从一个机构得到分包计划的请求时,研究项目管理办公室应通知有关部门和采购部门。采购部门和有关部门召开会议审议产品和服务领域的分包机会,并在此基础上审查、确定该计划的合理目标。采购部门向研究管理办公室提交计划所需数据。然后采购部门编写分包计划,并将它提交给政府机构。

(2) 供应商搜索——在提交请求前,部门必须调查小的和处于不利地位的企业的可能性。要求采购部门进一步搜寻的部门应在请求的"备注"栏中进行这样的说明,并应附上文件说明该部门的搜寻工作及其成果。

(3) 报告——联邦政府要求定期报告设置在合同中的原始分包计划目标的进展情况。采购部门准备每项合同的采购报告,并通知有关部门各项目标的进展情况。

3. 商业信息资源

a. 企业名录——为了帮助各部门，采购部门持有小型企业名录和其他资源。所有名录均是按商品索引的。可联系采购部门获得更多信息和副本。

b. 在线获取供应商信息——关于供应商的规模、所有权状况和提供的产品的在线信息均提供给甲骨文财务系统的有关部门。采购的买家也可协助提供需求的资料。

c. 小型企业管理局的中央控制系统（Central Control Room，简称 CCR System）——小型企业管理局已经建立了一个计算机化的、小企业商品索引数据库。更多信息请联系采购部门。在金融活动的网站中采购部门保留了链接到该问题和其他资源的路径。参见 http://fingate.stanford.edu/staff/buypaying/index.html。

第六章　计算机

61　行政计算机系统

授权　本指南备忘录由负责商业事务兼财务总监的副校长批准。

政策声明　在斯坦福大学的每个行政计算机系统必须具有一个指定的业务所有者,以确保该系统能满足大学的业务需求并且是相应可用的、安全的及稳定的。

目的　本政策的目的是确立系统业务所有者责任,并确保每一个系统满足它的功能性要求,适当地备有文件证明,并且是安全、可控、已取得充分测试与可维护的。

概述　该指南备忘录描述了规范斯坦福大学行政计算系统的政策,以及确定行政计算系统所有者制度、发展与管理责任的政策。本指南适用于与设计、更新、程序运作、输出、分配,以及与斯坦福大学的行政性信息的其他使用相关的所有计算机化的系统。

以下各条标题为:
1. 范围和适用性
2. 定义
3. 指南和责任
4. 审理办公室
5. 更多信息来源

1. 范围和适用性

本政策中的细则独立于系统结构和输送平台,例如,一项应用程序是否属于中央处理器、网站、用户/服务器、对等网络计算机或者其他现有的或将来的环境,在本细则的适用方面均没有区别。该政策适用于在斯坦福大学开发的,或从外部购得的,或从开放性资源的构成要素中建立的应用程序,以及那些从现存或者已购得的应用程序扩展而产生的程序,不论该系统是在中央办公室、在学院或在各部门开发。该政策适用于处理金融、管理以及运营学校事务所不可缺少的其他信息的所有行政性应用程序。

该政策的标准特别地适用于任何斯坦福大学的行政计算机系统业务所有者,并且适用于所有开发、实施、维护以及使用学校行政计算机系统的个人。

2. 定义

行政计算机系统——任何直接或间接地处理或支持财政上、行政上或者其他为运营学校事务不可缺少的信息的计算机系统。

业务所有者——行政计算机系统的业务所有者通常是提供主要业务功能的系统的所有者,也是该系统最大的利益相关者。当该管理活动影响到大学数个不同的功能性事务领域时,由负责商业事务兼财务总监的副校长指定业务所有者。

数据所有者——指在行政计算机系统数据内容的创设和维护中负主要责任的行政部门的院长、主管或系主任。在某些情况下,单个行政性计算机系统可能具有多个数据所有者。

系统管理员——管理一个支持行政计算机系统的机构内的所有计算机系统每天的运作。这些支持功能可能包括任何或者所有下列功能:数据库管理、软件分类和升级、用户文档管理、版本控制、备份和恢复、系统安全和性能以及容量规划。

系统开发员——系统开发员是设计和编写软件的人。这个概念通常是指商业性软件领域的架构者和程序设计者。然而,它也可能指在企业内开发内部业务应用程序的专业人士。随着技术的日益复杂化、机构对于信息问题完整解决方案的渴望,以及多厂商环境下对硬件、软件和网络工作的专业知识的要求,系统开发员是更好地运行行政计算机系统所不可或缺的。

系统集成者——系统集成者负责提出能解决业务问题的系统解决方案。系统集成者是从一系列多元组成部分中建构系统的个人或者组织机构。随着技术的日益复杂化、机构对于信息问题完整解决方案的需求,以及多厂商环境下对硬件、软件和网络工作的专业知识的要求,系统集成者通常是运行行政计算机系统的关键。

系统使用者——系统使用者是通过应用层与计算机交互的个体。程序设计员、系统管理员和其他技术人员在以专业能力对行政计算机系统进行工作时不被视为系统使用者。

3. 指南和责任

a. 业务所有者

(1) 常规

- 界定行政计算机系统的范围和战略目标。

•监管一个项目计划的进展、项目发展团队选择、责任的分配,以及项目的管理。

•为行政计算机系统的维持和维护做计划,包括提供适当的技术和操作人员。

一个不使用行政计算机系统来设计、开发、合成或者维护行政计算机系统的业务所有者,必须承担业务所有者、系统开发员、系统集成者和系统管理员的所有责任。

(2) 开发阶段

•界定行政计算系统的功能、程序和审计要求。

•确保该项设计满足该系统的要求。

•确保充分控制、审计追踪、安全、备份、恢复和重启程序包含在设计内。

•确保系统的设计和开发满足所有合理的商业标准。

•确保系统的设计和开发满足指南备忘录 63 信息安全(详见 http://adminguide.stanford.edu/63.pdf)中所陈述的信息安全原则。

•确保有充分的测试计划,并且监督该项测试和审核开发阶段的系统。

•确保为系统的开发和操作选择适当的硬件和软件环境。

•界定和管理数据共享程序以确保相互作用的行政计算机系统的完整性。

•界定和确保与系统安装程序的相符性。

•界定和确保与系统验收标准的相符性。

•界定和监督所有变更系统的程序。

•界定和监督所有项目变更的批准程序。

•为行政计算机系统提供用户和系统所必需的完整、准确的文件材料。

•确保适当的校园准备就绪计划的完成,该项计划包括系统的推出计划、充分的用户沟通、用户培训的质量和相关培训文件以及准备服务支持平台。

•正式把行政计算机系统看做是完整的、准备投入生产的体系。

(3) 生产阶段

•确保并监督行政计算机系统的可用性、可靠性、安全性和可审核性。

•开发系统的更新和增强计划以整合商业需要的功能和卖家对产品申请的更新。

•确保恰当的备份和更新程序得以完成,以及确保存在已测试业务的可持续运营计划。

•确保系统管理员对行政计算机系统操作的日常决定负责。

• 确保用户培训和相关材料的可用性和质量，确保服务平台以及其他支持技术和人员的可靠性，并确保其随时做好准备。

b. 数据所有者

• 确保行政性数据的可用性、可靠性和安全性。

• 监管行政性数据的管理和控制，以确保与现行政策相符。

• 所有未经授权的使用将按指南备忘录 67 信息安全事故应对所述上报给信息安全办公室，见链接：http://adminguide.stanford.edu/67.pdf。

c. 系统开发员

• 开发符合业务所有者要求的行政计算机系统，将设计中的要求植入一个可行的软件应用程序。

• 遵照所有适当的标准设计、编码和测试服务。

• 以满足业务所有者所确立的控制和审计要求的最有效的方法设计服务。

• 以满足系统安全标准的最恰当的方法来设计服务，该系统安全标准遵照指南备忘录 63 中所述的信息安全原则，具体可参见 http://adminguide.stanford.edu/63.pdf。

d. 系统集成者

• 按业务所有者的要求将程序结合起来，将系统要求转化为设计要求。

• 创设一项提供功能和简易使用的设计，或者选择一个满足系统所有者要求的产品。

• 遵照所有适当的标准设计、编码、安装、测试和展开程序。

• 为满足业务所有者所建立的控制和审计或因设计决议而去执行最有效的方法。

• 执行满足系统安全标准的最恰当的方法，该系统安全标准遵照在指南备忘录 63 中所概述的信息安全原则，具体可参见 http://adminguide.stanford.edu/63.pdf。

e. 系统管理员

• 设计和维持一个稳定的能支持服务和任何相关的数据库和系统集成的操作平台。

• 设计一个安全的能有效利用的操作环境，包括设计保护和恢复数据以及另一个安全物理环境的适当程序。

• 保护、监视和探测未经授权的进入系统或者数据文件，并报告给恰当的安全官员。

分管计算机系统、远程控制网络服务者或者小型单机系统的系统管理员，可能实际上扮演业务所有者的角色，并将在连续的、持续进行的基础上承担数据所有者、系统开发员、系统使用者和系统管理员等一样的责任。

f. 系统使用者
- 以通常的方式和按设计目的使用应用程序。
- 遵守业务所有者和数据所有者具体规定的控制要求。
- 遵守行政指南等文件材料（链接：http://securecomputing.stanford.edu/）中进一步界定的安全性要求。

4. **审理办公室**——信息安全办公室，电话 650/723-2911，具体可参见 http://security.stanford.edu。

5. **更多信息来源**

a. 电脑和网络使用——指南备忘录 62 计算机及网络使用政策，可参见：http://adminguide.stanford.edu/62.pdf。

b. 信息安全——指南备忘录 63 信息安全，可参见 http://adminguide.stanford.edu/63.pdf。

c. 信息安全事件反应——指南备忘录 67 信息安全事故应对，可参见 http://adminguide.stanford.edu/67.pdf。

d. 具体的安全指南、程序、标准和实践——可参见 http://securecomputing.stanford.edu/。

62　计算机及网络使用政策

授权　本政策由校长批准。

政策声明　斯坦福大学网络和计算机资源的使用者有责任适当使用及保护这些信息资源并尊重他人的权利。该政策为信息技术的恰当适用提供了指南。

政策目的　计算机及网络使用政策的目的是帮助确保一项支持本校在教学、学习和研究中的基本使命的信息基础建设。计算机和网络是促进在斯坦福大学或者其他地方开发的信息和知识的使用和传播的有力技术。因此，就本校当下及未来的需求而言，它们是战略性的技术。因为这些技术赋予了每个个体使用和复制远程来源信息的能力，用户必须注意到他人隐私权、知识产权和其他权利的保护。本使用政策规定了在涉及他人权利方面正确使用计算机和网络的行为。随着使用本校信息资源的权利而来的是使用人须承担本指南中提出的具体责任。

概述　本校信息资源用户必须尊重知识产权和许可证，尊重以计算机为基础的信息资源的整体性,不寻求获得未经授权访问的资源,并尊重其他信息资源使用者的权利。本政策规定了所有信息资源,包括计算机、网络以及包含于其中的信息的合理利用。

以下各条标题为:

1. 政策的适用范围和适用
2. 各项政策
3. 系统管理员责任
4. 信息安全官员责任
5. 滥用计算机权限的后果
6. 管理办公室——信息安全办公室
7. 相关政策

1. 政策适用范围和适用

a. 适用——该政策适用于本大学所有学生、教职员工以及其他经授权使用斯坦福大学信息资源的人。本政策针对所有学校信息资源,不论是独控的或者共享的,局域的或者是联网的。它适用于大学所有的、租借的、操作的或者以合同方式承包的所有计算机和通信设备。这包括网络设备、电子数据簿、电话、无线设备、个人计算机、工作站、中央处理机、微型计算机和任何连接的外围设备和软件,不论是用于行政、研究、教学或是其他目的。

b. 内部和外部定义的使用条件——大学内的个别单位可以在其权限范围内限制信息资源的"使用条件"。这些条件必须与总政策相一致,但可以提供额外的细节、指南和/或限制。若存在这样的"使用条件",则适用其规定的执行机制。制作"使用条件"的单位负责推广其确立的规定以及关于其负责的设备的授权及合法使用的政策。若涉及使用外部网络,约束该外部使用的政策也应为可适用的并且必须得到遵守。

c. 法律上的和学校的程序——本大学不独立于其他社区和司法机构以及其法律而孤立存在。在某些情况下,因调查、法院传票或诉讼,法律可能要求学校提供电子记录或者其他记录,或者其他与这些记录相关的信息,或者涉及信息资源("信息记录")使用的记录。本大学可以自行决定复核信息记录,如,为大学正常运作或者为内部调查的原因。

2. 各项政策

a. 知识产权和许可证——计算机使用者必须尊重软件、娱乐资料、已出版或者未出版文件和任何其他受法律保护的数据信息的知识产权和许可证。

(1) 复制——禁止复制任何受知识产权保护的资料,但由知识产权所有者具体约定的或者其他知识产权法许可的情况除外。受保护的材料不得被复制到本校任何设备中或者系统上,也不能从本校的任何设备中或者系统上被复制,或者通过本校的任何设备或者系统被复制,但依据有效的许可或者由知识产权法许可的复制除外。

(2) 同步用户的数量——受版权保护材料的复印本的数量和分配必须遵守如下分发方式,即同一部门内同步用户的数量不能超过该部门所购买的原本的数量,经购买合同约定或者依据版权法许可的情况除外。

(3) 知识产权——所有从计算机或者网络资源中检索到的受知识产权保护的材料(文本、图像、图标、程序、视频、音频等等),必须按照适用的知识产权法或者其他法律使用。复制的材料必须如实确定所有人。对于数字化信息的剽窃将受到与在其他媒体上剽窃相同的法律制裁。

b. 信息资源的整体性——计算机用户必须尊重以计算机为基础的信息资源的整体性。

(1) 设备的修改或者移除——计算机用户未经合理授权,不得试图修改或者移除他人所有的计算机设备、软件或者外围设备。

(2) 侵犯他人的权限和使用权——计算机用户不得侵犯他人对大学计算机、网络或者其他包括数字化信息在内的信息资源的权限和使用权。这包括但不限于:用户未经授权而试图获取或者修改个人的、特定的或者其他任何本校的信息;未经授权而试图获取或者修改信息系统或者其他信息资源;在校内或校外发送连锁信、自发的垃圾电子邮件;过量打印文件、文档、数据或者程序;在有已知可用的有效替代方案时,运行极度低效率的程序;对系统设备、操作系统或者硬盘分区进行未经授权的修改;试图造成本校计算机、网络或其他信息资源瘫痪或者阻塞;或在其他方面损坏或者任意破坏大学的计算机设施、设备、软件、计算机文档或者其他信息资源。

(3) 未经授权的或者破坏性的程序——计算机用户不能故意开发或者使用那些中断其他计算机或者网络用户的程序,也不能故意开发或者使用那些能够获取隐私或限制性的信息、系统部分内容或/和破坏系统的软件或硬件组成部分的程序。计算机用户必须确保自身不使用干扰其他计算机用户的程序和设施,亦不得使用会修改通常情况下受保护/受限制的系统内容或者用户账号的程序和设施。计算机用户不能超出网络指南的许可范围使用网络链接。任何使用未经授权的或者破坏性程序的行为可能导致本校在内的受损害方提起损害赔偿民事诉讼或者其他惩罚性措施,也包括刑事诉讼。

(4) 学术研究——本校认可在游戏开发、计算机安全方面的研究和可自我复制的程序代码(如计算机病毒和蠕虫)的调查研究的价值。斯坦福大学可能会限制这样的活动以保护本大学和个人的计算机环境,但这么做的同时大学会考虑正当的学术研究。

c. 未经授权的使用——计算机用户不得寻求获得未经授权访问的信息资源，亦不得试图促成未经授权的访问。

（1）计算机权限的滥用——本校信息资源的用户在无适当授权时不得使用计算机、计算机软件、计算机数据/信息或者网络，也不得故意促成他人这样行事，不论该计算机、软件、数据、信息或者网络是否属于本大学所有。例如，对属于本校的网络的滥用或者对与上述网络相连、位于其他地方的计算机的滥用将被视为对学校计算机权限的滥用。

（2）报告问题——任何在系统运算或者系统安全方面发现的瑕疵必须报告给相应的系统管理员，以便采取措施进行调查和解决问题。

（3）密码保护——有权使用密码或受保护账号的用户，若泄露了该密码或用其他方式使得该账号对未经系统管理员批准的其他人开放，则该用户可能会同时受到民事和刑事责任的追究。

d. 使用——计算机用户必须尊重其他计算机用户的权利。本校的大部分系统提供了防止他人获取隐私信息的技术。任何尝试规避这些技术以便获取对系统或者对他人信息未经授权的访问行为，均违反了本大学政策，并有可能违反法律。经授权的系统管理员可以在任何时间为了维护系统的目的使用计算机用户的文档。系统管理员将就监测到的不法或者不当行为向适当的机关做出报告。

（1）禁止性使用——使用本校的计算机、网络或者电子通信设施（如电子邮件或者即时通信，或者具有类似功能的系统）发送、查看或者下载欺骗性的、骚扰性的、下流的（色情的）、威胁性的或者其他违反相关法律或者本校政策的信息或者材料，诸如此类有可能引发有害学术环境或者工作环境的行为均是被禁止的。

（2）邮件列表——用户必须遵守计算机邮件列表（包括地方的或者网络新闻组和计算机公告栏）的宗旨和章程。电子邮件列表的用户在向小组发送信息或者从小组接受信息之前有责任确定邮件列表的目的。电子邮件列表的订阅者将被视为对任何被列表发送的材料已经做出请求，只要该材料与该列表的目的一致即可。发送任何与列表目的不相一致的材料给邮件列表的人将被视为发送了垃圾资料。

（3）广告——一般来说，大学的电子通信设施不应用于传递商业性的或者个人性的广告、请愿或者推销（见下面的商业性使用）。一些公开的电子公告栏已被指定给斯坦福社区成员用于出售商品，且根据列表确定的目的可以被相应使用。

（4）他人所有的信息——在没有其他用户的具体许可时，用户不得故意查找或提供属于其他用户所有的数据文档、程序、密码或者其他数字化资料,也不得对这些信息进行复制或更改。

(5) 隐私——1996年《健康保险流通与责任法》包含了规制各个可识别的健康信息的处理标准和规则。详细信息可咨询大学隐私官员(邮箱:privacyofficer@stanford.edu)。

e. 政治性、个人性和商业性使用——本校是一个非营利的免税机构,因此,本校受联邦、州以及地方关于收入来源、政治活动、财产适用和类似事务的具体法律的支配。本校也是政府和其他实体的承包者,因此它必须确保在其控制下财产的合理使用以及日常开支和共同成本的合理分配。

(1) 政治性使用——大学信息资源不得用于联邦、州或者其他适用法律所禁止的党派性政治活动,只有当其与联邦、州和其他法律以及与大学适用政策相符时才可用于其他政治性活动。

(2) 个人性使用——大学信息资源不应用于与大学相应职能无关的个人活动,但纯粹附带的情况除外。

(3) 商业性使用——大学信息资源不应用于商业性目的,但纯粹在附带的情况下使用的,或学校其他书面政策许可的,或校内有权做出此类批准的官员做出书面批准使用的情况除外。任何此类商业性使用应当与大学活动有合理关联,考虑合理的成本分配管理和其他开支的决定,向学校提供因此类商业性使用而产生的税收和其他成本的合理补偿。用户也应注意网上标注"EDU"的域名有限制或禁止商业性使用的规则。因此,使用 EDU 域名不恰当,但在其他方面为学校计算机资源许可的活动应当使用一个或者多个其他合适的域名。

3. 系统管理员责任

尽管学校的董事会是以学校资金购买或租用的所有计算机和网络的法定"所有人"和"操作人",但任何特定系统的监督均委托给学校管理机构具体分支的负责人行使,诸如院长、系主席、行政部门主管或者首席研究员。对于学校所有的或租用的设备,上述人员是在本指南备忘录政策意义上的负有责任的管理员。

该负有责任的管理员可以指定另一人管理系统。该被指定的人是"系统管理员"。不论其院系或者团体的政策,系统管理员对于在其监督下的系统对整个学校负有额外责任。负有责任的管理员对于系统管理员的行为负有最终责任。

a. 学校责任——系统管理员应该尽力做到:
- 采取预防措施防止对系统部件的盗窃或者破坏行为。
- 忠诚地执行所有适用于系统的硬件和软件的许可协议。

• 以合理方式处理关于系统用户的信息和由系统用户存储的信息，并采取预防措施以保护系统和网络以及其中的信息的安全。

• 发布有关管理系统访问和使用的具体政策和程序的消息，以及有关提供给或明确不提供给用户的服务的信息。若存在数据备份服务，该信息应该描述提供给用户的数据备份服务。给予用户的书面文件或者在计算机系统上公布的信息应该被视为是充分的告知。

• 与其他校内外的计算机系统或者网络的系统管理员合作，发现并修改在其控制下使用系统对另一系统造成的问题。

b. 政策的执行——注意到有违反本政策的行为时，系统管理员有权采取合理的措施去执行和实施系统的使用和服务政策并保证系统安全。

c. 权限的暂停——系统管理员若认为暂停访问权限对于维护计算机系统和网络的完整性是必要或合理的，可以暂时中止访问权限。

4. 信息安全官员责任

大学的信息安全官员或由负责商业事务兼财务总监的副校长指定的人员是本政策的解释、执行和监督以及相关问题解决方案的首要联系人。任何与法律相关的争议应该向法律办公室咨询。

a. 政策解释——信息安全官员负责解释本政策、本政策与地方政策的问题与冲突的解决方案以及特殊情形。

b. 政策执行——注意到有违反本政策的情况时，信息安全官员有权与相应的行政单位合作以便政策得以遵行。

c. 检查和监督——只有学校的信息安全官员或其指定人员有权在有理由怀疑存在不当使用计算机或网络资源的情况下，授权检查专用数据或者监看信息（包括电子邮件）。

5. 滥用计算机权限的后果

故意或者不计后果地违反下列政策的大学信息资源用户将受到纪律处分，这些处分包括解雇、撤职、开除和/或法律诉讼。

a. 合作要求——当有要求时，用户应在滥用系统的调查中与系统管理员合作。学校鼓励用户报告可疑的滥用行为，尤其是对其文档带来损害或者问题的行为。拒绝合作可导致使用权限的取消或带来其他纪律处分。

b. 纠正措施——如果系统管理员有滥用计算机资源行为的有力证据，且若该证据指向某个个体的计算机活动或者计算机文档，管理员应该采取下列一个或多个措施，恰当地保护其他用户、网络和计算机系统。

• 向学校的信息安全官员或其指定人员，以及用户的指导员、院系或者部门负责人或者主管提供调查的通知。

• 在调查期间暂时中止或者限制用户的计算机权限。学生可以通过学生事务主任就权限的取消或者限制进行申诉以及请求恢复计算机权限。职员可以通过适用的争端解决程序进行申诉。教员可以通过各自学院的院长进行申诉。

• 经大学信息安全官员或者其指定人的授权,检查由学校所有并操作的设备上的用户文件、磁盘、磁带,和/或其他计算机可用的存储媒介。

• 将可能的纪律处分事宜交给学校中相应的单位,如针对学生的学生事务主任、针对职员的主管以及针对教员或者其他教学或研究人员的相关学院院长。

c. 学生荣誉准则和基本标准——除非得到班级指导员的具体授权,使用计算机的下列所有行为可能构成违反"荣誉准则"的行为:

• 复制包含另外一个学生作业的计算机文档并上交以获得学分;

• 复制包含另外一个学生作业的计算机文档并将之作为自己作业的范本;

• 将合作完成的作业、共享的计算机文档,或者将修改后的共享文档以个人成果的名义提交。

此外,学生对计算机、网络或者系统的滥用可能会违反"基本标准"。例子包括但不仅限于:窃取或以其他方式滥用计算机时间,包括未经授权访问文档并使用、读取或者修改其内容,未经授权使用另外一个人的身份认证或者密码,使用计算机设备发送辱骂信息,或者使用计算机设备干扰其他学生或者教职员工的工作。

涉及学生的案件,学校建议向司法事务办公室求助。该行为确保相似的违法行为可处以相似的处罚,并在每学期、每学年、不同指导员中沿用下去。该政策亦方便侦查多次违法者。

6. 管理办公室——信息安全办公室

7. 相关政策

a. 学生纪律——参见《学生生活手册》、《学生行为守则》等

b. 工作人员纪律——参见指南备忘录 22.15 处理行为操守与绩效问题。

c. 教员纪律——参见《教员纪律声明》。

d. 专利和知识产权——参见《研究政策手册》5.1 和 5.2(http://www.stanford.edu/dept/DoR/rph/)。

e. 党派性政治活动——参见指南备忘录 15.1。

f. 文档所有权——参见《研究政策手册》5.2(http://www.stanford.edu/dept/DoR/rph/5-2.html)以及指南备忘录 15.6。

g. 附带个人使用——参见《研究政策手册》4.1(http://www.stanford.

edu/dept/DoR/rph/4-1.html)以及指南备忘录15.2。

63 信息安全

授权　本指南备忘录由校长批准。

概述　本政策的目的是确保斯坦福大学信息资源免受偶然或故意的未经授权的访问或破坏，同时也确保保持和培养斯坦福学术文化中开放和信息分享的要求。本指南备忘录列明了对斯坦福大学信息资产的保护的要求。

适用　本指南备忘录适用于所有学生、教员、工作人员及其他被授权使用斯坦福大学信息资源的人。每一个斯坦福大学信息资源的使用者，均负有保护这些资产的责任；其中某些办公室和个人具有特定责任。

本政策针对所有学校信息资源，不论是独控的或者共享的、局域的还是联网的。它适用于本大学拥有的、租借的、操作的或者以合同承包的所有计算机和通信设备。这包括网络设备、电子记事簿、电话、无线设备、个人计算机、工作站、中央处理机、微型计算机和任何连接的外围设备和软件，而不论其是用于管理、研究、教学或者其他目的。

以下各条标题为：

1. 信息安全的原则
2. 信息分类
3. 职责
4. 违反政策及滥用信息
5. 审理办公室——信息安全办公室
6. 更多信息来源

1. 信息安全的原则

信息安全的目的在于保护斯坦福大学的信息资源免受未经授权的访问或破坏。为实现这一目标应遵循以下基本原则：

a. 信息资源的可用性——本大学的信息资源，包括网络、硬件、软件、设施、基础设施和其他任何这样的资源，可用于支持教学、学习、研究或行政管理。

b. 信息的完整性——用于满足教学、学习、研究或管理需要的数据是可靠的、能正确反映其所代表的现实。

c. 信息的机密性——访问或修改数据的权力仅提供给授权的用户并用于授权的目的。

d. 支持学术追求——信息资源保护的要求必须兼顾支持追求合法的学术目标的需要。

e. 信息获取——作为一个制度性资源的信息,其价值通过适当的使用来增加;滥用、曲解或不必要的访问限制会导致其价值的减少。

2. 信息分类

所有学校信息依据其敏感性和风险性分为 4 个等级。这些信息分类考虑的因素包括法律保护、合同协议、伦理道德、隐私问题及战略的或所有权的价值。

信息分类级别决定了必须用于信息的安全保护机制和访问权限机制。安全指南可参见 http://www.stanford.edu/group/security/securecomputing/iso-guidelines.html。信息分类如下:

a. 禁止信息——禁止信息是指需要根据法律或者政府的规定进行保护的信息,或若在信息被不当获取时斯坦福须通知违法个人或将未授权的获取行为报告政府的,该类信息均属于"禁止信息"。

b. 受限信息——受限信息是指:(i) 原属"禁止信息"类别但经数据管理委员会(Data Governance Board)(详见 http://securecomputing.stanford.edu/DGB.html)判定,禁止此类信息存储在计算设备上将会明显降低教员、工作人员或学生在履行斯坦福大学使命时的效力的信息,或(ii) 其在《公用数据元分类标准》中被列为"受限信息"的,参见 http://securecomputing.stanford.edu/dataclass_chart.html。

c. 保密信息——保密信息指:(i)不属于"禁止"和"受限"类别的但一般不对公众开放的信息,或者(ii)其在《公用数据元分类标准》中被列为"保密信息"的,参见 http://securecomputing.stanford.edu/dataclass_chart.html。

d. 公共信息——对于上述决定因素不能适用的信息应当被列为"公共"信息。常用公共信息列表,参见 http://securecomputing.stanford.edu/dataclass_chart.html。

3. 职责

a. 信息安全官员——信息安全官员负责提供本政策和其他相关政策的解释,并宣传有关信息。

b. 大学隐私官员——大学隐私官员负责制定和执行管理数据隐私的政策和程序,大学根据法律或规章的规定需要保护这些隐私数据。

c. 数据管理委员会——数据管理委员会是负责监督与斯坦福大学非公

共信息的保护和使用相关的政策和程序的顾问团。

　　d. 业务和数据所有者——系统业务和数据所有者负责将本政策和相关政策运用到其管理或控制之下的系统、信息和其他信息资源当中。

　　e. 系统的管理者——系统管理者在业务和数据所有者的指示下，负责将本政策和相关政策运用到其管理之下的系统、信息和其他信息资源当中。

　　f. 系统的开发员和集成者——系统的开发员和集成者在业务和数据所有人的指示下，负责将本政策和相关政策运用到其管理之下的系统、信息和其他信息资源当中。

　　g. 用户——斯坦福大学信息资源的用户负责将本政策和相关政策运用到其使用、访问、传送或存储的系统、信息和其他信息资源当中。

　　h. 第三方机构——斯坦福大学要求所有合作伙伴、顾问和供应商遵守斯坦福大学的信息安全和隐私政策。若非公共信息须与上述第三方共同访问或共享的，该第三方机构应受合同约束，遵守斯坦福大学的安全和隐私政策。

　　4. 违反政策及滥用信息

　　违反本政策包括但不限于：访问个人没有合法权利的信息；使未经授权的个人获得信息；以违反政策、程序或其他有关条例或法律的方式披露信息；不适当地修改或破坏信息；未充分保护信息；或忽视了数据所有者有关适当管理、使用和保护信息资源的明确要求。违反行为可能会带来网络注销、撤销访问、纠正措施，和/或民事或刑事诉讼等后果。根据校园政策、集体劳资协议、行为守则和其他调整个人与大学关系的文件，违反政策者可能会受到包括解职或开除在内的纪律处分。相应的救济可根据雇员的人事政策或劳动合同的相应部分或通过寻求适当的法律程序获得。

　　a. 任何被查知违反了本政策的学院或部门，可能会通过经济处罚和赔偿与信息安全事故后果相关的费用来追究责任。

　　b. 被查知违反了本政策的第三方供应商，可能会导致经济责任及合同的终止。

　　5. 审理办公室——信息安全办公室
　　6. 更多信息来源
- 指南备忘录 61 行政计算机系统，参见 http://adminguide/61.pdf。
- 指南备忘录 62 计算机及网络使用政策，参见 http://adminguide/62.pdf。
- 信息安全办公室，参见 http://security.stanford.edu。
- 信息分类，参见 http://securecomputing.stanford.edu/dataclass_chart.html。

- 学生纪律——参见《学生生活手册》、《学生行为守则》等。
- 工作人员纪律——参见指南备忘录 22.15 处理行为操守与绩效问题,http://adminguide.stanford.edu/22_15.pdf。
- 教员纪律——参见《教员纪律声明》。
- 1996 年《健康保险流通与责任法》,参见 http://hipaa.stanford.edu/。
- 1974 年《家庭教育权和隐私权法》(Family Educational Rights and Privacy Act,FERPA),参见 http://ferpa.stanford.edu。
- 1999 年《格雷姆-里奇-比利雷法》(Graham-Leach-Bliey Act,GLBA),参见 http://www.ftc.gov/privacy/privacyinitiatives/glbact.html。
- 具体的信息安全指南、程序、标准和做法可参见 http://securecomputing.stanford.edu;更详细的用于确定何种信息分类适合于特定的信息或基础设施系统的分类标准,可参见 http://securecomputing.stanford.edu/dataclass_chart.html。
- 大学隐私官员,联系 privacyofficer@stanford.edu。

64 识别和认证系统

授权 本指南备忘录由负责商业事务兼财务总监的副校长批准。

概述 本指南备忘录规定识别和验证斯坦福大学计算机系统和网络用户的要求,并介绍中央身份识别和认证设施。

以下各条标题为:

1. 识别和认证政策
2. 识别:一般
3. 识别:斯坦福校园网络身份
4. 识别:大学身份
5. 识别:其他身份
6. 认证:一般
7. 认证:网络认证协议
8. 识别和认证:本地系统
9. 更多信息来源

1. 识别和认证政策

为了确保学校数据和个人数据的安全和完整,斯坦福大学计算机系统和网络的全部所有者必须制定和实施访问控制的政策。本备忘录并未说明可能的政策,也没有具体说明如何选择这样的政策,但是,带有非公共资源的系统的保护应该出台政策将访问控制建立在用户身份的基础之上。

认证即确认系统用户身份。系统所有者负责从可以使用的认证方法中为特定的系统确定认证方法。但是,学校大力鼓励系统所有者使用斯坦福大学中央计算组织所提供的认证服务,而非系统特定的身份认证方法。这项服务提供了安全的认证和统一的全校园识别。

所有基于计算机形式的学校事务及由此而产生的活动须使用这些以计算机为基础的系统,而文件形式不再被接受,这是斯坦福大学的政策。本政策适用于确认事务资格的各个方面,包括由学院和副校长方面办公室进行的启动、行程安排、处理和传输至中央行政办公室并由之进行的处理。对所有这样的事务的参与者进行安全识别,是成功管理大学事务的关键。本备忘录所介绍的中央认证服务的目的在于为大学事务的需求提供支持。

2. 识别:一般

a. 连接标识符——斯坦福大学保留一套连接记录以识别所有的员工、学生和其他大学计算资源的使用者。这些记录与斯坦福校园网络身份、大学身份和斯坦福身份证记录相关。

b. 管理标识符

(1) 唯一性——每一个标识符(大学身份或斯坦福校园网络身份)均是独一无二的,也就是说,每个标识符均与一个人或一个其他实体相关联。

(2) 一人一个标识符——每个人最多只能有一个大学身份号码和个人斯坦福校园网络身份。

(3) 非调动——一旦一个标识符分配给一个特定的人,它就一直与该人相关联。它不会被重新分配以识别其他人员或实体。替代的身份(即除个人斯坦福校园网络身份以外的替代姓名)在经过等候期后可重新分配。

3. 识别:斯坦福校园网络身份

a. 斯坦福校园网络标识符——斯坦福校园网络身份(SUNET IDs)由英文字母和数字组成,这些数字和字母由用户选择。个人的斯坦福校园网络身份由 3 个至 8 个长度的字符组成。其他的斯坦福校园网络身份在长度上可多达 256 个字符。

b. 斯坦福校园网络身份的类型

(1) 拥有大学资格的个人的斯坦福校园网络身份

(a) 完全的(拥有大学资格的)个人斯坦福校园网络身份可提供给:

- 按注册主任界定,经批准、注册的学生,及
- 指南备忘录 23.1 定义中规定的正式教职员工以及名誉退休教职员工,包括斯坦福线性加速器中心的工作人员,参见 http://adminguide.stanford.edu/23_1.pdf。

（b）部分（拥有大学资格的）个人的斯坦福校园网络身份可提供给：
- 指南备忘录23.1定义中规定的临时及短期教职员工，参见http://adminguide.stanford.edu/23_1.pdf。
- 刚毕业的校友和目前在医院的全体人员。

（2）赞助的个人斯坦福校园网络身份可提供给其他所有的人，但须符合下列条件：
- 该身份供一个具体的指定的个人使用，并以支持大学合法工作的方式，要求获得大学的计算机资源。
- 该身份的赞助者是：

① 完全受赞助的个人斯坦福校园网络身份必须由一名大学中的正式教员或工作人员赞助，且此人具有申请或财务签名的权力。

② 部分受赞助的个人斯坦福校园网络身份可由一名大学中的正式教员或工作人员赞助。

- 赞助者有责任确保受赞助的身份用于支持符合大学教学、研究和公共服务使命的工作，并以符合大学政策的方式进行。

c. 建立一个斯坦福校园网络身份——斯坦福校园网络身份通过在线程序建立和维持。为获取更多的信息，可参见http://www.stanford.edu/services/sunetid。注意，员工和学生必须有一个大学的身份认别号码以便获得斯坦福校园网络身份。

4. 识别：大学身份

8位数的大学身份识别号码是由PeopleSoft人力资源管理系统自动分配给正式、连续工作的员工，或由PeopleSoft学生管理系统自动分配给学生。该数字出现在印制的斯坦福身份证件上（见指南备忘录28.4斯坦福大学身份证件，http://adminguide.stanford.edu/28_4.pdf）。

5. 识别：其他身份

身份（IDs）是可用以确定其他不同类型实体的身份，如团体、部门、邮寄清单、角色、以计算机为基础的服务等。获取更多信息，可在以下网址中提交一份斯坦福大学求助（HelpSU）请求：http://helpsu.stanford.edu，或拨打斯坦福大学信息技术服务台的电话650-725-4357。

a. 无线客户账户仅仅允许斯坦福大学的访问者将无线计算机连接到斯坦福大学的无线网络，而不能提供任何其他网络权利或服务。无线客户账户必须由斯坦福大学社区成员赞助并可在http://wirelessguest.stanford.edu/获得。

b. 团体消息访问协议账户（Group IMAP Account）是一个拥有一个人以上用户的信箱，每个用户使用其斯坦福校园网络身份的用户名和密码连接到该邮箱。更多信息，请参见 http://www.stanford.edu/services/imap/group.html。

6. 认证：一般

a. 认证方法——认证方法涉及出示公共标识符（如用户名或身份证号码）和私人身份认证信息，如个人识别号码（PIN）、密码或加密密码匙。

目前斯坦福大学中央计算机组织支持的认证方法包括：

- 网络认证协议身份验证，它使用斯坦福校园网络身份和密码。

b. 认证登陆的资格——用户必须与登陆的认证服务相连接，以便能够最充分地使用中央支持系统和服务。

（1）斯坦福大学身份和斯坦福校园普通个人网络身份——在认证服务中的登陆资格发生于当个人接受学生注册或就业邀约之时。当一个人与大学的积极关系结束之时他的资格将被取消，比如一个员工不再被雇用（并不具有退休的状态）或一个学生不再注册时。在资格被取消以后可允许有一个礼节性的宽限期。

（2）受赞助的斯坦福校园网络身份（Sponsored SUNet ID）——受赞助的斯坦福校园网络身份有一个特定的赞助期。赞助者决定赞助期的长短，赞助期须进行更新以保持身份有效性。该身份没有任何宽限期：在赞助期结束时该登陆资格立即失效。

（3）恢复——若某个人随后重返大学，无论是通过正式成为大学中的一员还是赞助，此人的登陆资格可以得到恢复。

（4）暂停——如果以不符合大学政策的方式使用校园网络身份，或者个人受到剥夺大学权利的行政处分，则认证登陆的使用权可能被撤销。

c. 用户责任

（1）正式行为——使用认证服务向在线系统认证自己的身份，构成该用户向大学的正式认证，也就是与提交身份证的方式一样。用户应对其在认证的时间内的所有行动负责。

（2）真实性——不论使用哪种身份认证方法，用户只能使用他们被授权使用的认证信息，即用户不得错误地将自己装成其他个人或实体。

（3）保密性——不论使用哪种身份认证方法，用户必须为他们的认证信息保密，即用户不得故意或因疏忽而使未经授权的人使用该信息。

（4）报告问题——任何人怀疑其认证信息受到损害，应通过 security@stanford.edu 联系信息安全办公室，或通过提交斯坦福大学求助（HelpSU）请求至 http://helpsu.stanford.edu，或拨打斯坦福的信息技术服务台（the Stanford IT Help Desk）求助，电话 650-725-4357。

（5）安全防范措施——学校大力鼓励用户定期更改他们的密码（至少每

三个月一次),限制密码滥用的可能性,它可能在用户不知情时造成损害。应精心选择密码,使它们不易被猜到,例如,不能根据用户的姓名或出生日期来设置密码。

(6) 纪律处分——被查出故意违反这些规定的个人将受到纪律处分。针对个人的可能的纪律处分——包括终止雇用和终止学生身份(解雇或开除)——将取决于每个案件的事实和具体情况。

7. 认证:网络认证协议

网络认证协议(Kerberos),一个复杂的密码认证系统,是斯坦福大学使用中央支持系统和服务的首选认证方法。

a. 标识符——斯坦福大学的网络认证协议系统使用个人的斯坦福校园网络身份(SUNet IDs)为人们命名其登陆。其他实体,如基于网络的服务商,也有网络认证协议登陆标识符。

b. 使用——每一网络认证协议的登录都与服务密钥(srvtab)或密钥表(keytab)有关,建立在一个用户持有的密码散列的基础之上。安装在终端用户计算机上的 Kerberos 软件使用户能够使用其斯坦福校园网络身份和密码通过网络服务的认证。

c. 更改密码——可使用标准的网络认证协议软件或通过 http://www.stanford.edu/services/sunetid 来更改密码。网络认证协议系统检查拟议中的新密码并拒绝那些有可能被轻易猜到的密码。

d. 重置密码——当斯坦福校园网络身份持有人忘记有关 Kerberos 登录的密码,或者该密码被损害或被公开,斯坦福网络身份持有人应立即尝试在 http://sunetid.stanford.edu 上重置自己的密码,或联系 650-725-HELP [725-4357] 的斯坦福信息技术求助服务台帮助获得重置的新密码。

8. 识别和认证:本地系统

本部分包含对系统和服务的建议和要求,该系统和服务利用的是本地识别和认证方法而不是中央支持方法。

a. 使用斯坦福校园网络身份——系统应当使用个人的斯坦福校园网络身份以确定他们的用户。这将减少用户的混淆并使得将来过渡到中央支持的身份验证变得容易。

b. 避免明文密码——系统可能无法在整个没有加密的网络中传输可重复使用的密码。这种密码很容易被截获和滥用。

c. 增强密码质量——系统应检查拟议的密码并拒绝那些可能被轻易猜到的密码。

9. 更多信息来源

a. 斯坦福校园网络身份

(1) 审理办公室——该办公室负责执行有关斯坦福校园网络身份系统

的政策，它属于行政系统。

（2）支持——支持信息可通过在 http://www.stanford.edu/services/sunetid 或 http://helpsu.stanford.edu 上提交一份斯坦福大学求助的请求或通过拨打斯坦福信息技术求助服务台的电话 650-725-4357 来获得。

b. 网络认证协议

（1）审理办公室——该办公室负责执行有关审理部门认证系统的政策，它属于 IT 服务部门。

（2）支持——支持信息可通过在 http://helpsu.stanford.edu 上提交一份斯坦福大学求助（HelpSU）的请求或拨打斯坦福信息技术求助服务台的电话（650-725-4357）来获得。

c. 大学身份

（1）审理办公室——负责执行有关大学身份的政策的办公室是人力资源部门（针对雇员）和注册部门（针对学生）。

66 使用斯坦福大学域名或计算机服务的聊天室及其他论坛

授权　本指南备忘录由校长批准。

概述　本指南备忘录确立了在斯坦福大学使用电子交流论坛的政策。

以下各条标题为：

1. 定义
2. 论坛的建立
3. 论坛的运作

1. 定义

大学各部门、教员、学生及其他人可经常主办电子交流论坛，如聊天室、新闻组、（电子）公告牌或网站，各方可通过这些形式就各种问题交流他们的想法，而且这些交流能供他人阅读和评论。为了本政策的目的，这些网站被统称为"论坛"。

2. 论坛的建立

a. 与大学活动的关系——不论是使用 Stanford.edu、Stanford.org 或其他斯坦福大学域名还是利用斯坦福大学的计算机设施的论坛，都只能建立在有关大学合法活动的基础之上。

b. 大学的角色——除非是得到了本大学学术或行政部门的特别赞助，本大学在与这些论坛的关系上将仅仅作为一个被动的互联网服务提供者。

c. 使用条款——在所有情况下，作为建立论坛的条件，论坛主页（如果有的话）及每一个单独的论坛网页应该包含一个标题注明："遵守使用条款"，并且所有的网页应包括一个链接，链接到由大学维护的名为"使用条款"的网页，参见 http://www.stanford.edu/home/atoz/terms.html。

3. 论坛的运作

所有论坛的运作应与不时修改的"使用条款"以及大学有关计算机设施和服务的各项政策保持一致。

67 信息安全事故应对

授权 本指南备忘录由负责商业事务兼财务总监的副校长批准。

概述 本指南备忘录规定了发现计算机安全事故时所应遵循的程序。该事故涉及由斯坦福大学及其教员、学生和雇员、顾问、供应商或其他人代表斯坦福大学操作的学术或行政的计算机系统。本指南备忘录也规定了在发现存储在任何计算机或信息存储设备（不论其是否为斯坦福大学所有）的禁止信息或受限信息被不当获得时，学校应该遵循的程序。本政策概述了在采取紧急行动以保护斯坦福大学的信息资源不受意外或故意的未经授权的访问、泄露或破坏时的决策程序。

适用 本政策适用于本大学所有的学生、教职员工及所有其他获准使用或监管斯坦福大学信息资源的人（"大学社区"）。

以下各条标题为：

1. 目的
2. 定义
3. 通知
4. 调查
5. 信息安全事故应对小组
6. 准备报告
7. 更多信息来源

1. 目的

信息安全事故应对的目的在于：

a. 减轻此类事故所造成的影响，

b. 保护大学的信息资源免受将来的未经授权的访问、使用或破坏，并

c. 确保斯坦福大学完成学校政策以及联邦、州法律和法规下关于此类事故的所有义务。

斯坦福认识到必须遵循既定的程序去处理情况，该情况可能表明大学信息资产的安全可能已经遭到损害。这类程序包括确保大学相应管理部门参与到针对信息技术安全事故应对行动的决策当中去。

为了保护斯坦福大学智力资本的安全性与确保信息安全事故能迅速、有效地得到处理并要将对学校的不利影响降至最低，确立学校范围内的处理信息安全事故的标准是十分必要的。斯坦福大学信息资源的每个用户均有责任保护大学的信息资产，某些部门和个人还具有特定的责任。

2. 定义

a. 学术计算机系统——任何直接或间接处理或支持大学教学、学习和研究等首要使命的应用程序或信息系统。

b. 行政计算机系统——任何直接或间接处理或支持财务、行政或其他信息的应用程序或信息系统，这些信息是大学事务运行的一个组成部分。（参看指南备忘录61行政计算机系统的界定，http://adminguide.stanford.edu/61.pdf）。

c. 电子信息安全事故——电子信息安全事故件被界定为任何真实的或可疑的有关与计算机系统、计算机网络、电子禁止信息或电子受限信息安全相关的有害的事件。事故的实例包括这样的活动：

- 尝试（不论成功与否）访问未经授权的系统及其数据。
- 手提电脑、台式机、电子记事簿或其他包含禁止信息或受限信息的设备的被盗或遗失，不论这类设备是否为斯坦福大学所有。
- 有害的干扰或拒绝服务。
- 擅自使用系统处理或储存数据。
- 在系统所有者不知情、没有指示或不同意的情况下，更改系统硬件、固件或软件特性。

d. 信息安全事故——指电子信息安全事故或非电子信息安全事故。

e. 非电子信息安全事故——任何真实的或可疑的盗窃、遗失或其他不当获得诸如印刷文件和档案等有形材料的事件。

f. 禁止信息——禁止信息的定义可参见 http://www.stanford.edu/group/security/securecomputing/dataclass_chart.html。

g. 受限信息——受限信息的定义可参见 http://www.stanford.edu/group/security/securecomputing/dataclass_chart.html。

3. 通知

任何一个发现信息安全事故的大学社区成员应立即：

a. 中断受损系统和设备与斯坦福大学网络的连接。

b. 避免对涉及的软件、数据或设备，或对怀疑与信息安全事故相关的软件、数据或设备进行更新或修改,除非信息安全办公室已完成调查并授权此类活动。

c. 联系大学的信息安全办公室,致电(650)723-2911 或发送邮件至 security@stanford.edu。

4. 调查

当信息安全事故被上报时,学校的首席信息安全官(Chief Information Security Officer,CISO)负责以下事项:

a. 首席信息安全官将调查信息安全事故。为了将信息安全事故对学校的影响降至最低,并正确完成调查,首席信息安全官有权限制信息系统的访问或操作以保护其不受未经授权的信息披露的危害。为完成调查,首席信息安全官可以召集一个由相关业务和技术人员组成的初步事实调查工作组。

b. 若首席信息安全官断定出现违反联邦或州法律或法规的情况,则其可通知法律总顾问办公室,而法律总顾问办公室则须在适当的时候通知法律执行机构。

c. 若首席信息安全官断定可能出现未经授权的对受限信息或禁止信息或其他敏感信息的访问的情况,首席信息安全官须通知学校的隐私官员,隐私官员将召集信息安全事故应对小组。

d. 适当情况下,首席信息安全官将通知对受信息安全事故影响的区域负责的院长、副教务长和副校长办公室。

e. 若首席信息安全官认定员工可能没有按照指示或按照学校规定和政策执行分配给他们的任务,首席信息安全官将通知该员工的管理者和负责商业事务兼财务总监的副校长。若学校就情况展开调查,首席信息安全官将与员工的管理者和/或斯坦福大学人力资源小组合作调查该事件,并决定合适的纠正措施或纪律处分。进行调查和提出建议的单位将完成调查并向相应方提交所有与调查和建议措施相关的辅助文件材料。

5. 信息安全事故应对小组

依据首席信息安全官提供的信息以及与法律总顾问办公室的协商,学校的隐私官员将召集一个信息安全事故应对小组去完善相应的信息安全事故应对计划。根据每一事故的具体情况,隐私官员应将下列部分或所有机构的代表纳入信息安全事故应对小组:

- 信息安全办公室
- 法律总顾问办公室
- 内部审计和各机构的合规部门
- 负责公共事务的副校长办公室
- 行政系统

- 信息技术(IT)服务部门
- 直接受信息安全事故影响的部门或学院(包括适当的业务和技术人员)
- 其他适宜的机构

在学校隐私官员的领导下,信息安全事故应对小组将完善并执行交流和其他行动计划,以保证:

a. 按照法律规定或其他适当要求,及时地进行相应的行动,包括上报、通知和其他对信息安全事故的交流。

b. 发出有关信息安全事故的相应报告并在下列单位中执行计划:

- 校长办公室或教务办公室
- 董事会
- 校友协会
- 学生事务办公室
- 发展规划办公室
- 其他受影响的部门,依据情况所示

在履行这一职责的过程中,信息安全事故应对小组应该确保将重要的用于操作的决策提升到适当的水平,以保护大学和受该事故影响的其他人的根本利益。

信息安全办公室还将负责记录信息安全事故应对小组的评议和决策,以及所有根据信息安全事故应对小组的评议所采取的行动。

6. 准备报告

信息安全办公室,连同内部审计部门,负责撰写一份最终报告给相应的大学办公室,该报告总结有关此次信息安全事故的调查结果,并酌情提出改善相关信息安全的做法和管理的建议。该报告将分发至负责商业事务兼财务总监的副校长处,以及其他相应的学校办公室。

7. 更多信息来源

关于安全计算操作的具体指导方针、程序、标准和做法可参见 http://securecomputing.stanford.edu。

更多信息可见:

- 指南备忘录 61 行政计算机系统,http://adminguide.stanford.edu/61.pdf。
- 指南备忘录 62 计算机及网络使用政策,http://adminguide.stanford.edu/62.pdf。
- 指南备忘录 63 信息安全,http://adminguide.stanford.edu/63.pdf。
- 信息安全办公室网页 http://security.stanford.edu。

第八章 大学服务设施

81.1 电信服务

本指南备忘录描述的是本大学电信系统的政策和职责。它们只适用于大学内部各部门之间的联系,不适用于与大学以外的通信服务商和其他实体或个人之间的交易。本指南备忘录描述的服务提供给所有斯坦福大学的建筑和斯坦福大学医院的建筑,但斯坦福大学线性加速器中心除外。

以下各条标题为:
1. 行政管理责任
2. 设施和设备
3. 隐私和使用条款
4. 经济责任
5. 采购和付款程序

1. 行政管理责任

a. 通信服务——信息技术服务/共享服务部门负责设计、操作和维护所有斯坦福大学以及医院设施的通信服务。

(1) 电话系统——共享服务部门负责运营大学拥有的电话服务系统,提供的服务下至用户的电话插孔(又叫通信服务接口)上至公共电话网络。各种来源的电话服务,包括 SBC,均由共享服务部门提供的设备予以支持。

(2) 网络系统——共享服务部门经营大学的主干网络,提供接入校园网(SUNET)和学校外部网络的服务。共享服务部门也可以提供设施并通过电话联网方式为本地部门安装网络。

(3) 服务范围——校园内电话系统和网络一天 24 小时运行,每周 7 天为校园提供连续服务。共享服务部门保持这些系统的交换机(Private Branch Exchange,PBX)能连续地从事最高级别的服务。要求完全不间断电话和数据通信服务的部门负责与共享服务部门一起计划、安装和维护不同的紧急支援服务。

(4) 咨询——共享服务部门提供咨询服务,建议有关部门使用电信服务和校园设施的最佳方法,并协助有关部门订购新的服务项目,改变目前的配置,或移除现有的服务。

b. 部门责任——院长、部门负责人、项目主任及其他行政官员负责管理电话费用支出(见指南备忘录 36 授权支出,详见网址 http://adminguide.stanford.edu/36.pdf)。每个部门应任命一位负责人,作为与共享服务部门的联系人,负责该部门的联系。

(1) 联系人责任——联系人负责以下事务:

• 通过审核每月的信息技术系统和服务(Information Technology System and Service,ITSS)结算表来确认本部门的费用,结算表的副本通过网络发送给联系人,或者也可以通过使用信息技术服务网站进行在线审核。

• 订购新的服务或者改变本部门的服务。联系人应拥有签字确认本部门电信费用的权力。

(2) 为联系人提供的支持——共享服务部门负责在网上与部门联系人沟通。这些联系人定期通过邮件收到共享服务部门发送的邮件信息,并定期收到影响本部门通信服务的潜在问题的通知。新任命部门联系人将接受定期培训。若需了解有关联系人培训的信息或通知共享服务部门变更指定联系人,可拨打共享服务部门电话,按 5 号键求助。

2. 设施和设备

a. 系统设备——电话和网络以及相关周边设备的维护由共享服务部门负责。包括连接到最终用户接口的所有电话线或交换数据线均由共享服务部门负责维护。安装新的电话或交换数据线以及维修或扩建现有线路只能由共享服务部门授权的人员进行。

b. 部门设备的所有权——终端用户的通信设备从线路接口开始由用户和他的部门负责,这些设备包括内线、电话机、调制解调器或其他电信终端。这些设备均由终端用户部门选择并所有。共享服务部门可以推荐一些适合在本校以及医院环境下使用的电话及其他通信终端。理想的是统一电话设备,以便终端用户能熟练使用不同电话,快速获得服务,以及接受设备使用方面的简易培训。

c. 部门设备的维护——共享服务部门提供以下服务:

• 电话设备的安装服务
• 终端用户设备使用培训
• 共享服务部门提供的电话设备的维护(以成本价收费)

部门可安排从共享服务部门处购买电话设备,或可从其他渠道购买任何兼容设备。不论是从共享服务部门购买的电话机,或从其他渠道购买的设备,每个部门负责本部门设备的安全保养。

d. 线路和电缆设施——共享服务部门负责管理校园内部所有通信的线路和电缆。共享服务部门对所有校园电话及其他电信服务的维护进行记录，包括外部电缆和管线以及建筑内布线甚至个人用户接口。使用任何这些设施的请求必须通过共享服务部门作出并支付相关安装、激活，以及后续使用费用。这些费用由要求部门负责支付。

e. 楼宇布线设施——斯坦福在校园内部的楼宇中采用的是标准的通信线路，以支持目前和未来的通信需求。（参照设施设计标准第 02800、16700 和 16800 条，设施项目管理办公室。）所有新的和改造的建筑所使用的设施不得低于这一标准。共享服务部门审查所有通信线路的计划，从线路安装（或其他传播媒介）到用户终端接口等事项均须获得共享服务部门的批准。各部门可以选择在建筑物内安装自己的通信设施，但这种对于内部线路标准的额外安装由共享服务部门负责。任何部门未经共享服务部门的同意，亦未支付适当的保持该使用记录及任何安装和激活费用，不得使用大学的内部线路。

3. 隐私和使用条款

a. 特定用途电话使用——商业电话设施可供大学处理正式事务使用。商业电话系统是专为这一目的设计的。所有使用费用均由授权确认使用的部门支付。

b. 个人电话使用——每个部门或组织应制定个人电话使用准则。该部门必须偿付所有大学商业电话线上的个人收费电话和长途电话费用。公用电话一般均提供个人电话服务。

c. 关于电话使用的信息——任何部门可通过其授权的联系人，请求查看其电话线上收费电话的通信信息。这些电话通信信息，包括通话目的地、电话线的使用、通话时间及使用的授权码，只提供给联系人或部门负责人。若部门怀疑其电话线或授权码被滥用，可要求将有关信息提供给相关斯坦福大学纪律机构和审查机构或其他相关人员。

d. 电话追踪——如果某个部门收到恐吓或辱骂电话，该部门联系人可要求共享服务部门追查电话来源。这种追踪可以提供有关其他校内电话的信息。所以追踪情况需要向斯坦福大学公共安全部报告，追踪的信息也只可报告给该部门。若要求追踪的电话来自校外，则必须由斯坦福公共安全部通过申请法院指令给 SBC 进行追查。

e. 监控呼叫活动——如果在任何线路上正在使用的电话模式表明系统在被滥用（如发现了多次试图盗取激活授权码），共享服务部门可监测和报告该线路的活动，包括呼叫目的地，并设法找出拨打这种电话的人。

f. 录音谈话——共享服务部门不能对任何谈话进行录音，除非根据法院的命令。要求记录电话交谈的部门必须遵循加利福尼亚州有关记录会话的法律。

4. 经济责任

a. 部门电话线路——订购部门负责承担与电话线路有关的一切费用,包括:

- 线路激活费用
- 线路及其附属设施的每月服务费
- 附着在终端接口的所有设备的维护费
- 任何人为导致的损坏造成的费用,包括对终端接口和线路以及电话系统的损坏(可由不合格设备或其他连接在终端上的电子设备引起)产生的费用
- 电话机接受的由呼入方付费的电话
- 本地范围通话费用,如果适用于本线路
- 在该线路中产生的但无法按部门或授权码收取的费用。对于任何一部已安装的可使用授权码的收费电话而言,若授权码的拥有者怀疑某项收费的合理性,则定购该授权码的人为支付该费用的第一责任人,而为该电话所占线路付款的人为第二责任人。凡线路通话无法控制的,各部门要选择在通话功能上不允许拨打计费电话的设备。

b. 部门授权码——授权码是随机分配的号码,通过其部门分发给个人,以便有关部门授权拨打长途电话,以及查询费用结算账单。该部门负责支付所有使用该授权码的通话费。

收到授权码的个人要对代码保密,不应该与其他任何人共享代码,也不应使用该代码拨打未授权的电话。

c. 部门电话卡——来自长途电话运营商的电话卡均通过部门颁发给个人以便在校外拨打电话,费用则直接由学校支付。电话卡可从共享服务部门获得,所有使用电话卡产生的费用账单按照信息技术系统和服务月度结算单送交请求部门。

请求部门负责支付所有使用电话卡的通话费用。电话卡持有人负责卡的安全。

d. 部门数据线路——订购部门负责所有与数据线路相关的费用,包括:

- 线路激活费用
- 交换数据线的每月服务费
- 每月点对点线路的维修费,部门也可选择自行维护线路
- 对由共享服务部门提供的连接到线路上的驱动设备的全责维护费

5. 采购和付款程序

a. 电话或数据线路——

（1）通信服务订购表——联系人可以使用在线通信服务订单（Communication Service Order，CSO）表格或登陆信息技术服务网站来订购新的电话或数据线路或改变现有线路。

（2）订单咨询——共享服务部门为订购新服务或改变服务提供咨询援助。基本咨询服务时间在工作日的上午9:00—中午12:00和下午1:00—4:00，电话5-HELP。对于大型项目的工程，会有指定的通信系统分析师与联系人共同提供订购服务。

（3）订单查询——更新已提交的通信服务订单的情况，需联系通信服务订单处理中心，按5号键寻求帮助。

b. 授权码和电话卡——联系人可以为部门内人员请求获得授权码和电话卡。个人离开部门后联系人必须要求取消授权码和个人电话卡。

请求新的授权码或电话卡、撤销代码或电话卡、授权码或电话卡账户更改均需通过在线的信息服务订单。需要更多帮助请按5号键。

c. 结算——所有对部门的信息技术系统和服务收费均需显示在每月在线结算单中。联系人应审查每月的结算单，以确保授权码被用于核准的电话，以及所有其他费用均是正确的。有关结算单中出现的问题，应直接致电共享服务部账户中心，并按5号键寻求帮助。解决结算纠纷，需要在结算单在线可得后的21天内提交一份在线斯坦福大学求助申请。

d. 支付政策——学生、现场的供应商、斯坦福西区*（Stanford West）和一般应收账款收账的结算单余额在收到时缴付；付款须在该月19号前收到，以便可以反映在下个月的结算单中。不支付余额将被视为任何其他的大学债务，并可能导致：

• 服务中断：当延期付款超过60天后，斯坦福大学可以中断服务。所有延期费用必须足额支付后才可重新获得服务，并将收取额外的重新激活费。

• 保护措施：斯坦福大学对过期未付的账户人员可以并将保留学生注册权利、扣发文凭和成绩单。

• 代收行动：对于超过60天以上的欠款，不包括积极还款学生，斯坦福大学可以启动代收行动。这可能对信用等级造成不利影响。

• 积极还款学生的未缴余额在其离开学校后的60天内将被告知代收欠款的公司进行收缴。

---

* 指斯坦福大学一住宿区。——译者注

• 结算纠纷解决需要在结算单和争议费用邮寄后的 21 天内提交在线的斯坦福大学求助申请。

81.2 邮件服务

授权 本指南备忘录由负责商业事务兼财务总监的副校长和负责土地、建筑和房地产的副校长批准。

适用 本政策适用于斯坦福大学的所有雇员和学生。

概述 本指南备忘录描述的是美国邮政局和校内各部门之间的邮件服务系统共同向本大学提供的邮件服务。

以下各条标题为：

1. 美国邮件服务
2. 各部门之间的邮件服务
3. 各部门之间的邮件地址

1. 美国邮件服务

a. 接收邮件——

（1）校园邮件——大学各部门的邮件在美国邮政局斯坦福大学分理处进行接收和分拣。邮递员每天会在各部门的投递点投递一次邮件。对医学院各部门，邮递员会在斯坦福大学卫生服务中心（简称 SHS）的邮件服务中心卸下邮件。

（2）医学中心——医院、病人和医学院的邮件在斯坦福大学卫生服务处邮政中心进行接收和分拣，并且和部门之间的邮件投递时间一样，见第 2 条 b 款（2）。

（3）斯坦福线性加速器中心——邮件和投递服务中心（简称 MDS）投递员每天为斯坦福线性加速器中心国家加速器实验室投递一次。

（4）邮局信箱——邮局的出租信箱周一至周六提供服务。

b. 发送邮件——

（1）收取地点——作为对顾客的优待，邮递员将在投递点取信。由于邮递员承载量有限，将不会收取较大的邮件。校内的美国邮政局的邮筒也提供收取邮件的服务。收取的时间张贴在每个邮筒上。

（2）准备材料——各部门可以将贴邮票寄送的邮件和需要称重的邮件分开，以便节省投递时间，并进一步将材料整理为信件、大信封邮件和包裹。计量邮件必须和到达同一方向的不同类别的邮件捆绑在一起。由斯坦福大学卫生服务中心的邮件服务中心收取的医学中心的计量邮件，在捆扎的顶部还必须有电子邮件的计量参考号码。有关邮件计量参考号码的更多信息，需联系斯坦福大学卫生服务处邮件服务中心。

（3）危险物品/危险品——各部门不得使用美国邮政机构运输生物物质或其他危险物质，包括干冰。所有危险材料/危险货物只能由通过培训和认证的人员准备和运送。如需进一步信息和帮助，参看 http://hazmatshipping.stanford.edu。

（4）邮政信息——各种宣传册可在邮局获得，包含邮费、邮件类别及国内和国外邮件的一般规定等信息。

c. 回邮地址格式——完整的回邮地址必须提供给所有的通信人。分拣邮件的电子设备对地址的最后两行进行扫描。对于最快投递，校园地址信息的首选格式是：

第一行　人名
第二行　斯坦福大学
第三行　部门、大楼和房间号码
第四行　美国加利福尼亚州斯坦福大学 94305-xxxx（邮编＋后 4 位号码）

如果"斯坦福大学"出现在最后两行的任意一行，邮件将被成批送到斯坦福大学邮政局，在那里进行手工分类。

d. 地址不详的邮件——斯坦福邮政局投递员将地址不正确或不充分而无法投递的特快邮件带到注册办公室的信息部。信息部尝试寻找该邮件的地址。如果找到，通过斯坦福部门间的信件服务系统（邮件服务和投递单位）转送邮件。否则，把邮件退回邮政局。斯坦福大学健康服务中心的邮件服务中心将无法投递的邮件送回邮政服务部门。部门收到一个已经离开本部门的人员的邮件时，该部门应在信件上如是标注并将此信件退回给寄信人。

e. 批量邮件——

（1）预先计划——学校鼓励各部门在计划邮递批量邮件前打电话咨询邮件和投递服务中心。在材料印刷之前，邮寄要求和费用概算应经过邮件和投递服务中心的审查。邮政法规和机器的能力可能会影响到印刷的规格和费用。

（2）邮件准备服务——请联系斯坦福采购支持部门（简称 SAS）获取所选择的邮寄供应商的帮助；或与所选择的邮寄供应商直接联系获取邮寄服务方面的帮助，如折叠、插入、计量等。部门或供应商应向邮件和投递服务中心提供事先准备好的材料以便美国邮政局寄送。

（3）邮寄许可——邮政条例规定，使用非营利邮费许可证必须得到邮件和投递服务中心的审查和授权。

2. 各部门之间的邮件服务

a. 使用服务的资格——各部门间（ID）的邮件服务主要是为有关不同大

学部门和行政单位之间的公共事务的传达信息而提供的。所有对斯坦福大学或对斯坦福大学学生联盟负责的组织团体均有权使用部门间邮件服务。部门间邮件不得用于发放商业或党派政治性广告。

b. 部门间邮件的分发——邮件的收集、分类和投递服务活动位于主校园、医学中心和斯坦福线性加速器中心国家加速器实验室。投递时间表由每个邮递室确定。

（1）校园邮件——从星期一到星期五,校内部门间邮件每天按一定的时间表收集和投递。下午的部门间邮件投递服务需要额外费用。

（2）医学中心的邮件——投递给医学中心各部门的校园邮件在邮件和投递服务中心进行分拣,每天由斯坦福健康服务中心邮件服务中心的投递员收取和处理。斯坦福健康服务中心邮件服务中心每天两次为药学院和斯坦福诊所收取和投递医学中心部门间的邮件。医院每天投递一次。斯坦福健康服务中心邮件服务中心对于其他的邮件同样如此投递。对病人的邮件每天投递一次。

（3）斯坦福线性加速器中心的邮件——给斯坦福线性加速器中心国家加速器实验室的校内邮件需在邮件和投递服务中心先进行分拣,由邮件和投递服务中心投递员每天投递一次,在斯坦福线性加速器中心传达室处理并投递到各个部门。

c. 包裹大小——

（1）校园邮件——由部门间邮件服务处发送的校园包裹尺寸限制为10×13×2英寸。邮件和投递服务中心可以安排投递更大尺寸的包裹,但需额外收费。

（2）医学中心的邮件——斯坦福健康服务中心邮件服务中心投递的包裹最大尺寸为50磅或2立方英尺。

（3）斯坦福线性加速器中心——传达室投递的包裹最大尺寸为50磅或2立方英尺。

d. 部门间邮件的检查——

（1）正常部门间邮件——邮件和投递服务中心的监管人员在无法确定收件人时可能会打开部门间邮件进行检查。

（2）标明"机密"的邮件——标明"机密"的部门间邮件仅能由收件人或其指定的人打开。当收件人不能确定时,邮件和投递服务中心的监管人员或斯坦福健康服务中心邮政中心雇员经授权可打开邮件以确定收件人。

e. 部门间大规模邮件——400件及以上的部门间邮件被视为一项大规模投递工作。具有邮件代码的信封或传单将有资格享受免费部门间邮件分发服务。如果大规模邮件的信封或传单没有邮件代码,则该部门必须填写邮件服务邮购表格,并支付分类费用。

(1) 所需时间——收到邮件代码工作的周转时间是 5 个工作日,而收到无邮件代码的材料的周转时间是 7 个工作日。在准备材料时,有关部门应该考虑的部门间大规模邮件在其规划的时间表中的周转时间。如果材料没有按时送到邮件和投递服务中心,邮件和投递服务中心可以要求该部门按照当前合适的日期重新提交材料。

(2) 邮件准备服务——请联系斯坦福采购支持部门获取所选择的邮寄供应商的帮助;或与所选择的供应商直接联系获取邮寄服务方面的帮助,如折叠、插入、计量等。部门或供应商应向邮件和投递服务中心提供事先准备好的材料以便美国邮政局寄送。

(3) 设备服务请求——递交给邮件和投递服务中心的设备服务请求必须在发送任何大规模邮件以前提交。邮寄供应商必须在取得服务请求代码后才能向邮件和投递服务中心提出要求并在邮寄表单上签字。

3. 各部门之间的邮件地址

a. 清晰地址要求——传达室有权将部门间地址不清晰的邮件退回给发信人。清晰地址要求是:

(1) 校园:姓名和邮站

(2) 医学中心:姓名、部门、房间号、邮编

(3) 斯坦福线性加速器中心:姓名和邮站

b. 邮编信息——邮件和投递服务中心根据大学和邮政服务部门的要求分配邮编,个人邮编可以通过使用 WHOIS 或电话(PHONE)口令在线获得。

c. 地址变更——

(1) 部门迁移——如果整个办公室或部门发生了迁移,应至少提前两周通知适当的传达室新的办公位置及其生效日期。新成立的部门或迁移到另一个地区的部门应与邮件和投递服务中心联系,以获得校园邮件投递信息和邮件代码。该部门还需要向邮政局提交一份地址更改表单。邮政局会为该部门分配一个新的邮政编码。

(2) 个人迁移——变换工作地点的个人应该由接收部门通过 PeopleSoft 人力资源管理系统进行登记。

d. 邮寄名单更正——

(1) 邮件和投递服务中心的标签来自 PeopleSoft 人力资源管理系统并应由个人在注册表(Stanford.You)中进行更新。

(2) 没有身份来源的标签应当得到纠正并送回寄件人。

81.3 移动设备及相关服务规定

授权 本指南备忘录由负责商业事务兼财务总监的副校长批准。

适用 本政策适用于所有由斯坦福大学提供或报销有关手机、电子记事簿、个人电脑和类似设备("设备")及支持该设备的通信服务（如宽带、电缆调制解调器、移动电话服务）("服务")的个人。本政策也适用于批准这些安排的监管人员和主管。

根据管理预算局行政通告 A-21（OMB Circular A-21）（RPH3.6，第 A2、A3 节，参见：http://rph.stanford.edu/3-6.html）的规定，移动电话费用在联邦政府赞助项目或州政府赞助的项目上通常不能得到报销。例外情况必须在向赞助研究项目办公室提交申请时得到批准。

概述 本指南备忘录规定了有关提供设备/服务或报销的个人在获得设备/服务过程中的开支的政策。本政策要求斯坦福大学职务需要的设备/服务须经员工的监管人员批准。该政策确定了在有关任何个人使用设备/服务问题上的雇员和部门责任。学院和各部门可采取更严格的规定。本政策在有关使用和保养设备/服务方面有进一步的要求。

以下各条标题为：

1. 背景
2. 斯坦福大学业务使用
3. 设备和服务的个人使用
4. 正确使用和选择

1. 背景

a. 背景——在斯坦福大学员工工作的过程中，使用移动电话、电子记事簿、个人电脑和其他类似设备及相关通信服务是很常见的。斯坦福大学常常向员工提供这些设备以增进交流，提高生产率和工作效率，以方便工作在多个校园之间的远程工作，并以其他方式提高雇员的贡献。斯坦福大学的政策通常要求学校财产只能用于斯坦福大学业务的领域。但是，本政策也认可部分的设备/服务的使用可用于非大学业务领域，如偶尔的私人电话或电子邮件，或家用宽带服务为其他家庭成员使用。

2. 斯坦福大学业务使用

a. 需要用于斯坦福大学业务的使用——斯坦福大学的资源受限于捐赠者、赞助者和预算的约束。设备/服务的支出费用必须遵循严格的审批程序，限于经过证明的大学业务需要，而不是以最新技术配件形式出现的补偿。学校不鼓励经常性更换此类设备。根据员工的工作职责、预算情况和本部门的政策、习俗和实践，员工的监管人员确定并核准向员工提供设备/服务的大学业务的必要性。单纯为了方便不构成提供手机津贴的标准。审批过程包括审查设备/服务的各方面，以保证其是以最低的成本提供的且符合斯坦福大学对员工的业务要求。考虑到业务使用所需的特点，该监管人员会确定可行的最低成本的斯坦福大学信息技术计划，及供选择设备的适当级别。如果该信息技术计划不恰当，则该监管人员和员工将确定符合业务需要要求的最低成本计划。

b. 监管人员批准——监管人员（或学院指定人员）对设备/服务费用的批准必须记录在案。监管人员对设备/服务批准的记录必须自协议终止之日起在该部门保留六年。

这些文件的模板可在 http://fingate.stanford.edu/staff/taxcompliance/forms.html 获得。学校大力鼓励对提供给监管人员的工作人员的设备/服务进行是否具有必要性的年审。没有业务必要性记录在案的由斯坦福大学提供的移动电话所产生的全部费用将算作员工的课税收入。

c. 大学业务的必要性——斯坦福大学业务必要性在出现下列因素时产生：

• 流动的员工十分需要与办公室、实验室或医疗设施取得不间断的联系。

• 员工负责应急准备且在特定业务时期内必须24小时待命和可联系。

• 一组员工需要团队使用的或共用的设备/服务，如轮流电话联系。

• 需要完成工作中重要一部分及与其监管人员或其他大学业务主体沟通，而员工无法获得线路或其他通信设备。

• 通过使用设备/服务，员工的工作效率将出现显著的提高。

• 设备/服务能消除或减少员工往返办公室的需要，符合大学减少交通、有利于环境并且提高员工工作效率的目标。

• 提供设备/服务是满足流动员工业务沟通需要的最具成本效益的方式。

• 设备/服务是支持异地办公的必需，且该处为员工在斯坦福大学工作的主要办公场所。

更多适当业务需要的例子及关于本政策的常见问题可参见 http://fingate.stanford.edu/staff/taxcompliance/res_jobaid/stanford_mobile_equip_faqs.html。

3. 设备和服务的个人使用

a. 附带发生的个人使用设备和服务——指出于与大学业务没有直接关

系的个人的偶尔通信需要而允许附带使用的设备/服务,但不能超过设备使用率的15%。

b. 对超过附带发生的个人使用的补偿——对设备/服务的超过附带使用限度的个人使用可能从两方面给斯坦福大学带来高昂的代价：既减少了员工工作时间,也浪费了一定的大学资源。部门和员工的监管人员有责任确保附带使用保持在最低水平,而且在超出附带个人使用范围的情况下,大学应得到补偿。这种补偿必须考虑购买设备的价格以及任何正在进行的服务的费用。本大学已确定一个总额为每月10美元的补偿标准。

部门和员工的监管人员有权在个人使用过度的情况下暂停提供设备/服务。

c. 例外——主要在斯坦福大学提供的办公室中使用的设备/服务,不受本政策限制。这些设备包括桌面电话、台式机和作为办公电脑使用的笔记本电脑。此外,如用于轮流电话联系的团体使用或共用的设备/服务不适用本政策。

部门还可以报销员工为斯坦福大学业务而使用自费手机的费用。如果提交了合适的业务使用的文件(例如,确定账单上有关斯坦福大学业务的电话记录),则这种报销所得费用将免税。(参见指南备忘录36.4费用报销第2节,http://adminguide.stanford.edu/36_4.pdf。)

部门还可以在员工薪水中提供一笔少量的应税津贴,以支持员工提供的设备/服务的业务使用。该津贴不应高于斯坦福大学业务使用设备/服务的预期约计成本。

在适当情况下,大学可以提供宽带或类似的服务以便员工能在家工作。若斯坦福大学业务对该服务的需要是明显的且在相当长的一段时间内是一致的,则应取消对个人使用服务进行补偿的要求。

4. 正确使用和选择

a. 大学提供的设备和服务的使用与保护——由斯坦福大学购买的设备是学校购买该设备部门的财产。当员工离开斯坦福大学或从一个部门调任到另一个部门时,为该员工配备的设备必须退还给签发部门。由斯坦福大学购买的设备,在适当和可行的时候,将由员工始终拥有并且在员工工作时使用。员工必须采取一切必要措施,保护设备不被盗窃或损坏。

b. 规范设备使用的法律和政策——员工仅有责任了解并遵守所有与设备/服务使用有关的适用法律和大学政策,包括有关手机和电子记事簿使用的公路安全法、著作权法、人类环境改造学的使用指南、隐私权议定书和学校出口控制和数据安全政策。

c. 倾向于斯坦福大学技术信息提供的设备/服务——员工及其监管人

员有责任确保采购的设备能对学院或部门的职能提供适合的技术支持。斯坦福大学技术信息所提供的设备/服务应该能普遍运用。全校范围内的累计购买增强了斯坦福信息技术的购买力并提供了整体最低价格的可能。大型共用设备也使大学更容易维护和处理。

d. 特定学院和部门的进一步要求——学院和部门可建立本部门的政策和程序以进一步规范或限制本单位设备/服务的提供，前提是不违反大学政策。

82.1 大学活动

授权　本指南备忘录由校长批准。
适用　本政策适用于大学所有的教员、工作人员和学生。
授权　本指南备忘录概述了使用大学财产举办大学活动的政策。更多详细信息参见 http://stanfordevents.stanford.edu。

以下各条标题为：
1. 定义
2. 大学活动的类型
3. 日程安排和批准程序
4. 其他信息来源

1. 定义

一项大学活动是除了作为总课程一部分的预定的学术课程之外的一项活动，在大学校园内的建筑物或室外空间举办。所有这些在斯坦福大学校园内举办的活动均被看做是斯坦福大学活动。斯坦福大学活动也必须由官方认可的斯坦福大学部门或机构主办并须符合大学的使命(即创造、保存和传播知识)。

2. 大学活动的类型

注意：某些类型的活动可能会重叠。如果您有任何疑问，请联络斯坦福大学活动办公室：电话(650)723-2551。活动必须符合大学的使命并须直接与主办部门或组织的教育目标相关。

• 学术相关活动——与学术相关的活动，不包括在斯坦福大学列出的每季度班级设立的课程(例如，特邀嘉宾系列讲座、小组讨论)。

• 行政活动——行政活动包括每日、每周或不定期的集会和/或会议，由一个正式的部门或不向公众公开的注册组织召开(例如，一个部门全体教员会议、部门工作人员的聚会、学生团体董事会议)。这些会议的重点通常是讨论部门或团体的业务和/或做行政规划。它可能包括职业培训。这些会议也可能是交际性的(例如，部门午餐、野餐、接待或假日聚会)。

• 有重大影响力的活动——一项通常预计会有 500 人或以上人数出席的大范围活动。此类活动通常需要几个大学部门和组织的协调和审查（如斯坦福大学活动办公室、公共安全部门和风险管理办公室）

• 校园社区活动——仅向斯坦福大学学生、教员、工作人员开放的活动。这类活动也可细分为有重大影响力的活动、纯邀请性活动、行政或学术相关的活动。

• 公开活动——仅向斯坦福大学学生、教员、工作人员和公众成员开放的活动。公开活动也可看做是与学术相关的活动和/或有重大影响力的活动。

• 纯邀请性活动——仅向受邀请的客人开放的活动（比如，大学捐赠人或校友活动、行政性的或具有特殊计划的活动）。

3. 日程安排和批准程序

大学活动的日程安排和寻求批准的程序必须提前开始。所有这些批准和计划的活动必须遵循所有列在本指南备忘录和在斯坦福大学活动网站（链接 http://stanfordevents.stanford.edu）上的斯坦福大学政策。

a. 可申请使用设施的组织——可以申请使用大学室内和室外空间与设施组织大学活动的组织有：

- 学术部门
- 行政办公室
- 斯坦福大学学生联盟
- 通过学生活动办公室在本大学注册的学生自愿组织
- 学生生活团体
- 任何其他经校长办公室正式承认的组织

b. 大多数设施使用的批准——在大学所有地点的活动，除在下面 3.c. 节提到的活动以外，必须提前安排并经注册主任的调度办公室批准，该办公室将确定空间和设施的可用性，并与斯坦福大学公共活动部的活动主管协调进行必要的活动批准。

c. 要求其他批准的设施使用——如果要使用下列设施/空间，则应按照该部门的审批程序：

• 部门主办的行政或与学术有关的活动——部门内利用该主办部门固定的建筑空间进行的行政或与学术相关的活动（例如，商学院的行政管理人员在一个商学院教室召开每周规划会议、一个专门的历史系利用该系的教室进行小组讨论）应遵守该部门的内部程序。

• 坎特艺术中心——直接联系该中心讨论利用博物馆的内部和外部空间和活动的导游游览安排。

- 体育、体质教育和娱乐部的设施——对于由竞技、体育教育和娱乐部主办的正式体育赛事（例如，足球、篮球、棒球赛季比赛或娱乐部主办的特殊联赛），可联系竞技、体育教育和娱乐部，并遵守其审批程序。
- 学生宿舍活动——寄宿生在宿舍举行的活动应遵守学生活动办公室制定的政策和程序。
- 夏季会议——启动夏季会议设施使用申请的程序可见指南备忘录82.2会议，http://adminguide.stanford.edu/82_2.pdf。（适用于在春季学期结束以后和紧接着的秋季学期开始以前举办的活动。）
- 崔西德纪念联盟楼——为校园团体（在某些情况下，外部团体）组织的会议和特别活动而使用纪念堂，可联系纪念堂会议服务处。
- 施瓦布住宅中心——直接联系该中心确认活动场地。
- 弗朗西斯校友中心——更多消息参见 http://www.stanfordalumni.org/aboutsaa/alumni_center/building/contact.html。

4. 其他信息来源

- 斯坦福大学活动办公室——提供有关大学活动的计划、政策、程序和资源。参见 http://stanfordevents.stanford.edu。
- 注册调度办公室——提供有关场地预定程序和其他相关非学术性使用校园室内和室外空间调度细节的概况和申请表格。参见：http://www.stanford.edu/dept/registrar/event/index.html。
- 学生活动办公室——提供有关学生个人或学生团体准备规划活动的政策和程序。参见：http://www.stanford.edu/dept/OSA/。
- Iris & B. Gerald 坎特视觉艺术中心——更多信息参见 http://www.stanford.edu/dept/SUMA/。
- 竞技、体育教育和娱乐部——有关设施、运行和活动的信息，请拨打(650)723-1949。
- 崔西德纪念联盟楼——提供信息、资源和联系。参见崔西德会议服务网站 http://www.stanford.edu/group/MeetingServices/。
- 施瓦布住宅中心——更多信息参见 http://www.gsb.stanford.edu/schwab/。
- 弗朗西斯校友中心——更多信息参见 http://www.stanfordalumni.org/aboutsaa/alumni_center/building/contact.html。

82.2 会议

授权 本指南备忘录由校长批准。

适用 本政策适用于所有使用大学财产举办的会议。

概述 本指南备忘录为在斯坦福大学主办会议的各部门提供指导。

以下各条标题为：

1. 会议政策
2. 会议安排
3. 会议设施
4. 夏季住房

1. 会议政策

　　a. 批准——与会议有关的政策由校长和教务长办公室负责制定。校长已经授权批准了指南备忘录82.1大学活动所示的特定活动（见链接：http://adminguide.stanford.edu/82_1.pdf），并在指南备忘录82.1所述的《公开活动政策与实践手册》中有所描述。

　　b. 与大学项目的关系——大学的设施可用于与大学项目密切相关的会议。由批准活动的大学官员（如指南备忘录82.1中所述，或是会议服务部主任或是斯坦福大学活动部主任）判定该活动是否与大学项目有关。会议可由学院、部门和其他大学组织安排。校外的学术组织，如专业协会、教师团体或某些学生团体也可在斯坦福大学举办会议。商业和专业组织在其会议与大学的学术活动相关时，可在斯坦福大学举办会议。会议参加者通常必须附属于主办组织或经该组织的邀请来参加和出席会议。

　　c. 主办——会议必须由大学的学院或部门主办。校外组织在申请会议以前，必须获得一个合适的大学系主任（院长）或部门领导的赞助。

　　d. 协调责任——会议的协调责任在两个部门间进行分配，依据活动的日期：

　　（1）夏季会议（6月16日到9月14日）：会议办公室

　　（2）学年会议（9月15日到6月15日）：斯坦福大学活动办公室

2. 会议安排

　　a. 部门主办者——主办会议的学院院长或部门领导指定一名教师或工作人员代表学院或部门主办这次活动。会议建议的提出，有关会议安排、费用和日程等与会议组织者有关的所有事务，均是通过作为部门主办者的指定人来处理的。

　　b. 会议申请——主办部门向协调会议的办公室（见上文第1条d款）提交批准申请。会议申请在申请提出的时候应提供尽可能多的已知信息，并应包括主办组织的名称、会议主席、拟举办的日期、会议的时间、估计参加人数，以及仅对夏季会议有要求的所需住房和食物服务。

　　c. 审查过程——会议服务部主任或斯坦福大学活动办公室主任就申请会议召开的日期和现有设施进行审查，以及确定该会议是否符合大学的教学、研究和公共服务这一根本使命。

d. 通知——在会议被批准后，协调办公室通知该部门和主办者，并在必要的时候通知其他的大学组织。

e. 计划会议——协调办公室与部门主办者和该组织的会议主席共同安排一个计划会议。在这次会议上讨论为会议室、设备、住房、食品和相关服务的特殊安排。

f. 会议财务——主办部门确定开立任何新账户的需要，以记录会议的收入和支出，并与合适的办公室一起安排这些账户的设立。

3. 会议设施

协调办公室提供有关会议房间、饮食、设备和其他大学服务和设施的详细信息。

4. 夏季住房

从毕业典礼后的星期日直到大约8月31日为止，斯坦福大学学生宿舍处的夏季住房可提供给予会者、游客和来宾。住处包括带食品服务的住宿楼和带一个、两个及三个卧室的学生公寓。可联系会议办公室获取详细的说明和有关限制、可用空间和现行价格的信息。

83 基本工程项目

授权 本指南备忘录由教务长批准。

适用 本政策对大学的所有基本工程项目适用。

概述 本指南备忘录描述了斯坦福有关启动土地和建设部门管辖下的公用设备与基础设施建设项目的政策，其中包括资金分配、工程选址以及模块化建筑物的管理、校园拖车以及仓储设备等具体信息。本指南同样处理大学资本项目的筹资问题，包括应用"斯坦福大学基础设施项目评估"及"一般使用许可"的授权资金来资助因2000年12月通过的"社区计划"和"一般使用许可"的决议而引起的成本降低。

以下各条标题为：

1. 公用设施项目的启动
2. 模块化建筑物和拖车
3. 仓储设备
4. 斯坦福大学基础设施项目评估
5. 总体使用许可的授权资金

6. 资金政策
7. 更多信息来源

1. 公用设施项目的启动

a. 关于资本项目需要的"表格1"——对于在斯坦福大学的校内和/或校外房产建设学术设施和基础设施项目的所有请求,均需要在项目开始之前以电子方式提交"表格1"(http://lbre.stanford.edu/cap_plan/)。斯坦福管理公司的校外项目、医院项目和斯坦福线性加速器实验室的项目则不需要提交这一表格,除非它与学校资金或设施相关。需要司法批准和计划审核的项目,原则上均需要提交"表格1"。只需要面对面交易许可的项目,可不提交"表格1"。

"表格1"对以下条目均适用,不论项目规模、支出或资金来源:

- 新项目;
- 修葺;
- 拆除;
- 建筑物的内部结构变更;
- 影响建筑物外在形态的项目;
- 景观项目;
- 土地使用项目;
- 主要公用事业设备项目;
- 斯坦福基础设施项目;以及
- 一般使用许可项目。

需要填写"表格1"的项目种类的详细清单可见 http://lbre.stanford.edu/cap_plan/。

"表格1"要求的程序使得土地和建设部门有权:

- 评估项目的范围、正当性以及优先权问题;
- 评估并确认可用资源(通过财务办公室);
- 保证校园规划、编码、建筑的和美学等考虑因素得到审核;
- 保证"斯坦福项目进程"得到跟进(关于进程的详细信息参见 http://lbre.stanford.edu/cap_plan/);以及
- 在甲骨文财务系统申请设立"项目/任务/拨款"账户,促进合同和支出计划的执行。

b. 执行程序——"表格1"程序在项目开始前由当地的公用设施代表着手执行,然后在学院/部门获得核准,最后在土地和建设部门网站上以电子方式提交表格。关于不同项目支出水平的批准事项的详细指南,可在"表格1"的网站上找到详细的提纲。

2. 模块化建筑物和拖车

a. 新模块化建筑物和拖车——基于成本效率、可持续性和校园美学规划的考虑，学校一般不鼓励把模块化建筑单元和拖车作为斯坦福大学的建设典型。但模块化建筑单元因临时用途也可建设于校园中。

b. 执行程序——关于建立新模块化建筑和拖车项目的申请须提交资金规划部门的"场地请求表"（http://lbre.stanford.edu/cap_plan/），并须得到教务长的批准。这一表格需要在进行"表格1"进程之前提交，不论模块化建筑或拖车的规模，以请求使用时限、用途、支出、建筑位置或资金来源。新模块化建筑或拖车项目的支出和建设通常由所在部门负责。

模块化建筑或拖车项目的选址必须获得斯坦福大学建筑/规划办公室批准。（参见 http://lbre.stanford.edu/architect/。）

有关模块化建筑或拖车的详细政策，可见资金规划部门的网站（http://lbre.stanford.edu/cap_plan/）。

3. 仓储设备

a. 定义——仓储设备是用于存储多种事物的独立的金属容器。它们被集中放置在斯多克法姆路（Stockfarm Road）的仓储区以及邻近地区。若要把仓储设备放在校园其他地方，则须提前得到斯坦福大学建筑/规划办公室的批准。

b. 执行程序——关于建立新仓储设备以及移动既有仓储设备的申请须提交资金规划部门的"场地申请表"（http://lbre.stanford.edu/cap_plan/），并得到教务长的批准。这个表格需要在进行"表格1"进程之前提交，不论仓储设备的规模、支出、请求使用时限或资金来源。仓储设备的支出和建设由所在部门负责。希望移除或挪走仓储设备的单位也须提前告知资金规划部门。仓储设备的移动以及随之而来的花费通常由所在部门负责。

所有仓储设备的选址必须获得斯坦福大学建筑/规划办公室批准（见http://lbre.stanford.edu/architect/）。

有关仓储设备的详细政策，可见资金规划部门的网站（http://lbre.stanford.edu/cap_plan/）。

4. 斯坦福大学基础设施项目评估

斯坦福大学基础设施项目是由为改善并支持学校学术团体和其硬件设施而推进的工程和项目组成的。基础设施系统直接为教学与研究的学术使命以及保障院校的活力提供支持。该基础设施的发展将成为改善公共安全与服务、促进土地利用与资源的保护之必不可少的一部分。

a. 评估——不论规模、资金和管理状况如何，4.6%的斯坦福基础设施项目评估适用于资本项目涵盖范围之内的支出（包括新建筑、修葺、逾期养护费用以及主要公共设施项目)。斯坦福基础设施项目资助的项目、总体使用许可项目的授权资金资助的或涉及软件应用的项目均不会被列入评估范围之内。

b. 项目的资格——任何学术的或辅助的项目均可以将其需求与可能的斯坦福基础设施项目关联起来,并以适当的方式通过向规划办公室(SIP-C)或运输办公室(SIP-T)提交项目申请来寻求斯坦福基础设施项目资助。每个请求均须代表一个能使不止一个校园使用者、团体或建筑受益的项目,这些请求也均将经受下述主要标准的评估:

- 能否改善校园环境的总体质量;
- 能否满足特定学术设施或辅助设施的需要;
- 能否减少总开支和经营预算开支;
- 能否满足安全需要;
- 是否与校园规划的总体目标相关,能否提供相关支持;
- 能否对老化的基础设施进行更新;
- 是否与政府部门的要求相一致。

c. 更多信息——请参照本备忘录最后列出的资源列表。

5. 总体使用许可的授权资金

总体使用许可的授权资金为缩减项目和工程的开支提供资金支持(批准条件),这是2000年12月在圣克拉拉镇通过的"社区计划"以及"总体使用许可"通过的决议所要求的。要求的项目和工程包括基础设施和环境资源研究、全面的水资源保护项目、运输需求管理、栖息地保护以及监督节能减排执行情况的顾问。此外,总体使用许可的授权资金还提供修路、建设新停车场和扩建幼儿园设施的开支。

a. 评估——总体使用许可的授权资金在院/系总面积的基础上进行评估,不论项目的总价值是多少。总体使用许可把房屋单元视为它们的一个要素,这样就将其排除在总体使用许可的授权资金要求的项目之外。

如前所述,授权资金的结构建立在预定缓解成本的现时净价值之上。资金建立在与资金计划相一致的三年一轮的基础上,而且会做周期性的修改。2004、2005、2006财政年度的总体使用许可的授权资金分别是70、72和74美元。

b. 土地审计——尽管学院/部门建筑面积的增长主要是因为新建楼宇,但许多其他因素同样影响总用地面积,产生了增量项目的净增长。任何导致附加面积增长的项目均将服从土地审计决定的总增长数目。审计将考虑土地活动的各种因素,包括但不限于土地上的拆除行为,土地的腾空或转让以及土地继承。

所有一切土地行为变更均须教务长批准。

6. 资金政策

所有的资本项目,不论总项目预算多少,均须在建设开始之前拥有到位的资金或一份获批准的后备资源计划。

a. 300 万美元以下的项目——项目资金通过"表格 1"的一系列过程被认证,并被转移到一个由财务办公室建立的账户中。资金按照项目获批等级提供。

b. 300 万美元以上的项目——总价值在 300 万美元或以上的资本项目必须获得大学董事会土建委员会审批通过的几个级别认证。在每个需要董事会批准的级别上,总项目预算的一部分增量会被转移到财务办公室建立的账户中。批准的级别包括理念、工程以及修葺建设;还有理念/选址、设计、工程以及新建设。所有向土地和建设委员会介绍的工程必须在请求批准之前就有一个已生效的资金计划,以及在提交建设性批准的请求之前提供一个已生效的资金协议。

与项目资金有关的基础设施项目(如主要公用设施项目、斯坦福基础设施项目、总体使用许可的授权资金的项目)总体上不需要单独的资金计划和协议;然而,超过 300 万美元的单独项目均需要大学董事会的批准。

资金计划勾勒出项目预算的基准框架,给出有计划的资金资源,以及每个资金资源的估计量。如果在设计阶段,项目在宏观构景上或预算上有重要变化,资金计划将接受修订。资金计划阐述出预算对建设过程中新需求款项的责任,及其对偿付债务和竣工善后工作的责任。资金计划同样给出了对于免税债务的限制。资金计划规定与阐明一个项目能否适用于总体使用许可的授权资金。

7. 更多信息来源

- 土地和建设部门网站,参见 http://lbre.stanford.edu/。
- 土地和建设部门在线"表格 1"系统,参见 http://lbre.stanford.edu/cap_plan/form_1_system。
- 资本规划网站,参见 http://lbre.stanford.edu/cap_plan/,包括项目进程以及土地申请表。
- 指南备忘录 53 融资采购,参见 http://adminguide.stanford.edu/53.pdf。

84　信用卡接受及处理

授权　本指南备忘录由负责商业事务兼财务总监的副校长批准。

适用　本政策适用于斯坦福大学所有接受通过信用卡或绑定密码借记卡付款的实体。

概述　本指南备忘录为在斯坦福大学接受和处理信用卡或绑定密码借记卡提供指导方针。

以下各条标题为：

1. 定义
2. 目的
3. 政策
4. 实施指南
5. 更多信息来源

1. 定义

为达到本政策的目的，信用卡的接受和处理被定义为是指使用各种机制，如销售点终端或网站上的付款网页，来接受斯坦福大学实体销售货物或服务时付款的信用卡。在本政策中使用的"信用卡"包括使用具有一个信用卡公司徽标的绑定密码的借记卡。这一政策并不适用于斯坦福大学信用卡计划及大学的电脑卡（PCard）或旅行信用卡计划。

2. 目的

信用卡提供了一个方便的方式来处理商业交易，如方便会议登记、购买教材，或在校园食堂购买饭菜。接受信用卡须遵守支付卡行业数据安全标准的要求，以保障持卡人账户号码和其他敏感数据的安全。促进信用卡交易数据向其金融体系转移，也是符合本大学最大利益的。本政策的目的在于为信用卡的接受和处理建立政策指导方针。

3. 政策

a. 与本大学使命的关系——在本大学中，任何使用信用卡接受和处理的方法均须符合指南备忘录15.3无关商业行为的规定，该规定禁止任何使用大学资源从事与本大学使命不相关的活动。

b. 经授权的供应商——各部门必须使用一个经斯坦福大学授权的支付应用程序，以托管服务供应商或销售点终端的硬件供应商。详见 http://merchantservices.stanford.edu。

c. 大学商业协定——希望从事销售点或互联网电子商务业务的部门必

须经资产运作办公室的信用卡商户服务中心批准并遵守本大学的商业协定的所有规定。

d. 数据保密——信用卡数据被列为受限数据。各部门有责任保障指南备忘录63信息安全规定的与货物或服务采购有关的受限数据和敏感数据的机密性。信用卡接受和处理的具体指导方针是：

（1）使用安全和/或加密连接与交易服务供应商联系（比如，经斯坦福大学授权的供应商提供的连接）。

（2）未经电子商务战略咨询委员会（简称eSAC）指定的风险评估工作组的事先批准，不得在当地存储任何受限信用卡信息（例如，信用卡账户号码或密码）。

（3）如果要收集有关购买者的其他信息，应以安全的方式保护这些资料，且仅限于那些有合法知情权的人能获得该资料。

e. 对于运营电子商务网站的部门：

（1）各部门必须在其网站上发布经大学隐私官员或法律总顾问办公室批准的隐私政策。该政策必须符合联邦和州法律的规定，以及本大学的隐私政策。

（2）所有第三方广告均不允许出现在主管stanford.edu域名或使用斯坦福大学名称或标志的任何网页上。这一政策的例外情况可由负责商业事务兼财务总监的副校长同意。广告不包括提及与斯坦福大学的共同举办活动的第三方名称。

4. 实施指南

a. 接受信用卡的商家有责任遵守支付卡行业数据安全标准。

b. 有关申请信用卡商户的服务和援助建立和运行电子商务网站的信息，可在金融活动门户网站获得，链接http://merchants.stanford.edu。有关部门应与资产运作办公室（信用卡商户服务中心，现金管理小组）及采购办公室的代表合作，以建立和管理支付卡的接受和处理系统。

5. 更多信息来源

- 指南备忘录14 与第三方的学术及商业关系，参见http://adminguide.stanford.edu/14.pdf

- 指南备忘录15.3 无关商业行为，参见http://adminguide.stanford.edu/15_3.pdf

- 指南备忘录63 信息安全，参见http://adminguide.stanford.edu/63.pdf

- 斯坦福授权的支付应用程序和服务提供商，参见http://merchants.stanford.edu

- 斯坦福电子商务(eCommerce @ Stanford),参见 http://ecommerce.stanford.edu/
- 支付卡行业数据安全标准,参见 http://www.pcisecuritystandards.org
- 信息安全办公室,参见 http://security.stanford.edu
- 附加信息安全准则、程序、标准和惯例,参见 http://securecomputing.stanford.edu

后记

《大学章程》第三卷收录的是美国"斯坦福大学行政管理指南",这是美国大学治理体系中的一种章程形态。"斯坦福大学行政管理指南"中的组织结构图所显示的大学治理关系给我们留下了深刻的印象。2009年1月,张国有副校长提出,应将行政管理指南作为大学章程形态的一种特殊文本进行研究和翻译。秘书组最初希望能翻译"哈佛大学政策和指南",并委托鲍楠试译了部分章节近3万字,拿来进行研究。由于哈佛大学官网上提供的篇目并不完全,发展规划部冯支越副部长又通过正在哈佛访学的哲学系吴飞副教授就近检索,并委托国际合作部周曼丽老师向对方索取,但只找到了哈佛大学1650年建校时的宪章。秘书组报请张国有副校长同意,决定先进行"斯坦福大学行政管理指南"的研究和翻译工作。时至今日,我们仍然没有放弃搜集和组织翻译哈佛大学章程类文件的愿望,仍在通过相关机构帮助搜集。

2009年3月,冯支越副部长随即委托北京大学科学研究部杨凌春老师组织"斯坦福大学行政指南"的翻译工作。由于篇幅比较大,有五位师生参与翻译。翻译工作大致分配如下:杨凌春(第一章、词汇表和统稿校对)、周淼(第二章部分内容)、孙沨睿(第二章部分内容)、王友航(第三章部分内容)、吴昕栋(第三章部分内容和第四、五、六、八章)。经过近半年的时间,到8月31日,译稿基本完成,约为30万字。由于译稿出自多人之手,译文风格前后不一致,因此翻译组又对译稿进行了适当的调整。

2009年9月24日,冯支越、陈丹、胡少诚与科研部杨凌春、张琰、廖日坤专门讨论了斯坦福大学行政管理指南、牛津大学章程和剑桥大学章程三部大部头译稿的问题,随后,杨凌春又对"斯坦福大学行政管理指南"进行了自校。11月,冯支越副部长从北大海外留学名单中检索出相应的校对者,但真正能有时间承担整本行政管理指南审校任务的,却难觅其人。12月14日,秘书组委托国际合作部赵海秀承担译稿的审校工作。参与校稿的还有中国政法大学外国语学院法律英语专业08级研究生王志庄。2010年3月31日,校对工作基本完成。

2010年5月下旬,国际合作部赵海秀与斯坦福大学驻北京办事处的周力老师进行沟通,征询关于斯坦福大学章程版本和翻译授权的意见。周力老师提供了1987年版本的《创始基金及修订、立法和法令》。秘书组和译校者认为,该文件汇编属于历史文献,在规范管理方面,还是行政管理指南备忘录具有典型性。与此同时,斯坦福大学凯瑟琳·克里斯蒂安(Catharine Kristian)转达了该校法务部的意见,授权北京大学翻译出版相关大学治理文件。此后,我们又注意到"斯坦福学术委员会和评议会手册"在学术自治方面所具有的独特价值,发展规划部也组织了相关人员进行翻译,但限于篇幅,未收入《大学章程》第三卷。

北京大学出版社对《大学章程》第三卷的编辑、出版工作高度重视,2010年9月12日,编辑协调会确定泮颖雯为《大学章程》第三卷"斯坦福大学行政管理指南"的责任编辑。9月13日,泮颖雯、杨凌春、赵海秀讨论了第三卷译稿一校修改办法。由于"斯坦福大学行政指南"的版本更新频繁,校对时发现译稿依据的版本已经几经更新。而当时并未及时备份原稿,参与翻译的同学或升学,或就业,或出国交流,也无法从事重译工作。因此编、译、校三方不但面临着重新编校的任务,还需要承担起核对原文和补译新条款的任务。

2010年11月26日,王志庄完成了补译和统稿工作,增补、修改之处尤多。12月,杨凌春完成了一校。2011年1月,《大学章程》第三卷进入二校。编辑泮颖雯与校译者进行了直接沟通,由杨凌春负责核红,着重解决了前后翻译术语不统一、指代的章节名不统一以及错译漏译等问题。到6月份,第三卷译稿已基本清定。胡少诚为编译的有效衔接进行了联络协调。8月5日,经过泮颖雯认真编校,特别就第三章财务部分(约60页)提交了编辑报告,指出了错译、前后不统一、编辑存疑和无法确定的术语译法等问题。因此又寻找到拥有丰富财务知识背景的北京大学财务部邵莉副部长和杨欣梅老师,在二位老师的共同努力下,将第二章中的保险部分以及第三章的财务部分中的相关内容进行了重译、核对原文、统稿校对等,于8月31日前完成了此部分内容的工作。10月初,经过多方努力,第三卷的编辑工作基本完成。

在主编张国有教授组织撰写序言的过程中,陈丹、杨凌春帮助搜集整理了基本材料,对行政管理指南的背景和大学发展提出了许多见解。成稿后,胡少诚、教育学院沈文钦老师等提出了修改意见。2010年2月,胡少诚专门拜访了北京师范大学前副校长王英杰教授,王教授是我国较早访问和研究斯坦福大学的高等教育研究专家,他介绍了美国大学章程建设的研究心得,使我们深受启发,王教授关于斯坦福大学的研究论文对于我们撰写本卷序言起到了重要的参考作用。

　　《大学章程》第三卷的编译过程凝结了北京大学科学研究部、教育学院、国际合作部和中国政法大学等单位师生的辛劳和智慧。北京大学学校领导、发展规划部、社会科学部、国际合作部、出版社、校长法律顾问办公室的同仁们为此也倾注了大量心血。在此,我们深致谢意。令人感动的是,在《大学章程》丛书编译过程中,五位准妈妈在身怀六甲的情况下投入工作,她们是第三卷主译者杨凌春、校者赵海秀和责任编辑泮颖雯,第一卷编辑韩文君和第二、五卷编辑于娜。她们风趣地说,翻译和校改《大学章程》是对宝宝最好的胎教。如今已有三位妈妈喜得贵子,二位待产,书稿跨越三载,终于付梓,真是喜上加喜！在此,我们谨向五位老师和编辑表示由衷的感佩和祝贺。

　　我们在"斯坦福大学行政管理指南"翻译、校对和编辑工作过程中,力求译稿内容准确、文句通顺,经过译者、校者和编者反复切磋琢磨,竟至六易其稿,可见工作之艰辛周折。由于原文体量大,参与者众多,遇到的翻译难题也很多,译稿中难免有不周全的地方,敬请各位读者赐教,我们将在此卷再版时及时更正。

编者

2011 年 7 月 25 日

《大学章程》第三卷译校分工

主　　译：杨凌春
参　　译：吴昕栋、周森、孙汭睿、王友航
审　　校：王志庄、邵莉、赵海秀、杨欣梅